*História Secreta
da Rendição Japonesa de 1945*

Copyright © 1968 by Lester Brooks.
Copyright © da tradução 2019 by Editora Globo

Todos os direitos reservados. Nenhuma parte desta edição pode ser utilizada ou reproduzida — por qualquer meio ou forma, seja mecânico ou eletrônico, fotocópia, gravação etc. — nem apropriada ou estocada em sistema de banco de dados sem a expressa autorização da editora.

Texto fixado conforme as regras do novo Acordo Ortográfico
da Língua Portuguesa (Decreto Legislativo nº 54, de 1995)

Título original: *Behind Japan's Surrender*

Todos os esforços foram feitos para encontrar os detentores dos direitos autorais desta obra. A editora aguarda qualquer informação relativa à titularidade e/ou outros dados que estejam incompletos nesta edição e se compromete a tomar as providências cabíveis nas edições subsequentes.

Revisão: Vera Giambastiani
Capa: João Motta Jr.

1ª edição, 2019 - 1ª reimpressão, 2021

CIP-BRASIL. CATALOGAÇÃO NA PUBLICAÇÃO
SINDICATO NACIONAL DOS EDITORES DE LIVROS, RJ

M415d

Brooks, Lester, 1967
História secreta da rendição japonesa de 1945 : fim de um império milenar / Lester Brooks ; tradução Gleuber Vieira, Joubert de Oliveira Brizida. - 1. ed. - Rio de Janeiro : Globo Livros, 2019.
472 p. ; 23 cm.

Tradução de *Behind Japan's Surrender*
Inclui bibliografia
ISBN 978-65-8063-428-6

1. Guerra Mundial, 1939-1945 - Japão. 2. Japão - História. I. Vieira, Gleuber. II. Brizida, Joubert de Oliveira. III. Título.

13-60782 CDD: 940.5352
CDU: 94(52)"1939/1945"

Meri Gleice Rodrigues de Souza - Bibliotecária CRB-7/6439

LESTER BROOKS

HISTÓRIA SECRETA DA
RENDIÇÃO JAPONESA DE 1945

FIM DE UM IMPÉRIO MILENAR

Tradução
Gleuber Vieira
Joubert de Oliveira Brizida

Coleção Globo Livros
História

A Revolução de 1989, Queda do Império Soviético, Victor Sebestyen
A história perdida de Eva Braun, Angela Lambert
O Expresso Berlim-Bagdá, Sean McMeekin
Napoleão, André Maurois
Diário de Berlim Ocupada 1945-1948, Ruth Andreas-Friedrich
Depois da Rainha Victoria, Edward VII, André Maurois
O conde Ciano, sombra de Mussolini, Ray Moseley
Churchill e Três Americanos em Londres, Lynne Olson
Declínio e Queda do Império Otomano, Alan Palmer
Churchill, o Jovem Titã, Michael Shelden
A Primeira Guerra Mundial, Margaret MacMillan
Tratado de Versalhes, a paz depois da Primeira Guerra, Harold Nicolson
A vida de George F. Kennan, John Lewis Gaddis
Napoleão, a fuga de Elba, Norman Mackenzie
O amigo do Rei, Geordie Greig
Lênin, Victor Sebestyen
História Secreta da Rendição Japonesa de 1945, Lester Brooks

Dedico este livro
a Patricia, James, Jonathan e Christopher.

Leio a respeito de algumas pessoas mortas há longo tempo. Subrepticiamente, outros nomes se inserem no texto, e afinal estou a ler sobre nós hoje como seremos quando formos passado. A maioria desvaneceu completamente. Problemas em outros tempos tão prementes e vitais espalham-se nas páginas como frias abstrações – simples, mas não conseguimos entendê-las. Parecemos tolos, estúpidos, fantoches centrados em nós mesmos, movidos por cordões óbvios que às vezes se embaraçam.

Dag Hammarskjöld, 1964

Sumário

Prefácio xi
Agradecimentos xiii
Dramatis personæ xvii
Quem governava o Japão em 1945? xix
Prólogo por Fumihiko Togo xxi
1 Crepúsculo ou *Gyokusai* 1
2 O ladrão no incêndio 13
3 O velho novo líder 23
4 Os seis grandes 35
5 Empate no Conselho 57
6 Nova reunião 67
7 Último recurso 77
8 O Imperador-Deus 91
9 A vontade de Deus 107
10 Pé ante pé atrás da paz 119
11 Aos tropeços rumo a um fim 141
12 Uma terrível trapalhada 165
13 Os tigres diante da verdade 179
14 Império, Banzai! E acabai! 201
15 Resposta inaceitável 221
16 Com a cabeça no cepo 241
17 Manhã de pânico 263
18 Ocaso para samurai 285
19 Os tigres atacam 313
20 O guardião do luto 325
21 Tanaka 353
22 O Grou Sagrado 363
23 Hitobashira 379
24 Sobreviventes 399
   Bibliografia 417
   Referências 427
   Índice 431

Prefácio

ENQUANTO MILHÕES NO MUNDO INTEIRO comemoravam uma notícia do fim da Segunda Guerra Mundial, um punhado de homens, os líderes do Japão, lutavam violentamente entre si ainda na dúvida política interna das forças armadas e das forças sociais entre continuar a guerra ou se render. Essa luta durou quatro terríveis dias após a rendição oficial japonesa. Em todo o globo sinos repicavam, gente dançava de alegria e houve comemorações frenéticas nas ruas, no desconhecimento da luta interna em curso naquele país tão pouco conhecido.

A história deste livro revela quanto as manifestações foram prematuras e como os defensores da paz japoneses superaram por pequena margem o terrorismo, os assassinatos e a armação de um *coup d'état*.

Em 1945, praticamente todos os oficiais do exército japonês estavam decididos a impedir o que eles julgavam ser o fim de 2.600 anos do sistema com base no Imperador-Deus. Um setor poderoso da marinha japonesa preparava-se para ataques suicidas contra os invasores aliados. Extremistas civis convenciam seus adeptos não apenas a resistirem até a morte, mas a eliminar os "defensores da paz" empunhando revólveres, espadas e tochas. O chefe da polícia japonesa esperava que as massas se levantassem revoltadas. O comandante da *Kempeitai*, a polícia militar, previa sua tropa em rebelião.

Na época, o Japão era uma nação com 80 milhões de seres humanos em frangalhos, à beira da fome e cansados de guerra, mas decididos a resistir até ouvir o comando do alto. Seus locais de trabalho, seus lares, suprimentos e amigos eram consumidos diariamente por bombardeios aéreos cada vez mais frequentes. As colheitas definhavam. Sua saúde era precária. Estavam isolados do Continente por minas, submarinos, navios de superfície e aviões. Até mesmo viajar entre as ilhas ficara terrivelmente perigoso. Ainda assim, os militares permaneciam decididos a travar uma "batalha decisiva no solo pátrio."

Esses chefes militares não eram cegos. Tampouco idiotas. Eram seres humanos perfeitamente normais, reagindo de forma absolutamente compreensível às pressões que sofriam. Tal comportamento estava lógico para o Japão de 1945. É esse ponto que torna o sinistro interlúdio no passado hoje distante – a luta interna no Japão sobre render-se ou não – relevante hoje: a aparência do resto do mundo vista pelos líderes japoneses refletia as suas próprias necessidades. Porém, esse padrão de exigências, essa forma de ver a vida, absorveu-lhes a atenção.

Se tivéssemos sido capazes de entender com maior clareza o modo como os japoneses viam o mundo, poderíamos tê-los ajudado a superar mais cedo a objeção a render-se. Vivíamos uma época em que negociar paz ou tréguas desconfortáveis era a única forma de encerrar conflitos armados – mas nunca fora o caso numa guerra total. Assim sendo, entender o ponto de vista do adversário sobre o mundo é da maior importância. A experiência japonesa na Segunda Guerra Mundial nos induz essa compreensão.

Os líderes da cúpula não eram megalomaníacos com mentes bloqueadas. No íntimo, sabiam que não podiam vencer. Sabiam disso mesmo antes de o colapso názi mostrar que os Aliados empregariam forças e armas superiores no assalto final. Antes das bombas atômicas e do ataque soviético já sabiam que não escapariam da derrota (por mais inadmissível que fosse). Mesmo assim, recusavam a rendição como escolha lógica.

Existe uma demonstração de hipnose tão velha, talvez, quanto a própria hipnose: quem hipnotiza, o alvo da hipnose e uma terceira pessoa estão no palco. Ao alvo em transe dizem que ele e o hipnotizador estão sozinhos. Quando acorda, o hipnotizado age como se a terceira pessoa não existisse. Ou quase. Mas quando o convidam para sentar na terceira cadeira, ele se recusa. Quando lhe pedem para levar algo para essa terceira pessoa, ou apanhar alguma coisa, ele se esquiva. Mas não está vendo a terceira pessoa? Não há dúvida de que seus sentidos lhe dizem que existe outra pessoa presente. Então, por que não percebe e age racionalmente, já que essa pessoa existe?

A sugestão plantada pela hipnose, de que o hipnotizado e o hipnotizador estão sozinhos não deixa espaço para a existência de uma terceira pessoa. A noção do hipnotizado em relação ao mundo que o cerca se ajusta a esse modelo, estabelecido pela hipnose. Seus sentidos e suas reações levam-no a reagir defensiva e protetoramente. A percepção nebulosa do alvo da hipnose o leva a não admitir o que para a plateia é realidade indiscutível.

Em 1945, os chefes militares do Japão estavam em condição semelhante, auto-hipnotizados. Assim, pela forma como viam os fatos, recusavam-se a reconhecer a derrota total e absoluta.

Seu amargo "despertar" é o objeto deste livro.

Agradecimentos

Devo agradecimentos a...

DE CERTO MODO, este livro começou em um posto de recompletamento, uma área de *staging*, do exército dos Estados Unidos no Golfo de Lingayen, na ilha filipina de Luzon, em 1945. Eu lá estava como soldado do exército. Se os eventos narrados neste livro não tivessem acontecido, eu teria feito parte, como milhares de outros soldados americanos, de uma das unidades da força terrestre empregadas em um ataque geral ao Japão naquele outono ou na primavera seguinte. Em vez disso, cheguei à devastada capital do finado Império japonês no inverno, como um dos "vencedores."

Felizmente, eu fora transferido de minha unidade de engenharia para o quartel-general do Comando Supremo das Potências Aliadas e designado para editar uma revista do Exército. Tinha a obrigação de publicar uma por semana, o que me dava liberdade para viajar e fazer observações percorrendo todo o Japão. Já viajara bastante pelas Filipinas e vira as ruínas deixadas pelos combates em Manila, Baguio e muitas cidades do interior. Porém, a extensão da destruição no Japão e a vida miserável que levava seu povo atordoado produziram um impacto inesperado. Muitas questões me vieram à cabeça. O espetáculo daquela gente espantada e subnutrida em meio às ruínas de suas casas e de suas quase sempre primitivas fábricas, logo se misturava às ideias instiladas por anos da propaganda "odeie o inimigo." A visão de uma sociedade trêmula e dependente da sopa distribuída aos pobres, deslocando-se com dificuldade em triciclos, em veículos antigos (e escassos) que rodavam à base de carvão ou em trens superlotados, levantava, desde logo, a pergunta de como pôde essa sociedade em algum momento considerar seriamente o risco de entrar em guerra contra os Estados Unidos. Mais e mais outra pergunta saltava: "Por que não desistiu antes de a situação chegar a este ponto?"

Voltei à vida civil, e essas perguntas ficaram no esquecimento, diante de outras para mim mais urgentes. Porém, em 1949, quando frequentava a Universidade Columbia, a matéria voltou à luz e tirei a poeira das perguntas. Eu dirigia um projeto da Fundação Rockefeller para o Escritório de Pesquisas Sociais Aplicadas da universidade. Nesse projeto, seis apresentadores de rádio japoneses foram levados aos Estados Unidos para observar como funcionava uma estação de rádio em uma democracia. Um deles era Hiroshi Niino, e ele tinha uma história formidável para nos contar dos eventos que levaram à rendição do Japão. Fora ele um dos que ficaram trancados na Rádio Tóquio quando os rebeldes ocuparam a emissora. Foi o primeiro a me descrever o *coup d'état* e as desesperadas tentativas de evitar a rendição.

Três anos mais tarde, quando voltei ao Japão, Niino-san contou mais detalhes e me mostrou os locais em que tinham ocorrido os episódios. Porém, devido a outros compromissos, somente em 1965 pude dedicar a necessária parcela de tempo para responder às perguntas que havia tanto tempo me perseguiam. Mais uma vez, Niino-san teve papel importante como assessor, relatando em detalhe os incríveis acontecimentos de 15 de agosto de 1945, tal como vividos pelos radialistas.

Muitas outras pessoas no Japão também me auxiliaram. Entre elas, se destacou a senhorita Naomi Fukuda, a sempre encantadora e obstinada bibliotecária da Casa Internacional do Japão que colocou à minha disposição, quase como passe de mágica, todas as fontes de informação de que eu necessitava. A senhorita Florence Takahashi foi um exemplo de eficiência e talento no vital e delicado papel de assistente "faz-tudo." Riiche Inagaki, gerente local da McGraw-Hill no Japão abriu portas e me deu sábios conselhos. Na biblioteca do Parlamento Nacional tive a sorte de contar com a preciosa assessoria de Konosuke Hayashi e a cooperação de Makoto Kuwabara. Quatro acadêmicos, Atsushi Oi, Masao Inaba, Ikuhiko Hata e Noburo Kojima contribuíram com valiosas avaliações e dirigiram minha atenção para fontes importantes. Os senhores Kato e Kikuchi, da equipe da Casa Internacional, me ajudaram com as indispensáveis traduções e com o acerto de entrevistas, assim como John Ishizaki e Mitsuko Yamada e seus associados Shishikura Tsunetaka e Yuichiro Matsushima, do *Asahi Shimbun*. Masaru Ogawa gentilmente pôs à minha disposição as instalações do *Japan Times*, e Sadao Otake fez o mesmo na agência de notícias Kyodo. Robert Klaverkamp, da *Reader's Digest*, e John

Agradecimentos

Randolph, do *Seattle Times*, foram extremamente generosos me ajudando e aconselhando. Recebi a mesma colaboração por parte dos professores Herschel Webb, James Crowley, Robert J.C. Butow, James Morley, Ardath Burks, George Akita e Richard Storry.

Nos Estados Unidos, o interesse e o entusiasmo de Robert Gutwillig permitiram o lançamento do projeto. O fraternal estímulo e a valiosa assistência do professor Lawrence Olson e de Douglas Overton, diretor executivo da Japan Society, o levaram adiante. A magnífica cooperação de Len Giovannitti, da National Broadcasting Company, foi particularmente útil porque ele acabara de completar projeto paralelo. Tive a sorte de contar com o assessoramento e as opiniões de Sua Excelência o Sr Fumihiko Togo e de sua esposa.

Pelos meios que colocaram à minha disposição e a ajuda profissional que me proporcionaram devo agradecer de coração às seguintes pessoas: Andrew Y. Kuroda, chefe da Seção Japão da Biblioteca do Congresso; F. Kent Loomis, diretor de História Naval, e seu colega Dean Allard, na Seção de História da Marinha; Wilbur Nigh, da Seção 2ª Guerra Mundial, dos Arquivos Nacionais; ao Coronel Grover Heiman Jr. da revista do Departamento de Defesa e da Divisão de Livros; e à chefia da Seção de História Militar do Exército.

Tive a felicidade de receber as perspicazes e lúcidas sugestões de Ansei Uchima, Malcolm Reiss e Patricia Brooks a propósito do texto desta obra. A incansável Marion Dettloff transcreveu horas e horas de entrevistas gravadas e introduziu um encantador sotaque japonês ao processo.

Não fosse a participação de todas essas pessoas e de tantas outras que me ajudaram de variadas formas, teria sido impossível escrever este livro. Devo a todas minha gratidão pelas virtudes que a obra possa revelar. Obviamente, sou o responsável pelas deficiências.

Dramatis personæ

As seguintes personalidades tiveram papel importante nos derradeiros dias do Império do Japão:

HIROHITO, 124º descendente da deusa do sol, Amaterasu, e, portanto, filho do céu – *tenno* (Imperador do Japão), *showa* (paz iluminada) é o nome que o reino escolheu para Hirohito. Em 1945 ele estava no 20º ano de seu reinado, aos 44 anos.

MARQUÊS KOICHI KIDO, Lord do Selo Privado e homem de confiança do Imperador.

ALMIRANTE BARÃO KOICHI KANTARO SUZUKI, primeiro-ministro de 6 de abril a 16 de agosto de 1945; herói das guerras sino-japonesa e russo-japonesa; ex-Grand Chamberlain do Imperador e, depois, presidente do Conselho Privado e membro do *jushin* (o grupo dos estadistas sêniors e ex-primeiros-ministros.)

SHIGENORI TOGO, ministro do Exterior no Gabinete Suzuki; já fora ministro do Exterior de outubro de 1941 a setembro de 1942.

GENERAL KORECHIKA ANAMI, ministro da Guerra no Gabinete Suzuki; no fim dos anos 20 fora ajudante-de-ordens do Imperador.

ALMIRANTE MITSUMASA YONAI, ministro da Marinha no Gabinete Suzuki e nos gabinetes anterior e posterior. Ex-primeiro-ministro do Japão, membro do *jushin*.

HISATSUNE SAKOMIZU, secretário do Gabinete Suzuki. Ex-funcionário do Ministério das Finanças. Cunhado do ex-primeiro-ministro Almirante Okada; um líder favorável à paz.

GENERAL YOSHIJIRO UMEZU – Chefe do Estado-Maior do Exército Imperial japonês. Ex-comandante do Exército Kwantung e ex-embaixador japonês em Manchukuo (Manchúria).

ALMIRANTE SOEMU TOYODA, Chefe do Estado-Maior da Marinha Imperial japonesa.

KIICHIRO HIRANUMA, presidente do Conselho Privado. Ex-primeiro-ministro e membro do *jushin*. Chefe da ala direita da sociedade e ardoroso nacionalista.

TENENTE-GENERAL TAKESHI MORI, comandante da Divisão Imperial de Guarda.

TENENTE-GENERAL SHIZUICHI TANAKA, comandante do Distrito Leste do Exército (cobria a área Tóquio-Yokohama).

TENENTE-GENERAL KENJI OKIDO, comandante da *Kempeitai*, a onipresente e opressiva polícia militar do Japão.

TENENTE-GENERAL MASAO YOSHIZUMI, chefe da seção de assuntos militares do Ministério da Guerra, poderoso centro de ação política do exército.

VICE-ALMIRANTE ZENSHIRO HOSHINA, chefe da seção de assuntos militares do Ministério da Marinha.

TENENTE-GENERAL SUMIHISA IKEDA, chefe de seção de planejamento, ex-G5, do Exército Kwantung e amigo íntimo do general Umezu.

CORONEL OKIKATSU (KOKO) ARAO, chefe da seção de operações e assuntos militares do Exército. um dos primeiros conspiradores do *coup d'état*.

TENENTE-CORONEL MASAHIKO TAKESHITA, cunhado do ministro da Guerra general Anami e chefe da subseção de assuntos internos da unidade de Arao que planejou o golpe de estado.

TENENTE-CORONEL JIRO SHIZAKI, membro da equipe de Takeshita. Participou do *coup*.

MAJOR KENJI HATANAKA, nacionalista fanático. Membro da equipe de Takeshita. Chefiou o golpe de Estado.

TENENTE-CORONEL MASAO INABA, chefe da subseção de mobilização e orçamento da seção de assuntos militares do Exército. Redator de discursos de Anami. Participou do planejamento do golpe.

TENENTE-CORONEL MASATAKA IDA, membro da equipe de Inaba, designado para a subseção de orçamento. Participou do golpe de estado.

CORONEL SABURO HAYASHI, secretário do ministro da Guerra.

DOUTOR HIROSHI (KAINAN) SHIMOMURA, presidente da Junta de Informações e membro do Gabinete Suzuki. Ex-editor do jornal *Asahi*.

Quem governava o Japão em 1945?

Olhado de fora, o poder no Japão parecia na mão – e era exercido – da maneira seguinte:

Hirohito, *o Imperador*, tomava a decisão.

A *Dieta* (o parlamento do Japão) passava legislação.

O *Conselho Privado*, com membros indicados pelo Imperador em regime vitalício, revia e aprovava leis, tratados e compromissos.

O *primeiro-ministro e seu Gabinete* apresentavam projetos de lei e governavam o país.

O *Supremo Conselho de Direção da Guerra* era um órgão de coordenação que, ao lado do Quartel-General Imperial, definia a política de guerra.

O *jushin*, comitê de estadistas sêniors indicados pelo Imperador, o assessorava em assuntos correntes. O *jushin* eram ex-primeiros-ministros e o presidente do Conselho Privado.

Os *chefes de Estado-Maior do Exército e da Marinha*, e os *ministros da Guerra e da Marinha* exerciam maior influência na política do que seus correspondentes em países do Ocidente. Estavam entre os doze homens com acesso ilimitado ao Trono.

O *Zaibatsu*, os gigantescos cartéis industriais e comerciais, tinham forte influência no governo por intermédio de seus prepostos no parlamento e em órgãos do governo.

Os *Guardiões do Palácio*: o Lord do Selo Privado, o Grand Chamberlain, o chefe do Gabinete Civil e o chefe dos ajudantes-de-ordens eram conselheiros do Imperador.

Mas, visto de dentro, por volta de 1945, o poder funcionava da maneira abaixo:

Hirohito, o *Imperador*, não tinha poder para tomar as reais decisões. Era personagem notável e da maior importância, líder espiritual e moral do Japão. Sua assinatura era exigida – e não podia faltar – em ordens, leis, documentos e compromissos.

O ministro da Guerra, Korechika Anami, e *o Chefe do Estado-Maior do Exército*, Yoshijiro Umezu, eram os dois homens mais poderosos do Japão. Com seus poderes constitucionais podiam ditar o que o governo devia fazer. Contavam com milhões de veteranos de outras batalhas e com o peso da polícia *Kempeitai* para apoiar suas exigências.

O Secretário do Gabinete, Hisatsune Sakomisu, não era apenas o administrador da máquina governamental. Era também o principal conselheiro e estrategista político do primeiro-ministro.

O ministro do Exterior Shigenori Togo e seus colegas do Ministério do Exterior viram-se fortemente pressionados. Em 1945, os militares começaram a olhar a diplomacia, que tinham desprezado por quinze anos, para obter o que as armas não vinham conseguindo.

O Gabinete era composto por quinze homens cujo acordo sobre matéria política precisava ser unânime. Essa exigência impraticável paralisou a ação do órgão e quase destruiu o gabinete Suzuki. Decidia sobre matérias que eram levadas ao Conselho Privado para o Imperador apor sua assinatura e as promulgar formalmente.

A Dieta estava moribunda. A oposição silenciara havia muito tempo, e o o Parlamento era convocado para se reunir apenas como forma de atrair a opinião pública para programas que os militares consideravam necessários.

O Lord do Selo Privado, Marquês Koichi Kido, mais íntimo conselheiro do Imperador, aconselhava Hirohito em seus atos e pronunciamentos, decidia quem podia e não podia estar com o Imperador, preservava e usava o prestígio da Casa Imperial e do próprio Imperador. Em 1945 foi a favor da rendição.

O primeiro-ministro Almirante Barão Kantaro Suzuki poderia ter levado o governo a obter mais cedo a paz se tivesse uma liderança mais agressiva e exercido ação política mais determinada.

O Conselho Supremo da Guerra – os "Seis grandes" – era composto pelo primeiro-ministro, os ministros da Guerra, da Marinha e do Exterior, e dos chefes de Estado-Maior do Exército e da Marinha. Esse órgão supraconstitucional tomava as decisões de alto nível sobre a guerra e sobre as negociações para terminá-la. Como reunia os homens mais poderosos do país, suas decisões eram cumpridas.

O ministro da Marinha Mitsumasa Yonai e *o Chefe do Estado-Maior da Marinha* Soemu Toyoda tinham perdido quase todo o poder ofensivo naval, e sua importância declinara. Ainda assim, tinham acesso direto ao Imperador e milhões de homens armados sob suas ordens.

O Conselho Privado detinha em seu campo a aprovação de todas as leis, tratados, compromissos e pronunciamentos do Imperador. A despeito desses amplos poderes ficou reduzido à tarefa de apenas carimbar documentos.

O zaibatsu fora desmoralizado, suas gigantescas fábricas em grande parte destruídas pelos ininterruptos ataques aéreos inimigos. No fim da guerra, os grandes grupos de empresários tentavam usar o que ainda lhes restava de influência.

Prólogo
Fumihiko Togo

O Japão travou duas guerras no século XX. Em uma saiu vitorioso. Na outra, foi derrotado. A história da guerra russo-japonesa de 1904-1905 hoje é passado, mas os eventos que levaram à decisão imperial de terminar a Guerra do Pacífico em 1945 ainda não estão sepultados nas páginas da história.

Em 1945, vinte e dois anos atrás, tivemos seis membros do Supremo Conselho de Guerra responsáveis pelo término da guerra. Sua situação era de certa forma distinta daquela vivida pelo primeiro-ministro Katsura e pelo ministro do Exterior Komura no fim da Guerra Russo-Japonesa. No verão de 1905, o Japão estava vitorioso em terra e no mar, embora suas forças armadas estivessem à beira da exaustão. O marechal Oyama e seu Chefe de Estado-Maior, general Kodama, reconheceram que era chegada a hora da paz. Além disso, houve a intermediação do presidente dos Estados Unidos Theodore Roosevelt. Em contraste, desta vez, quarenta verões depois, quando a maré da guerra se voltava esmagadoramente contra o Japão, os Aliados exigiram "rendição incondicional", enquanto os japoneses preferiam o lema "cem milhões de mortes em defesa da honra."

Em tais circunstâncias, no começo de maio, meu sogro, o ministro do Exterior Togo, iniciou uma série de encontros privados com os outros cinco membros do Conselho Supremo da Guerra: o primeiro-ministro Almirante Suzuki, o ministro da Guerra Anami, o ministro da Marinha Yonai, o Chefe do Estado-Maior do Exército Umezu, e o Chefe do Estado-Maior da Marinha Toyoda. Só alguém próximo de Togo pode avaliar o trabalho paciente e doloroso que desenvolveu. De várias formas a iniciativa do Sr Togo foi o primeiro passo concreto no caminho que levou ao fim da guerra. Nos últimos dias do conflito, o ministro do Exterior sofreu pressões de diferentes origens: a exigência dos Aliados de "rendição incondicional", a insistência dos militares por uma "batalha final na praia" e do ministro da Guerra, que oscilava entre o desejo Imperial de terminar a guerra e a pressão de seus subordinados, que persistiam na ideia de continuar a guerra para salvar a honra nacional. Na primavera cada um dos seis lideres já conhecia a opinião do outro.

Somente quando houve uma posição unânime dos Seis Grandes foi possível uma decisão final do comando Imperial de aceitar os termos da declaração de Potsdam e, em consequência, pôr fim à guerra.

Examinando o passado, é difícil compreender a razão de os chefes militares tanto insistirem no prosseguimento da guerra, justamente quando o poder militar japonês estava quase completamente aniquilado – sem considerar os efeitos da bomba atômica e da entrada da União Soviética na guerra. Não se pode, porém, desconsiderar essa insistência e encará-la como mero fanatismo impensado. Como demonstra Lester Brooks neste livro, convém tentar apresentar a série de acontecimentos nos devidos termos, para que o leitor possa colocar-se no lugar de quem desempenhou os principais papéis naquele momento histórico.

Foi um inesperado anticlímax a renúncia do Gabinete Suzuki duas horas após a transmissão radiofônica das palavras do Imperador anunciando o fim da guerra, embora evidentemente esse ato fosse absolutamente lógico para o Almirante Suzuki. Não adianta achar que naquele momento os membros do Gabinete deviam continuar servindo à nação nos dias difíceis que se seguiram à Rendição. Mas eles saíram honrosamente de cena – o General Anami cometeu suicídio como um guerreiro clássico, e o ministro do Exterior Togo morreu solitário no hospital da prisão, deixando nas mãos dos "jovens e capazes" a missão de reconstruir o Japão, como assinalou o Almirante Suzuki. Contudo, esse episódio será lembrado por muito tempo porque naquela delicada instância esses líderes conseguiram levar a guerra a seu término preservando plenamente o status da Casa Imperial e a nação unida, destino que outros países não tiveram ao fim da guerra.

Mais recentemente saíram inúmeras memórias e relatos sobre a Guerra do Pacífico. Não obstante, a história dos derradeiros dias do holocausto continua a ser contada e recontada. Pessoa nenhuma sabe isoladamente tudo que aconteceu, nem pode ser absolutamente objetiva ao descrever sua própria história. A *História Secreta da Rendição Japonesa*, de autoria de Lester Brooks, é uma obra extremamente valiosa que revela o papel desempenhado por um pequeno número de líderes do Japão num momento crucial da história do país.

FUMIHIKO TOGO
Tóquio, 15 de agosto de 1967

[*O Sr Togo foi secretário do ministro do Exterior Shigenori Togo em 1945. Hoje é chefe da carteira norte-americana do* Gaimusho, *o Ministério do Exterior do Japão.*]

História Secreta
da Rendição Japonesa de 1945

1
*Crepúsculo ou Gyokusai**

"MULTIDÕES ENCHEM O WEST END DE LONDRES ALEGRIA ESPONTÂNEA"

MILHARES DE LONDRINOS, MILITARES E CIVIS, IGNORARAM O PEDIDO oficial da noite passada para que a reportada notícia da rendição japonesa fosse comemorada com reserva – e explodiram de alegria. De Aldwich ao Oxford Circus, todas as principais ruas foram tomadas por homens e mulheres a celebrar ruidosamente o que para eles era a vitória final... Serpentinas coloridas voaram do alto dos edifícios, e logo as ruas brilhando de sol estavam cobertas de tiras de papel e de cadernos atirados pelas janelas(...).
As multidões lotaram Piccadilly Circus e todas as ruas que ali desembocam (...), dança geral (...), todo mundo de mãos dadas, grupos de homens e mulheres, abriam caminho entre os ônibus e os postes de iluminação.

Homens subiram em postes e puseram bandeiras dos países aliados. Uma moça sentada em cima de um sinal de trânsito exibia um cartaz: "O JAPÃO SE RENDE" para que todos vissem.

Aviadores australianos... abriram caminho até o centro da multidão em Aldwich... músicas populares do tempo da guerra eram entoadas e todos pulavam em alegre relaxamento de espírito.

Antes das sete horas, como ainda não chegava uma confirmação da rádio de Tóquio, a multidão foi aos poucos se dispersando e logo nas ruas cheias de lixo restaram apenas os pedestres habituais. Mais tarde a multidão voltou a aumentar, disposta a se divertir. Espoucavam fogos de artifício.

The Times, Londres, 11 de agosto de 1945

Gyokusai, o equivalente japonês de Armagedon.

História secreta da rendição japonesa, 1945

A guerra no Pacífico acabou. Ou não? Em todos os países aliados, as comemorações comedidas ou delirantes começaram em 11 de agosto de 1945, quando pela primeira vez o mundo soube que o Japão estava na iminência de aceitar os termos de paz impostos pelos Aliados.

No dia 13 de agosto as manifestações não oficiais pela vitória já estavam no terceiro dia. Mas eram prematuras. No front ainda havia combate e mortes.

No Japão, apenas um pequeno grupo sabia que a rendição era uma possibilidade. A maioria acreditava que todos os japoneses deviam continuar lutando com o espírito Yamato (povo dominante no antigo Japão), se não fosse possível com armas modernas. Mesmo quem já sabia do país estar na iminência da rendição rejeitava a possibilidade e se recusava a sequer considerá-la. Havia outros que não só a repeliam, mas faziam tudo para impedi-la. Uma delegação desses fanáticos procurou o homem mais poderoso do Japão na noite de 13 de agosto.

Sob o calor abafado e extenuante da noite de verão, chegaram arquejantes em seus uniformes cáqui, como folhas que caíam fora de época e eram jogadas porta adentro por uma súbita rajada de vento frio.

Esperavam-se três. Chegaram seis, todos bem-vindos. Eram arquétipos de "jovens oficiais", exaltados cuja impaciência, falta de flexibilidade e ambição desenfreada tinham levado o Japão a uma aventura militar e tornado os moderados – a oposição responsável e os estadistas da nação – reféns do medo.

Reuniram-se na entrada da residência oficial do ministro da Guerra, em uma pequena rua entre o moribundo parlamento em seu mausoléu de pedra e o impotente Imperador cercado pelas ruínas de seu palácio calcinado. Enquanto o empregado informava o ministro da Guerra do Japão sobre a presença deles, os próprios tremiam antecipadamente diante dos riscos que corriam pelo que pretendiam tentar. O grupo estava disposto até a destruição total e um suicídio nacional. O ministro da Guerra, General Korechika Anami era o pivô de seus planos.

O General Anami chegara à casa pouco antes, aproveitando um breve intervalo entre reuniões que pareciam nunca terminar. Seu dia começara cedo com uma visita ao Lord do Selo Privado. Depois, houvera a discussão na sessão matutina do Supremo Conselho de Guerra (SCG) e a reunião de todo Gabinete. Toda essa atividade, mais a pressão de jovens oficiais, teriam exaurido até um cavalo.

Mas Anami era forte como um touro. Sua couraça lhe permitia suportar a tempestade de golpes que o açoitava diariamente. Naquele dia, 13 de agosto de 1945, esses golpes incluíram o bombardeio que durou o dia inteiro, o fogo de metralhadores lançado por aviões baseados em porta-aviões inimigos que castigava o Japão central, o bombardeio de cidades da costa por forças-tarefa inimigas, o súbito volume das tropas soviéticas na Manchúria e outros revezes talvez menos traumáticos em diversas frentes desde a Birmânia até a Sakalina. Mas o dia ainda não tinha acabado.

De repente, Anami irrompeu na sala de recepção de estilo ocidental como uma locomotiva de cáqui. Simpático, sorriso largo na face, recebeu calorosamente os visitantes e os deixou à vontade depois que tomaram a posição de sentido. Na verdade, eram mais seguidores em quem confiava do que subordinados. Entre Anami e eles existia uma franqueza e liberdade que faziam o ministro da Guerra famoso no exército. Era uma espécie de família e, para ele, todos eram como filhos.

Anami compartilhava com cada um dos seis que ali estavam crenças, laços de amizade e lealdade. Todos eram membros da seção de assuntos militares do Ministério da Guerra, centro do sistema nervoso, cérebro do estamento militar japonês. Masahiko Takeshita, tenente-coronel com o encargo das ligações políticas da seção de assuntos do exército, tinha uma responsabilidade familiar, era cunhado de Anami, seu vizinho de longa data, ocasionalmente parceiro na prática do *kendo* e seu confidente.

O tenente-coronel Masan Inaba era chefe do setor de orçamento da seção de assuntos do exército. Nessa função, procurava conhecer e defender as posições de Anami em discursos, mensagens sobre orçamento e declarações destinadas ao noticiário. Como dedicado e eficiente intérprete das ideias de Anami, Inaba defendia suas opiniões (tal como as interpretava) como se fosse papel carbono.

O chefe da seção de assuntos do exército, Coronel Okikatsu (Koko) Arao, era o mais antigo dos jovens tigres e chefiava o grupo original.

A esse grupo original de três tinham se juntado à última hora três dos mais jovens ardorosos admiradores de Anami, o Major Kenji Hatanaka, o tenente-coronel Jiro Shizaki (ambos subordinados de Takeshita) e o tenente-coronel Masataka Ida, subordinado de Inaba.

Hatanaka era pequeno, enérgico, movido por um patriotismo sem limite. Shizaki era firme, sereno, correligionário confiável. A figura delgada de Ida era dominada por uma cara rechonchuda de pessoa amável e dócil.

Ida e Hatanaka eram admiradores apaixonados do Professor Hiraizumi, que fazia palestras na Universidade de Tóquio. Anami também ficara impressionado pela síntese mística e histórica que o professor fizera sobre os destinos do Japão e por sua tese de que era responsabilidade dos cidadãos defender a Via Imperial, mesmo contra a vontade do próprio Imperador. O ministro da Guerra assistira às palestras de Hiraizumi e conseguira que ele também falasse a grupos de oficiais na Colina de Ichigaya, o Pentágono japonês.

Ida e Hatanaka eram membros de um grupo de estudos chefiado por Hiraizumi. Reuniam-se periodicamente com cerca de outros dez na casa do professor para aulas particulares. Compareceram por vários anos a essas aulas e tinham absorvido totalmente a violenta mistura de mitologia e ultranacionalismo do professor, que defendia até o emprego de meios sangrentos para chegar ao objetivo, desde que os fins assim justificassem. Nos últimos doze anos o professor vinha sendo figura de suma importância nos círculos ultranacionalistas e muitos de seus mais devotados adeptos eram militares do exército.

Na noite anterior, Ida recebera uma informação alarmante. Soubera que a facção favorável à paz achava que se o General Anami fosse assassinado seria possível neutralizar o exército. Ida achava que a ideia tinha bastante fundamento. Por precaução, para proteger a vida do ministro, foi aumentado para vinte o número de guardas da *Kempeitai* (polícia militar) que lhe provia segurança. Naquela noite abafada de verão, Ida e Hatanaka, preocupados com seu ídolo, tinham realizado uma longa viagem até a casa do general em Mitaka, afastado subúrbio de Tóquio, para se assegurarem de que ele estava bem. Foi uma demonstração de sua devoção, que Anami sabia reconhecer.

No dia 13, segunda-feira, o grupo de seis representava todos os conspiradores da seção de assuntos militares e da 2ª seção do quartel-general do exército. O objetivo do grupo era bem claro: fazer Anami ditador militar do Japão e continuar a guerra contra os Aliados. Eram dez horas da noite e estavam em Tóquio, devastada capital de um país sitiado e arruinado.

Anami tinha uma ideia geral sobre o objetivo do grupo. Na tarde do dia 11, quando se preparava para ir a uma reunião do Gabinete, integrantes do mesmo grupo o retiveram em seu escritório, onde os recebeu pacientemente, embora um tanto contrafeito. Takeshita, como porta-voz, fez uma exposição e pressionou o ministro da Guerra para rejeitar os termos de Potsdam, continuar a guerra e dar ordem ao Distrito Oriental do Exército se preparar para implantação da lei marcial. Outras pessoas presentes no gabinete de Anami naquele momento eram: o vice-ministro General Wakamatsu e seu secretário, tenente-coronel Hirose; o chefe da seção de assuntos militares, Nasu; o Coronel Hiroo Sato, chefe da seção de preparação para a guerra; o Coronel Saburo Hayashi, secretário de Anami; e o Coronel Arao, chefe da seção de assuntos do exército.

Preocupado em chegar a tempo à reunião do gabinete antes que as discussões começassem, Anami mandou o vice-ministro Wakamatsu tomar as medidas que julgasse necessárias e se retirou apressado. Sabiamente, Wakamatsu nada definiu, na expectativa de novas orientações. Os conspiradores tentaram se encontrar com Anami no dia 13, mas ele permaneceu fora de alcance, em reunião o dia todo. Agora, enfim, o general se dispôs a ouvi-los. Num canto da sala estava o Coronel Hayashi, dando ao encontro um toque de absurdo antes mesmo que começasse. Sua face tinha uma expressão de incrédula incerteza, que marcava indelevelmente suas feições desde que era mais novo. A experiência de Hayashi como cidadão japonês e oficial não contribuíra para que essas feições fossem atenuadas com o passar do tempo.

O Coronel Arao, o rosto impassível meneando na medida que realçava as palavras, disse a Anami que lá estavam porque achavam que chegara a hora de um *coup d'état*. Como os líderes do governo tinham decidido aceitar os termos da declaração de Potsdam, afirmou, a única coisa a fazer seria mudar o governo. Para tanto era preciso chegar a esse objetivo com rapidez, um mínimo de dificuldades e – mais importante – assegurar que o novo governo se dispusesse a travar a "batalha decisiva da pátria" até o último japonês. Esses eram os objetivos do plano elaborado por Arao e seus cinco companheiros.

Arao expunha o plano, Anami permanecia ereto e silencioso no ambiente quente e úmido, os olhos cerrados, em profunda meditação.

O plano todo se baseava num parágrafo de decreto imperial sobre lei marcial. Autorizava os comandantes da guarnição local a proclamar lei marcial *provisória sem sanção imperial*, em caso de emergência. Previa a colocação de Tóquio sob lei marcial, "isolar" o Imperador, afastando-o da facção pacifista, e "pedir" que expedisse as ordens necessárias para dar continuidade à Segunda Guerra Mundial.

Implicava retornar em forma e conteúdo à situação existente quando o Comodoro Perry chegara às praias japonesas noventa anos antes. Perry enviara seus emissários ao governante do Japão, o Shogun militar de então. Somente anos depois, quando os Estados Unidos enviaram Townsend Harris como cônsul americano, soube-se que o Imperador vivia em Kyoto, em isolamento imposto pelo Shogun.

A restauração Meiji de 1868 derrubou o shogunato e pôs o Imperador como figura central da vida japonesa. Embora não tivesse de volta o poder absoluto, o Imperador se tornou o personagem central em todos os rituais e funções religiosas. Como Filho Divino do Céu, alto sacerdote da religião do estado e símbolo máximo de poder, sua sanção era indispensável para tornar obrigatórios e legitimar atos do governo. A Restauração foi planejada para funcionar dessa forma. Desde 1868 os militares apoiavam esse simbolismo e dele tiravam proveito.

Agora, um pequeno grupo de conspiradores patriotas planejava se tornar a única voz a chegar ao Imperador e o único instrumento capaz de usá-lo para validar seus atos.

O plano era simples:

1. *Objetivo*. Não haverá rendição até que se tenha garantia de que nossas condições a propósito do Imperador sejam aceitas. As negociações devem continuar. Necessário induzir o Imperador a prosseguir negociando até que as desejadas condições de paz sejam aceitas. (Implicava contrariar a já pessoalmente anunciada decisão do Imperador aceitando as condições listadas na Declaração de Potsdam. Significava o prosseguimento da luta até que os Aliados acatassem as condições impostas pelo Exército do Japão, na verdade de aceitação impossível.)

2. *Procedimento*. O "golpe" será executado sob o amparo da autoridade do ministro da Guerra empregando tropas locais para fins de segurança em situação de emergência, forçado pelas exigências da conjuntura.

3. *Medidas a tomar*. O Imperador será mantido em isolamento nas dependências do palácio imperial, e outros defensores da paz, como Kido (Lord do Selo Real), Suzuki (primeiro-ministro), o ministro do Exterior e o ministro da Marinha serão isolados pelas tropas. Será implantada lei marcial.

4. *Condições e exigências preliminares*. Para a execução do *coup* é indispensável a concordância do ministro da Guerra, do Chefe do

Estado-Maior do Exército, do comandante do Distrito Oriental do Exército e do comandante da Divisão Imperial de Guarda.

Para o sucesso do plano, era indispensável a concordância do ministro da Guerra General Anami. Ele era o elemento-chave. Sem ele, o plano não teria êxito. Não havia outra personalidade militar de estatura que se comparasse à dele e fosse capaz de chefiar um movimento de resistência. O Chefe do Estado-Maior também era essencial porque sua oposição poderia levantar forças do exército capazes de liquidar a tentativa do *coup d'état*.

O comandante do Distrito Oriental do Exército tinha Tóquio como área de atuação, sendo responsável por sua segurança e defesa. Portanto, sua cooperação também era importante. Teoricamente, a Divisão Imperial de Guarda era subordinada diretamente ao Imperador e tinha por missão protegê-lo e montar guarda no palácio e nas instalações do complexo imperial. Se a Guarda não estivesse comprometida com a conspiração, certamente haveria luta. Portanto, a concordância do comandante da Guarda também era essencial.

Os conspiradores esperavam que o efeito dominó funcionasse a seu favor, induzindo todo o exército a apoiar o plano.

Anami, ouvindo com os olhos fechados, era o centro das atenções e ilimitadas esperanças. À medida que o plano era exposto, de vez em quando ele interrompia com uma categórica afirmação: "Darei a vida à sua causa", e uma solene frase: "Posso entender perfeitamente o que Saigo sentiu." (Era crença geral que Takamori Saigo fora obrigado, contra a vontade, a heroicamente liderar a única revolta realmente séria contra o regime Meiji em 1872. Fracassou e pagou com a vida.)

Com os conspiradores sentados à sua volta, Anami confidenciou que de fato não estava satisfeito com a conduta do grupo a favor da paz desde 9 de agosto, quando ocorreu a primeira discussão no Gabinete que se estendeu por todo o dia, apreciando os termos de Potsdam. Então, Anami pediu ao Coronel Arao para ver o plano. Estudou-o cuidadosamente, em silêncio. "E o plano de comunicações?" – indagou.

Arao descreveu como tinham planejado o isolamento do palácio, cortando as linhas telefônicas e trancando os portões. Disse como se apossariam do sistema de rádio e controlariam a imprensa.

Passando um lenço na testa úmida de suor, Anami disse: "O plano está visivelmente incompleto." – Mais uma vez fechou os olhos – "Por um lado, posso entender perfeitamente o que Takamori sentiu, mas..." Fez uma pausa. Os conspiradores ficaram atentos à sua palavra. "Mas, por outro", refletiu, "ofereci minha vida ao Imperador." Sofregamente os ouvintes concluíram que o ministro da Guerra tinha decidido apoiá-los na execução do "golpe."

Anami suspirou. "O plano de comunicações para o palácio é de suma importância. Precisa dar certo. Vou lhes dar uma resposta sobre o que penso sobre o assunto."

Essa postergação não agradou aos visitantes. Pediram uma decisão e imploraram para que fosse a seu gabinete no Ministério da Guerra à meia-noite e transmitisse sua decisão ao Coronel Arao. Anami concordou. Originalmente o plano estava previsto para entrar em execução à meia-noite. Agora, teria de ser adiado. Tinham sabido que estava marcada para as dez horas da manhã seguinte uma reunião do Gabinete. Decidiram marcar uma nova hora H.

A reunião começou a se desfazer. A atenção que Anami lhes dispensara tinha impressionado os jovens oficiais. O general os acompanhou até a porta para deles se despedir e os aconselhou a retornar a seus quartéis em pequenos grupos, evitando chegarem juntos. "Cuidado", advertiu, "podem estar vigiando vocês esta noite." Os oficiais ficaram sensibilizados com essa atitude, achando que Anami temia que o grupo pacifista estivesse usando alguns agentes da polícia para segui-los e que isso demonstrava seu ressentimento e suspeita dos partidários da paz.

Já passava das dez quando os conspiradores deixaram a casa de Anami tomando diferentes direções, fugindo da chuva que se aproximava. Takeshita ficou para trás. Perguntou ao cunhado sua franca opinião sobre o plano do "golpe." Anami encolheu os ombros e respondeu vagamente: "Não se pode dizer a verdade na presença de um grupo tão grande." Takeshita, que conhecia bem a forma de Anami colocar as palavras, deduziu disso que Anami pretendia participar do golpe. E saiu, muito animado, sob a forte chuva.

O Coronel Hayashi, secretário de Anami, permanecera sentado e calado, a observar tudo, como deve proceder o ajudante de um general japonês. Não ficara satisfeito com as palavras do general. Na verdade, não conseguia decifrar as reais intenções de seu chefe e lhe disse isso.

"Embora não saiba exatamente se o senhor aprovou o plano, já que eu apenas permaneci em meu canto escutando, acho que deixou a impressão de concordar com ele. O senhor não disse se o plano estava certo ou errado, mas como se referiu a ele com entusiasmo, creio que eles foram embora com a impressão de que o senhor o aprovou. Se isso não é verdade, é preciso deixar bem claro, de uma vez por todas. A discussão sobre a Declaração de Potsdam está vazando para a população. Além disso, apenas 60% dos operários que trabalham nas fábricas de material bélico do país estão comparecendo ao trabalho. Diante desse fato, não vale a pena o exército insistir em continuar a guerra, porque simplesmente não contará com o apoio do povo."

Hayashi tocara num grande problema. A língua japonesa é por natureza um idioma de meias palavras, ambiguidade e infinita sutileza. Chega a ser poética, e umas poucas palavras podem ter um amplo espectro de significados muitas vezes contraditórios. Frequentemente requer muitas palavras traduzir um significado, apenas um. Anami não estava se esforçando para evitar interpretações equivocadas. Ademais, a imprecisão das palavras aumentava a probabilidade de serem mal compreendidas.

O ministro da Guerra, impassível, ficou olhando Hayashi, mas nada disse. Seu secretário, notando que o assunto estava encerrado, pediu licença e saiu pela porta mais próxima. Anami chamou seu ordenança, tomou a vitamina de todas as noites, depois seguiu para um banho quente. O dia fora como uma longa sessão de *kendo* e precisava relaxar. O antigo ritual do torneio de *kendo*, com as impiedosas espadas de bambu, era uma arte que Anami apreciava. Na verdade, alcançara o nível cinco de eficiência em *kendo*.

Kendo é um esporte extenuante em que os oponentes protegem rosto, mãos e troncos com armaduras e empunham resistentes bastões de bambu. Inevitavelmente ocorrem golpes fortes quando os oponentes tentam marcar pontos atingindo o oponente no topo da cabeça, na garganta, nas axilas ou na mão que empunha a espada. Porém, mais do que simplesmente a vitória, a grande façanha no *kendo* é a conservação da calma quando intensamente pressionado, sem abrir a guarda para o adversário.

Depois de um longo dia de debate verbal com o ministro do Exterior Togo, o ministro da Marinha Yonai e outros defensores da paz, Anami ganhara poucos pontos e fora muito castigado. Todavia, conseguira manter a calma e expor suas ideias, e acreditava não ter baixado a guarda.

Dirigindo de sua residência para o gabinete pouco antes da meia-noite, sob a leve chuva e o cobertor abafado da escuridão, o ministro da Guerra Anami estava acompanhado pelo Coronel Hayashi, como de hábito. Ia a caminho do encontro com o Coronel Arao. Como representante dos conspiradores, "Koko" Arao esperava que o general lhe transmitisse sua decisão final sobre a participação no *coup d'état*. O golpe ia mostrar se haveria um *gyokusai*, um Armagedon; se grandes e pequenas cidades japonesas se transformariam em plantações; se a nação retornaria à Idade da Pedra – a uma sociedade agrícola em busca de alimentos – deixando para trás seu antes sofisticado complexo industrial.

Enquanto isso, no Piccadilly Circus de Londres, na Times Square de Nova York, em San Francisco, em Melbourne e em muitas outras cidades de países Aliados, nos últimos três dias, multidões alegres, confiantes e esperançosas, inebriadas pela perspectiva da paz, dançavam e comemoravam o dia da vitória ainda não oficial. O ministro da Guerra sabia disso e, como alguns oficiais, acreditava que essa pressão popular influenciaria os Aliados a moderar suas condições. A decisão que ele tomaria à meia noite poderia interromper abruptamente essas celebrações pela vitória ou dar-lhes caráter oficial.

Àquela altura, a única oportunidade que se abria para Anami era provocar o desabamento dos pilares da civilização japonesa num finale digno de Sansão. Podia tomar o poder por meio do "golpe" decretando a lei marcial. Ou poderia derrubar o governo dando sua demissão – depois rejuntar as peças como chefe do governo militar que certamente sucederia o atual. Com o poder ditatorial a contar em ambos os casos, o ministro da Guerra poderia neutralizar a facção pacifista, isolar o Imperador, dar prosseguimento ao estilo nacional do Japão (o sistema do Imperador) até o último japonês que empunhasse uma espada, no mais remoto refúgio da pátria. As árduas batalhas finais seriam travadas na expectativa de que quanto mais sangue inimigo derramado, maiores as chances de os Aliados fazerem menos exigências, a fim de encerrar o massacre.

As outras opções de Anami eram potentes, mas igualmente negativas. Poderia continuar numa ação retardadora nas sessões do Gabinete e do Supremo Conselho da Guerra. Sua apaixonada e inflexível oposição aos termos da Declaração de Potsdam vinha retardando o fim da guerra desde 10 de agosto, quando o Imperador tinha afirmado que os termos deviam ser aceitos. Se Anami conseguisse estender ao máximo as discussões, inevitavelmente causaria o rompimento das negociações de paz com os Aliados.

Anami poderia se retirar das reuniões do Supremo Conselho da Guerra simplesmente se recusando a comparecer e, assim, interromper as discussões e levar o Gabinete a um inevitável colapso. Poderia se recusar a assinar a declaração do Imperador que anunciava oficialmente a aceitação dos termos de Potsdam, quando e se tal documento fosse redigido. Essa medida o invalidaria e derrubaria o governo. Enquanto isso, o exército japonês estava sob as ordens de Anami expedidas em 10 de agosto:

> ... levar a guerra santa até o fim para proteger a Terra dos Deuses... combater resolutamente, ainda que isso exija comer grama, dormir nos campos. Acreditamos que existe vida após a morte. Esse é o espírito do grande Nanko, que quis renascer sete vezes para servir ao país, ou o do indomável espírito de Tokimune, que se recusou a alimentar ilusões e fez o máximo para esmagar as hordas mongóis. Oficiais e soldados de todo o exército, sem exceção, devem incorporar os espíritos de Nanko e de Tokimune, e marchar de encontro ao inimigo mortal.

Agora, à meia-noite de 13 de agosto, o ministro da Guerra chegou a seu gabinete em meio aos relâmpagos, acompanhado pelo Coronel Hayashi. Anami encontrou o Coronel Arao praticamente aos saltos de excitação. Hayashi permaneceu na antessala enquanto o general e Arao entravam na sala do ministro da Guerra.

Em meio à fumaça do cigarro e usando frases vagas, novamente Anami aprovou o objetivo de preservar "uma política de inviolabilidade nacional" (ou seja, a continuação do sistema imperial japonês) e reafirmou sua devoção ao Imperador. Disse a Arao, em seguida, que com a produtividade da indústria de material bélico abaixo de 60% estava difícil até a fabricação de granadas e balas. Encerrou a conversa pedindo a Arao que ficasse preparado para procurá-lo na manhã seguinte para se encontrarem com o General Umezu, Chefe do Estado-Maior do Exército, com quem discutiriam o plano. Isso devia significar, concluiu Arao, que o ministro da Guerra participaria do "golpe" e tentaria persuadir o General Umezu a cooperar. O coronel vibrou e rapidamente foi em busca de seus companheiros de complô para lhes dar as boas novas.

O General Anami voltou para seu carro com Hayashi. O céu agora estava limpo. A caminho de sua residência, passando pelas ruínas e chaminés de tijolo bem iluminadas pelo luar e pelas árvores nuas, o ministro da Guerra descreveu o encontro para Hayashi. "Eu disse a Arao o que você me falou", afirmou Anami tranquilamente. A energia pareceu tê-lo abandonado momentaneamente. "Mas imagino se ele vai me interpretar como contra o *golpe*. O que acha?"

Hayashi examinou as feições de Anami sob a tênue luz e pôde perceber sinais de tensão e fadiga. O general tinha boa saúde e até sob a pesada responsabilidade parecia sereno. Chegaram de volta à residência oficial do ministro da Guerra. Ao descer do carro, o coronel ficou meditando sobre o fanatismo dos conspiradores e a conduta evasiva de Anami. "Também imagino", disse Hayashi, fazendo a continência. E Anami se foi na cálida noite de agosto.

Enquanto o ministro da Guerra se dirigia para a cama, seu cunhado Takeshita e seus camaradas do complô absorviam ansiosos as notícias trazidas por Arao. Agora, com o General Anami a seu lado, podiam ir em frente. Não tinham dúvida de que o ministro da Guerra conseguiria persuadir o General Umezu a cooperar.

Porém, com a reunião do Gabinete e a hora H marcada para dez da manhã, teriam de trabalhar com rapidez. Ainda precisavam da cooperação dos comandantes da Guarda e do Distrito Oriental do Exército. Os conspiradores decidiram chamar esses dois oficiais e o comandante da *Kempeitai* (a temida polícia militar) ao gabinete do ministro da Guerra para se encontrarem com o general logo após a conversa com Umezu. Nessa ocasião Anami poderia lhes dar ordem para cooperar. Claro que, se hesitassem em participar do "golpe", seriam facilmente afastados e as necessárias ordens para seus subcomandantes seriam expedidas.

Os conspiradores mandaram dizer, da parte do ministro da Guerra, ao General Tanaka, comandante do Distrito Oriental do Exército, ao General Mori, comandante da Divisão Imperial de Guarda, e ao General Okido, comandante da *Kampeitai*, para se apresentarem no gabinete do General Anami às 07h15. Enquanto isso, foram preparar as ordens e instruções a serem expedidas para as tropas.

Afinal, estavam em plena ação! Em meio dia estariam no absoluto controle da situação e não mais teriam que tolerar a insolente e sacrílega facção pacifista. Portanto, avante com a guerra! Até que o inimigo concorde com termos razoáveis – os termos dos militares.

2
O ladrão no incêndio

Em 13 de agosto de 1945 o ministro da Guerra do Japão recebeu a visita de seis conspiradores decididos a se apoderar do governo e prosseguir a guerra em seu nome. A razão de recebê-los tão calorosamente (como o fez) e encorajá-los (como também o fez) pode ser traçada no passado sem limite.

A raiz de sua ação pode-se achar na origem mitológica do Japão, das instituições peculiares que cresceram naquela terra isolada; na separação entre Imperador e governante; na prodigiosa Restauração Meiji; na ascensão dos militaristas agressivos – e na história recente do Japão na Segunda Guerra Mundial. Entretanto, de certa forma seus atos podem ser vistos com mais clareza por meio de uma revisão dos eventos dos quatro dias anteriores – a partir de 9 de agosto de 1945.

"No momento, as coisas encontram-se num estado rudimentar e sombrio, e as pessoas pensam de forma primitiva. Empoleiram-se em ninhos ou amontoam-se em cavernas. Seus modos são simplesmente o costumeiro." Assim era em agosto de 1945, tal como fora quando o Imperador Jimmu fez aquele comentário vinte e seis séculos antes, em 660 A.C.

Era o oitavo ano de guerra para o Japão. Em Tóquio, a estendida capital, o calor de forno de agosto convencia à madureza antes do tempo as pequenas plantações de batata doce onde antes houvera escolas, lojas, escritórios e residências. A história de Tóquio estendia-se a mais de cinco séculos, mas seu futuro se afigurava desolador naquele vigésimo ano de Showa, o reinado de Hirohito.

Tóquio já fora a terceira maior cidade do mundo; agora, mais da metade de sete milhões de habitantes fugira, fora obrigada a abandoná-la, estava nas forças armadas designada a servir noutro lugar, ou ainda morta ou mutilada pelos ataques aéreos aliados que tinham devastado a velha metrópole e incendiado metade de seus prédios. Além disso, o édito de julho determinando que todos os residentes exceto 200.000

deveriam evacuá-la, deixaria Tóquio uma cidade fantasma.

A cidade exalava um cheiro de queimado, embora na manhã de 9 de agosto não houvesse bombas incendiárias a fazer suas crueldades. As sufocantes colunas de fumaça tinham baixado após o último ataque, mas os restolhos de cinza estavam entranhados no dia a dia. Vestuário, roupa de cama, paredes, alimentos e a própria terra exalavam o cheiro invisível do carvão a impregnar o ar saturado durante e depois dos ataques aéreos. Nada e ninguém estava livre dele.

A cidade era o próprio coração de um país sitiado. Com intensidade e eficiência maiores do que em qualquer outro momento da história, o inimigo triturava o povo e cada bem material dos japoneses. Cercado por um bloqueio de centenas de navios de guerra e submarinos, isolado por minas e aviões de vigilância do inimigo, bombardeado e arrasado pelos aviões e canhões Aliados, o povo japonês avançava rapidamente para trás. De mais moderna nação industrial da Ásia, o Japão ia sendo transformado numa sociedade impotente e esfacelada, apenas um degrau acima da Idade da Pedra.

As crianças tinham sido as primeiras evacuadas das cidades. Turmas inteiras foram com os professores para cidades "seguras" no interior. Porém, numa rústica escola fundamental suburbana de Tóquio, na manhã de 9 de agosto de 1945, houve uma atividade incomum. A escola estivera fechada por semanas, mas o prédio era agora a sede da estação de monitoramento da agência oficial de notícias, a Domei. Os rádios ficavam sintonizados com as capitais do mundo. Às quatro da madrugada, raiando um novo e sufocante dia de verão, o operador que monitorava a frequência de Moscou despertou de seu torpor.

Quando começou a transmissão da Tass, ele estava sonolento. Quando a notícia chegou ao fim, tremia da cabeça aos pés. O operador agarrou o telefone e ligou ao editor da Domei para assuntos de além-mar, no Hotel Imperial. "Hasegawa", arquejou ele, "os russos nos atacaram!"

Os russos declaravam guerra a partir da meia-noite de 8 de agosto. Tropas russas cruzaram a fronteira da Sibéria com a Manchúria em três diferentes pontos, poderoso movimento tríplice de envolvimento.

A interceptação realizada pela Domei foi transmitida ao Ministério do Exterior, cuja seção de rádio imediatamente telefonou para o ministro, o arredio Shigenori Togo de fisionomia imutável. Ele ouviu, chocado e indignado, o texto:

> Depois da derrota e rendição da Alemanha Hitlerista, o Japão passou a ser a única grande potência que insiste em prosseguir a guerra.
> Em 26 de julho, a exigência de Rendição Incondicional das forças armadas japonesas formulada pelas três grandes potências, Estados Unidos, Inglaterra e China, foi rejeitada pelo Japão, e assim, a proposta do governo japonês apresentada à União Soviética para atuar como mediadora na guerra do Extremo Oriente perdeu o sentido.
> Considerando a recusa do Japão em capitular, os Aliados submeteram ao governo soviético uma proposta para se aliar à guerra contra a agressão japonesa e, assim, abreviar a duração do conflito, reduzir o número de vítimas e acelerar a restauração da paz universal. Fiel a suas obrigações perante os Aliados, o governo soviético aceitou a proposta e aderiu à declaração de 26 de julho das potências aliadas.
> O governo soviético concluiu que essa atitude é a única forma a obter a paz com rapidez e poupar os povos de mais sacrifícios e sofrimentos, além de oferecer ao povo japonês a possibilidade de evitar os mesmos riscos e destruição sofridos pela Alemanha depois de sua recusa em render-se incondicionalmente.
> Tendo em vista o acima exposto, o governo soviético declara que a partir de amanhã, 9 de agosto, o governo soviético se considerará em guerra contra o Japão.

A ação soviética, menos de setenta e duas horas após o lançamento da bomba em Hiroshima, foi desconcertante. Ninguém conhecia essa questão tão bem quanto Togo, que, através do embaixador japonês em Moscou, vinha tentando, desde a rendição alemã em maio, conseguir que os soviéticos atuassem como mediadores junto aos Aliados.

Os americanos também sabiam disso porque os Estados Unidos tinham quebrado o código japonês, monitoravam e liam cuidadosamente as comunicações do Japão. Uma das mensagens mais importantes da guerra foi o telegrama de 12 de julho de Togo a Sato em Moscou: ".....é firme desejo de Sua Majestade o Imperador ver o imediato término da guerra. Entretanto, nesse grande conflito que envolve a Ásia oriental, enquanto a América e a Inglaterra insistem na Rendição Incondicional, nosso país não tem outra opção a não ser um esforço supremo capaz de assegurar a sobrevivência e a honra da pátria."

Embora essa clara declaração das intenções do Imperador pudesse ter motivado os Estados Unidos a fazer imediatos esforços diplomáticos para encerrar a guerra naquele momento, nenhuma iniciativa foi tomada para aproveitar aquela oportunidade de ouro.

Os russos mantinham distante Sato, embaixador do Japão, cuidando para que não recebesse uma resposta clara, sim-ou-não, em sua tentativa de conseguir a mediação. Em sua proposta, os japoneses não tinham apresentado condição nenhuma. Afinal, o que queriam? Sato disse que queriam autorização para o Príncipe Konoye ir a Moscou em missão especial, como representante pessoal do Imperador. Os soviéticos retrucaram indagando o objetivo da missão e pediram mais detalhes. O real objetivo da postergação soviética era, como disse Stalin a Truman em Potsdam, acalmar os japoneses e fazê-los acreditar que seu pedido estava sendo devidamente avaliado – até a Rússia estar pronta para atacar.

Os líderes japoneses tinham sinceramente depositado todas as suas esperanças nessa nesga de palha. Esperavam que os soviéticos pudessem ser o caminho para chegar aos Aliados e conseguir rever a exigência de Rendição Incondicional. Também esperavam que o fato de admitirem sua derrota levasse os soviéticos a manter a neutralidade.

Essas esperanças se baseavam na areia movediça das posições soviéticas. Sato enviara ao ministro do Exterior uma série de notas explicando que provavelmente aquele esforço não produziria resultados. Aconselhou Togo a celebrar a paz antes que o Japão tivesse o mesmo destino da Alemanha. Em uma das notas, Sato previu que a Rússia atacaria logo depois de 1º de agosto. Essas mensagens não tinham contribuído para a popularidade de Sato no Ministério do Exterior e no Gabinete japonês. Tampouco o fato de ter se revelado observador atento serviu para aumentar o círculo de seus admiradores. Previsões desagradáveis que se confirmam não trazem aplauso.

O que o Japão temia acabou acontecendo. Os soviéticos tinham deixado cair a primeira botina em abril de 1945, ao denunciarem o pacto de neutralidade entre Japão e União Soviética. Agora, caía a segunda botina. Enquanto as cidades do Japão ardiam em chamas ou evaporavam em meio ao cogumelo da bomba, a União Soviética atacava como um ladrão tirando proveito do incêndio. Pelo menos, o suspense cessara. O massacre estendia-se a uma área mais.

"Antes do amanhecer o operador de rádio do Ministério do Exterior me informou que a Rússia declarava guerra ao Japão e invadira a Manchúria", registrou Togo. "Fui imediatamente ao primeiro-ministro (Almirante Barão Kantaro Suzuki), que estava bombardeado(...). Lembrei o primeiro-ministro que lhe pedira para reunir os membros do Supremo Conselho de Guerra para discutir a bomba atômica de Hiroshima, e acrescentei achar mais urgente que nunca chegar a uma decisão para terminar imediatamente a guerra. O primeiro-ministro concordou."

O venerável premier tendia a concordar com o que quer que fosse dito. Era uma de suas mais irritantes e incompreensíveis características. Naquele momento, ele se voltou para seu jovem secretário e chefe do Gabinete, Hisatsune Sakomizu, que chegara pouco antes, e o mandou convocar o Supremo Conselho de Guerra o mais rápido possível.

Aí Suzuki lembrou-se do Ten-Gen Sumihisa Ikeda, chefe da seção de planejamento do Gabinete, que estivera no exército de Kwantung na Manchúria até três semanas antes. Portanto, estava em condições de avaliar a possibilidade de resistir ao ataque soviético. O premier telefonou a Ikeda e perguntou ao corpulento soldado, bom analista em situações como aquela: "O exército de Kwantung é capaz de repelir o ataque soviético?"

"O exército de Kwantung é coisa sem esperança", respondeu Ikeda. "Em duas semanas, Changchu (maior cidade da Manchúria central) será ocupada."

Suzuki, resignado com as más notícias, suspirou: "O exército de Kwantung é assim tão fraco? Nesse caso, o jogo acabou."

"Quanto mais demorarmos para chegar a uma decisão", alertou Ikeda, "pior a situação ficará para nós."

"Absolutamente correto" – concordou o Premier.

Estranho, murmurou Ikeda, o premier nunca dar sua opinião, nem nas reuniões do Gabinete, nem nos encontros com o Imperador.

Em seu alojamento a sudeste do palácio, o tenente-coronel Masahiko Takeshita dormia quando o toque desanimador do telefone cortou-lhe o sono e o tirou da cama. Takeshita estava elegante, de cabeça quente e transpirava energia.

O telefonema era do Ministério da Guerra: acabara de chegar uma informação do exército de Kwantung (a maior força militar do Japão na China e na Manchúria): "Os russos atacaram. Venha para cá imediatamente."

Takeshita vestiu rapidamente o uniforme, pegou um dos barulhentos carros a carvão do Estado-Maior, e partiu ruidosamente para o Ministério da Guerra. Lá chegando encontrou a discussão fervendo. Girava em torno da invasão russa; da traição dos soviéticos ao atacar sem aviso prévio; das mentiras para justificar o ataque; da força insuficiente do exército de Kwantung para resistir; do destino do Imperador se os russos vencessem; do destino do próprio Império se eles fossem vitoriosos; do destino dos chefes militares se os russos triunfassem.

Subitamente, era uma guerra diferente. Embora havia muito tempo temesse um ataque russo, o Japão não estava preparado para isso, segundo o Ten-Gen Kawabe, vice-chefe do Estado-Maior do Exército: "Quando aconteceu, a intervenção russa foi um grande choque, ao passo que o impacto causado pela bomba atômica não foi tão sentido de imediato. Como Tóquio não foi diretamente afetada pela bomba, o impacto não foi tão grande... mas os relatórios que chegavam a Tóquio afirmavam que as forças russas 'estão invadindo em massa.' O choque e o alarme que todos sentimos foram ainda maior devido ao temor constante de que isso acontecesse, com a viva imaginação de que 'as forças do Exército Vermelho na Europa se voltavam contra nós.'"

O ataque soviético não deveria ter sido um choque. Relatos da inteligência japonesa vinham alertando que tropas, canhões, tanques e equipamento eram transportados para a Sibéria desde fevereiro de 1945. Até o ritmo desse deslocamento fora informado: trinta vagões por dia. No fim de maio, a inteligência estimou já terem sido transportados 870 canhões, 1.200 tanques, 1.300 aviões e mais de 160 mil homens. Claro que esse movimento aumentara após o colapso da Alemanha em maio. Um ponto significativo das informações recebidas foi o fato de essas tropas não estarem equipadas para combater no inverno. Aparentemente planejavam uma campanha rápida e fácil – logo.

Os russos se lembravam bem de seus choques com o Japão, e vice-versa. Era bem claro na memória dos russos ainda vivos que em três ocasiões anteriores a Rússia sofrera graves baixas infligidas pelo Japão. E os atritos entre os dois países nunca cessaram.

Em 1875, o Japão tinha trocado suas reivindicações sobre Sakalina pelas Ilhas Kurilas. Vinte anos mais tarde, a Rússia entrou em cena quando o Japão invadiu a China, e pareceu em ponto de ampliar seu império terrestre. No mesmo ano, o Japão se viu obrigado pela tripla intervenção de Rússia, França e Alemanha a abrir mão de suas pretensões a Port Arthur e a evacuar essa cidade em troca de substancial pagamento em prata. Três anos mais tarde, atravessou na garganta dos japoneses a Rússia apossar-se de Port Arthur (arrendando-o da China).

Esse foi um dos fatores que alimentaram a guerra russo-japonesa de 1904, quando o Japão atacou a Rússia de surpresa e rapidamente liquidou a marinha russa e o exército siberiano. Porém, o Japão, exaurido, ficou aliviado quando Theodore Roosevelt interveio como mediador para conseguir a paz. O Tratado de Portsmouth concedeu metade da Sakalina ao Japão, e a Rússia abriu mão do arrendamento da Península de Kwantung e de Port Arthur, fez as malas, saiu da Manchúria e admitiu a Coreia na esfera de influência do Japão.

Quando a Revolução Russa aconteceu em 1917, os ingleses e os americanos "convidaram" o Japão a enviar tropas para a Sibéria, a fim de "manter o status quo." O pedido para essa expedição foi de 7.000 soldados de cada potência aliada. Os japoneses cooperaram com entusiasmo, tanto que se perderam nas contas, e o efetivo enviado chegou a dez vezes os 7.000 solicitados. E também perderam a noção de tempo.

Quando os outros Aliados retiraram suas tropas, os japoneses lá permaneceram, sem prazo para sair. E foram ficando. Somente após uma firme, embora cortês, pressão diplomática dos ingleses e dos americanos, as tropas japonesas foram retiradas da Sibéria, dois anos depois da retirada das forças Aliadas. O Japão levou mais dois anos para retirar suas tropas que estavam na Sakalina russa. Antes de se retirar, os japoneses tinham chegado até a cidade de Irkutsk na Sibéria central, a quase 1.400 milhas do Mar do Japão.

Atritos fronteiriços entre japoneses e russos foram frequentes depois que o Japão se apoderou da Coreia, instalou seu império fantoche Manchukuo na Manchúria, em 1931, e eliminou a resistência chinesa ao invadir a "Mongólia Interior." O Japão também extraiu concessões russas para explorar petróleo e pesca.

Em meados de 1938, os chefes militares japoneses na Manchúria acharam que era hora de testar o poder russo. Criaram um sério incidente de fronteira em Changkufeng, na junção de Coreia, Manchúria e Sibéria. Os soviéticos lhes impuseram dolorosa derrota. Na primavera seguinte, os japoneses tentaram nova aventura na fronteira. O exército de Kwantung atacou posições soviéticas na "Mongólia Exterior", em Nomonhan. O incidente rapidamente ganhou graves proporções e se transformou em uma pequena guerra, com 300 mil homens envolvidos numa batalha que na época foi o maior choque de tropas mecanizadas do mundo. Depois de sofrer cerca de 50 mil baixas, os japoneses resolveram abandonar o caso todo.

Diante dessa história de frequentes atritos entre russos e japoneses, naquela abafada manhã de 9 de agosto de 1945 os oficiais japoneses não tinham dúvida de que os soviéticos tentariam obter tudo que pudessem. Os oficiais japoneses do quartel-general sabiam o que o mundo suspeitava e o povo japonês ignorava: do magnífico exército Kwantung tinham sido retiradas tantas tropas e armas para suprir outras campanhas japonesas que poucas restaram à disposição. Dizia-se, inclusive, que só havia um fuzil para cada três homens. O besouro parece formidável até se descobrir a carapaça vazia.

O mais preocupante de tudo era a previsão de os russos influírem nas negociações de paz.

Com os soviéticos na guerra e subscrevendo a declaração de Potsdam, os termos sobre ocupação e eleições desse documento ficariam absolutamente inaceitáveis. Japonês nenhum estaria seguro com os soviéticos compartilhando o controle do país. Permitiria aos russos incentivar e apoiar os movimentos comunistas em Nippon, do qual os vermelhos tentariam se apossar e, com apoio soviético, talvez conseguissem. Então, seria caso fácil anexar o Japão como parte da URSS.

Certamente, os soviéticos fariam todo o possível como ocupantes para esmagar os japoneses sob seus calcanhares. O mais inquietante de tudo era os russos encarregados da ocupação poderem prender quem desejassem, a qualquer hora, inclusive o próprio Imperador. Num piscar de olhos poderiam extinguir 2.600 anos de ininterrupto "regime", pondo fim à política nacional sem paralelo do Japão. De qualquer ponto de vista era impensável aceitar os termos da declaração de Potsdam e sofrer a presença dos Aliados e/ou soviéticos em solo japonês.

Na opinião dos oficiais do exército do GG Imperial e do Ministério da Guerra, não havia alternativa, a não ser redobrar esforços para evitar os horrores da ocupação. Portanto, era preciso lutar até o fim. Recorrer à tática de terra arrasada e de guerrilha nas montanhas era a única opção. Muitos deles tinham combatido na China e sabiam que, embora lá tivesse marcado presença por oito anos, o Japão tinha controlado apenas os centros populacionais e suas linhas de comunicações, não o país todo. O mesmo poderia acontecer no Japão, com o inimigo ocupando as cidades principais, portos e ferrovias. Porém, não haveria força policial capaz de ocupar toda a costa e controlar 80 milhões de japoneses determinados e imbuídos do espírito indomável da raça Yamato. Os Aliados jamais venceriam o Japão.

No prédio de pedra e tijolo do Ministério da Marinha, na manhã daquele 9 de agosto, estava em curso inflamada discussão. O Vice-Almirante Zenshiro Hoshina, chefe da seção de assuntos militares do ministério, órgão-chave do poder naval, depois de tomar conhecimento do ataque russo, concluiu que a importância dos eventos exigia uma decisão definitiva sobre guerra ou paz. Inicialmente Hoshina quis ouvir o Vice-Almirante Takajaro Onishi, vice-chefe do Estado-Maior da Marinha.

Onishi era o fanático oficial responsável pelo aperfeiçoamento das técnicas de "ataque especial" e pela transformação dos aviões e barcos *kamikaze* (vento divino) e seus pilotos suicidas em um fantástico instrumento de guerra. Somente na campanha de Okinawa a tática suicida de Onishi tinha custado aos americanos mais navios e vidas do que nenhuma outra batalha em sua história.

Começando nas batalhas nas Filipinas no fim de 1944, o Corpo de Operações Especiais, mortal concepção de Onishi, tinha utilizado 665 oficiais e 1.400 praças da Marinha contra o inimigo. Onishi era um elemento fundamental, se não o líder, dos "intransigentes" da Marinha. Conhecendo bem a inclinação de Onishi, Hoshina quis saber o que ele pensava sobre aquela situação, com a entrada da Rússia na guerra: "O alto-comando ainda confia na capacidade militar para lidar com a situação? Dessa resposta depende a decisão sobre nossa política. Se já não confia, o Japão não tem outra alternativa a não ser aceitar a declaração de Potsdam e o fim da guerra. O que você acha?"

Onishi deu uma resposta um tanto longa, minimizando a importância da bomba atômica, da participação da Rússia na guerra, da diminuição flagrante da eficiência dos navios de guerra japoneses e da redução dos estoques de óleo e gasolina. Destacou a eficiência dos ataques especiais e das armas suicidas que estavam em fase de preparação. Com a certeza superlativa dos fanáticos presunçosos, afirmou haver "amplas chances de vitória para o Japão."

Em seguida, Hoshina foi ao gabinete do ministro da Marinha, o almirante Mitsumasa Yonai. Encontrou o volumoso Yonai sentado relaxadamente atrás de sua mesa. Antes que Hoshina pudesse abrir a boca, Yonai levantou-se e laconicamente apenas disse: "Desisti da guerra".

Assim, pela primeira vez a divergência ficou bem clara e abertamente declarada. Alguns oficiais da cúpula da Marinha eram a favor da luta até o último homem, enquanto o ministro da Marinha queria o fim do conflito. Que contraste com o jingoísmo que imperava no Exército, de alto a baixo! Se o ministro do Exército tivesse feito a mesma afirmação de Yonai, sem dúvida teria sido assassinado.

3
O velho novo líder

NESSA HORA FINAL, o líder do Japão era um homem de inquestionável integridade e lealdade ao Imperador, o Almirante Barão Kataro Suzuki, de setenta e sete anos. Mas não podia haver escolha menos desejável para liderar uma nação em suas mais severas provas.

Na data em que a Rússia atacou, Suzuki era premier havia quatro meses, durante os quais a forma de vida da nação fora literalmente destruída. Mas o governo ainda não tinha admitido publicamente essa situação, e Suzuki podia ser visto lendo Lao-Tse em seu gabinete, enquanto o ministro do Exterior agitava freneticamente a bandeira da paz.

Em 1º de abril de 1945, apenas uma semana após a queda de Iwo Jima, começaram os desembarques aliados em Okinawa. No quinto dia, os Aliados já tinham consolidado a cabeça-de-praia, dominando a frágil resistência japonesa. No mesmo dia, a União Soviética denunciou o Pacto de Neutralidade entre Japão e Rússia. Também no dia 5, o premier do Japão, General Kuniaki Koiso, renunciou.

Naquela noite, Koichi Kido, Lord do Selo Privado do Imperador, convocou uma reunião do *jushin*, que congregava ex-primeiros-ministros e o presidente do Conselho Privado.

Todos, menos um, já tinham sido primeiros-ministros do Japão e, de certa forma, fracassado no cargo. Tojo, por exemplo, não conseguira vencer a guerra. O Príncipe Konoye não fora capaz de evitá-la. Os esforços do Barão Hiranuma para celebrar um pacto Japão-Berlim resultaram em fiasco. O Almirante Okeda não lograra evitar uma revolta militar em 1936. Koki Hirota não fora capaz de controlar o exército. Reijiro Wakatsuki, embora tentasse, não conseguiu nem impedir e tampouco deter a invasão da Manchúria pelo exército japonês. O único não político do grupo, único que não fora Premier, era o presidente do Conselho Privado, Barão Suzuki, com suas sobrancelhas de mato.

O objetivo de Kido ao convocar essa reunião era se valer do bom senso de seus membros para indicar o substituto do Premier, que acabara de renunciar. Como de hábito, o Selo Privado fizera algumas sondagens para que o desfecho da reunião não fosse inesperado. Se não arranjara o jogo, pelo menos acertara o baralho.

O Lord Selo Privado aplicou seu formidável talento para conseguir que o Almirante Suzuki fosse indicado primeiro-ministro. Kido mandara seu secretário sondar as opiniões do almirante. Em seguida quis saber a opinião do Imperador e não encontrou objeção à indicação de Suzuki. Antes da reunião, o Selo Privado discutira o nome de Suzuki com três dos sete membros do *jushin*, e os três concordaram em indicar o velho almirante para o cargo.

Quando o conselho se reuniu mesmo para definir as qualidades requeridas do novo premier, Tojo tomou a iniciativa e afirmou que o novo Gabinete provavelmente seria o último. Suzuki seguiu a mesma linha, destacando que o novo premier teria de encerrar a guerra a qualquer custo: "O sucessor chefe do Gabinete que vier será considerado incompetente se não tiver determinação para tanto."

Na hora do chá, os estadistas seniors salientaram que o novo premier deveria ser um militar da ativa, como Tojo e Koiso tinham sido. Tojo defendeu que, nas circunstâncias, só um militar teria condições para conduzir o país e a guerra. Suzuki assinalou que o Príncipe Ito, primeiro-ministro por ocasião da guerra sino-japonesa em 1894, não era militar e argumentou que não via razão para essa exigência.

O Príncipe Konoye alinhou dois critérios: o novo premier deve merecer confiança e ser alguém sem ligação com fracassos anteriores. Essas premissas foram acolhidas pelo grupo.

Suzuki propôs que o *jushin* assumisse a tarefa de conduzir o governo num esforço conjunto. "Devemos estar preparados para nos sacrificarmos pelo país, para assumir todas as responsabilidades e até morrer em ação por Sua Majestade. Quanto ao cargo de primeiro-ministro, gostaria de pedir ao Príncipe Konoye, o mais novo entre nós, para assumi-lo, considerando que a função é extremamente extenuante. Do restante, nós cuidaríamos. Que tal quatro de nós para iniciarmos essa tarefa?"

A ideia foi rechaçada por Konoye e Hiranuma, que frisaram que a proposta contrariava diretamente os princípios que tinham aprovado. Então, Hiranuma indicou Suzuki, no que foi apoiado por Konoye e Wakatsuki. Suzuki ficou apavorado: "Sempre achei que a participação de militares na política arruinaria o país. Assim aconteceu no Império Romano, com o Kaiser e com os Romanoffs. (Como acredito nisso) para mim é impossível participar da política. Além disso, estou meio surdo e peço que me dispensem."

Suzuki poderia ter assinalado outras desvantagens: estava perto dos oitenta anos; realmente detestava política; não era esperto e astucioso; era franco; era um taoísta e praticava devotadamente a crença de que viver nas sombras é uma grande virtude. Mas se o velho marinheiro achou que podia escapar, estava enganado. Foi pressionado por Kido e por todos os membros do *jushin* para aceitar, com exceção de um, Tojo. O general alertou bruscamente: "Se você não tiver cuidado, é possível que o Exército caia fora (retire seu apoio). Se isso acontecer, o Gabinete terá de ser dissolvido."

"É terrivelmente grave a possibilidade de, no momento que vivemos, o exército retirar seu apoio", retrucou Kido. "Há indícios dessa possibilidade?"

"Eu diria que sim", deixou escapar Tojo. Tratava-se de uma indisfarçável ameaça afirmar que o Exército poderia se afastar de um governo que não pudesse controlar. Talvez apenas o governo de uma junta militar Exército-Marinha satisfizesse os militares. Talvez preferissem um *coup d'état* e lei marcial.

O Selo Privado chamou Suzuki a um canto enquanto os outros saíam para jantar. "Há pouco o senhor foi extremamente relutante, mas tendo em vista a presente situação, peço que organize um Gabinete a qualquer custo. Perdoe-me por incomodá-lo, mas aceita a missão?"

Suzuki, sentindo-se em uma armadilha, disse: "Gostaria de declinar por não confiar em mim mesmo para esse cargo."

Sabendo que Suzuki ouvia mal e sempre falava com certa ambiguidade, Kido continuou a pressioná-lo. "A situação é tão crítica que vos imploro tomar a grande decisão de salvar o país."

O que o Japão precisava naquele momento desesperador era de um militar atualizado e gênio político capaz de transformar a adversidade em benefício, um Alexandre oriental. Em vez disso, pôs no leme da nação um idoso herói naval das guerras de 1894 e 1904, uma venerável figura de avô que, por uma década, fora um Majordomo da corte imperial, cuidando dos compromissos de estado e dirigindo o protocolo como Gran Chamberlain do Imperador.

Por que essa escolha? No plano interno, a indicação do almirante foi um golpe de mestre, por diversos motivos. Suzuki era adorado pelo povo como genuíno herói de guerra.

O velho marinheiro desfrutava da confiança absoluta do Imperador. "Com Suzuki", sentia o Imperador, "poderia abrir meu coração." Informalmente Sua Majestade se referia a ele como *oyaji* – tio.

Havia outras razões mais sutis para fazê-lo Premier. Evidentemente ele não fazia parte da panelinha do exército que queria a guerra. Portanto, para a nação e para o mundo significava que o exército e os defensores da continuação da guerra total tinham sido desmontados. Suzuki era tão desinteressado da luta política que tanto os jingoístas linha dura quanto os defensores da paz acreditavam que teriam campo para manobrar. Sem uma política própria e firme, pensavam eles, Suzuki poderia ser arrastado, ou endossar decisões criadas por outros.

O velho almirante não despertava antagonismo, ressentimento e ciumeira, como ocorrera com os generais Tojo e Koiso. Tojo ficara profundamente impopular por ser tão mão-de-ferro e arbitrário. Koiso estava sempre atormentando o exército, a corte e o povo com sua grosseria. Suzuki era amplamente conhecido como homem humilde e, fiel a suas crenças taoístas, isento de ambições e objetivos egoístas.

Não obstante, havia quem fizesse sérias restrições a seu respeito.

"Alguns círculos do exército duvidavam que, em sua idade, fosse capaz de adotar medidas urgentes e imediatas para enfrentar a situação da guerra naquele momento, tanto internamente quanto no exterior", afirmou o chefe da seção de assuntos militares do Ministério da Guerra. "Todavia, na época não surgiu forte oposição (oficial) nos círculos militares à sua indicação, uma vez que o exército sabia que Suzuki contava com a confiança particularmente firme do Imperador e, portanto, o fato de ocupar o cargo de primeiro-ministro poderia ser vantajoso para o Exército, desde que aceitasse suas propostas. Ademais, era irmão do General Takao Suzuki, em quem o exército depositava total confiança.

Indicado primeiro-ministro, um dos primeiros atos de Suzuki foi telefonar a seu amigo o ex-Premier Almirante Okada, que abandonara a política havia quatorze anos e passara para a reserva naval havia sete anos, e pediu-lhe para ser o novo ministro da Marinha. Okada, surpreso e apreensivo, imediata e apressadamente partiu para a residência oficial do primeiro-ministro para conversar com Suzuki.

A ideia de Suzuki era tão absurda que parecia esquecer fatos do passado. Quando era premier, Okada fora alvo de oposição tão violenta de extremistas do Exército que em 1936 tentaram matá-lo. Era almirante da reserva. Os cargos de ministro da Guerra e da Marinha exigiam militares da ativa. Obviamente Suzuki não submetera sua ideia aos maiorais da Marinha (teriam se oposto à indicação de Okada). Se esperava contar com sua cooperação, esse requisito era indispensável.

Quando chegou à residência do Premier, os temores de Okada se confirmaram. Encontrou um grupo de pessoas "que não costumavam nem mesmo fazer chamadas telefônicas", nem pensar em se envolver na selva da política.

Okada sentou-se e conversou com Suzuki como se fosse um duro "tio holandês" nada concessivo. Ficou evidente que o velho companheiro precisava de alguém com experiência política e em quem pudesse confiar. Okada recomendou um jovem que conhecia bem e que era experiente, Hisatsune Sakomizu. Com quarenta e três anos, Sakomizu tinha sido seu secretário particular quando Okada era Premier, e conservara seu interesse pela política. Na verdade, agora era diretor da carteira de bancos e finanças do ministério das Finanças. Okada garantia ser uma boa escolha. Por acaso, era seu enteado. Suzuki indicou Sakomizu para o cargo de secretário e chefe de gabinete, a força motriz do Ministério.

Okada e Sakomizu descreveram para o velho almirante as dificuldades políticas para organizar um Gabinete, e Suzuki acolheu seus conselhos. A primeira parada do trajeto foi o Exército.

Para formar seu Gabinete, como era costume, Suzuki quis ouvir o ministro da Guerra que deixava o cargo, o Marechal Sugiyama. Queria saber a recomendação do Exército para o cargo de ministro da Guerra de seu governo. Pessoalmente, Suzuki queria o General Korechika Anami, que fora ajudante-de-ordens do Imperador quando ele, o Premier, era o Grand Chamberlain de Sua Majestade.

Nessa época, Suzuki teve a oportunidade de conhecer Anami a fundo. Respeitava o general e confiava nele, mas os costumes indicavam a conveniência de pedir ao Exército que "indicasse" um candidato.

Antecipando-se, os chefes do exército tinham não somente escolhido um sucessor, mas também, como era hábito, listado uma série de condições. A menos que o novo premier aprovasse as condições apresentadas, o Exército se recusaria a fazer uma indicação. E claro que sem ministro da Guerra seria impossível organizar um Gabinete.

O Marechal Sugiyama entregou a Suzuki a lista de exigências organizada pelo exército:

1. Levar a guerra até o fim, por mais amargo que seja.
2. Boa solução para o problema da unificação Exército-Marinha.
3. Preparar o país para a batalha decisiva no território pátrio.

Cada um desses pontos gerava muitas discussões no âmbito do exército. Especulou-se que Suzuki se tornaria uma espécie de Badoglio do Imperador e, tal como o marechal italiano, tão logo assumisse o poder pediria a paz. Alguns grupos da força terrestre não se opunham a uma paz negociada, mas todos rejeitavam a rendição incondicional, considerando-a verdadeiro suicídio nacional. Assim, o ponto número 1 passou a ser o objeto de maior atenção do novo Premier.

O ponto 2 era melindroso para ambas as forças. Após o fim da década de trinta, houvera atritos cada vez mais frequentes entre Exército e Marinha na disputa por fatias do limitado orçamento nacional. Cada uma das forças ambicionava mais, a fim de aumentar poder. Cada uma se opunha aos investimentos da outra na produção industrial e tentava superar a outra na fabricação de aviões e armamento, combinando essa animosidade com a inevitável inflação.

Unificação das forças armadas era uma questão urgente desde 1940, mas nada significativo ocorrera desde então. Os mais jovens oficiais do QG estavam tão preocupados a respeito que a discutiam com veemência. O Major Hatanaka e o tenente-coronel Shiizaki, por exemplo, submeteram a seu chefe um inflamado requerimento exigindo a renúncia do ministro da Guerra Sugiyama, "que tinha sido incapaz de unir Exército e Marinha."

O terceiro ponto foi incluído porque o exército considerava inevitável o desembarque inimigo no território nacional e que seria preciso expedir leis e ordens para a organização de fortalezas e de uma milícia.

Suzuki leu rapidamente as três condições, fez um vigoroso aceno de cabeça e disse: "Estou de acordo com os três pontos". Em seguida, e somente então, o Exército aprovou Anami como novo ministro da Guerra.De modo geral, a maioria dos japoneses concordava com a opinião do novo ministro da Guerra sobre Suzuki. Anami se referia ao almirante como *teitoku* (grande homem naval) e dizia para seus amigos do exército: "O primeiro-ministro não é o tipo de homem capaz de enganar o povo e levá-lo a celebrar a paz. Não é do tipo que, enquanto negocia a paz, clama

O velho novo líder

por guerra".

Suzuki nasceu no último ano da era feudal do Japão, 1867, ano da restauração Meiji que modernizou o país. No processo de transformação o pouco importante cargo político de seu pai foi abolido, e a família de onze membros mudou-se inicialmente para Tóquio e depois para uma pequena cidade de província onde o menino foi educado. Convenceu os pais a deixá-lo ingressar numa escola preparatória da Marinha e de lá foi para a academia naval.

Foi comandante de um torpedeiro na guerra contra a China (1894-1895) e condecorado por bravura em ação ao afundar um navio de guerra chinês, destruir um quebra-mar e resgatar outra belonave japonesa e sua tripulação. Isso lhe proporcionou fama, uma dispensa para voltar a seu lar para casar e entrar no Colégio de Guerra Naval. Posteriormente a Marinha o enviou para a Alemanha a fim de estudar a educação na marinha e teve dois anos para viajar por várias regiões. Na guerra russo-japonesa, estava no comando de um cruzador quando a frota russa do Báltico chegou para seu encontro com o desastre. O navio de Suzuki destruiu duas belonaves inimigas.

Suzuki prosseguiu na carreira e ocupou os mais altos cargos da marinha japonesa – comandante-em-chefe da esquadra combinada; Chefe do Estado-Maior; conselheiro de guerra de Sua Majestade. Em 1929 foi nomeado Grand Chamberlain do Imperador, e se empenhou intensamente para convencer os radicais da Marinha a concordar com Sua Majestade por ocasião da Conferência Naval de Londres. Isso o tornou homem marcado. Em 26 de fevereiro de 1936 teve que encarar a fúria cega de um grupo de jovens militares fanáticos. Um bando de assassinos atirou quatro vezes contra ele e quase o matou na breve revolta militar que ficou conhecida como o Incidente 2-26.

O velho almirante e os outros elementos visados constavam de uma lista dos rebeldes como "falsos conselheiros" do Imperador. O Grand Chamberlain era visado por aqueles olhos devido ao seu apoio à proporção 5-5-3 de navios, à sua crença de que os militares deviam ficar fora da política e ao acesso que tinha ao Imperador.

Em 1940, esse "antigo personagem naval" foi nomeado vice-presidente do Conselho Privado e, em agosto de 1944, passou a presidente e, em consequência, membro do *jushin*. Quando assentiu em ser Premier, sabia que estava pondo a cabeça na guilhotina. As opções de que ele e seu Gabinete dispunham eram terríveis. Se os Aliados não os considerassem criminosos de guerra, os patriotas fanáticos e descontentes o fariam. Alguns dos companheiros de Suzuki foram objeto da vingança dos dois lados. E mais uma vez o velho marinheiro passou a ser visado para um assassinato.

O principal objetivo do governo de Suzuki era encerrar a guerra. Precisava terminá-la. O Imperador queria liquidá-la rapidamente. Influentes homens de negócios e a aristocracia só enxergavam uma opção, acabar com a luta. Mesmo a massa do povo estava cansada de bombardeios incessantes e praticamente sem oposição, cansada do racionamento de alimentos e dos sofrimentos. O exército era outro problema. Agia como se a vitória fosse possível e mesmo inevitável, desde que a guerra continuasse por mais uma ou duas décadas. E contava com cinco milhões de homens por trás dessa posição.

Em tais circunstâncias, às vezes as indefinições próprias do taoísmo de Suzuki eram uma vantagem. Mas também apresentavam vários inconvenientes. Sua crença de poder se comunicar sem palavras era admirável, mas frustrante. Não era o único que pensava desse modo. O próprio Imperador, por exemplo, ao investir Suzuki com o poder de primeiro-ministro nada disse sobre a importante missão que lhe atribuía. Tampouco Suzuki perguntou. Por quê?

"Eu sabia o que Suzuki pensava" disse o Imperador mais tarde, "desde que foi nomeado e, por outro lado, estava convencido de que Suzuki compreendia meu pensamento. Por conseguinte, naquela época não tive pressa para manifestar meu desejo de paz." Isso era apenas uma parte da questão. A outra envolve o fato de as ideias que o Imperador revelara em ocasiões anteriores terem vazado e sido distorcidas por subordinados, provocando situações embaraçosas. Desta vez Sua Majestade estava convencido de que um vazamento poderia colocar seriamente em risco a possibilidade de paz.

Ao que tudo indica Suzuki interpretava precisamente as vibrações. "Quando subitamente tive de enfrentar algo inesperado", comentou o velho almirante, "meu primeiro pensamento foi terminar a guerra o mais rápido possível porque consegui perceber o que o Imperador estava pensando quando estive com ele logo após minha indicação para o cargo. Compreendi com facilidade que ele sinceramente desejava encerrar a guerra e chegar à paz, mesmo sem nada dizer a respeito.

Entretanto, eu não podia dizer isso a qualquer pessoa porque se alguém soubesse que eu perseguia essa ideia haveria todo tipo de desordens e tumultos. Preferi não externar meus sentimentos nem mesmo para Sakomizu. Fiquei esperando uma chance para terminar a guerra."

Assim, embora seu suposto objetivo fosse conseguir uma rendição, a primeira declaração do novo primeiro-ministro a seus concidadãos foi uma veemente convocação para uma guerra total, até o doloroso fim. "A guerra deve continuar", clamou, "mesmo que seja por cima de meu cadáver."

Para a Dieta esboçou os objetivos do Japão em termos que soam contemporâneos:

> A presente guerra é uma guerra de libertação da Ásia, que tem por objetivo impedir que nossos inimigos, os Estados Unidos e a Inglaterra, escravizem os países asiáticos. Devemos ter em mente que não apenas a liberdade das diversas raças da Grande Ásia do Leste estará perdida, mas também a justiça no mundo será totalmente violada se formos derrotados ...
> A política fundamental do Japão para a Grande Ásia Oriental e para o mundo é estabelecer um sistema eficiente de segurança para as várias nações, contra ameaças e invasões, e de assegurar sua coexistência e coprosperidade, observado o princípio fundamental de igualdade política, de reciprocidade econômica e de respeito de cada uma pela cultura da outra.

Salientou o maior obstáculo para negociar uma rendição:

> O povo japonês é servidor dedicado ao Trono Imperial. Sua existência perderá sentido se a política nacional (o Sistema Imperial) for prejudicada. Portanto, a rendição incondicional proposta pelo inimigo significa a morte de todos os cem milhões de japoneses. Não temos alternativa, se não lutar.

E descreveu o desafio que via pela frente:

> Se nossa pátria se transformar em campo de batalha, teremos as vantagens de conhecer o terreno e da união de todos contra o inimigo. Não teremos dificuldade para concentrar grandes efetivos de tropas em qualquer região que queiramos e supri-las de material. As condições serão bem diferentes das vividas nas batalhas em ilhas isoladas do Pacífico. Poderemos, então, aniquilar as forças inimigas. Entretanto, em tais condições, tendo que travar uma guerra mais intensa, não podemos garantir o fornecimento de alimentos em abundância. Nem os transportes funcionarão plenamente. Além disso, a produção de material bélico enfrentará crescente dificuldade(...) Falando francamente, no futuro precisaremos fazer esforços ingentes. Considerando não somente a tendência da situação interna nos países inimigos, mas também a delicada conjuntura internacional, não posso deixar de sentir que o atalho para a vitória é levar essa guerra até o fim.

Suzuki era capaz desses bizarros sofismas. Referindo-se à queda de Iwo Jima, disse:

> Jamais poderemos avaliar o quanto o golpe fatal desfechado pelo espírito indomável do soldado japonês em Iwo Jima e Okinawa pode ter afetado o moral do inimigo. Quando comparamos a magnitude desse choque para o inimigo com o que perdemos nessas ilhas, concluímos que não estamos perdendo a guerra.

A interpretação desses pronunciamentos públicos só pode ser a de um vigoroso desejo de continuar a guerra. Mas era uma leitura superficial de sua verdadeira intenção. O velho personagem naval estava usando a técnica japonesa conhecida como *haragei* (literalmente *hara*: estômago, a fonte das intenções e do espírito; *gei*, fala, arte ou realização da), ou "conversa do estômago." Nessa forma de comunicação, determinadas palavras não são tão importantes, diante do conteúdo geral da declaração. Podem, na verdade, ser diametralmente opostas à intenção de quem fala. Tal é uma prática historicamente importante sobre falar e ouvir no Japão, um modelo que remonta à antiguidade.

A teoria põe a origem dessa prática na forma de vida no Japão. As famílias tradicionalmente se comprimiam em um pequeno espaço, de modo que a privacidade, sem considerar quando há cômodos separados, é praticamente desconhecida. Destacado arquiteto contemporâneo japonês assinala que o único santuário era o *benjo*, o banheiro, onde cada um podia derramar a sós suas lágrimas, ou pôr para fora seu desespero e seus sentimentos íntimos.

Na vida comunitária dessas moradias, inevitavelmente havia dois significados para cada palavra, o falado e o pretendido. Portanto, a técnica de dizer uma coisa pensando em outra era muitas vezes uma necessidade prática. Além disso, como as construções de muitos prédios no Japão são muito frágeis, com paredes deslizantes de papel ou madeira e pisos de tatame, as vozes podem ser ouvidas de longe sem muita dificuldade. Nunca se sabe quem pode estar escutando. Isso também estimulava o aperfeiçoamento da "conversa do estômago" (o eu verdadeiro) e a contenção da "conversa da língua" (superficial).

Tolhido entre a necessidade de terminar a guerra e a implacável oposição dos militares, Suzuki usou a *haragei* e ficou esperando que acontecesse o melhor.

Mas por temperamento, a agitação da vida política não era o *metier* do velho almirante. Devotado taoísta e seguidor do filósofo chinês Lao-Tse, podia ser usualmente encontrado lendo obras taoístas à sua mesa na sala do primeiro-ministro. Em casa, Suzuki gostava de jogar paciência com um baralho já muito usado, mas em seu gabinete de trabalho seus companheiros eram os livros – história, biografias e filosofia taoísta.

Hisatsune Sakomizu, chefe de gabinete e secretário, muitas vezes encontrava o premier junto à mesa, as espessas sobrancelhas arqueadas, queixo projetado para a frente, enquanto lia avidamente obras tanto de taoístas quanto de Chuang-Tzu. Chuang era visto como defensor de uma teoria segundo a qual a felicidade pode ser alcançada somente pela evolução livre da natureza humana e que a melhor forma de governar é não governando.

Suzuki estava sempre aumentando sua biblioteca de mais de 20 mil volumes. Absorvido pela teoria que celebra a inatividade e acredita mais na passividade do que na ação, gastava horas em seu gabinete passando os olhos por livros.

Algumas vezes, porém, Sakomizu entrava silenciosamente no escritório e encontrava Suzuki "andando no convés", ombros encurvados, mãos nos quadris, dando baforadas no charuto, enquanto arrastava os pés em um estreito círculo, como se fosse um besouro de carapaça cinza se escorando nas pernas traseiras.

Havia um sério problema, porque a Corte e o Gabinete descobriram que nunca se podia ter certeza de sua posição. Enquanto ele vacilava, o Japão ia sendo reduzido a cinzas.

O campo de visão de Suzuki estava praticamente toldado devido a um obstáculo que barrava seu caminho. A barreira era a apaixonada oposição dos extremistas do Exército e da Marinha. Tanto o Selo Privado Kido quanto o ministro do Exterior Togo tentavam conduzir os passos do velho almirante contornando essa ameaça explosiva. Todavia, sempre que o colocavam no rumo certo, o ministro da Guerra e seus correligionários o encurralavam no meio da estrada. Agora, com o ataque dos russos, era hora de repor Lao-Tse na prateleira e concentrar-se na Declaração de Potsdam.

4
Os seis grandes

O Supremo Conselho de Guerra era um minigabinete composto pelo Premier, os ministros da Guerra, da Marinha e do Exterior, e os chefes de Estado-Maior do Exército e da Marinha. Eram os "Seis Grandes." O Conselho não detinha poder constitucional de sanção. Teoricamente seu poder limitava-se ao campo das consultas e do assessoramento, não tinha função executiva. Todavia, com a concentração de força que encerrava, suas decisões eram determinantes. Quando o Conselho se reunia, o Japão parava.

Na verdade, o Conselho era uma comissão com seis membros que decidiam o destino do Japão e também a vida de milhões que viviam em áreas distantes do mundo. Não diretamente, claro, pois isso seria contrário à índole japonesa. O Gabinete, e não o Supremo Conselho de Guerra, é que tinha o poder legal para agir em nome da nação, mas o centro de gravidade estava no SCG, e suas decisões inevitavelmente moviam todo o Gabinete.

Em 9 de agosto, os membros do SCG já deviam conhecer perfeitamente as posições uns dos outros. Vinham se reunindo com frequência cada vez maior para discutir questões específicas, à medida que a pressão inimiga aumentava. Entretanto, embora seus membros tivessem passado horas a fio debatendo formas de terminar a guerra, agora, justamente quando as opções se reduziam drasticamente, restavam questões muito sérias a respeito das quais esses personagens poderosos teriam de opinar.

O ministro do Exterior Shigenori Togo, de sessenta e dois anos, fora a segunda opção de Suzuki para esse cargo. O Lord do Selo Privado Kido sugerira manter Shigemitsu, ministro do Exterior do Gabinete Koiso anterior. Mas Koiso vetara a proposta.

O Almirante Okada indicou Togo. O Selo Privado endossou a indicação, e seu secretário particular explica: "A guerra não poderia terminar nas condições internas então vigentes sem um ministro do Exterior de sinceridade incomum, inteligência superior e disposto a pôr em risco a própria vida (...) Não havia tal candidato além de Togo."

Suzuki localizou Togo na cidade balneária de Karuizawa, onde ele se "rusticava" mais do tempo desde sua inesperada renúncia ao cargo de ministro do Exterior de Tojo em setembro de 1942. Togo pegou o trem seguinte para Tóquio e, às 10h30 da noite de 7 de abril encontrou-se com Suzuki para saber se pensavam da mesma forma sobre o caminho que o governo devia trilhar.

Togo perguntou a Suzuki sua opinião sobre as perspectivas da guerra. O premier replicou: "Creio que podemos aguentar mais dois ou três anos." Togo ergueu as mãos, incrédulo.

"A guerra moderna", disse ele ao velho almirante, "depende sobretudo da produção de material bélico. Portanto, o Japão não aguenta nem mesmo um ano." E Togo concluiu que não poderia cooperar eficientemente diante de posições tão divergentes. Agradeceu a Suzuki e recusou o convite.

Porém, no dia seguinte uma sucessão de figuras de relevo – o Almirante Okada, Sakomizu (secretário de Kido), ambos ex-funcionários de Togo no Ministério do Exterior – procurou e pressionou Togo para aceitar o cargo. Explicaram que Suzuki não podia falar antecipadamente em paz por causa das repercussões políticas, que o premier nada tinha decidido a respeito, e que Togo devia ajudá-lo a adotar a política nesse sentido. Kido confidenciou que o Imperador estava pensando em encerrar a guerra e que o Conselho Privado considerava vital que Togo aceitasse.

Togo esteve novamente com Suzuki, e desta vez o velho marinheiro disse: "Até o momento, no que diz respeito à guerra, sua opinião me satisfaz plenamente, e na diplomacia você tem toda liberdade para agir." Em tais bases, Togo aceitou o cargo.

"Como pessoa, o ministro do Exterior Togo era um taciturno, sem expressão e particularmente desprovido de qualquer traço que lhe conferisse um atrativo pessoal", escreveu Shigeru Yoshida, seu contemporâneo no *Gaimusho* (o Ministério do Exterior). Franco, articulado e determinado, era um prussiano de Satsuma, a província de onde vieram os pioneiros da restauração Meiji.

A defesa enérgica e obstinada de Togo e sua lógica estilo ocidental foi adotada pelo Japão para começar e terminar a guerra. Foi ele, como ministro do Exterior no Gabinete de Tojo, em 1941, que dirigiu as inúteis e derradeiras conversas que culminaram com o embaixador japonês chegando uma hora atrasado ao gabinete de Hull, então ministro do Exterior dos EUA, para entregar a mensagem prevista para ser apresentada exatamente trinta minutos antes do ataque a Pearl Harbor.

Formidável, é a palavra que vem a mente quando se descreve Togo. Seu rosto tinha a forma de um pentágono, encimado por uma densa cabeleira grisalha. Sob o nariz que mais parecia um tridente havia um bigode semelhante a uma escova e a boca esboçava ora um sorriso, ora um esgar. Nas enormes orelhas redondas estavam pendurados grandes óculos circulares de aro preto que faziam a festa dos caricaturistas aliados do tempo de guerra. Por trás dos óculos, os olhos como vírgulas deitadas envolvendo bochechas que pareciam meias maçãs. No vestuário, Togo era elegante, preferindo ternos conservadores e camisas listradas com punhos franceses e lenços de bolso que combinavam com as gravatas.

Seu rosto tinha uma expressão que indagava diretamente: "O que você quer? Por que está tomando meu tempo? Ainda não terminou?"

Togo era tão intimidante que seus subordinados se afastavam quando ele se aproximava. No fim da guerra, estava aborrecido porque ninguém do *Gaimusho* lhe apresentava sugestões para liquidar a guerra. Isso decorria em parte de sua natureza intimidante. Porém, a forma como rejeitava propostas e ideias indicava precisamente a distância que mantinha de seus companheiros. Preferia pedir à filha Ise para verificar se seu marido (secretário de Togo) e os colegas dele no Ministério do Exterior não tinham alguma ideia a apresentar!

Togo era um típico diplomata de carreira. Graduara-se em literatura alemã na Universidade de Tóquio, onde geralmente começava a carreira do pessoal do serviço diplomático. Durante a Primeira Guerra Mundial serviu na Suíça e, ainda jovem, integrou a delegação japonesa em Versalhes. Em seguida foi enviado para a Alemanha a fim de observar o impacto causado pelos termos da paz e informar a respeito. As misérias da guerra o impactaram para sempre.

Nos anos vinte, Togo foi primeiro secretário da embaixada do Japão em Washington por quatro anos. Após algum tempo na Alemanha, passou a chefe de seção no Ministério do Exterior. Lá redigiu um presciente documento sobre as relações do Japão com a Rússia, que ele considerava de máxima importância, superada apenas pelas relações com a China. A imprensa japonesa atribui a ele as estratégias que, dos bastidores, ele recomendou dois ministros do exterior japoneses dos anos trinta, que se desviaram da política externa liberal da década de vinte. Dizia-se que ele era o chefe da "corrente ortodoxa" do *Gaimusho*.

É uma ironia o fato de em 1937 ter sido nomeado embaixador de Sua Majestade na Alemanha Názi. Por temperamento e filosoficamente contrário aos názis, o admirador de Schiller e Goethe foi um retumbante fracasso durante seu período de serviço em Berlim. Não se deu bem com Ribbentrop, ministro do Exterior alemão, e com outras autoridades názis. "O Japão não pode manter negociações sérias com um arrivista como Hitler", afirmou certa vez.

Se em algum momento Togo teve alguma ilusão sobre o que o futuro reservava para o Japão, sua experiência em Berlim a afastou de vez. Para isso contribuiu o General Oshima, adido militar japonês, que ignorava o protocolo e mantinha negociações secretas com Ribbentrop a fim de transformar o Pacto Anticomintern Berlim-Tóquio em uma aliança militar plena. Oshima se reportava diretamente aos chefes militares no Japão e não ao Ministério do Exterior. O general contornava propositalmente o embaixador e o deixava à margem das conversas. Os názis insistiam nessas conversas e, por intermédio de Oshima, e não dos diplomatas, asseguravam a cooperação japonesa. Não surpreende os jornalistas em Berlim eventualmente encontrarem o embaixador sozinho, sentado em um sofá, bebendo a noite inteira e murmurando "Esse pessoal do Eixo não pode compreender a diplomacia."

Após dez meses em Berlim, Togo foi transferido para a União Soviética como embaixador do Japão. O General Oshima o sucedeu em Berlim e ficou com toda liberdade para agir. Togo deixou a capital alemã no mês após o episódio de Munique e, como afirmou, sentia-se "fugindo de um incêndio para salvar a vida."

Embora a vida em Moscou fosse algo como prisão domiciliar com privilégios de diplomata, Togo crescia.

Conduziu as preliminares e redigiu o Pacto Soviético-Japonês de Neutralidade assinado em 1940. Sua estada em Moscou foi produtiva e feliz, e ele conquistou a admiração dos russos. Molotov, que não era de fazer elogios fáceis, brindou Togo: "Em minha vida pública de tantos anos, nunca conheci um homem capaz de perseverar com tanta seriedade e franqueza naquilo que considera correto quanto o Sr Togo. Respeito o Sr Togo não somente como notável diplomata e estadista, mas também como pessoa."

O furacão Matsuoka tirou Togo de Moscou e o deixou na prateleira junto a dezenas de outros diplomatas de carreira do *Gaimusho*. O novo ministro do Exterior, Yosuke Matsuoka, simplesmente afastou todos os não adeptos do "novo alinhamento mundial", o Eixo Roma-Berlim-Tóquio. Togo recusou-se a renunciar porque achava que isso significaria "um endosso das políticas de Matsuoka" e foi mantido na folha de pagamento como embaixador, mas sem função.

Quando foi nomeado primeiro-ministro do Japão em outubro de 1941, o General Hideki Tojo convidou Togo para seu ministro do Exterior. A conduta de Togo antes da guerra ainda despertava acirradas divergências. Havia os que acreditavam que a determinação de Togo em terminar a guerra em 1945 era consequência do crescimento de um sentimento de culpa por sua participação no desencadeamento do conflito e de seu erro em não observar a forma tradicional de declaração de guerra.

De qualquer modo, logo Togo se indispôs com Tojo e renunciou ao cargo quando o general foi aos poucos reduzindo seus poderes. A partir de então e até o telefonema de Suzuki, Togo se dedicou a identificar os motivos para a derrota e isso quase se transformou em uma preocupação mórbida. Concentrou-se nas experiências da Alemanha e da Rússia depois da Primeira Guerra Mundial, chegou às seguintes conclusões:

> No começo de uma guerra e enquanto ela corre favoravelmente o moral do povo é alto. Insatisfação surge de escassez de alimentos, roupas e combustível. Não solucionadas, essas insatisfações, quando chega a derrota, geram revolução política e social. Com o fim da guerra, as massas experimentam uma sensação de liberdade, vitoriosas ou derrotadas. Nesse estágio, o que resta de costumes feudais, instituições e prerrogativas é drasticamente cortado, e cresce o poder da gente comum.

Togo considerava o Japão de 1945 comparável à Alemanha de 1918. Portanto, para preservar o sistema imperial, raciocinava Togo, era imperioso conseguir a paz o mais rápido possível. Um desafio monumental.

O General Yoshijiro Umezu, 63 anos, era Chefe do Estado-Maior do Exército e membro do SCG. Era quem realmente controlava os cinco milhões de homens da máquina de guerra do exército, administrava a força terrestre e emitia ordens e diretivas. Era enérgico, dedicado ao trabalho e considerado o principal general moderado do exército.

Em condições normais, Umezu não era pessoa memorável. Braços longos, movimentos estudados, uniforme vincado caindo suavemente sobre seu corpo baixo e atarracado, faltava-lhe impulso. A única coisa que nele chamava a atenção eram os olhos que brilhavam num rosto inexpressivo. Os cabelos eram grisalhos e bem aparados, o nariz grande e reto. Sentava-se alerta com a cabeça inclinada para trás e uma curva de perplexidade na boca. Os lábios, quase sempre entreabertos e prontos para dizer coisas comuns ou fazer declarações burocráticas, não transmitiam a eletricidade de Tojo, a emoção de Anami e tampouco a exaltação metafísica dos extremistas patriotas e fanáticos. Umezu era a imagem do general comum.

Embora sua carreira tivesse começado com uma citação por bravura em ação durante o cerco de Port Arthur em 1905, Umezu se destacava mais pela capacidade administrativa do que por sucessos em combate. Nos anos vinte serviu no Quartel-General e trabalhou em questões importantes de defesa nacional, na preparação ideológica da população para a guerra e nos planos de operações nos conflitos contra a Manchúria e a China.

Quando terminou o incidente da Manchúria com a criação do estado fantoche de Manchukuo, Umezu recebeu por serviços prestados a Ordem dos Raios do Sol Nascente e a Ordem do Tesouro Sagrado.

Foi em 1935 que Umezu ganhou projeção pública. A partir de 1934 comandou o Exército da Guarnição do Japão na China. Na primavera seguinte, dois jornalistas chineses pró-Japão foram misteriosamente assassinados na concessão japonesa de Tientsin. Umezu enviou seu chefe de Estado-Maior entregar um ultimato ao General Ho Ying-ch'in: Eram atos provocadores, e o Japão exigia que o comandante das forças chinesas fosse substituído e que a polícia e as organizações políticas locais saíssem da província de Hopeh. O Kuomintang satisfez imediatamente essas exigências escandalosas.

Porém, uma semana mais tarde Umezu novamente enviou seu representante itinerante para mais uma vez falar com o general Ho, desta vez exigindo que cessassem as "atividades antijaponesas" e ameaçando intervir com suas forças se as exigências não fossem atendidas. Para aumentar a pressão, Umezu cancelou unilateralmente o rodízio de tropas japonesas em vista da "situação crítica."

Em 10 de junho os chineses cederam em todos os pontos, no que ficou conhecido no Japão como o Acordo Umezu-Ho Ying-ch'in. A imprensa japonesa descreveu a atuação do general como "uma iniciativa resoluta para assegurar a autonomia da província de Hopeh." Na verdade, os japoneses tomaram uma área de 200.000 km^2 e milhões de habitantes. A bem-sucedida iniciativa de Umezu, gerando grande economia de tempo, homens e material, o tornou famoso e até mesmo popular. Os extremistas obviamente não ficaram satisfeitos por ele não ter conseguido algo mais. Mas, comparando com a desordem e o custo que caracterizaram o incidente da Manchúria, o contraste foi impressionante.

No ano seguinte, quando eclodiu o incidente 26 de fevereiro, extremistas da Marinha e do Exército mataram destacados líderes e assumiram o controle do governo. Umezu definhava no comando da 2ª Divisão em uma cidade provincial. Imediatamente telefonou ao ministro da Guerra condenando a revolta, exigindo a preservação urgente da disciplina e a adoção de medidas para evitar que o incidente se repetisse. Isso era um fato novo no Exército, cujos chefes tendiam a tratar assassinos uniformizados como escoteiros que tinham momentaneamente saído da linha.

Umezu foi escolhido para ajudar a limpar a casa, restaurar a disciplina e recuperar a confiança do povo. Com o prestigiado General Terauchi como ministro da Guerra, ele deu uma sacudida no Exército. No cargo de vice-ministro do Exército, Umezu expediu ordens imediatas para o exército em geral e individualmente para os soldados para que se afastassem da política e se concentrassem no cumprimento de seus deveres. Foi como tentar modificar a natureza de um leão tirando a carne crua de sua alimentação.

Outras medidas foram mais eficazes. Para seu espanto, um grupo de oficiais de alta patente suspeitos de ignorar e talvez apoiar o *Putsch* foi transferido para a reserva. O vice-ministro abortou um plano de direitistas para levantar fundos para viúvas de militares executados por terem participado da conspiração de 26 de fevereiro. Chocou os extremistas ao proibir o uso do lema do *Hakku Ichiu* (oito cantos do mundo sob o mesmo teto) em instruções e ordens porque poderia ser interpretado como uma disposição agressiva para dominar o mundo.

O vice-ministro mantinha o controle dos fundos especiais do Exército. Não havia prestação de contas desses recursos com nenhum ministro ou agência governamental. Eram para uso particular do Exército. De onde vinham e onde eram empregados dependia apenas de um grupo de oficiais da cúpula da força terrestre. O dinheiro vinha sendo utilizado livremente para pagar despesas com a imprensa e com políticos, para financiar manifestações, distribuição de panfletos, agitadores e espiões. Umezu cortou drasticamente os pagamentos a políticos, reduziu as despesas com entretenimento e suspendeu a distribuição de presentes para grupos e pessoas de direita. (Sem causar surpresa, nessa época começou a receber ataques da imprensa). Alguns estudos científicos prosseguiram, mas o general cortou em dois terços o orçamento correspondente. Apresentou duas razões: evitar uma interpretação equivocada das intenções do Exército, particularmente pelos políticos, e assegurar que o Exército não se envolvesse em política. Umezu teve tanto sucesso quanto enxugar um nadador sem tirá-lo da água.

Entre outras coisas, com o Chefe do Estado-Maior, General Sugiyama, Umezu restaurou a disciplina no Exército. Foi um dos chefes militares que aprovaram a política nacional de treinamento militar para guerra contra China, Inglaterra, União Soviética e Estados Unidos, e a plena cooperação entre Japão e Alemanha. Mais tarde foi condecorado por sua participação no Pacto Anticomintern com a Alemanha.

O moderado Umezu envolveu-se totalmente na guerra contra a China que resultou do incidente provocado pelos japoneses em 1937, na Ponte Marco Polo, perto de Pequim. Há forte sinal de que Umezu sabia tudo sobre a guerra com a China, desde sua concepção até sua execução. Todavia, quando as tropas japonesas se transformaram em bestas nos estupros de Nanquim, Umezu enfureceu os expansionistas e os extremistas do exército ao retirar dois comandantes de divisão (um deles era príncipe) e milhares de soldados da reserva. Um assessor disse ao príncipe Konoye, na época primeiro-ministro, que entre as tropas japonesas na China a aversão por Umezu era tão alta que temia tentassem assassinar o malquisto general. Três meses depois, Umezu foi praticamente exilado, designado comandante do I Exército na China, na linha de frente. O general, na pele de funcionário público, ficou revoltado pelo afastamento do cargo e acusou o Príncipe Konoye (o Premier) de não reconhecer seus "ingentes esforços para restaurar a disciplina militar."

Nesse período Umezu e Sugiyama apoiaram o chefe do Estado-Maior do Exército de Kwantung, Ten-Gen Hideki Tojo. (Em 13 de abril de 1938 Umezu lhe entregou 700.000 yens do fundo secreto).

Quando o premier Konoye quis retirar Umezu e Sugiyama de suas importantes posições no exército, ambos indicaram o General Tojo para substituir Umezu. "O Navalha" passou a cuidar dos interesses deles até poderem retornar ao centro do poder. A recomendação dos dois colocou Tojo na esteira rolante que o levou ao cargo de primeiro--ministro.

Na primavera de 1939, o exército Kwantung atacou tropas soviéticas na Mongólia Exterior, num desolado posto chamado Nomonham.

Nessa ventosa região, os japoneses perderam uns 52 mil homens, e os soviéticos cerca de 10 mil, antes de Togo e Molotov negociarem um cessar fogo em Moscou. Mas o QG em Tóquio não teve força para interromper os combates porque a honra do arrogante exército Kwantung estava em jogo, e seu comandante não obedecia a ordens de ninguém. Só havia uma forma de suspender os combates: substitui-lo.

Normalmente esse prestigioso cargo era atribuído ao mais velho ou ao mais antigo general japonês. Era uma posição ambicionada, uma escolha específica do Exército. Sua zona de ação incluía toda a Manchúria e várias províncias chinesas.

No dia 7 de setembro de 1939, Umezu foi nomeado comandante do exército Kwantung e imediatamente ordenou a suspensão das ações militares. As hostilidades cessaram em 16 de setembro. O general passou a conhecer mais a fundo Togo por trabalharem juntos no acordo de Nomonhan e numa comissão de fronteiras.

Os dois países suspiraram aliviados. O Japão porque o custo da aventura em Nomonhan fora muito alto, e a Rússia porque Hitler atacara a Polônia em 1º de setembro e os líderes soviéticos acreditavam que os názis reconheceriam a fronteira russa onde fosse estabelecida.

Por quase cinco anos, Umezu foi comandante do exército Kwantung e embaixador de Sua Majestade em Manchukuo. Era, pois, vice-rei de uma área com mais de um milhão de quilômetros quadrados, onde viviam 80 milhões de pessoas e que dispunha de imensos recursos naturais.

Esse período não foi de tranquilidade e lassidão para Umezu. Organizou o exército Kwantung, duplicou o efetivo das tropas e se preparou para a grande ofensiva contra os soviéticos. Criou em seu quartel-general uma 5ª Seção, sob a chefia do Tenente-General Sumihisa Ikeda, para planejar o regime de ocupação em território soviético. Treinou sabotadores e grupos de operações especiais para atuar na retaguarda das linhas soviéticas, aumentou o número de intérpretes de russo e do pessoal que seria encarregado de governar os territórios conquistados. A invasão foi marcada para meados de 1941.

Umezu disse a oficiais de seu Estado-Maior que naquele ano o Japão não devia começar uma guerra contra os Estados Unidos, mesmo que as circunstâncias estivessem levando a isso. Obviamente notara que os soviéticos estavam empenhados em combate mortal com os názis (a Alemanha atacou a Rússia em 22 de junho de 1941). Era uma oportunidade de ouro para o Japão atacar na Sibéria.

No fim de 1941, o QG informou Umezu que o país se preparava para a guerra contra os Estados Unidos, frisando que o Exército de Kwantung deveria, em especial, preservar a tranquilidade com a URSS. Quando eclodiu a guerra do Pacífico em dezembro, Umezu disse adeus a todos os sonhos que vinha alimentando como Khan da Sibéria soviética e das províncias marítimas. Puseram bolinhas de naftalina nos planos para a invasão.

Contudo, há outras realizações que podem ser creditadas a Umezu. Resolveu problemas de desemprego ao criar o serviço de trabalho compulsório na Manchúria em 1941. Teve êxito na geopolítica: foi estimulada a imigração japonesa para a Manchúria, e as terras dos locais foram confiscadas ou desapropriadas mediante indenização. O general também colheu êxitos na agricultura e no comércio. A renda proveniente do ópio cresceu muito, atingindo 110 milhões de yens em 1943, quando em 1936 chegava a apenas 20 milhões.

Umezu começava a se cansar de seus deveres no cargo que ocupava quando, em meados de 1944, chegou a ordem para se apresentar no quartel-general, onde seria Chefe do Estado-Maior. Quando soube, Umezu disse ao General Ikeda: "Desde o começo me opus à guerra contra os Estados Unidos e detesto ter de aceitar essa designação. Além disso, a situação da guerra é extremamente desfavorável. Nada há que eu possa fazer como Chefe do Estado-Maior. ... É preciso terminar essa guerra o mais rápido possível. Para isso, precisaremos recorrer à diplomacia ou a outros expedientes." Nunca o general enfrentara situação tão desafiadora. Embora naquele momento não pudesse prever, a partir de então seus atos o conduziriam inexoravelmente ao convés do encouraçado USS *Missouri*. Um colega de Umezu no Supremo Conselho de Guerra era o enérgico General Korechika Anami, cinquenta e oito anos, ministro da Guerra. Sem dúvida, uma das figuras mais populares do Exército. Anami não era um intelectual, nem um soldado burocrata e tampouco um político. O fato é que era amplamente aceito como ministro da Guerra por não ter vinculações políticas e não ser líder de nenhuma panelinha militar.

O general era filho de um procurador público de uma cidade do interior de Kyushu, a ilha mais ao sul do território do Japão. Produto da educação pública e do treinamento militar, era um legítimo modelo de samurai moderno. Determinado, inquestionavelmente leal, defensor de costumes e virtudes militares convencionais, aprumado como um pagode, pescoço e tórax de um lutador de sumô. Sempre garboso, suas botas brilhavam. Anami portava com naturalidade sua espada curva samurai, como se fosse uma extensão do braço esquerdo.

O largo e ovalado rosto de Anami se estendia por uma fronte lisa que já alcançava o topo do crânio. O cabelo desaparecera das generosas têmporas e do centro da cabeça. O que tinha sobrado de cabelo parecia fungos espalhados ao acaso em torno do topo de um morro. Um bigode à moda Fuji já meio grisalho, olhos apertados, nariz largo e orelhas pontiagudas, sempre em alerta.

Os arquivos que contam o passado de Anami revelam que seus ancestrais lutaram valentemente contra os mongóis no Japão do século XIII. Estimulado por seus ancestrais guerreiros, o ministro da Guerra se esforçou ao máximo para se tornar um verdadeiro samurai. Praticava religiosamente *kendo*. Conquistou o quinto nível desse esporte. Seu cunhado Takeshita muitas vezes foi golpeado violentamente na cabeça nos treinamentos de *kendo* com o ágil general, vinte anos mais velho.

Até seu último dia de vida também praticou arco e flecha com arco japonês, magnífico instrumento que muitas vezes mede mais de dois metros, de uma ponta à outra. Todas as manhãs ia para o jardim da residência oficial do ministro da Guerra e atirava as setas na direção de um alvo de palha. O objetivo era se acalmar. Quando conseguia concentrar cinco delas no alvo, se achava suficientemente calmo e começava o dia de trabalho – as inevitáveis reuniões com políticos e outras autoridades – antes de o secretário Coronel Hayashi o chamar às 07h45, hora de partir para o Ministério da Guerra.

Seu dia no ministério normalmente terminava às quatro da tarde e, no retorno à residência, novamente Anami pegava arco e flecha e se "concentrava" no velho esporte. Mesmo como comandante no front, nas selvas da Nova Guiné em 1944, quem desejasse falar com ele em seu posto de comando precisaria esperar que acabasse de lançar suas flechas na densa vegetação tropical, atividade a que se impunha como autodisciplina.

O mesmo sucedia com sua postura. "Coluna aprumada é bom para a saúde", costumava dizer. Em tempos menos exigentes, dedicava-se à poesia. Embora o pai tivesse morrido quando o General ainda era menino, sua mãe viveu até os noventa e seis anos. Dois meses após a morte dela em 1943, Anami foi promovido a general. Como era feitio de seu, nessa ocasião escreveu um *waka* (poema de trinta e uma sílabas).

> *Uma linda flor sobre o túmulo,*
> *Muito tarde.*
> *Com ela eu gostaria*
> *De presentear meus pais durante suas vidas.*

Anami era o tipo tradicional de filho obediente aos pais. Não obstante, com seus próprios filhos adotava incomum *laissez faire*. "Se os pais forem bons com seus filhos", explicava, "estes saberão cumprir os deveres com os pais. É uma questão de reciprocidade entre eles. O mesmo acontece entre oficiais jovens e mais antigos. Se um oficial revela amizade e age com propriedade e compreensão com os mais jovens, naturalmente eles lhe serão mais fiéis e trabalharão com mais dedicação."

Agregador e entusiasmado, estimulava a troca franca de ideias com seus subordinados. Era caloroso e amável, articulado e bom ouvinte. No dia de Ano Novo, seus subordinados mais jovens passavam por sua casa para cumprimentá-lo e brindar ao novo ano, individualmente ou em grupos de cinquenta ou sessenta. Gostava de reuniões informais e de tomar seus drinques, e tinha a fama de ser bastante resistente quando bebia. Conquistar elevada reputação e construir carreira brilhante era uma proeza nessa área. Nas festas Anami cantava e dançava. Era conhecido como um "beberrão feliz", além de muito comunicativo.

Sua carreira se caracterizou por contradições. Quando foi nomeado vice-ministro da Guerra em 1940, a imprensa, encantada, publicou: "Anami foi uma pessoa brilhante e é visto como um gênio desde a infância. ... Em seus tempos na Academia Militar e na Escola de Estado-Maior foi estudante destacado."

Em tempos mais recentes, Anami não era visto por seus colegas como um gigante intelectual. Fora reprovado duas vezes nos exames para ingresso na Escola de Superior de Guerra do Exército, antes de finalmente conseguir ser aprovado. Era um registro negativo em seu currículo, bem conhecido no exército. Seu desempenho nas escolas militares tinha sido satisfatório, mas nada indicava um gênio.

Quatro anos após ser declarado aspirante a oficial foi designado para servir num regimento de infantaria onde conheceu um oficial de Oita, sua província de origem. Esse encontro afetaria seu destino. Tratava-se de um jovem oficial que seus superiores do exército consideravam muito promissor, o Ten Yoshijiro Umezu. A partir de então suas carreiras estiveram sempre interligadas. Ambos tiveram altos e baixos, por obra do destino ou simples coincidência, mas no fim convergiram.

Depois do curso da Escola Superior de Guerra em 1918, Anami foi designado para o QG do exército. Nessa época, Umezu já servia no QG havia ano e meio, mas logo se afastou para ocupar cargos na Europa. Em 1923, Anami foi "posto no congelador" na Força Expedicionária de Sakalina, que ficou ocupando a ilha russa até 1925. Lá passou a gostar de uísque e desenvolveu sua habilidade de superar o frio. (Vinte anos mais tarde, quando cavou um abrigo contra bombas no quintal de sua casa no subúrbio, Anami lá estocou garrafas do valioso uísque Old Parr, e pouca coisa mais.)

Voltou para o quartel-general em 1925. No ano seguinte novamente se encontrou com Umezu, então chefe de seção. Anami recebeu uma daquelas missões "turísticas" – foi enviado para curso em escola do exército francês em Orléans, com a duração de vários meses. Regressou adorando coisas francesas e com o hábito de pegar a família aos domingos para sair de carro despreocupado, passeando.

Quando voltou, porém, sua função seguinte, comandante de uma unidade logística, só serviu para "marcar passo." Nessa época Umezu foi designado chefe da poderosa seção de assuntos militares do Ministério da Guerra, e em agosto, quando foi publicada a lista anual de designações, Anami recebeu um prêmio: foi nomeado ajudante-de-ordens do Imperador japonês. Por quatro anos, teve a oportunidade de ver como funcionava o coração da vida e da política no Japão e de conhecer a família imperial e os homens que viviam em volta do Trono.

Depois dessa comissão, Anami foi nomeado comandante do 2º Regimento Imperial de Guarda, unidade de elite. Enquanto isso, Umezu era exilado para a Guarnição do Exército na China, e quando surgiu a lista seguinte de designações, Anami, com vinte e oito anos de serviço no exército, constatou que fora nomeado comandante da Escola Preparatória Militar de Tóquio. Takeshita achou que era o fim da estrada para seu cunhado. Tinha quase certeza de que Anami passaria para a reserva ao completar trinta anos de serviço.

Porém, quando os extremistas do Exército e da Marinha se rebelaram em fevereiro de 1936, a reação levou os moderados da força terrestre ao poder e colocaram Umezu em posição que lhe permitia dar um empurrão em favor dos amigos.

No mês de agosto seguinte Anami foi nomeado chefe da seção de administração militar do Ministério da Guerra e passou a ser o poderoso chefe do pessoal. Nessa função, Anami expediu as ordens que fizeram de Hideki Tojo Chefe do Estado-Maior do Exército Kwantung, mais tarde vice-ministro da Guerra e depois inspetor-geral da aviação do Exército.

Nesse período, Umezu tinha sido despachado para a frente de combate na China, e logo Anami o seguiria no comando de uma divisão. Pouco mais tarde, por ocasião da guerra em Nomonhan, Umezu assumiu o poderoso cargo de comandante do exército Kwantung. Com a troca seguinte de governo, Anami passou a vice-ministro da Guerra. Entretanto, esse foi um período de frequentes mudanças de gabinete no Japão, e em 1941 Anami foi afastado e enviado para o front na China, como comandante de divisão. No ano seguinte voltou a estar subordinado a Umezu, como comandante da 2ª Região Militar na Manchúria, parte do Kwantung. No fim de 1943 os principais recursos humanos e armas do exército Kwantung foram transferidos para outras frentes de combate, e Anami foi designado para Nova Guiné e Celebes.

Porém, não foi esquecido e nem estava longe demais quando o primeiro-ministro Tojo nomeou Umezu chefe do Estado-Maior em meados de 1944. Seis meses depois, Umezu conseguiu trazê-lo de volta para Tóquio como comandante da aviação do Exército, um dos postos mais prestigiados da área militar, o mesmo cargo do qual Tojo saíra para ser ministro da Guerra e, apenas quatro anos depois, primeiro-ministro. Com o apoio de seu poderoso conterrâneo Umezu, Anami seguiu o mesmo caminho e assumiu o cargo de ministro da Guerra no gabinete de Suzuki. Houve quem pensasse que logo adiante ele completaria o circuito de Tojo.

Na verdade, Anami ficou infeliz com sua nomeação para ministro da Guerra. Esperava um comando no front em Okinawa e não uma função administrativa "civil." Via-se como soldado profissional, um samurai, e não um político. Alimentava poucas ilusões a seu próprio respeito no papel de ministro da Guerra.

Como funcionou nesse cargo tão sensível? Hayashi, secretário de Anami, relata que o General não gostava de ficar preso à sua mesa e tampouco de ficar lendo telegramas ou analisando relatórios. Poucas vezes fazia reuniões e não gostava de estar com muita gente que não fosse do Exército. "Não era do tipo que fica pensando longo tempo e examinando informações para chegar a uma conclusão. Ao contrário, 'dava um estalo' e decidia com rapidez. ... Era uma pessoa admirável, rara entre militares. Como não tinha sensibilidade política, para ele não fazia sentido ser ministro da Guerra. Não levava jeito para o cargo. ..."

Apesar de toda essa humildade, para muitas pessoas Anami despertava opiniões diferentes. Era visto de várias formas por seus colegas. Havia diversas opiniões sobre Umezu, mas divergiam apenas na intensidade. Já em relação a Anami, as posições diferiam absoluta e completamente. Sua natureza era tal que cada um de seus companheiros julgava dogmaticamente que sua própria opinião sobre Anami e as atitudes deste eram as verdadeiras.

O cunhado via Anami como generoso ser humano, capaz de magnetizar quem o conhecesse, particularmente seus subordinados, que sentiam real sintonia e afeição por ele. "Ele não era", diz Takeshita, "um sujeito brilhante e nem aspirava se tornar General e ministro da Guerra. Não cultivava aquilo que podemos chamar 'sucesso'."

Kido, o Lord do Selo Privado do Imperador, comentou que "inteligente como era, Anami não se deixava levar por ideias absurdas. Não confiava nas perspectivas da guerra ... Mesmo assim, costumava afirmar que gostaria de desfechar um grande golpe contra o inimigo antes do fim do conflito. Provavelmente sua declaração resultou da pressão exercida pelo Exército, embora eu não acredite que a fizesse deliberadamente, com o objetivo específico de ludibriar o exército. ..."

Para o General Yoshizumi, chefe da seção de assuntos militares e que trabalhava em íntima ligação com Anami, o ministro da Guerra não era marionete de ninguém. "Manifestava suas intenções com franqueza e firmeza (...) não era norma sua deixar assuntos políticos por conta dos subordinados."

O General Kawabe, vice-chefe do Estado-Maior do Exército, disse que Anami "tinha um caráter puro e transparente. (...) Creio que, em seu íntimo, queria que a guerra continuasse."

O Coronel Hayashi, seu onipresente secretário, discordava completamente dessa visão: "Anami não tinha a intenção de prosseguir com a guerra até o amargo fim (...) Vez ou outra confidenciava que, se fosse obrigado a cogitar de paz, as consequências seriam extremamente graves".

Principal redator dos discursos de Anami, o Coronel Inaba, que o conhecia desde 1940, o via como "homem simples e honesto, que não usava ardis. Acreditava muito no espírito, mas apesar disso se submetia francamente à razão".

Todavia, Toshikazu Kase, assistente de Togo, informa que já no começo de 1945 Anami enviou, de seu posto de comando nos trópicos, mensagem a Shigemitsu, então ministro do Exterior, afirmando que o Japão devia negociar o fim da guerra pela via diplomática.

Comparando Anami com seu chefe Umezu, o General Kawabe, vice-chefe do Estado-Maior e que conhecia bem os dois, declarou: "Umezu é muito inteligente. Não apoiou a continuação da guerra esperando que Anami o fizesse. Mas Anami era do tipo que não esperava manifestação dos demais para externar corajosamente suas opiniões".

O que esperar desse homem difícil de definir diante de sua natureza tão cheia de contradições?

Anami afirmava convicto que o comando supremo precisava ser forte, que a força residia na fé e que a unidade devia ser reforçada. Estes lemas bem caracterizavam esse homem e refletiam sua visão:

Moralidade dá força para lutar!
Um caminho para o sucesso nos será revelado
se agirmos com firme determinação!
Simplicidade é força!

Se chavões traduzissem poder de fogo, Anami seria invencível. E se a filosofia Zen prevalecesse, Anami, o Exército e o Japão teriam triunfado.

Como frisou seu secretário: "Anami era um general na frente de combate, mas não era um animal político. Em combate, sua atitude era 'na batalha normalmente não dispomos de informações, não sabemos o que devemos fazer, mas amanhã teremos de atacar o inimigo!'. Nisso Anami era muito bom, mas de pensar cinco ou dez anos à frente ... ele não era capaz. Nesse aspecto o General Umezu era notável..."

Na verdade, Anami completava perfeitamente Umezu. Era o paternal comandante de divisão que desprezava planejamentos e detalhes, querendo apenas saber o objetivo da missão e qual batalhão de soldados leais o seguiria em meio ao sangue e à lama. Analisar e optar, avançar e recuar examinando alternativas, isso era para os outros – para o chefe do Estado-Maior e para os planejadores – mas não para o ministro da Guerra.

Anami era assim. Era Zen. Era um perfeito samurai. O desempenho do ministro da Guerra no período final da guerra foi um exemplo da filosofia Zen aplicada a uma complexa situação vivida no século XX.

O budismo Zen chegou ao Japão no século XII e foi imediatamente adotado pela classe guerreira devido a suas características tão afins com o código samurai: estrita disciplina mental e física, vida espartana, antiescolástica. "Levar uma vida Zen" era dedicar-se ao trabalho, evitar atitudes arrogantes e egoístas, manter a serenidade, e muito mais. Na filosofia Zen, a meditação é vital na busca de luz (*satori*) sobre a unidade do universo, a natureza de Buda...

Era típico de um mestre Zen formular uma *koan*, uma indagação aparentemente sem sentido (O que significa o som de alguém bater palmas?), e seus discípulos ficarem meditando até que uma resposta, talvez igualmente sem sentido, surgisse em um lampejo. A filosofia Zen contribuiu fortemente para dar força espiritual e fortalecer a fibra moral dos guerreiros japoneses ao longo de centenas de anos. Ajustava-se perfeitamente ao combate corpo-a-corpo das guerras nos tempos feudais.

Diante da impossibilidade de vencer a guerra, Anami testou a aplicação da filosofia Zen naquele período de destruição em massa, enquanto esperava o lampejo que lhe traria a solução. Buscou essas luzes à moda Zen, não por meio de estudo, análises e trabalhos escritos, (porque a verdade estava distante demais para ser encontrada em palavras faladas ou escritas) mas por meio do espírito e da meditação. Na situação em que estava o Japão, qual método poderia ser mais sensato?

Representando a Marinha no Supremo Conselho de Guerra estavam o Almirante Mitsumasa Yonai, de sessenta e cinco anos, ministro da Marinha, e o Almirante Soemu Toyoda, de sessenta anos, Chefe do Estado-Maior Naval. Naquele momento a Marinha estava muito debilitada, praticamente desarmada, com exceção de seus cuidadosamente guardados aviões e pequenos barcos. Esperava-se que fossem empregados na batalha decisiva como "armas especiais de ataque", ou seja, armas suicidas. Tendo em vista essa lamentável decadência, muito clara tanto para grande número de civis quanto para chefes militares e do governo, o poder político dos representantes da Marinha declinara drasticamente. No entanto, a Marinha ainda contava com um milhão e meio de disciplinados marinheiros armados e, naquela conjuntura, era uma força a ser considerada.

Yonai, o volumoso ministro da Marinha, era amplamente conhecido por sua boa aparência, sua energia e imparcialidade, mas também por sua oposição à aliança do Eixo. O Almirante era uma pessoa fisicamente impressionante. Com mais de um metro e oitenta de altura, pesava pouco mais de oitenta quilos. Era amável, agregador e popular entre seus subordinados.

Nascido em uma família de um pobre samurai em pequena cidade do nordeste do Japão, Yonai conseguira ingressar na Academia Naval. Lá esteve sempre em rota convencional, chegado ao porto final no meio de sua turma em notas e popularidade. Avançou na carreira até chegar à Escola de Guerra Naval, pré-requisito para chegar aos mais altos postos da Marinha. Depois, ocupou cargos na Rússia, no QG da Marinha, na Esquadra e na administração da força. Progrediu graças ao que a imprensa simpática chamava "suas próprias paciência e sinceridade especiais", mas que outros consideravam uma alternância entre rebeldia e malícia.

"O Elefante Branco" foi escolhido ministro da Marinha pela primeira vez em 1937 e sobreviveu no cargo a três gabinetes. Em 1939, o Japão estava sendo pressionado pela Alemanha para transformar o Pacto Anticomintern Japão-Alemanha em uma aliança política e militar plena. Os incendiários do Exército eram a favor, assim como os ultranacionalistas, mas a Marinha, liderada por Yonai, bloqueava a aprovação. "A marinha japonesa", afirmou então, "pertence ao Imperador. Não está para alugar a Hitler nem a ninguém mais". Quando, em 1939, em uma obra-prima de hipocrisia, Hitler e Stalin se apertaram as mãos ao celebrar o Pacto Rússia-Alemanha de Não Agressão, Yonai e a Marinha sentiram-se justificados, e o Gabinete Hiranuma implodiu.

Yonai era visto por japoneses e ocidentais como um liberal que resistia com firmeza à expansão do Eixo. Essa posição lhe granjeou a animosidade do Exército e a permanente desconfiança dos ultranacionalistas. O Imperador e seu círculo de assessores o viam com bons olhos uma pessoa disposta a defender suas opiniões. Em janeiro de 1940, Yonai foi nomeado primeiro-ministro.

Nosso embaixador americano no Japão, Joseph Grew, viu com muita satisfação a designação de Yonai para o cargo. Em sua opinião, tratava-se de um homem firme e sensato, que provavelmente não se submeteria a manipulações e não mergulharia nos desvãos de políticas extremistas. Hugh Byas, correspondente do *New York Times*, achava que a nomeação de Yonai premier era "o último e desesperado esforço para restringir a guerra à China."

A primeira aparição de Yonai perante a Dieta foi um grande sucesso. Comentou-se que "pouco falou, e o que disse foi dito com concisão, elegância e firmeza." Tendo em vista os problemas que a nação enfrentava no ameaçador inverno de 1940, a imagem do Almirante foi de equilíbrio e experiência. Como afirmou, era "nascido para dívida, acostumado a dificuldade e escolado em adversidade." Mas nem ele tampouco o Japão estavam preparados para enfrentar o que viria a seguir.

Por sete meses, Yonai manobrou nas águas turbulentas das pressões internas e tormentas internacionais. A *blitz* alemã gerou uma excitada expectativa em todo o Japão. Os ultranacionalistas e o Exército avidamente procuraram a forma de compartilhar da vitória nazista. A política de Yonai era muito tímida e modesta para esses apetites de uma aliança plena com o Eixo que assegurasse ao Japão um pedaço no espólio.

A insatisfação com Yonai e os que o apoiavam cresceu. No começo de julho, o governo passou a ser alvo de uma conspiração. Os que tramavam o golpe compunham um grupo de fanáticos que se autodenominava *shimpetai* (soldados dos deuses.) Planejavam matar os principais partidários dos americanos. Em sua lista estava o premier Yonai, o Lord do Selo Privado do Imperador e outros integrantes da corte imperial. A polícia agiu rapidamente e prendeu os conspiradores e suas armas. O Exército ficou fora do incidente, enquanto a corte respirava aliviada. No entanto, a força terrestre continuava lançando sombras sobre a cena.

Em uma semana, o Exército já estava farto de Yonai e os planos do premier foram por água abaixo. Em 8 de julho, o vice-ministro da

Guerra, Korechika Anami, procurou o novo Selo Privado do Imperador, o Marquês Kido. "Os militares", anunciou o general, "têm se preparado para enfrentar mudanças na atual situação mundial. Infelizmente, as características do Gabinete de Yonai não permitem que sejam desenvolvidas negociações com a Alemanha e a Itália e isso pode gerar um atraso fatal. Os militares concluíram que uma mudança de Gabinete é inevitável 'para enfrentar a presente situação'".

Assim, o Exército finalmente derrubou o Gabinete Yonai. O ministro da Guerra renunciou, e os chefes da força terrestre declinaram de indicar o substituto. Yonai estava fora. Nos quatro anos seguintes ficou afastado da Marinha e do poder. Como ex-Premier e um dos mais antigos estadistas, automaticamente passou a integrar o *jushin* e, de vez em quando, era consultado pelos líderes do país.

Em 1944, quando Saipan caiu, tramaram a saída de Tojo. Foi sucedido por uma junta da qual participavam Yonai e o General Kuniaki Koiso. O almirante acumularia com o cargo de ministro da Marinha. Sua inclusão no Gabinete se destinava a sinalizar uma mudança de política, mas, como se veria, Koiso ficou com a responsabilidade maior, e Yonai se limitou particularmente a seus deveres navais. Quando o Gabinete Koiso caiu depois da perda das Filipinas, Suzuki, novo premier, insistiu que Yonai permanecesse ministro da Marinha no novo gabinete. Apesar dos protestos de Yonai e da saúde precária do almirante, que preferia ficar de fora, Suzuki não aceitou um não como resposta.

A oposição de Yonai à guerra era bem conhecida. Como ele próprio frisou mais tarde: "Creio que o ponto de inflexão da guerra foi logo no começo. Senti desde o princípio que não havia chance de sucesso...". Disse também que se o alto comando da Marinha estivesse disposto a encerrar a guerra, deveria ter dado os primeiros passos logo depois das vitórias iniciais no Havaí, em Guam, nas Filipinas, em Singapura e Rangun. A segunda oportunidade, acrescentou, "foi depois da perda de Saipan. A partir desse ponto, fomos arrastados pelos acontecimentos, combatendo apenas por inércia", etc.

O Almirante Soemu Toyoda era o companheiro naval de Yonai no Supremo Conselho de Guerra. Homem de cara redonda e aparência de pessoa trabalhadora. Era o integrante mais recente do clube dos Seis Grandes. Em 29 de maio de 1945 fora nomeado Chefe do Estado-

-Maior da Marinha, vindo do Comando Geral da Marinha, da Esquadra Combinada e do Comando de Escolta. Esse título era quase tão vazio quanto o de almirante da marinha suíça, porque a esquadra de Toyoda praticamente não existia. Atento e esclarecido, o almirante não tinha dúvida sobre o desfecho da guerra.

Toyoda provinha do município de Oita, como Anami e Umezu, e esse foi um fator para Yonai o escolher para o cargo. A carreira de Toyoda após a Academia Naval incluiu o curso da Escola de Guerra Naval, serviço no Supremo Conselho Militar durante a 1ª Guerra Mundial e no QG da Marinha, além de funções na esquadra. Era um marinheiro voltado para a administração e ocupou a maior parte dos cargos mais importantes da marinha japonesa. Em maio de 1944 foi nomeado comandante-em-chefe da esquadra combinada, bem a tempo de estar nesse comando por ocasião dos desastres que a destruíram em Saipan, nas Filipinas e em Okinawa.

Ele achava que sua designação para Chefe do Estado-Maior naval significava "que fui escolhido para, com Yonai, elaborar o plano para por fim à guerra. Logo após minha nomeação, Yonai perguntou-me se o Estado-Maior da Marinha admitiria tranquilamente o fim da guerra, e eu lhe garanti que providenciaria para que isso acontecesse". Toyoda via com pessimismo a batalha decisiva no território pátrio – e com muita razão. Assim analisou a situação no início de junho de 1945:

> A marinha perdeu praticamente todas as suas forças de superfície e não dispõe de combustível. Como a produção de terebintina de madeira, única fonte de combustível de aviação, não alcança sequer 25% do esperado, o treinamento de recrutas foi suspenso depois de março. Em consequência, surgiu a ideia desesperada de empregar os aviões de treinamento para transportar bombas em ataques especiais.
>
> A Marinha esperava estar em condições de manter cerca de cinco a seis mil aviões até junho, (mas isso não foi possível devido às grandes e inesperadas perdas nas batalhas) e de formar forças *kamikazes* capazes de ataques especiais na superfície e submarinos: Shinto, (barcos para colisão); Koryu e Kairyu (minissubmarinos); Fukuryu (minas humanas); e Kaiten (torpedos humanos), colocando-as em pontos estratégicos do território japonês.
>
> Tanto o Exército quanto a Marinha estão fazendo o máximo e se preparam para a batalha decisiva no próprio território porque ficou impossível iniciar operações ofensivas por iniciativa própria após o começo das operações em Okinawa. É difícil para quem é de fora avaliar o progresso dos preparativos que o Exército realiza, mas sempre os considerei bastante inferiores ao que é oficialmente apresentado. Faço essa afirmação porque qualquer pessoa em cargo de responsabilidade, do Exército ou de qualquer outra força ar-

mada, tende a ser otimista e poucas vezes dirá palavras desencorajadoras ao explicar assuntos de sua responsabilidade.

Assim, Toyoda pautava a própria atitude por absoluta imparcialidade. Com visão cética sobre o poder do Exército e a dolorosa precisão no conhecimento das debilidades da Marinha, era lógico que Toyoda apoiasse Yonai ao se aproximar o fim da guerra. Dessa forma, a reunião do SCG na manhã de 9 de agosto de 1945 seria uma ótima oportunidade para ventilar o assunto se Togo, Yonai e Suzuki pudessem convencer os representantes do Exército a concordar com a ideia. Tanto Anami quanto Umezu, homens sensatos, dificilmente poderiam defender o prosseguimento do conflito, diante da explosão da bomba atômica e da avalanche soviética.

Não havia razão para adiar ainda mais esse desfecho. Eram dez e meia da manhã de 9 de agosto quando os Seis Grandes se reuniram em torno da mesa de conferências no abrigo antiaéreo do prédio em que ficava o Gabinete do primeiro-ministro, quando Suzuki, revigorado pelo charuto e pelo chá verde, abriu oficialmente a sessão.

5
Empate no Conselho

Os seis membros do Supremo Conselho de Guerra se reuniram na abafada sala subterrânea: o idoso premier Suzuki, o ministro do Exterior Togo, o ministro da Guerra Anami, o ministro da Marinha Yonai, o Chefe do Estado-Maior do Exército Umezu e o Chefe do Estado-Maior da Marinha Toyoda.

Os Seis Grandes começaram a discutir a questão da bomba atômica lançada sobre Hiroshima. Na última vez que se reuniram, acabara de ser confirmada a notícia sobre a destruição de Hiroshima. O Chefe do Estado-Maior do Exército recebera mensagem afirmando que "toda a cidade de Hiroshima fora arrasada por uma única bomba." Marinha e Exército enviaram equipes para investigar e informar, mas ainda não tinham concluído seu trabalho, e o problema era verificar se realmente se tratava de uma bomba atômica. Não havia dúvida de que a destruição era colossal e que apenas um ou dois aviões, não mais, fizeram o estrago. E desprezaram a ameaça do Presidente Truman de lançar bombas atômicas em outras cidades japonesas: "Se não aceitarem nossos termos para a paz, podem esperar uma avalanche destruidora vinda do céu, jamais vista na face da terra..."

Toyoda, Chefe do Estado-Maior da Marinha, afirmou que nenhum país, nem mesmo os Estados Unidos, dispunha de material radioativo suficiente para tais ataques, como ameaçava Truman. Além disso, previu que o mundo não apoiaria o uso de arma tão desumana.

Os chefes do exército disseram não ter informações precisas sobre o avanço terrestre dos russos. Até as terem, rejeitavam a conclusão de que o Japão estava perdendo a guerra nessa outra frente.

O ambiente da reunião era desagradável e litigioso. Os militares, inclusive Toyoda, longe de sentirem a relevância do momento, pareciam determinados a resistir a qualquer apreciação mais apressada dos termos propostos pelo inimigo. Foi quando um auxiliar entrou bruscamente na sala e, trêmulo, entregou uma mensagem a Suzuki.

O premier leu para seus colegas o terrível texto: *Nagasaki atacada esta manhã pelo mesmo tipo de bombardeio devastador que destruiu Hiroshima. Danos são extensos.*

O ambiente da reunião mudou de sombrio para tumular. A notícia levantou uma questão da maior importância: O inimigo dispunha de material suficiente para mais de uma bomba? Quantas mais? Ninguém podia afirmar, mas poderiam ficar especulando? Será que a opinião pública mundial se sensibilizaria a tempo de evitar o próximo ataque, ou os dez seguintes? Mesmo assim, os Aliados se deixariam impressionar por algo tão frágil quanto a opinião quando obviamente estavam ansiosos para acabar com o Japão?

Suzuki, assustado diante de mais um golpe catastrófico, pôs de lado o charuto e falou solenemente: "Esse fato, somado ao bárbaro ataque anterior a Hiroshima, agrava o impacto do ataque russo ao Japão. Desejo que o ministro do Exterior abra a discussão sobre os termos de Potsdam."

Togo fervia de frustração. No dia 7, no primeiro SCG depois da bomba sobre Hiroshima, ele tentara persuadir aqueles mesmos senhores a encarar a questão dos termos de Potsdam. Mas o Exército se recusara a acreditar que fora uma arma atômica e que os danos fossem tão sérios quanto anunciavam informações não confirmadas. Já que o Exército não admitia nenhum dos pontos, não havia como convencer os militares a discutir uma rendição com base na revolução atômica surgida na guerra.

No dia seguinte, 8 de agosto, Togo transmitiu resumidamente ao Imperador as terríveis notícias recebidas de observadores japoneses sobre o desastre de Hiroshima. Reforçou sua informação com as notícias de outras capitais mundiais que confirmavam se tratar de uma arma atômica. Quando o Imperador lhe disse que concordava com o desejo de Suzuki de pôr fim à guerra imediatamente, Togo partiu célere para falar com o primeiro-ministro. Constatou que Sakomizu, secretário do Gabinete, não podia reunir os Seis Grandes até o dia 9 porque os chefes de Estado-Maior não estavam "disponíveis."

Embora atormentado e ciente de que milhares de pessoas em Nagasaki e centenas na Coreia, em Sakalina e na Manchúria poderiam ter sido poupadas se o SCG tivesse agido no dia 8, externamente Togo se manteve impassível, como de costume.

Como um notário em seu papel, o ministro do Exterior disse que "a situação está cada vez mais desesperadora. No momento é tão crítica que não podemos ter esperança de vitória e devemos pedir a paz, aceitando imediatamente os termos de Potsdam. Condicionamento para essa aceitação deve se limitar ao absolutamente essencial para o Japão."

Então, Suzuki propôs que os termos da declaração de Potsdam fossem aceitos, encerrando assim a guerra.

Houve um silêncio instantâneo, perceptível recuo na iminência da decisão. A proposta era exagerada, muito abrupta, direta demais para a mente japonesa. Embora ninguém soubesse melhor do que os seis o quanto a situação da guerra era desesperadora, tomar uma decisão imediata e incisiva era uma pressão quase paralisante para aqueles homens.

Ninguém se aventurou a uma opinião. O silêncio se estendeu, tornando-se desconfortável. Yonai, ministro da Marinha, fazia anotações em seu caderno. Por fim, com todos os olhos voltados para ele, Yonai quebrou a imobilidade. "Silêncio não nos leva a lugar nenhum. Para começarmos a discutir, que me dizem de respondermos às seguintes perguntas: Se aceitarmos a proclamação de Potsdam, devemos fazê-lo incondicionalmente ou devemos incluir certas condições? Se apresentarmos condições, quais seriam? São apenas sugestões, mas que tal estudarmos os seguintes pontos:

Primeiro, a questão do sistema do Imperador.
Segundo, desarmamento.
Terceiro, criminosos de guerra.
E quarto, ocupação do Japão.

"Então, devemos propor condições sobre esses quatro pontos ou não? Se devemos, como vamos fazer?"

Toyoda, chefe do Estado-Maior da Marinha, entendeu que as palavras de Yonai não afirmavam que o Japão *devia* apresentar tais condições, apenas lembravam que aqueles eram os principais tópicos levantados pela declaração de Potsdam.

Togo reagiu com irritação. "Temos de agir imediatamente. Como a família imperial deve ser preservada a qualquer custo, precisamos chegar a uma definição sobre este ponto. Porém, a atitude dos Aliados indica que rejeitarão completamente nossas propostas e se recusarão a negociar. Se tentarmos obter mais concessões, devemos manter nossas condições no mínimo."

Sentindo-se obrigado a falar pelo Exército, o ministro da Guerra contra-atacou: "Não podemos aceitar nenhuma condição que, de alguma forma, coloque em risco o sistema nacional. Isso está fora de questão. Além disso, o item 7 da declaração de Potsdam é inaceitável quando afirma:

> Pontos do território japonês serão escolhidos pelos Aliados para serem ocupados, a fim de assegurar a concretização dos objetivos fundamentais que desejamos atingir.

E o item 12:

> As forças de ocupação(...) serão retiradas do Japão tão logo esses objetivos sejam alcançados(...).

"Não podemos abrir mão de nossa soberania dessa maneira. A condição que permite a ocupação do Japão pelos Aliados me incomoda profundamente. É preciso evitar a ocupação aliada", afirmou Anami, olhando para Togo.

Umezu, Chefe do Estado-Maior do Exército, apoiou a colocação de Anami e propôs que, se fosse inevitável, a ocupação não incluísse Tóquio e ocorresse apenas em poucos lugares, com o mínimo necessário de tropas e pelo menor tempo possível.

Em seguida, lembrou o item 10 da declaração de Potsdam:

> Não queremos que os japoneses sejam escravizados como raça e destruídos como nação, mas que se faça justiça com todos os criminosos de guerra, inclusive aqueles que foram cruéis com nossos prisioneiros.

"Isso não exige que os criminosos de guerra sejam apresentados às forças aliadas", disse Umezu. "Portanto, devemos negociar a fim de que o próprio Japão possa cuidar disso. Afinal, não é justo ser julgado pelo inimigo."

Anami endossou enfaticamente a ideia.

"Punirei os responsáveis pela guerra", disse o ministro da Guerra. "Trata-se de um problema interno e, portanto, não há necessidade de que esse julgamento seja conduzido por países estrangeiros. Se os Aliados ocuparem o Japão e detiverem os que considerarem responsáveis pela guerra, os colocarem na prisão ou os executarem, quem vai defender o sistema nacional? Eles prenderão quem bem desejarem e nin-

guém poderá detê-los ou evitar que destruam o caráter de nossa nação."
Umezu balançou a cabeça concordando.
Então, o chefe da Marinha disse o que ninguém esperava. Em vez de aderir à aceitação dos termos de Potsdam, Toyoda se aliou a Umezu apoiando a oposição de Anami. Condenou um dos termos, explícito no item 9:

> Depois que as forças militares japonesas forem completamente desarmadas, seus integrantes poderão ser autorizados a retornar a suas casas para que tenham liberdade para levar uma vida pacífica e produtiva.

"Devemos", insistiu Toyoda, "insistir em um acordo com as potências aliadas que permita a realização do desarmamento sem coação. Voluntariamente, tomaremos a iniciativa de entregar nossas armas às forças aliadas em um determinado momento e local. Caso contrário, a ordem de cessar fogo provavelmente provocará sérios incidentes."
Não importa o quanto a objeção de Toyoda era sincera, o fato é que criou um obstáculo no caminho do acordo.
Anami acrescentou sua própria emenda à proposta de Toyoda. "Eu mesmo conduzirei o desarmamento de nossas forças fora do país. O próprio Japão repatriará os soldados que estão além-mar. Caso contrário, milhões deles serão abandonados e morrerão como cães."
Umezu fez sua própria recomendação. "Soldados e marinheiros japoneses não se renderão. A palavra não existe nos anais militares do país. Eles foram doutrinados com a ideia de que 'se ficarem sem armas, devem lutar com os pés; se não puderem usá-los, devem morder; e se não puderem usar os dentes, cortem a língua e se matem.'"
Com tal grau de fanatismo estabelecido ao longo de quase quinze anos de doutrinação, era muito duvidoso que os soldados obedecessem pacificamente à ordem de rendição, principalmente nas frentes de batalha além-mar, onde a situação poderia ser menos desfavorável do que no território japonês. As forças aliadas poderiam ser aniquiladas quando fossem retirar tropas japonesas para ocupar áreas. E se isso acontecesse, a guerra imediatamente recomeçaria.
Para evitar essa calamidade, Umezu sugeriu que fossem escolhidos locais e momento em que os dois lados espontaneamente depusessem suas armas e o material bélico que possuíssem. Em seguida, o material seria recolhido a locais predeterminados e a partir daí, como disse o general, "agiremos exatamente como o inimigo determinar."

Era importante decidir previamente os locais onde se realizaria a rendição das tropas japonesas, para que providências adicionais fossem adotadas e se evitasse que a rendição enfrentasse problemas.

Imediatamente Toyoda e Anami apoiaram os pontos ventilados pelo general.

Foi de fato comovente toda essa oposição às condições estabelecidas em Potsdam, mas o fato é que dava margem a indagações. Por exemplo, exército e marinha estavam levantando esses pontos por uma real preocupação com segurança por ocasião da rendição? Ou estavam os militares abrindo caminho para, em algum momento no futuro, se rebelarem e recomeçarem a batalha?

Para o exército e a marinha a rendição representava absoluta perda de face. Todavia, se a desmobilização, a repatriação e o desarmamento fossem conduzidos pelos próprios militares japoneses, pelo menos internamente pareceria não uma derrota, mas uma interrupção voluntária da luta, uma trégua, um gesto magnânimo e humanitário para poupar vidas e pôr fim ao derramamento de sangue.

A ocupação do Japão por tropas estrangeiras prejudicaria essa imagem benevolente. Ademais, se o julgamento dos crimes de guerra fosse conduzido pelos Aliados no Japão, ficaria evidente para todos, no país e no exterior, quem realmente tinha vencido a guerra. E a roupa suja lavada publicamente no circo dos julgamentos mancharia (para dizer o mínimo) a imagem da abnegada devoção dos militares ao Imperador e ao país.

Não é possível afirmar que esses pensamentos estivessem por trás da exaltada oposição dos representantes da Marinha e do Exército na reunião, mas é difícil acreditar que não passassem pela mente de Umezu, uma calculadora humana.

Togo, respondendo às demandas dos militares, disse friamente que, surgindo oportunidade, faria todo o possível para que os Aliados entendessem os problemas que envolviam a ocupação, o desarmamento e os crimes de guerra, mas que se recusava terminantemente a incluí-los como condições para aceitar os termos de Potsdam.

Toyoda discutiu acaloradamente com ele. "Perderemos a oportunidade de assegurar nossas condições se ficarmos esperando. Tão logo informemos que aceitamos as condições de Potsdam, os Aliados podem lançar tropas paraquedistas para ocupar nosso país e, no que me diz respeito, não posso garantir que serei capaz de prevenir incidentes."

Empate no Conselho

Novamente Togo reafirmou sua posição. "A única condição em que devemos insistir é a da inviolabilidade da casa imperial. Os militares podem assegurar uma chance de vitória se tentarmos negociar em outros termos e fracassarmos?"

Anami retrucou: "Embora não possa dar uma garantia absoluta de vitória final, o Japão ainda pode travar outra batalha."

Irritantemente prático como era habitual, Togo pressionou Anami e os chefes de Estado-Maior. "Os senhores podem afirmar com absoluta certeza que podem impedir o inimigo de desembarcar em nosso território?"

Umezu, responsável pela capacidade de combate das tropas, respondeu. "Com sorte, conseguiremos lançar o inimigo ao mar... embora na guerra nunca se possa ter certeza de que as coisas aconteçam como esperamos... mesmo que algumas forças inimigas consigam estabelecer uma cabeça-de-praia, confio que poderemos lhes infligir pesadas baixas."

"Seria inútil", retrucou Togo. "De acordo com sua explicação, pelo menos algumas tropas atacantes podem continuar em terra mesmo após sofrerem pesadas baixas. Mas logo chegará uma segunda onda de atacantes e já teremos sacrificado a maior parte de nossos aviões e equipamentos de guerra em nossos esforços para destruir a primeira onda. Sem condições para substituir o que perdermos, ficaremos indefesos, mesmo sem levar em conta a bomba atômica. Devemos concluir que não temos alternativa a não ser terminar a guerra imediatamente, e, em consequência, precisamos tentar obter a paz reduzindo nossas reivindicações a um mínimo."

Yonai imediatamente apoiou essa posição. Os outros militares continuaram defendendo exaustivamente que desarmamento, ocupação e julgamento de crimes militares permanecessem sob controle japonês.

A reunião estava saindo mais e mais de controle, quando Yonai interrompeu com sua voz poderosa: "Já passou a hora de defender essa posição. Precisamos aceitar os termos. Vamos acatar a recomendação do ministro do Exterior." Seus comentários foram dirigidos não apenas para os representantes do Exército, mas diretamente para o Almirante Toyota que, como se estivesse distraído, desviava o olhar. A contagem de votos, em vez de ser de quatro a dois a favor da paz, agora era de três a três, em consequência da defecção de Toyoda. Ou não seria assim? Onde ficava Suzuki?

O premier estivera calado, saboreando seu chá e fumando seu charuto. Parecia ter perdido alguns pormenores da discussão. À medida que o debate progrediu, foi ficando cada vez mais nervoso. Ao ouvir as palavras de Yonai ficou visivelmente agitado. Foi quando interrompeu, dirigindo-se em alta voz aos militares: "Vocês estão impondo muitas condições. Estão premeditadamente se opondo à minha opinião a fim de romper as negociações!"

Anami, Umezu e Toyoda disseram em coro que não se tratava disso, mas a fúria de Suzuki não diminuiu.

"A discussão", Togo disse mais tarde em frase diplomática tipicamente serena, "se tornou muito apaixonada, mas continuou inconclusiva." Na verdade, Togo foi ficando cada vez mais irritado à medida que rejeitava os argumentos.

Os dois chefes de Estado-Maior e o ministro da Guerra estavam obviamente aferrados a suas posições. Neutralizavam Togo, Yonai e Suzuki. Portanto, não se podia esperar do SCG alguma decisão. Para tomá-la, a questão teria que ser submetida a outra instância. Como acontece nos julgamentos por júris ocidentais, o acordo tem de ser unânime – ou nada feito.

O primeiro-ministro continuava visivelmente abalado. Assinalou que, de qualquer modo, a declaração de Potsdam teria de ser submetida ao Gabinete, e anunciou que a reunião do gabinete marcada para o meio-dia seria realizada às duas da tarde. Era uma hora quando Suzuki suspendeu a reunião do SCG e os Seis Grandes emergiram da segurança ilusória e isolada do abrigo contra bombas para a reconfortante claridade do meio-dia. O calor abrasador e a umidade sufocavam. Não obstante, o sol lá estivera ontem, na semana passada, no último ano, e uma eternidade antes. Lá estaria amanhã, na semana seguinte e para sempre depois que eles já tivessem desaparecido.

O ministro da Guerra Anami deixou a reunião do SCG e voltou satisfeito para o prédio de ministério. Era fácil perceber por seus modos, sua forma elegante de caminhar e seu sorriso largo e confiante, que estava com o controle da situação. Ninguém que visse o ministro da Guerra naquele momento, atravessando o corredor que levava a sua sala seguido por um cortejo de oficiais superiores, duvidaria de que Anami era o dono de seu destino e do destino da nação.

A notícia de que ele tinha voltado da reunião correu informalmente pelo ministério. Em minutos os oficiais mais jovens, seus adoradores, acorreram à sala, impetuosos e de confiança renovada, querendo saber o que ele tinha a dizer sobre a invasão russa e como estava o esforço para frustrar o derrotismo do grupo que defendia a paz.

Relaxado como um leão na segurança da toca, o ministro da Guerra encarou-os, um a um, impressionado com a confiança ansiosa que imperava no ambiente. Falou de maneira geral sobre a contínua discussão da presente conjuntura pelos Seis Grandes. Anami constatou que as perguntas que seus companheiros faziam não podiam ser satisfeitas por meio de respostas detalhadas. Disse-lhes que a invasão russa, os termos de Potsdam e o bombardeio de Nagasaki tinham sido debatidos e que ele e Umezu tinham feito uma firme defesa dos interesses nacionais, mas que logicamente não podia dizer mais que isso.

Desapontados, mas cientes de que Anami não poderia descrever abertamente o que fora tratado na reunião, os jovens tigres continuaram conversando com o ministro da Guerra mais naturalmente. Ele se sentia à vontade na companhia daqueles discípulos, e a conversa se desviou da reunião do SCG e sua agenda principal. Os visitantes fizeram alguns comentários ligeiros e afirmações especulativas, tentando pescar indícios do que ocorrera nas discussões secretas. O cunhado de Anami lhe fez uma sugestão absurda: "Se o senhor pretende aceitar a declaração de Potsdam, é melhor fazer haraquiri." Involuntariamente Takeshima tocara num nervo sensível.

Depois que os jovens oficiais saíram de sua sala, Anami chamou o Coronel Hayashi e os dois se dirigiram para a residência do ministro. No carro, Anami parecia cansado e vazio. Comentou com Hayashi a observação de seu cunhado. "Takeshita me disse algo muito cruel. Como já estou com quase sessenta anos, creio que para mim não seria difícil morrer. Talvez não seja fácil para um jovem como você, Hayashi."

Embora não estivesse presente e não soubesse exatamente o que fora discutido e falado nas reuniões dos Seis Grandes, Hayashi era observador o suficiente para deduzir o curso dos acontecimentos. O secretário de Anami disse a seu chefe: "Creio que a nação está tendendo gradualmente na direção da paz. Grande número de militares, milhões de soldados, estão espalhados por várias regiões do Pacífico e sua grande missão é desarmá-los metodicamente e repatriá-los. Acredito que seria aconselhável o senhor cometer suicídio, se é que está pensando nisso, mas só depois de cumprir sua missão. Não há razão para pôr fim à sua vida precipitadamente."

Com as duas mãos repousando no punho de sua espada e obviamente preocupado, Anami ponderou as palavras de Hayashi, comparando-as com o escárnio da proposta de Takeshita e avaliando suas implicações. Olhou vagamente pela janela do carro, fisionomia sombria, calado, lábios contraídos. Sem olhar para Hayashi, o ministro da Guerra disse suavemente: "Acho que você está certo."

Chegaram à residência oficial do vice-ministro, no outro lado da rua e em frente às cinzas da que fora residência do ministro. Os pertences de Anami tinham sido transportados na manhã seguinte ao incêndio e Wakamatsu, seu vice-ministro, se mudara para o Clube dos Nobres, a cerca de um quilômetro de distância. Anami desceu do carro muito pensativo, como reparou Hayashi, e não com a disposição costumeira. O ministro da Guerra entrou apressado em casa e foi diretamente para o jardim praticar tiro ao alvo. Só depois de disparar dezessete flechas conseguiu se sentir satisfeito ao colocar cinco no alvo. Em seguida entrou para jantar.

6
Nova reunião

———◆———

POUCO DEPOIS DAS DUAS DA TARDE de 9 de agosto de 1945, quinze homens molhados de suor fugiram do sol abrasador de agosto e refugiaram-se na residência do primeiro-ministro. Compunham a família oficial do Premier, o seu Gabinete, e o calor os fustigava onde quer que estivessem. Dos quinze, dez eram civis, e, portanto, tudo indicava que o fiel da balança na importante questão da paz deveria ter mudado.

O premier Suzuki, aparentemente calmo, abriu a reunião e pediu ao ministro do Exterior para descrever a situação corrente.

Togo relatou as idas e vindas sobre a declaração de Potsdam. "Os Seis Grandes concordaram que uma exigência é indispensável, a manutenção do sistema imperial. Entretanto", salientou, "houve discordância quanto a outras condições a serem apresentadas, pertinentes a ocupação, desarmamento e crimes de guerra."

Relaxado em sua cadeira, o reservado ministro da Marinha, Almirante Yonai, afirmou: "Não há chance nenhuma de vitória. Portanto, concordo com o ministro do Exterior que a declaração de Potsdam deve ser aceita de imediato, com apenas uma condição: a de que se preserve o Imperador."

Qual uma fortaleza desafiadora que domina um setor da arena na mesa de reunião, o General Anami rejeitou com irritação a visão pessimista de Yonai que ele considerava um ataque pessoal a sua pessoa. "O exército", insistiu Anami, "confia em poder desfechar um contundente golpe nas forças aliadas em uma inevitável batalha em nosso território." Embora não pretendesse afirmar que a vitória era absolutamente certa, ressaltou que a derrota tampouco era inevitável. "Envidaremos nossos maiores esforços numa batalha decisiva e numa inesperada virada dos acontecimentos."

Yonai inclinou-se para a frente e desdenhosamente repeliu a ideia.

"Chegamos ao fim de nossos recursos tanto espirituais quanto materiais. Continuar está fora de questão!"

O general Anami negou que a nação estivesse derrotada, salientando que os milhões de homens das forças armadas no território pátrio estavam ansiosos para enfrentar o inimigo pela primeira vez em condições favoráveis. Controlando o interior do país, com as linhas de suprimentos e comunicações mais curtas e sem a necessidade de depender do longo transporte marítimo de soldados e de material, as circunstâncias seriam significativamente diferentes. O desfecho da batalha decisiva em território japonês era uma incógnita, argumentou. Pelo menos por algum tempo o Japão poderia repelir o inimigo e, em seguida, "ressurgir dos mortos", mesmo não havendo certeza de vitória. Disse que, de qualquer modo, não havia como desmobilizar as forças japonesas além-mar e, portanto, o país teria que continuar lutando.

Suzuki interrompeu a discussão e, para esfriá-la, pediu aos outros ministros que se manifestassem.

Segundo o ministro da Agricultura, a safra de arroz seria a pior em quinze anos, talvez em meio século dependendo das condições.

O transporte de suprimentos e alimentos vindos da Coreia e da Manchúria está ameaçado, afirmou o ministro dos Transportes. Aliás, na realidade e de fato, transporte marítimo estava problemático de e para as ilhas japonesas mais externas de Hokkaido e Kyushu, devido a minas, aviões e navios de guerra inimigos.

A produção de guerra declinava, informou o ministro de Material Bélico, em virtude da escassez de matérias-primas, de sobressalentes, da falta absoluta de linhas de montagem e do grande absenteísmo, para nem mencionar a destruição pelos ataques aéreos.

Abe, ministro do Interior, levantou a probabilidade de uma revolta interna se a nação aceitasse incondicionalmente a declaração de Potsdam.

"O moral do povo já foi em grande parte destruído", afirmou. "Contudo, a maioria desconhece a grave derrota sofrida pelo Japão por causa da propaganda dos militares, que sempre anuncia, nos comunicados do Quartel-General Imperial, que 'o Japão venceu a batalha.' Por conseguinte, se o Japão tiver de aceitar neste momento os termos de Potsdam, é provável que boa parte do povo se revolte."

Nova reunião

A essa altura todos precisavam de um intervalo para se livrar da fumaça, do calor úmido e dos argumentos dormidos, particularmente os que insistiam nos mesmos pontos desde as dez e meia da manhã. O premier resolveu fazer uma curta pausa.

Suzuki levantou-se e procurou Sakomizu, o secretário do Gabinete. Absolutamente convencido de que a reunião seguia o mesmo caminho daquela realizada no Supremo Conselho de Guerra, o premier tinha certeza de que não seria possível chegar a um consenso. Dispunha-se a prosseguir a reunião unicamente porque o Gabinete era o órgão que devia aprovar as decisões de estado. Se, em vez de unanimidade, fosse possível a aprovação por maioria, a questão já teria sido resolvida horas antes. Porém, Anami, longe de diminuir sua insistência nas três condições, na verdade estava minando a resistência dos demais com sua infinita vitalidade.

Se o sumiço de Hiroshima e Nagasaki e a avalanche do ataque soviético não eram capazes de convencer os ministros a aceitar a rendição, qual argumento lógico poderia fazê-lo? O velho premier chegou à conclusão de que era hora de botar em execução o plano discutido semanas antes com Kido, e também com Togo pouco antes da reunião.

Kido assegurou a Suzuki que o Imperador manifestaria sua vontade numa Conferência Imperial solene. Os chefes militares estariam presentes e provavelmente não ignorariam o desejo do Imperador. Claro que poderiam rejeitar seus desejos porque legalmente o Imperador não tem essa prerrogativa, mas seu conselho seria aceito ou rejeitado pelos membros da reunião e, de qualquer modo, a questão teria de ser resolvida, no fim das conversas, pelo Gabinete. A verdade é que não havia como saber o desfecho, pois uma situação dessa grandeza dessa jamais ocorrera na história.

A prática invariável era o SCG e o Gabinete chegarem a uma decisão e em seguida apresentá-la ao Trono para ser ratificada. Se na reunião não houvesse unanimidade em questão relevante, o governo deveria renunciar e ser substituído por um regime que pudesse resolvê-la. Essa prática era adotada para evitar que o Imperador fosse responsabilizado caso uma decisão se mostrasse equivocada. Na prática, ele sancionava decisões do Gabinete e do SCG, mas era um procedimento automático, e esperava-se que o Imperador as ratificasse, aprovando ou não o que fora decidido.

Tendo encontrado o auxiliar que procurava, Suzuki instruiu Sakomizu a preparar uma Conferência Imperial. Sakomizu lembrou alguns pontos. "Para isso", disse, "precisamos de uma petição formal dirigida ao Imperador."

"Ótimo", replicou Suzuki, acenando positivamente, "vá em frente e a prepare." E preparou-se para se retirar. O velho estadista tinha especial aversão a tais detalhes técnicos.

"Mas, para uma Conferência Imperial", continuou o secretário do Gabinete segurando a manga do premier "a petição deve ter a assinatura do premier e dos dois chefes de Estado-Maior."

Suzuki respirou fundo. Provavelmente o General Umezu e o Almirante Toyoda não concordariam com tal Conferência. Desde a bomba de Hiroshima ambos tentavam protelar conferências. A estratégia dos dois era evitar uma decisão e continuar a brigar. Nesse ponto, Toyoda parecia tão obstinado quanto Umezu.

Entretanto, e apesar de ser relativamente jovem, Sakomizu já trabalhava em política e junto ao governo havia mais de uma década. Era hábil na manipulação, e agora teria de mostrar essa habilidade. Suzuki assinou a petição e saiu para recomeçar a reunião do Gabinete. Sakomizu preparou-se para "dobrar" os chefes de Estado-Maior.

Sakomizu localizou Toyoda no Ministério da Marinha e Umezu no Quartel-General Imperial. Apresentou a ambos uma explicação plausível, lógica. O premier lhe pedira as assinaturas dos chefes de Estado-Maior na petição de convocar uma Conferência Imperial a fim de poupar tempo e evitar dificuldades posteriores. "Afinal, não há dúvida de que uma Conferência Imperial será necessária mais cedo ou mais tarde para tratar de assuntos cruciais, como a declaração de guerra aos soviéticos. Naquelas condições tão imprevisíveis, a Conferência podia ser convocada a qualquer momento, inclusive no meio da noite. Quando chegar essa hora, terei que localizá-lo para assinar a petição e isso significa mais problemas para mim e para o senhor, além da perda de tempo precioso. Claro que tomarei a precaução de avisá-lo com antecedência quando precisar da petição. Por favor, assine estes documentos, para que tudo fique pronto no caso de emergência."

Ambos, o General e o Almirante, reconheceram a validade do pedido de Sakomizu. Uma Conferência Imperial seria obrigatória antes de uma declaração de guerra. Já se passara meio dia desde o ataque russo, e o Japão ainda não apresentara uma reação formal. Obviamente, sabiam que qualquer assunto a ser submetido a Sua Majestade teria que ser devidamente preparado pelos secretários

Nova reunião

do Conselho Supremo, um deles almirante e o outro um general do exército. Eles certamente informariam os respectivos chefes de Estado-Maior. Não importa o quanto a questão fosse analisada, discutida e objeto de concordância pelo Gabinete e pelo SCG, ela sempre teria de ser levada à augusta presença do Imperador em uma Conferência Imperial.

Afinal, Conferências Imperiais se destinavam a garantir a aprovação do Imperador. Sua Majestade não participava dos debates e das deliberações. Assinava na linha indicada, como se esperava. Umezu e Toyoda questionaram incisivamente Sakomizu sobre um ponto: "Você nos informará previamente se a petição tiver de ser usada?" O secretário do Gabinete assegurou a ambos que sim. Os dois chefes de Estado-Maior, convencidos de que receberiam antecipadamente todas as informações sobre a projetada conferência, apanharam seus pinceis e assinaram, como pedira o secretário do Gabinete. Sakomizu voltou apressado para seu local de trabalho com a valiosa petição.

À tarde, no palácio, Kido, no papel de informante do Imperador, ocupou-se com subsídios. Às duas horas o chefe dos ajudantes-de-ordem do Imperador deu-lhe a última notícia sobre a invasão da Manchúria pela Rússia – os vermelhos avançavam velozes em toda a frente.

Às quatro, o Selo Privado do Imperador recebeu seu bom amigo Mamoru Shigemitsu, ex-ministro do Exterior. Shigemitsu chegou mancando, apoiado em uma bengala, e desabafou. (Shigemitsu perdera a perna esquerda em Shanghai, quando uma bomba a decepou numa tentativa de assassinato na década de trinta.) Em 1944, os dois tinham concluído que somente a intervenção do Imperador em uma Conferência Imperial poderia disciplinar os militares. Shigemitsu voltou a frisar esse ponto, afirmando que se o Japão continuasse insistindo nas quatro condições que estavam sendo discutidas era inevitável a ruptura das negociações. Kido imediatamente transmitiu esse ponto de vista ao Imperador e comentou com ele a situação corrente.

Enquanto o Gabinete ia rápido para um inevitável impasse na questão da paz, dois quilômetros ao norte do palácio outra reunião chegava à unanimidade pela continuação da guerra. No quartel-general Imperial estavam em sessão os principais chefes militares. O Chefe do Estado-Maior do Exército e a cúpula da força terrestre estavam reunidos tentando chegar a uma política em relação à Rússia. O caminho era evidente: Japão fora atacado. Teria de fazer o que qualquer país faz quando atacado – atacar de volta.

Enquanto seus superiores se concentravam na questão russa, oficiais mais jovens do quartel-general estavam a ponto de explodir por causa da invasão soviética, e circulavam persistentes rumores de que o grupo favorável à paz mostrava sucesso. Os radicais estavam convencidos de que chegara a hora de liquidar os pacifistas e chamar o Imperador à razão. O que pensavam e diziam aos poucos se aproximava da tradicional e popular técnica japonesa do *coup d'état*.

O primeiro-ministro, agora disposto a levar o drama até o ato final, convocou nova reunião do Gabinete. Sabia que seria inútil, mas tinha que deixar as "os acontecimentos acontecerem".

Parecia haver uma maioria de dois a um a favor de aceitar os termos de Potsdam como recomendado por Togo, mas não era suficiente para se transformar em ação já que unanimidade era o critério aceito.

Foi quando o ministro da Educação deu um banho de água fria nos defensores da paz ao dizer as palavras que os demais participantes nem mesmo ousavam pensar. Respondendo a Suzuki, Ota disse: "Não vou manifestar minha opinião sobre esse problema, por considerá-lo muito grave. Insisto que o Gabinete deve dar sua renúncia porque fracassou em suas responsabilidades."

Em tempos normais isso daria origem a um procedimento de rotina, mas agora era diferente. Aborrecido e temendo que as palavras de Ota desencadeassem uma avalanche capaz de derrubar o governo, o premier Suzuki comentou acidamente: "Sei perfeitamente de nossa responsabilidade, mas não é hora para o Gabinete ficar discutindo responsabilidade. Em vez disso, devemos tomar providências para resolver o problema".

Por um angustiante momento o destino de milhões dependeu dos neurônios e das minúsculas correntes eletromagnéticas que percorreram o cérebro do ministro da Guerra. O general desprezou a sugestão de Ota.

Foi um teste aberto das intenções militares: se o ministro da Guerra estivesse realmente determinado a travar uma batalha total, naquele momento teve a oportunidade para destruir o Gabinete. Certamente um Gabinete militar seria a única alternativa para o claudicante gabinete de Suzuki, e a consequência inevitável seria a guerra até o

Nova reunião

amargo fim, empregando táticas de terra arrasada e de guerrilha. Será que Anami não percebera a importância da sugestão de Ota?

Suzuki coçou a testa e informalmente checou as tendências do grupo. Não foi surpresa constatar o Gabinete dividido. Anunciou que informaria a situação ao Imperador. Instruiu o gabinete a prosseguir a discussão e fez um sinal a Togo para acompanhá-lo.

Foram direto ao *Gobunko*, a biblioteca do Imperador nos jardins Fukiage, falar com Hirohito.

Togo ressaltou a evidência de ser impossível chegar à unanimidade no SCG e no Gabinete. Então, Suzuki propôs o Imperador convocar, o mais cedo possível – *naquela mesma noite* – uma Conferência Imperial em sua presença. Hirohito concordou de imediato. Uma Conferência Imperial, os três concordaram, era a derradeira chance. Tinha que dar certo. Era o último freio de que dispunham.

Quando Togo e Suzuki voltaram para a sala da reunião, o calor, a fumaça e o ar sufocante mostravam nada mudado. Constataram que, embora palavras tivessem corrido como água, os grupos não tinham se afastado um só milímetro de suas posições. O impasse persistia. Enquanto alguns hesitavam e enfraqueciam, Anami parecia mais confiante e enérgico. Esgotado, o premier suspendeu a sessão por volta das 10 da manhã.

Entrementes, Sakomizu, o sempre eficiente secretário do Gabinete, já tinha preparado as necessárias comunicações sobre a Conferência Imperial. Suspensa a reunião, as comunicações estavam prontas para o envio. Suzuki leu uma, assinou-a e determinou a Sakomizu que as expedisse.

Afora Togo e o Premier, todos se surpreenderam com a convocação da Conferência. Os militares não ficaram apenas surpresos, mas também furiosos. É verdade que Toyoda e Umezu tinham assinado o documento, mas eles esperavam que a conferência não fosse realizada antes que o SCG chegasse a um acordo e sabiam bem que estavam longe disso. O que tramava Suzuki? Que golpe astucioso de Sakomizu era esse? O secretário do Gabinete se comprometera claramente a informá-los previamente "se e quando" o primeiro-ministro decidisse usar a petição que tinham assinado pedindo uma Conferência Imperial. Porém Sakomizu não os avisara. Não dissera a ninguém. Enganara-os descaradamente.

Umezu, Anami e Toyoda estouravam de indignação. Suspeitavam de algo no ar, mas não sabiam exatamente o quê. Mais os irritava o fato de o aparentemente passivo premier taoísta ter tomado aquela iniciativa. Esperavam bater os calcanhares, adiar indefinidamente as reuniões do SCG, e atrasar ao máximo o momento da decisão.

Por meia hora, o chefe de gabinete foi alvo de violenta reação. Os militares do Exército e da Marinha acusaram veementemente Sakomizu de "quebrar" a promessa feita aos chefes de Estado-Maior. Protestaram, alegando que não tinham sido consultados, que a agenda e as conclusões não estavam estabelecidas. Sakomizu não pôde negar que deixara de notificar os chefes de Estado-Maior, mas não podia revelar aos chefes militares a verdadeira razão disso. Disse "temer que, se notificasse os dois chefes de Estado-Maior, ambos retirariam suas assinaturas" e, assim, o impasse persistiria na reunião e, quase certamente, o gabinete de Suzuki estaria liquidado.

Desta forma, Sakomizu não atribuiu muita importância à Conferência e disse aos irritados oficiais que fora convocada simplesmente para que o Imperador pudesse ouvir os pareceres dos Seis Grandes e do presidente do Conselho Privado.

Em seu "uniforme nacional", o paletó verde-oliva simples usado em todas as atividades profissionais e sociais, agora que não se conseguiam roupas novas, Sakomizu se destacava entre os uniformes cáqui e as espadas de samurai do Exército e da Marinha. O ambiente na sala do secretário do Gabinete foi se tornando cada vez mais pesado à medida que chegavam oficiais do Ministério da Guerra.

O pensamento de Sakomizu o remeteu de volta ao massacre ocorrido em 26 de fevereiro de 1936, quando tropas rebeldes tinham assassinado líderes do governo. O secretário do Gabinete estava nesse mesmo prédio quando os revoltosos atacaram a residência de seu sogro, o Almirante Okada, então primeiro-ministro. Como secretário particular de Okada, ficara frente a frente com os rebeldes, mas, por sorte, ele e o premier tinham conseguido escapar.

Por volta das onze e meia, o nervosismo de Sakomizu aumentou dez vezes e por bom motivo. Estava cercado de oficiais do quartel-general e do Ministério da Guerra que o pressionavam, as mãos nos punhos das longas espadas, fazendo os tradicionais gestos ameaçadores dos samurais, enquanto comentavam entre dentes sua perfídia ao convocar a precipitada Conferência sem conhecimento dos militares.

Nova reunião

Temendo a qualquer momento os temperamentos fervessem e algum fanático fizesse algo além de simples ameaças, Sakomizu concluiu que precisava escapar daquela situação e fazê-lo rapidamente, mas sem agitar ainda mais seus visitantes. Reunindo todo seu autocontrole, levantou-se da cadeira e declarou resolutamente: "Vamos ao Palácio Imperial – é urgente". Com isso, abriu caminho para o corredor e o saguão de entrada da *kantei* (residência do Premier), passando com firmeza entre os furiosos e ameaçadores oficiais. Sua aparente segurança mal conseguia esconder um medo terrível.

Sakomizu encontrou a sala do secretariado fervilhando de oficiais do exército que literalmente rangiam os dentes. Como um tanque a esmagar lagartas a vegetação, Anami, ministro da Guerra, entrou com passos firmes rumo ao secretário do Gabinete e perguntou como estavam as coisas. Embora soubesse perfeitamente que pediriam ao Imperador sua decisão imperial, Sakomizu blefou cinicamente. Assegurou ao cético ministro, como dissera aos oficiais subordinados, que a conferência fora convocada para apresentar ao Imperador as opiniões dos Seis Grandes e não para chegar a conclusões. Os murmúrios ameaçadores dos oficiais continuaram.

A conferência seria no abrigo antiaéreo do palácio, sob os jardins Fukiage. No passado, esse clássico jardim oriental, com seus canteiros de lótus, lagos, caminhos artisticamente concebidos, pontes tradicionais, pavões e garças, era sereno e seguro. De seu ponto mais alto a vista permitia ver árvores gigantescas e árvores anãs. Tinha sido um bem cuidado arboreto de centenas de espécies locais plantadas em artísticos e graciosos caramanchões.

Perto da meia-noite, os participantes da conferência passaram pela estreita porta de concreto encravada na lateral da elevação. A silhueta dos pinheiros próximos se projetava contra a lua. Os homens desceram enfileirados os degraus atapetados do abrigo antiaéreo do palácio. Cinquenta pés abaixo e sessenta para o lado, chegaram ao abrigo quente que cheirava a mofo, passando por uma porta de aço, entrando na sala de máquinas e, mais adiante, numa antessala. O passo seguinte era entrar ir à sala da conferência. Deixando a antessala, passaram por uma porta de aço de 30cm de espessura e andaram num corredor, depois passaram por mais uma porta de aço e, finalmente pelas portas duplas de madeira do próprio salão de conferências.

Cada participante recebeu três folhas de papel. Uma delas reproduzia o texto completo da declaração de Potsdam. A segunda tinha o título *Proposta A* e mostrava a condição única apresentada por Togo para aceitação dos termos da declaração. A terceira, a *Proposta B*, apresentava as três condições defendidas por Anami, Umezu e Toyoda.

Na sala de conferências, os Seis Grandes buscavam a seus lugares em torno da mesa: o Primeiro-Ministro Suzuki, o ministro do Exterior Togo, o ministro da Guerra Anami, o ministro da Marinha Yonai e os chefes de Estado-Maior do Exército e da Marinha, General Umezu e Almirante Toyoda. Também ocuparam seus lugares os chefes das seções de assuntos militares do Exército e da Marinha, Ten-Gen Yoshizumi e Vice-Almirante Hoshina; o Ten-Gen Ikeda, chefe da Junta Combinada de Planejamento; o Barão Kiichiro Hiranuma, presidente do Conselho Privado; e Sakomizu, secretário do Gabinete.

Suzuki levara deliberadamente Hiranuma à Conferência. Era estrategicamente importante ter um representante do Conselho Privado, grupo de vinte e sete estadistas designados pelo Imperador. Na prática e na teoria, tratava-se de um painel poderoso. Entretanto, como poderia estar tão dividido quanto o Gabinete (e até duas vezes mais rebelde) na questão que seria discutida, o velho almirante, por sugestão de Sakomizu, decidira prestigiar o Conselho Privado incluindo seu presidente na conferência. Assim, o Conselho Privado ficaria devidamente informado e poderia participar tecnicamente dos procedimentos.

O Exército viu na inclusão de Hiranuma mais uma prova de haver trama. Não era normal a presença do presidente do Conselho Privado nas Conferências Imperiais do SCG, raciocinaram. Isso mais os enervava. Porém, Sakomizu pesquisara cuidadosamente esse ponto e descobrira que, nos últimos cinquenta anos, havia inúmeros precedentes de convite ao presidente daquele conselho.

Agora todos sentavam. Tensos, atormentados pelo calor e por ativos habitantes do abrigo, os mosquitos, que davam boas-vindas à carne fresca. O ritual da Conferência Imperial estabelecia que os participantes deveriam suportar estoica e silenciosamente, mãos sobre os joelhos, em posição respeitosa, para que os mosquitos pudessem mordê-los à vontade. Todos esperaram ansiosos a chegada do Imperador.

7
Último recurso

O CENÁRIO DESSA CONFERÊNCIA IMPERIAL, essa convergência de destinos, era sombrio e impiedoso. Um porão perfeito.

Malgrado o piso atapetado, as cortinas e as mesas trabalhadas, não deixava dúvida de que era um abrigo de concreto tão feio quanto necessário. Mas cumpria sua finalidade, proteção. Encravado na colina por todos os lados, cercavam-no 6 metros de concreto reforçado, sob mais de 13 metros de terra, com corredores infiltrados de umidade, salas de paredes e tetos pegajosos pela condensação.

Além da sala de conferências, o complexo incluía a central telefônica, a sala de máquinas de renovação do ar e suprimento de água, a antessala por onde tinham entrado os participantes da reunião e a sala de estar subterrânea do Imperador. Os membros da conferência tinham entrado no abrigo pela porta do jardim. O Imperador chegaria pela porta e pela escada que vinham de sua biblioteca.

Onze líderes japoneses acomodavam-se em torno de duas mesas paralelas. Numa ponta, em ângulo reto com as mesas, havia outra mesa, pequena e coberta de toalha bordada com fio de ouro. Atrás dela, servindo de trono para a ocasião, uma simples cadeira de madeira com braços também de madeira e igualmente simples. Ao fundo, por trás da cadeira, assinalando a presença imperial, uma elegante cortina dourada em seis painéis.

Precisamente às 11h55 (doze minutos após a última orientação do Selo Privado Kido), o Imperador, em uniforme do Exército, surgiu de trás da cortina com o Ten-Gen Hasunuma, seu chefe dos ajudantes-de-ordem. Enquanto os súditos leais se punham de pé e faziam a respeitosa reverência, o Imperador ocupou seu lugar e deu início à histórica conferência.

Suzuki, lábios cerrados e dolorosamente ciente da gravidade do momento, pediu ao secretário do Gabinete que lesse a Declaração de Potsdam. Após a leitura, o idoso premier lentamente se levantou e falou para o Trono.

"O Supremo Conselho Para a Direção da Guerra reuniu-se hoje para discutir os termos de Potsdam. Embora não se chegasse a uma conclusão, as seguintes condições foram discutidas:

1. Garantia de que a família imperial continuará reinando.
2. Desarmamento das forças armadas pelo próprio Japão.
3. Julgamento de criminosos de guerra pelo próprio Japão.
4. Ocupação do Japão limitada a um mínimo de prazos e locais.
Foi sugerido apresentar estas condições antes de aceitarmos os termos de Potsdam.

"O ministro do Exterior apresentou a seguinte proposta:

Proposta A:
O governo aceitará a Declaração de Potsdam no entendimento de que não implica qualquer exigência sobre status do Imperador, tal como previsto na legislação do país.

"Hoje foi realizada uma reunião de emergência do Gabinete que chegou ao seguinte resultado:

- A favor da proposta do ministro do Exterior: seis
- A favor da proposta com quatro condições: três
- Neutros, mas favoráveis à redução do número de condições: cinco"

O almirante fez uma pausa, olhou para Togo e prosseguiu.
"Agora peço ao ministro do Exterior que explique os motivos de sua proposta."

O calor e a umidade tinham transformado a sala em verdadeira panela de pressão. Togo, fisionomia firme, levantou-se e falou diretamente na direção do homem que estava atrás da mesa com toalha bordada.

"É humilhante e difícil para o Japão aceitar os termos de Potsdam", afirmou, deixando clara sua visão pessoal sobre o documento. "Entretanto, atuais circunstâncias nos compelem a aceitar. A bomba atômica e a participação da Rússia na guerra mudaram repentinamente a situação e fortaleceram a posição do inimigo. Não é mais possível confiar em negociações para chegar a novas formas ou condições melhores. Especialmente agora, que a União Soviética recorreu às armas, negociações tornaram-se impossíveis.

"Em vista disso, se condições demais forem apresentadas, há o perigo de serem totalmente rejeitadas. Considero ser melhor apresentar apenas uma condição: que a preservação e a segurança da família imperial sejam garantidas. Quanto às outras condições, o desarmamento deveria ser considerado no momento das negociações do armistício. Creio não haver opção a aceitar a ocupação do Japão e o processo de criminosos de guerra. A raça japonesa suportaria e trabalharia arduamente pela reabilitação no futuro, se a família imperial for deixada em paz. É minha opinião, portanto, que devemos nos concentrar numa única coisa, na preservação da família imperial."

Em seguida, Suzuki convocou o ministro da Marinha. Yonai, com sua concisão característica, disse: "Concordo inteiramente com a opinião do ministro do Exterior."

Era a vez de Anami. O ministro da Guerra estava obviamente sob grande pressão. Falou com uma voz alta que não era habitual, engasgada pela emoção. "Minha opinião é o contrário. Em primeiro lugar, a declaração do Cairo fala em renunciar a Manchukuo, que cessaria de existir como nação independente." Hesitou e, em seguida, despejou os argumentos já bem conhecidos pelos presentes.

"Mesmo que o governo japonês aceite os termos de Potsdam, devemos apresentar pelo menos quatro condições. Se for impossível incluir todas as quatro, devemos prosseguir com a guerra. Se conseguirmos desfechar um poderoso golpe no inimigo em uma derradeira e decisiva batalha em nosso território pátrio, poderemos chegar a termos melhores. Reconheço que não podemos esperar vitória nessa batalha decisiva, mas a derrota tampouco é sempre certa. Estou convencido de que a unidade é nossa fortaleza e que essa batalha poderá infligir severos danos aos Aliados. Se não pudermos deter o inimigo, centenas de milhões de japoneses preferirão a morte à desonra da rendição e assim os japoneses deixarão sua marca na história."

E concluiu, "Devemos ter em mente que as tropas japonesas além-mar jamais aceitarão a rendição incondicional. Além disso, no próprio Japão há muita gente decidida a lutar até o fim. Se o Japão se render, a consequência será o caos interno!

Foi uma ameaça, uma predição fundamentada ou manobra para barganhar? O ministro da Guerra sentou-se pesadamente. Suas faces estavam molhadas pelas lágrimas e ele tremia em contidos soluços.

Houve um angustiante silêncio. O premier acenou com a cabeça ao

General Umezu, Chefe do Estado-Maior do Exército. Embora de rosto, como sempre, impassível, a voz de Umezu tremia de emoção.

"Minha opinião é a mesma do ministro da Guerra. Já completamos os preparativos para uma batalha decisiva em nosso território e confiamos na vitória, apesar de o ataque russo tornar a situação mais desfavorável. Creio que não devemos perder a oportunidade para desfechar um derradeiro golpe na América e na Inglaterra. A guerra já dura vários anos, e muitos camaradas combateram com denodo e morreram pelo Imperador. Portanto, se agora nos rendermos incondicionalmente, não seremos perdoados por nossos heróis mortos. Embora não seja contra a aceitação da declaração de Potsdam, penso que as quatro condições são o mínimo que podemos reivindicar."

Mais adiante na mesa, o General Sumihisa Ikeda, que fora subordinado de Umezu por muitos anos, olhou firmemente para seu ex-comandante. Reparou que a declaração não refletia o que Umezu tinha no coração. O argumento do general, pensou Ikeda, não tinha a força com que habitualmente defendia suas ideias.

O premier Suzuki passou o Almirante Toyoda e pediu a manifestação do presidente do Conselho Privado, Barão Kiichiro Hiranuma. Xenófobo e ultranacionalista, Hiranuma tinha oitenta anos e era da geração de Suzuki, mas seguia orientação totalmente diferente. Aos trinta anos, Hiranuma fundara uma das associações mais reacionárias, partidária do fascismo, do poder armado e de governo militar. Mesmo assim, tinha um notável currículo, como presidente da Corte Suprema e ex-ministro da Justiça, além de ser visto como um dos maiores conhecedores dos dispositivos constitucionais. Magro e feioso, Hiranuma tinha sido primeiro-ministro por breve período em 1939. Seu governo foi destruído por divergências no caso da ampliação do Pacto Anticomintern Berlim-Tóquio para aliança militar plena entre Japão e Alemanha.

Antes da Conferência, Hiranuma ouvira uma explicação completa. Disseram-lhe que era urgente terminar a guerra a qualquer custo. Essencial não perder tempo. A conferencia à meia-noite mostrava essa urgência. A despeito disso tudo, Hiranuma se levantou, limpou a garganta e foi em frente, como um juiz conduzindo um inquérito. "Antes de manifestar minha opinião", disse com voz cortante, "gostaria de perguntar ao ministro do Exterior sobre o progresso das negociações com a Rússia."

Togo, surpreso com a menção a um tema que a declaração de guerra dos russos tornara irrelevante, fez um esforço para se conter. Pacientemente relatou a sequência dos eventos: "Em 12 de julho transmitimos aos soviéticos o desejo de Sua Majestade de solicitar uma arbitragem para terminar os combates o mais cedo possível e informamos que fora enviado um emissário especial. Mais tarde, depois de repetidos pedidos, recebemos uma resposta. Em 7 de agosto chegou um telegrama do Embaixador Sato em Moscou informando que teria uma entrevista com Molotov, comissário para Assuntos Exteriores, às cinco da tarde de 8 de agosto. Na noite passada Molotov rejeitou a proposta de mediação, e os soviéticos declararam guerra ao Japão."

O octogenário pediu detalhes. "Chegaram a fazer alguma proposta concreta à URSS?"

Quase rangendo os dentes, Togo respondeu: "Embora tivesse comunicado aos soviéticos que propostas concretas seriam apresentadas pelo nosso enviado especial, eu próprio não fiz tais propostas."

"Então", insistiu Hitanuma, "qual a razão para a declaração de guerra da Rússia ao Japão?"

Togo recapitulou os pontos principais da declaração de guerra dos soviéticos tal como fora transmitida de Moscou pela Tass. Hiranuma prosseguiu teimosamente com seu exame: "É verdade que, como consta da declaração soviética, o Japão rejeitou oficialmente o ultimato das três potências?"

Togo respondeu concisamente: "Não demos nenhum passo rejeitando o ultimato."

"Então", perguntou Hiranuma, "por que os soviéticos rejeitaram nosso pedido?" Impaciente, Togo retrucou: "Fruto da imaginação deles."

Por fim, voltando sua atenção para o que realmente interessava, os termos de Potsdam, Hiranuma meditou em voz alta: "Diga-me exatamente o que se deve entender sobre crueldades praticadas contra prisioneiros aliados e a apresentação de todos os criminosos de guerra, como está escrito na declaração de Potsdam? É possível interpretar que nós mesmos poderemos punir esses criminosos?"

"No passado os criminosos de guerra sempre foram entregues ao inimigo", afirmou Togo.

Visivelmente surpreso com essa informação, Hiranuma indagou: "Sr ministro do Exterior, o senhor pensa em entregá-los ao inimigo?"

Fazendo um grande esforço para controlar a irritação, Togo respondeu. "Dependendo da situação, creio que pode ser inevitável."

O velho jurista prosseguiu. "Acha que podem não concordar com nosso pedido de que o próprio Japão desarme suas tropas?"

"Sim, acho", replicou Togo.

Imperturbável, Hiranuma passou a testar os militares: "Gostaria de perguntar ao ministro da Guerra e ao Chefe do Estado-Maior do Exército o seguinte. Estão confiantes defendendo o prosseguimento à guerra?"

Umezu começava a se levantar quando Hiranuma insistiu.

"Considero essa possibilidade muito questionável. Embora tenham explicado que é possível vencer uma batalha decisiva em nosso território, continuam ocorrendo ataques aéreos todos os dias e estamos sendo bombardeados por navios de guerra. Mais importante ainda, a bomba atômica provou ser terrivelmente eficiente. É possível nos defendermos dessas bombas? Na maioria dos casos, o Japão não foi capaz de retaliar quando aconteceram ataques aéreos e o inimigo fez o que bem entendeu. Não houve um único contra-ataque quando o inimigo bombardeou cidades pequenas e médias."

Mais uma vez houve uma pausa e todos os presentes ficaram observando Umezu novamente se levantar. E mais uma vez a voz cortante de Hiranuma deu prosseguimento à sua jornada itinerante por terreno que lhe era familiar.

"Acredito que os ataques aéreos inimigos a nosso território vão ficar mais intensos. Mais de metade de Tóquio será destruída, médias e pequenas cidades serão completamente arrasadas. Todos os serviços serão interrompidos. Há planos prevendo medidas contra a bomba atômica?

Mais uma pausa enquanto Hiranuma se preparava para externar mais um pensamento. Mais uma espera aflita dos participantes da reunião naquele forno sufocante.

"Hoje em dia, a incerteza é cada vez maior no meio do povo e seu espírito combativo está esgotado. Os serviços de transporte estão destruídos e os alimentos, escassos. No caso de Tóquio, deixaram de chegar os alimentos que vinham de outras partes do país. A importação de cereais da Manchúria ficou mais difícil. Preocupo-me muito com essas questões. Também quero ouvir uma explicação sobre a extensão dos danos sofridos pelos serviços de transporte em nosso território."

Desta vez Umezu se levantou e falou antes que o velho estadista tivesse tempo para prosseguir. A cabeça raspada do general brilhava como pedra polida. "O comando supremo envidará todos os esforços", prometeu, em resposta tipicamente burocrática. "Embora seja difícil evitar totalmente a devastação causada pela bomba, podemos verificar até que ponto é possível adotar medidas de defesa antiaérea. Acredito ser inevitável a intensificação dos ataques aéreos no futuro. Contudo, creio que se tivermos firmeza para suportar os danos e as dificuldades consequentes, esses ataques não levarão à conclusão da guerra. Admito que o povo está perdendo seu espírito combativo em consequência da intranquilidade que domina sua rotina de vida e da destruição do sistema de transportes. Não há como evitar totalmente os danos, mas o Comando Supremo se empenhará ao máximo. Podem contar conosco, desde que seja adotada uma mudança de política. Nunca nos renderemos ao inimigo apenas por causa dos ataques aéreos."

Em seguida Hiranuma cutucou a Marinha. "E a marinha, tem algum planejamento para se opor às forças-tarefa do inimigo?"

Praticamente sem mais navios em condições de operação para tal fim, Toyoda deu a única resposta possível: "A força aérea da Marinha deve ser empregada para enfrentar as forças-tarefa. As que não estão escoltando comboios podem manobrar com facilidade. Portanto, é difícil detectá-las sem fortes meios aéreos. Até hoje nossa força aérea tem permanecido no solo, de prontidão, à espera da batalha decisiva, preservando seu poder. Por conseguinte, temos realizado apenas contra-ataques de surpresa com pequeno número de aviões. Não obstante, a partir desta data esperamos atacar com força considerável."

Derivando para outra área, Hiranuma continuou o levantamento sobre as dificuldades enfrentadas pelo Japão. Seus ouvintes suavam e, calados, escondiam a irritação. Ninguém ousava interromper ou ignorar o velho estadista. "A manutenção da ordem pública em nosso território é muito importante, mas que medidas estão pensando em adotar daqui para a frente? Se a política do governo não estiver correta, a desordem interna poderá se agravar. E a questão dos alimentos?" – mais uma pergunta teórica. Seus colegas esperaram pacientemente que ele prosseguisse. "A situação está piorando a cada dia. Embora não haja dúvida de que o povo é inquestionavelmente leal, as condições atuais de vida são extremamente perigosas e causam muita preocupação. Diante da deterioração geral da situação no Japão, podemos admitir que a continuação da guerra resultará em perturbações internas mais graves do que se a terminarmos..."

Finalmente, Suzuki, incomodado com a quase insuportável e aparentemente interminável torrente de perguntas de Hiranuma, interrompeu, tentando encerrar aquela divagação: "Concordo inteiramente e estou preocupado. Na situação atual, a evolução da guerra nos é desfavorável. Daí a intranquilidade do povo. Não podemos mais aguentar os ataques aéreos. Se a guerra continuar em condições tais que a nação não possa se defender, não importa como, o caminho ficará extremamente difícil e perigoso".

Percebendo que seu tempo de investigação acabara, Hiranuma resumiu seu ponto de vista: "Embora não haja tempo para uma análise completa, devo manifestar minha opinião, já que a situação requer solução urgente". (Finalmente – devem ter pensado vários participantes da Conferência.)

"Em resumo, a posição externada pelo ministro do Exterior é exatamente a que se poderia esperar. Seu objetivo é apenas a defesa do sistema nacional, com o que concordo. Entretanto, a forma como está expressa é indesejável e injustificada. A soberania do Imperador não deriva de lei do Estado e nem é estabelecida pela Constituição. Há apenas uma referência a respeito. Se a redação for mudada para 'a referida declaração não deve englobar referência alguma que traduza prejuízo para as prerrogativas de Sua Majestade como governante soberano', não me oponho."

Togo assentiu, concordando com essa mínima alteração de redação da condição proposta. Afinal, Hiranuma era uma autoridade em Constituição.

"Quanto às condições 2, 3 e 4", falou Hiranuma em tom monótono, "embora o ministro do Exterior afirme que o inimigo se negaria a considerá-las, creio que os argumentos do ministro da Guerra e do Chefe do Estado-Maior do Exército estão absolutamente certos. Creio que nós mesmos devemos conduzir o desarmamento. Como não há exigência de apresentação de criminosos de guerra, esta condição pode ou não ser acrescentada(...). A questão da ocupação também é importante, por afetar a honra de uma nação independente(...)."

Enquanto o velho advogado expunha suas opiniões em mínimos e dolorosos detalhes, Suzuki continha sua impaciência da melhor maneira possível. Havia mais de uma hora que Hiranuma vinha ocupando o centro do palco, tempo suficiente para os bombardeiros aliados destruírem mais uma cidade, para as colunas russas avançarem mais de dez ou quinze quilômetros, ou para uma bomba atômica ser lançada, enquanto eles lá permaneciam sentados, lamentando o leite derramado. A qualquer momento algum incidente poderia destruir todo o clima favorável à aceitação dos termos pela nação. E Hiranuma continuava falando.

"....se a guerra tiver que continuar porque o inimigo rejeitou as condições, uma sensação de intranquilidade tomará conta do país. Devemos enfrentar essa possibilidade somente depois de um amplo estudo da situação...." Difícil definir o que era mais opressivo, o calor no abrigo subterrâneo ou a maratona retrospectiva de Hiranuma. "Nunca vamos terminar?" – pensou Togo.

"Não podemos continuar a guerra somente com o poder militar. Para contar com uma mobilização nacional, devemos considerar o espírito combativo do povo, as condições da produção e as necessidades diárias. Podemos considerar satisfatória a situação atual?"

Hiranuma repetia o que já havia repetido. Agora sua audiência já se mostrava visivelmente incomodada.

"O segredo da política é o bem das pessoas. Portanto, se existe algum mal-estar, não importa o quanto exército e marinha estejam fortes, é impossível prosseguir a guerra..."

Hiranuma também era presidente da Universidade Nihon e começava a parecer que ele estava incluindo trechos de diversas introduções de suas palestras.

"Quanto às demais condições, as autoridades devem decidir depois de uma ampla discussão. Como se trata de assunto muito importante, creio que a decisão pode ser deixada para o Imperador..."

O que era isso? Supostamente Suzuki, Togo e Sakomizu eram as únicas pessoas presentes que sabiam que se pediria ao Imperador uma decisão. Teria alguém revelado a ideia a Hiranuma? Por que ele iria estragar as coisas tão perto do momento crucial? Agora estava se dirigindo diretamente ao Imperador.

"Para preservar a herança dos ancestrais do Imperador, Sua Majestade também tem a responsabilidade de evitar que a incerteza domine a nação. Peço a Vossa Majestade que decida com esta ideia em mente."

Finalmente o velho tagarela parou de falar, inclinou o corpo e sentou-se. Antes que os presentes tivessem tempo para reagir diante da proposta de Hiranuma, o Almirante Toyoda, talvez ainda perdido no labirinto do jurista, ou preocupado com o fato de o premier ter saltado sua fala anteriormente, sentiu-se na obrigação de falar. Suzuki o chamou.

"Como membro do comando supremo da Marinha concordo com o

ministro da Guerra e com o Chefe do Estado-Maior do Exército. Avaliando as probabilidades de vitória e derrota nesta guerra, não posso afirmar que a vitória é certa, mas também não acredito que sejamos definitivamente derrotados. O comando supremo da Marinha está preocupado com a negociação com apenas uma condição, a preservação do sistema nacional. O espírito combativo ainda prevalece no povo. Os soldados na frente de combate estão fazendo o melhor que podem, entusiasmados e imbuídos do sentimento de autossacrifício. Considero possível resgatar o espírito combativo do povo por meio de liderança, ainda que algumas pessoas a tenham perdido."

Esse depoimento deixou Toyoda em posição ambígua – estava retirando apoio às outras três condições? Ou não?

Nesse ponto a contagem era três a três: Anami, Umezu e Toyoda (?) contra Togo, Yonai e Hiranuma. Percebendo que a contagem era tão apertada (como se esperava), Suzuki se levantou. Eram duas da manhã, 10 de agosto. O calor naquela sala era abrasador e os mosquitos atacavam sem misericórdia.

"Senhores", disse o Premier, aparentemente calmo, "há quatro horas estamos discutindo esses assuntos e ainda não chegamos a uma conclusão. Chegamos a este ponto e não há solução à vista. Desta vez não podemos desperdiçar um só minuto. Portanto, embora não haja precedente, mas seja uma fonte de inspiração, proponho pedirmos a Orientação Imperial para que possamos chegar à conclusão da conferência com base na orientação do Imperador. Sua Majestade deveria resolver a questão, e o governo deveria obedecer à sua decisão."

Sem dar tempo para interrupções, Suzuki deu um passo em direção ao trono imperial. Houve um suspiro de decepção diante de seu movimento. "Senhor primeiro-ministro", murmurou Anami, atordoado, como se não estivesse acreditando. O idoso almirante se adiantou e se dirigiu ao Imperador. O silêncio era tão opressivo quanto o calor.

"A decisão imperial é solicitada: qual proposta deve ser adotada, a do ministro do Exterior ou a que estipula quatro condições?"

Não havia lembrança da última vez que o Imperador fora solicitado a manifestar sua própria opinião para decidir assunto tão importante. Quase nunca tivera parte ativa – nem sequer falar – nessas reuniões ritualísticas, previamente arranjadas. Fazer tais perguntas ao Imperador era absolutamente inédito. Os militares esperavam que na conferência apenas se discutisse a matéria e em seguida todos se dispersassem pela

Último recurso

noite. E agora, o que esperar do deus vivo cujas ordens tinham jurado obedecer?

Não era o final que esperavam. Não era o desfecho previsto. Nos dias trovejantes que antecederam a Guerra do Pacífico, durante as paradas militares, as comemorações triunfantes e os cerimoniais praticados, o homem-deus, em seu irrepreensível uniforme, recebia a continência montado em Primeira Neve, seu cavalo favorito. Naquela época, cenas como a daquele sufocante cubículo de concreto e do sórdido tema em questão estavam muito longe do pensamento e com certeza das palavras daqueles chefes militares que procuravam exaltar o Império.

O destino do Império, iluminar os bárbaros, *Kodo* (o caminho imperial) e *Hakku Ichiu* (os oito cantos do mundo sob um mesmo teto) eram os amuletos nos anos trinta. E a esses talismãs tinham sido acrescentadas a autodefesa contra o estrangulamento promovido pelas democracias. As conquistas do Japão viraram guerra santa.

Não há dúvida de que durante o arrebatamento pelas vitórias em 1942, quando o Japão dominava mais de um sexto da Terra, nenhum chefe militar dizia uma simples palavra que traduzisse prudência. Foram tempos de previsões irrefletidas e ambiciosos planos para fatiar o mundo com os názis, magnanimamente deixando para eles tudo que ficava a partir da fronteira com a Índia. Pelo momento.

Foram dias de celebrações delirantes, como ocorreu depois das vitórias em Pearl Harbor, em Hong Kong, nas Filipinas e, mais adiante, na queda de Singapura. Foi a época em que o Imperador aparecia na ponte de onde se descortinava a praça do palácio para aceitar os banzais de milhares de maravilhados e alegres súditos. Em uniforme militar e montado em seu cavalo branco, Hirohito desfilou muitas vezes diante da multidão exultante.

Em nenhum ponto do horizonte os chefes militares viam alguma nuvem ameaçadora. Mas nos comunicados surgiu um novo termo, *tenshin*, "marchar noutras direções." Foi usado pela primeira vez quando o Comando Supremo empenhou todo o seu prestígio e possivelmente todos os seus recursos na defesa de Guadalcanal. Logo o termo se tornou familiar. Familiar demais.

A Marinha também tinha suas peculiaridades semânticas. Houve "vitórias" em Formosa, nas ilhas Salomão, Gilberts e em Midway, ilusões para as quais os militares contavam com o endosso imperial.

De repente, a conversa foi se voltando para uma guerra de dez ou vinte anos de duração em que a derrota da sagrada nação só poderia acontecer ao preço da morte de cem milhões de japoneses.

O sonho dos chefes militares de um grande desfile da vitória, com o Imperador montado em seu cavalo empinando alegremente à testa das tropas vencedoras, se evaporara. Agora, se reduzira ao debate de um dilema: sacrificar mais alguns milhões ou interromper a carnificina dando um passo até então inconcebível?

Qual das opções demandava mais coragem? Continuar lutando nas profundezas do terreno, se enterrando como toupeiras cercadas nas trincheiras recentemente construídas em montanhas no remoto Matsushiro? Com o inimigo dominando os céus e caçando tudo que se movesse, haveria certeza de que o carro à prova de balas conseguiria levar a família imperial em segurança até o "inexpugnável" esconderijo nas fortificadas montanhas do remoto noroeste do país?

E depois? Um fim como o de Hitler? Liquidar a dinastia e seus súditos leais que obedientemente usaram suas ineficazes armas e sacrificaram suas vidas diante do poder atômico que o universo liberara em um *gyokusai* – Armagedon? Os japoneses, os descendentes da Deusa do Sol, agora estavam diante do poder titânico do próprio sol, voltado contra sua prole. A lenda da superioridade racial que dominou e fortaleceu o espírito samurai agora enfrentava o destruidor absolutamente real, evidente e cientificamente previsível que derivava do mesmo sol. Como enquadrar esse fenômeno na cosmologia Shinto?

Rendição? O que esperar em seguida? Se o exército obedecesse e se o povo seguisse as ordens do Imperador, a destruição e o massacre terminariam. Seria possível confiar que os vencedores preservariam o sistema imperial? Permitiriam que Hirohito permanecesse no trono? Ou o baniriam e o enviariam para a China, onde seria julgado e punido como exigiam personalidades influentes? A nação seria dividida e governada como nas derrotadas Alemanha e Áustria? O Japão seria reduzido a fornecedor de alimentos, proibido de utilizar sua natural capacidade empreendedora em indústrias e comércio? O país seria devastado, violentado e saqueado? Seria dizimado por intermináveis represálias por crimes de guerra? Deixaria de existir? Essas eram as indagações que assombravam o Imperador Showa (período do Imperador Hirohito no poder) naquele dia 10 de agosto do vigésimo ano de seu reinado.

Tendo compartilhado fielmente os ritos cerimoniais de seus ancestrais desde que ascendeu ao trono e os observado, com todas as minúcias, nos rituais que se repetiam a cada ano, Hirohito estava comprometido com as leis e tradições de seus antepassados, que jurara obedecer. Acima de tudo, estava comprometido com a continuidade da dinastia, com a sobrevivência dos descendentes imperiais de Amaterasu, a Deusa Sol.

Mas a linha não continuaria se a raça Yamato fosse extinta com a continuação da guerra. Não prosseguiria se a família imperial fosse retirada do poder à força e eliminada por uma odiosa represália do inimigo vitorioso.

Hirohito tinha de optar. Diante da necessidade de tomar uma decisão, o que faz um homem? A conclusão de cada um pode ser tão válida quanto a de outro, mas não se tratava da decisão de um homem comum. Tratava-se de Hirohito, o 124º Imperador reinante de raça Yamato, descendente de Amaterasu Omikami, a Deusa Sol e, portanto, o Filho do Céu.

Embora se apresentasse em um corpo comum, para seus compatriotas esse homem era um deus, a forma humana de tudo que era bom. Era o governante adorado, vigilante, profano, mas também divino governante. Também era o chefe da família, o pai sublime de todos os japoneses. Obviamente, lhe eram devidas inquestionável lealdade e obediência de cada membro da família.

Por vinte e seis séculos os Imperadores do Japão tinham sido deuses para seus leais súditos. E assim era ainda para todos o Imperador até as duas da manhã de 10 de agosto de 1945. Chegara a hora de o deus falar enfim.

8
O Imperador-Deus

CHARLIE E EMMA, era como os correspondentes da imprensa estrangeira em Tóquio irreverentemente se referiam a eles nos anos 1930. Deus ou não, o Imperador e sua imperatriz tinham aparência, atitudes e gestos nítida e estritamente típicos da classe média. Mais parecia um casal totalmente dedicado a chás, jardinagem e pinturas em aquarela, acostumado a usar ternos e vestidos conservadores, sem nenhuma preocupação com luxo.

Empenhados em fazer apenas as coisas certas, podiam ser vistos jogando golfe para se exercitar, nunca como divertimento; ou acariciando a cabeça de crianças da família real, mas nunca colocando-as no colo ou nos ombros; ou caminhando formalmente pelos carpetes imperiais; ou caçando patos. Pareciam um casal japonês comum. Suas atitudes e roupas ocidentais pareciam deselegantes e *déclassées*. Nos anos trinta, mesmo quando usava o uniforme militar de Marechal Comandante-em-Chefe das forças armadas do Japão, Hirohito parecia tão pouco à vontade quanto um calouro de universidade em seu primeiro smoking.

Mas ele não era um japonês comum. Era o Imperador do Japão, chefe da Casa Divina, Sua Majestade, Hirohito, Tenno do Japão, descendente direto da Deusa do Sol, uma dinastia tão antiga que seus membros não tinham nome de família. Em seus trajes imperiais, usados em eventos religiosos e oficiais, não havia em todo o globo monarca que mais refletisse a realeza, genuinamente japonesa. Era a síntese das eternas verdades do Japão – cultura, religião, valores e costumes. Mesmo para um deus, era um conjunto de pesadas obrigações a cumprir.

Hirohito era de tramanho médio, relativamente magro, um metro e sessenta e oito de altura, e peso em torno de sessenta e quatro quilos. As preocupações e os aborrecimentos trazidos pela guerra tinham gerado insônia e crises nervosas que reduziram seu peso para cinquenta e seis quilos e resultado em fundas rugas nos cantos de seus olhos, nariz e boca. Em seus quarenta e quatro anos, a densa cabeleira negra começava a diminuir e ficar grisalha, mas continuava revolta. Dava para vislumbrar ligeiros tons de cinza no basto bigode que contornava os lábios ligeiramente enrugados, como se fosse um guarda-chuva oriental. O rosto era oval, as sobrancelhas, bem separadas, eram escuras, e as pálpebras bem grossas. As orelhas eram proeminentes e redondas. As bochechas já estavam flácidas. Havia bolsas sob os olhos, e era fácil notar o queixo duplo. A pele de Hirohito era escura, como exposta a vento e sol, contrastando francamente com os dentes muito brancos. Óculos redondos de lentes grossas reforçavam a simetria de sua cabeça.

Os ombros arredondados e as pernas curtas saltavam aos olhos em suas roupas orientais, mas desapareciam nos trajes ancestrais durante as cerimônias. A cabeça do Filho do Céu parecia um pouco exagerada em relação ao tronco, embora não mais do que acontecia com milhões de seus súditos.

Os prazeres de Hirohito não eram os de alguém da realeza. Na verdade, suas preferências eram simples, e o Imperador evitava ostentação. Não porque não tivesse condições para ostentar – afinal era uma das pessoas mais ricas do mundo – embora seus antepassados do tempo da viagem de Colombo vivessem na penúria. Seu ancestral, o Imperador Go-Tsuchi, se desfez quarenta dias junto aos portões do palácio porque a família imperial não tinha dinheiro para sepultá-lo. (O funeral acabou sendo pago com dinheiro emprestado por sacerdotes budistas ao provável herdeiro.) Houve em seguida o episódio da cerimônia da entronização de seu sucessor, evento oneroso que precisou ser adiado por vinte anos por falta de crédito e dinheiro.

A história revela a situação de Imperadores japoneses que, no passado, precisaram chegar a extremos para se manterem. Não há lembrança de nenhum deles ter imitado Calígula, mas tiveram que passar por diversas situações nada dignas de monarcas. Um teve de mendigar. Outro copiava poemas em elegantes pinturas. Um terceiro vendia assinaturas. Outro dependia de um nobre amigo para se alimentar e se vestir. Em 1690, homens e mulheres da corte faziam cestas de palha para vendê-las. Embora desde então as condições tivessem melhorado sensivelmente, o bisavô de Hirohito, Imperador Komei, sabidamente adorava vinho, "mas era pobre demais para comprá-lo, a não ser aguado, de má qualidade."

Em 1945 a situação era espantosamente diferente. O ministério que administrava a Casa Imperial chefiava 5.000 empregados aos quais cabia cuidar da família. O salário do Imperador era de 1,6 milhão de dólares por ano (livre de impostos!) e suas propriedades incluíam terras (25% mais do que o estado de Connecticut), milhares de ações de grandes empresas, principalmente ações de bancos. (O salário do primeiro-ministro era 2.250 dólares anuais, e o dos generais e almirantes, 1.520 dólares.)

Todavia, aparentemente ignorando sua imensa fortuna, Hirohito era frugal ao extremo, para compartilhar a austeridade imposta a seu povo. Insistia em usar os dois lados de folhas de papel e usava lápis e borrachas até bem gastos. Adotava uma dieta espartana e até se dizia que sua roupa de baixo era remendada. Também comentou-se que ficou aliviado quando o palácio pegou fogo em maio de 1945. Como ele próprio afirmou, agora o povo podia ver que ele compartilhava o infortúnio de milhares cujas casas foram reduzidas a cinzas.

Embora aparentasse serenidade, Sua Majestade era conhecido pelo temperamento mordaz. Mas em público era capaz de reprimir totalmente suas emoções. Afinal, até 1868 era crime passível de pena de morte olhar para o rosto do governante. O avô de Hirohito, Imperador Meiji, teve de expedir um decreto recomendando que o povo *olhasse* para ele. Mesmo em tempos recentes, quando Hirohito se misturava a seus súditos, os andares mais altos dos prédios eram esvaziados e as cortinas baixadas para que ninguém pudesse mirar o sagrado personagem de cima para baixo.

Essa preocupação às vezes atingia extremos absurdos. Era crença popular que até o retrato do Imperador era sagrado demais para ser visto por olhos profanos. Em 1936 a revista *Time* pôs um retrato de Hirohito na capa. A embaixada japonesa imediatamente procurou os editores pedindo que fizessem um apelo especial a seus leitores para que não profanassem a santa imagem pondo coisas sobre a revista ou manuseando-a com a capa para baixo!

Em presença do público, o Imperador devia manter postura rígida e impassível. Entretanto, quando corria pela margem do rio em sua residência de verão, fazia piqueniques, nadava, fazia caminhadas ou enchia os bolsos do paletó com espécimes da vida marinha que colhia, a expressão de Hirohito era relaxada, e seu corpo, equilibrado e ágil como o de um atleta amador. Comentava-se que ele gostava tanto de nadar que podia se cobrir com um guarda-chuva equilibrado nos pés enquanto nadava de costas. E não havia dúvida de que se sentia em seu elemento quando mergulhava de um pequeno barco em busca de espécimes marinhos em sua casa de verão na baía Sagami, ao lado da entrada da Baía de Tóquio.

O descendente da Deusa Sol gostava de história natural, para desagrado de militaristas e fundamentalistas que achavam que o estudo de biologia comprometia os fundamentos transcendentais de sua própria divindade. Não obstante, Hirohito tinha um pequeno laboratório em terreno do palácio, onde ele e um velho professor se debruçavam sobre o estudo de espécimes microscópicos. No fim da década de trinta publicou um trabalho sobre cogumelos (com autoria atribuída a seu tutor) e seu trabalho sobre microbiologia lhe permitiu conquistar o respeito da comunidade internacional.

Nesse laboratório ele tinha bustos de Darwin, Lincoln e Napoleão. Comprara o de Napoleão por ocasião de sua grande aventura, quando, incógnito, fez compras numa loja de Paris durante a viagem pela Europa como Príncipe-Herdeiro.

O gosto do Imperador ia da música japonesa até a clássica ocidental, prazer que ele satisfazia ouvindo-as, em geral, em discos que tocava no fonógrafo. Havia umas poucas apresentações encomendadas e, quando estrelas musicais se exibiam em Tóquio, o Imperador, para sua tristeza, via-se condenado a ouvi-las nos discos sem poder apreciá-las no teatro. Isso seria muito exibicionismo... particularmente nos anos trinta, cada vez mais austeros, quando soldados japoneses morriam na Manchúria e na China por Sua Majestade o Imperador.

Nos liberais anos vinte, Hirohito tinha pinturas de autores ocidentais penduradas nas paredes de sua casa de verão. Mais tarde foram recolhidas a um depósito, e a severidade da tradição japonesa reintroduziu o hábito de paredes nuas, com exceção do *tokonoma*, lugar de honra onde um ornamento, um vaso ou um arranjo de flores satisfazia perfeitamente à simplicidade desejada.

Sua moderação se estendia à vida pessoal. A seus trisavôs era permitido ter uma imperatriz, três cônjuges, nove esposas da alta classe e vinte e sete de classe inferior, além de oitenta e uma concubinas. Além disso, havia damas de companhia sem limitação de número.

O Imperador-Deus

Seu avô Meiji tinha a modesta companhia de doze damas da corte e uma delas era a avó de Hirohito. Porém, Sua Majestade limitava-se a uma única, a Princesa Nagako Kui, sua imperatriz.

Tempo houve em que o Exército e os radicais ficaram incomodados com essa fidelidade e sugeriram, embora em termos vagos, que o Imperador dormisse com as concubinas. Isso aconteceu depois de ter sua segunda filha, depois a terceira e – meu Deus! – a quarta. Mas o Imperador gerou um quinto rebento e – *mirabile dictu!* – um menino. A chegada do príncipe-herdeiro foi anunciada com duas fortes salvas nos apitos de todo o Japão. Pelo menos crise superada. (Esse desempenho foi repetido com o nascimento do segundo menino.)

O pai de Hirohito não sofreu essa pressão. Em primeiro lugar, Hirohito nasceu um ano após o casamento de seu pai Yoshihito. E ninguém teve coragem para incentivá-lo a se interessar por concubinas. Foi um passatempo que surgiu naturalmente.

Três meses após seu nascimento em 1901, Hirohito foi retirado da família, como era tradição. Até os quatro anos viveu na casa de um velho nobre da corte, o Visconde Kawamura, homem de caráter reto e cuja feliz família o qualificava para ter a honra de criar o futuro Imperador.

Em seguida, a criança passou aos cuidados do General Nogi, herói da guerra russo-japonesa e conquistador de Mukden e Port Arthur. Nogi era um samurai da velha escola, cujos dois filhos tinham sido mortos no sangrento cerco de Port Arthur. Era severo, implacável, absolutamente ciente de sua responsabilidade de orientar o jovem sob seus cuidados. Era um verdadeiro samurai, adepto de atividades culturais como a cerimônia do chá, os arranjos florais, *bonsai* e caligrafia. Surgiu um forte laço de união entre os dois, o mais próximo de uma relação filial que o jovem príncipe poderia aspirar, pois raramente via seu pai.

Porém, quando o grande Imperador Meiji morreu em 1912, o General Nogi, um dos seus mais íntimos e leais servidores, cometeu o ritual *seppuku* (suicídio) com a esposa. Hirohito passou aos cuidados do Almirante Togo, outro grande herói da guerra russo-japonesa. O pai de Hirohito ascendeu ao trono e como soberano adotou o nome *Taisho* – Grande Paz. (Taisho era o filho de Meiji e da dama da corte favorita, como já foi mencionado. A imperatriz Meiji lhe deu quatorze filhos, mas nenhum deles passou da infância.)

Taisho ocupava o trono havia somente alguns anos, quando ficou evidente para a corte que ele não estava bem, mental e fisicamente. Houve uma ocasião em que foi à Dieta para ler um discurso imperial e usou a folha do discurso como se fosse um telescópio para ficar observando o rosto de cada um dos parlamentares. A nação escandalizou-se, e o Japão ficou malvisto internacionalmente em consequência das notícias transmitidas pelo corpo diplomático. Taisho logo foi afastado das vistas do povo, e Hirohito se tornou Príncipe-Regente.

Como príncipe-herdeiro, Hirohito demonstrou personalidade própria. Em 1922 realizou uma longa viagem sem precedentes e absolutamente prazerosa pela Europa a bordo do encouraçado japonês *Katóri*, uma jornada maravilhosa. No Cairo foi homenageado pelo Marechal Allenby. Em Malta, pela primeira vez assistiu a uma ópera (*Otelo*, de Verdi). Em Gibraltar foi levado às corridas de cavalo. Na Inglaterra, convidado da família real, andou para lá e para cá com o Príncipe de Gales, visitou a Escócia, e em Glasgow verificou o que uma democracia pode fazer com as pessoas comuns, quando trabalhadores das docas se recusaram a fazer a reverência e insistiram em apertar sua mão.

Na França o Marechal Pétain o levou aos campos de batalha do Front Ocidental e ele foi recebido pelo presidente. O mais impressionante de tudo foi poder passear incógnito, fazer compras e andar no metrô, além de ir a um restaurante sem a constrangedora companhia de sua comitiva.

Quando o *Katóri* finalmente rumou para Yokohama, Hirohito tinha visitado cinco países europeus, estivera com oito chefes de estado (inclusive o Papa) e desenvolvera uma duradoura admiração pela monarquia constitucional como a que observara na Inglaterra. A partir de então, essas impressões passaram a influir em seus atos.

Em 1926 Taisho finalmente expirou, e Hirohito o sucedeu. Falava-se que o novo governante tinha ideias independentes. Por exemplo, não ligou para o que pensassem quando decidiu se casar. Insistiu em se casar com a moça que queria e não se deixar ser levado para um matrimônio às cegas. Ao regressar da Europa mandou construir um campo de golfe no terreno do palácio. Trouxe a música ocidental e um pequeno barril de uísque, chegando a ponto de oferecer uma festa cuidadosamente selecionada e exclusiva para antigos colegas de escola, para que pudessem, juntos, desfrutar esses tesouros exóticos. Para seus assessores da corte e os reacionários, mais irritantes ainda foram as palavras de Hirohito exaltando a monarquia constitucional.

O interesse do novo governante por coisas do ocidente correspondia ao que se vivia nos anos 1920 no Japão. O país era um dos Cinco Grandes do mundo e compartilhava os frutos da vitória com as democracias ocidentais depois da Primeira Guerra Mundial. Também absorvia o inebriante conceito de *de-mok-ra-sie* com o corajoso direito universal de voto e de política para o povo, tanto quanto para os aristocratas. As pessoas comuns adotaram música, dança, vestuário, alimentos, frivolidade e até certos valores fundamentais do Ocidente. Toda a nação sentia os ventos do liberalismo, da Corte aos mais modestos japoneses.

O jovem monarca encarava o governo com seriedade e adotou, como soberano, o nome Showa. Dificilmente poderia ser escolhido nome mais irônico para seu reinado. Showa significa Paz Iluminada. O texto do decreto imperial expedido quando subiu ao trono em 28 de dezembro de 1926, refletiu seu próprio pensamento. Dizia:

> Com Nossos limitados dons, Temos plena consciência da dificuldade de Estarmos à altura da grande missão que nos é atribuída. O mundo está em processo de evolução. Novo capítulo está sendo iniciado na história da civilização humana. A política estabelecida para o país sempre contempla progresso e aperfeiçoamento. Simplicidade em vez de fútil ostentação, originalidade em vez de cega imitação, progresso compatível com este período de evolução, aprimoramento das condições de paz diante do avanço da civilização, harmonia nacional em propósitos e atos, benefícios para todas as classes do povo e amizade com todas as nações da Terra. Estas são as metas principais para as quais estão dirigidas Nossas mais sinceras e duradouras preocupações.

Todavia, todas as ideias que Hirohito porventura alimentasse sobre governar por meio de uma monarquia constitucional estavam condenadas de antemão. A Constituição Meiji, "concedida" por esse governante ao povo japonês em 1889, estabelece que:

> O Império do Japão deve ser governado eternamente por uma linha de Imperadores que não pode ser interrompida(...). O Imperador é sagrado e inviolável(...), é o soberano do Império, e em sua pessoa se concentram os direitos de soberania, que exerce de acordo com o disposto na presente Constituição(...). O Imperador exerce o poder legislativo com o consentimento da Dieta imperial... sanciona leis e ordena que sejam promulgadas e cumpridas(...), determina a organização(...), do governo, decide sobre salários de todos os civis e oficiais das forças armadas, e os nomeia e exonera... detém o comando supremo do exército e da marinha(...), declara guerra, celebra paz e conclui tratados(...).

Todos esses poderes e privilégios fabulosos não passavam de fachada perante os reais detentores do poder. A Constituição Meiji, como a Restauração Meiji, foi uma criação de homens dedicados e dinâmicos que tinham em mente a consolidação de seu próprio poder e, ao mesmo tempo, a introdução do Japão no mundo moderno. O Imperador foi o ponto de aglutinação que lhes convinha. Sua existência criava condições para realizar suas reformas populares (na época), que iam desde acabar com as filas à reorganização do governo. Ocorreu, então, uma verdadeira evolução que reestruturou o governo, criou a conscrição na Marinha e no Exército, enterrou o sistema samurai e decretou a queda dos senhores feudais, mas recompensando-os de acordo com certas regras e os ajudando a se converter ao sistema capitalista.

Todavia, esse verdadeiro poder não podia ser convenientemente arrumado em um pacote para ser apresentado ao monarca. Longe disso. Os chefes de clãs criaram a ilusão de uma monarquia constitucional sem conteúdo real. Todos os atos eram conduzidos em nome do Imperador, mas admitidamente sem sua aprovação. Foi criado um órgão legislativo eleito pelo povo (a Dieta), mas que praticamente não tinha controle sobre o Gabinete. O primeiro-ministro era indicado pelo Imperador, que invariavelmente acatava o conselho e a indicação de seus assessores mais próximos, os *genro* (estadistas mais velhos) e, mais tarde, do Lord do Selo Privado.

Ao contrário das outras monarquias constitucionais do Ocidente depois dos anos 1930, o primeiro-ministro japonês normalmente não era o chefe do partido político que detinha a maioria no parlamento. Era alguém que os assessores do Imperador consideravam o melhor para enfrentar as forças opositoras e conduzir as questões mais importantes do momento. O primeiro-ministro indicava os ministros do gabinete de forma a obter uma representação das diversas forças políticas.

As principais decisões eram tomadas pelo gabinete e apresentadas ao Imperador para concordância antes da promulgação. Outras decisões importantes, como a Guerra na Manchúria e na China, e incidentes de fronteira na Sibéria foram tomadas pelos militares, que tomavam a iniciativa e forçavam o gabinete a aceitá-las e levá-las à sanção imperial como *faits accomplis*. O Imperador não tinha como contrariá-las ou discuti-las. Poderia fazer perguntas, diziam-lhe seus

O Imperador-Deus

assessores, mas não podia modificá-las. Sua função era ouvir, dar uma olhada e aprovar, sem crítica, alteração ou veto.

Por exemplo, no início da guerra contra os Estados Unidos, em 1941, entendeu-se que Hirohito não clamara por ela. Acontece que os eventos e os homens estavam fora de seu controle. Na vital Conferência Imperial de 6 de setembro de 1941, quando foi oficialmente tomada a decisão da guerra contra os EUA, o Imperador estava presente, mas, claro, apenas observando em silêncio os procedimentos. Esse era o costume. Mas dessa vez o Imperador inesperadamente resolveu falar. Procurou um papel no bolso e leu o pequeno poema escrito por seu avô, o Imperador Meiji:

> Quando vejo o mundo inteiro
> Com se todos fossem meus irmãos
> Por que sua tranquilidade
> Deveria ser tão imprudentemente perturbada?

"É um de meus poemas favoritos", disse o Imperador. "Traduz exatamente o que penso e o que pensou meu avô ao escrevê-lo, falando de seu amor à paz."

A conclusão a que os militaristas devem ter chegado é que o Imperador desaprovava a guerra. O resto do mundo pode especular se isso era o máximo que ele e o sistema podiam fazer para se oporem à guerra. Embora os militares percebessem que se tratava de uma reprovação, o efeito produzido pela fala do Imperador não passou de um breve incômodo.

Muita gente acha suas vidas uma fantasia. Outros vivem fantasias a vida inteira. Alguns escolhem a deles. Alguns caem na deles, outros são forçados à sua. Há pessoas criadas para levar uma vida própria. Hirohito era uma delas, com a vida paradoxalmente mais fantasiosa de todas.

Como o Imperador era o chefe da "família nacional" e todos os japoneses (exceto os naturalizados) tinham ligações de sangue com ele, uma devoção sincera e inquestionável dava origem a lemas como Imperador e Povo são a mesma pessoa. Por toda a eternidade, no passado e no futuro, todos os japoneses tinham um lugar reservado no supremo plano das coisas. O Imperador era a estrela guia a orientá-los e a quem deviam dirigir sua devoção. Daí surgia uma combinação de três coisas que tornavam o caráter japonês distintamente japonês: lealdade inabalável ao sistema do Imperador, absoluta consciência de missão dele na Terra e crença de que suas virtudes, sendo herança divina, eram superiores.

Como chefe da religião Shinto e objeto principal de adoração, o Imperador era o sacerdote-mor nas vinte e uma cerimônias importantes durante o ano. E fazia a figura central dos ritos semestrais no santuário Yasukuni, onde os espíritos dos heróis caídos eram deificados.

"O Imperador", dispunha a Constituição Meiji, "é descido do Céu, divino e sagrado; está acima de seus súditos. Deve ser reverenciado e é inviolável."

Como Hirohito era simultaneamente o deus mais importante no panteão shinto e comandante supremo das forças armadas, suas ordens produziam todo o impacto de um santo édito e transmitiam às ações militares a força moral de uma cruzada. Seu decreto imperial em 1941 declarando guerra produziu nos japoneses o mesmo efeito do apelo do Papa Urbano II em 1095 para a libertar o Santo Sepulcro dos infiéis. Trabalhar, sacrificar-se, morrer pelo Imperador eram o mais alto chamado que os cidadãos japoneses podiam almejar.

Os militares exaltavam religiosamente o poder e a sublimidade do Imperador e exigiam a inquestionável obrigação de cada cidadão de cumprir seus deveres para com Sua Majestade. Não obstante, esses mesmos chefes militares agiam com hipocrisia em seu hábito de ignorar a vontade do Imperador.

Quando os pensamentos do Imperador coincidiam com os deles, os militares transformavam-nos com prazer em realidade. Quando os interesses do Imperador conflitavam com os próprios, os militares diziam-no enganado por conselheiros que não mereciam confiança, conspiravam recomendando que esses assessores fossem afastados do trono e levavam adiante seus próprios planos.

Sua Majestade era como uma folha de ácer brilhante ao sabor de um vento de outono. Alvo de todos os olhares, o mais fascinante objeto à vista, mas incapaz de controlar a direção do vento que a levava.

Dizer que ele era o comandante supremo da Marinha e do Exército era pura ficção. De fato, detinha esse título, mas quando tentava exercer controle sobre as forças armadas, era impedido ou via seus desejos polidamente ignorados. Claro que nada havia de pessoal. O mecanismo era tão manipulado que os militares podiam bloquear facilmente qualquer iniciativa que desaprovassem.

A inutilidade do título de comandante-em-chefe atribuído ao Imperador ficou evidente quando o exército criou um "incidente" na Manchúria. Os esforços desenvolvidos pelo Imperador através do *Gaimusho*, o Ministério do Exterior japonês, e do ministro do Exterior para deter o Exército foram infrutíferos. Gabinetes e Premiers iam e vinham, mas o Exército permanecia e ostentava poder. A força terrestre japonesa se apossou de toda a Manchúria e a governava por intermédio do exército Kwantung. Uma "nação independente", Manchukuo, foi criada, e o comandante do exército Kwantung era o "embaixador" do Japão junto a essa nação. Mas quando o embaixador assobiava, Manchukuo dançava no ritmo dele.

E também aconteceu o incidente da China. Outra vez o Exército agiu por conta própria e informou o Gabinete e o Imperador depois de retaliar a "hostilidade chinesa" perto de Pequim. Sua Majestade soube pelo ministro da Guerra que a retaliação demoraria algum tempo para terminar. Isso ocorrera oito anos antes e ainda não havia sinais de acabar. (Um sábio coreano do século XVI tinha escrito sagazmente que a imagem do Japão conquistando a China era a de "uma abelha tentando picar uma tartaruga através do casco.")

Outra ficção era a missão: levar *Kodo*, o caminho imperial da paz iluminada de Showa, aos bárbaros retrógrados da Manchúria, da China e das terras conquistadas ao sul era a "destinação japonesa." Também circulavam frequentes rumores de que nada havia de altruísmo nessa destinação. O clima que cercava a pacificação de Nanquim – mencionada de forma bem diferente por observadores chineses e ocidentais como o saque de Nanquim – foi um pungente exemplo do logro dessa magnânima missão. Surgiram outros exemplos relatados do exterior, mas todos tinham sido descartados pelo exército como propaganda inimiga.

Naquela noite de 1945, o homem-deus sentado no fervente abrigo de concreto estava no olho de um furacão. Naquela noite sua memória deve ter recuado no tempo para várias ocasiões em que externara desejos para seus assessores e para os militares, sem que isso produzisse efeitos.

Num dia de setembro de 1931 ele alertou pessoalmente o General Minami, ministro da Guerra, "para tomar precauções extras com o que o Exército estava fazendo na Manchúria e na Mongólia." Quis dizer, com sua característica reserva, para "conter o exército." Mas nada mudou. Ao contrário, o Exército causou o incidente da Manchúria em 18 de setembro e ocupou quatro províncias chinesas.

Em dezembro do mesmo ano, Hirohito alertou o novo Premier, Ki

Inukai, "a respeito do desgoverno e da arbitrariedade do Exército. A interferência do Exército na política interna e externa, tentando impor sua vontade, cria uma situação que, para o bem da nação, devemos encarar cuidadosamente. Preste atenção nesse assunto, que me preocupa".

Inukai decretou a própria sentença de morte ao enfrentar essa situação e tentar dominar o Exército. A consolidação da campanha na Manchúria e a criação do estado japonês fantoche em Manchukuo foram monumentos a esse fracasso e à indiferença do exército. Por suas ações, Inukai foi assassinado em 15 de maio de 1932 na residência do primeiro-ministro por um grupo de fanáticos cadetes do exército e oficiais da marinha.

A única vez em que o endurecimento imperial incomodou o exército foi em 1938. Em julho daquele ano, as forças japonesas atacaram tropas russas e tentaram expulsá-las de um morro em Changkufeng. Nessa ocasião, os comandantes do exército pressionaram para que se declarasse guerra aos soviéticos. Os ministros do Exterior e da Marinha concordaram que seria conveniente adotar um dispositivo preventivo das tropas, mas se opuseram veementemente a tomar iniciativas agressivas contra a Rússia.

O ministro da Guerra e o Chefe do Estado-Maior do exército pediram uma audiência com o Imperador para conseguir seu endosso para atacar os soviéticos. Por intermédio do chefe dos ajudantes-de-ordem, que pertencia ao exército, o Imperador informou aos militares que de forma alguma concordaria com o emprego da força.

As duas autoridades insistiram em uma entrevista com o Imperador. Quando aconteceu a audiência, Hirohito perguntou se eles tinham consultado os ministros do Exterior e da Marinha. Responderam que sim e que ambos tinham concordado com o uso da força. Percebendo a falsidade da resposta, o Imperador foi em cima do Exército:

> Os atos do Exército no passado têm sido abomináveis. Com referência ao incidente da Manchúria e da ponte Marco Polo no começo do incidente (com a China), minhas ordens foram solenemente ignoradas. Há inúmeros exemplos de uso de métodos arbitrários e desleais, coisas totalmente inaceitáveis em meu Exército. Julgo isso uma lástima. Desta vez nada disso deve acontecer. ... A partir de agora não podem mover soldado nenhum sem ordem minha.

O Imperador-Deus

Assustados com a inesperada veemência da crítica do Imperador, o ministro da Guerra e o Chefe do Estado-Maior recuaram, e o Exército foi retirado. Seus comandantes ficaram furiosos. Afinal, que exército imperial é esse?

No ano seguinte, quando o exército exerceu pressão insistente por uma aliança com o Eixo e chegou a ameaçar membros do gabinete, Hirohito fez um comentário presciente com seus assessores mais próximos: "Estou perplexo com o exército de hoje. Nunca vai compreender a situação, a não ser que o Japão seja forçado por outros países a restituir a Coreia e Manchukuo seu status anterior." No mesmo mês seu irmão se dirigiu a oficiais mais jovens no quartel-general do Exército e falou sobre os perigos de o Japão fazer uma aliança com a Alemanha numa guerra contra a Inglaterra. Afora um pronunciamento do próprio Hirohito, essa foi a declaração mais incisiva da vontade do Imperador, como os militares jamais tinham ouvido. As palavras do príncipe foram ignoradas. O exército continuou pressionando o governo para celebrar o pacto com o Eixo.

O Imperador chamou seu chefe dos ajudantes-de-ordem, Tenente-Gen Usami, e determinou que transmitisse aos chefes do Exército uma mensagem estritamente sigilosa. Afirmava que o Gabinete cairia se o Exército continuasse a coagi-lo para assinar o pacto do Eixo. Em consequência, o quartel-general e o ministro da Guerra deviam realizar uma completa revisão de toda essa questão. O Imperador frisou a urgência e o sigilo da ordem que estava expedindo, mas não adiantou. Usami contrariou a determinação do Imperador, e o segredo da mensagem foi quebrado. O exército desprezou a ordem de Hirohito e agiu, não revendo e reavaliando sua atitude em relação ao Eixo, mas redobrando seus esforços para acelerar a entrada no Pacto. Momento houve, nos dias sombrios do fim de 1941, em que Hirohito perguntou a seu primeiro-ministro quase melancolicamente: "Se nos decidirmos pela paz, o exército obedecerá?"

Por sua vez, o premier fez a mesma pergunta ao ministro da Guerra, o General Tojo, e recebeu a esperada resposta de quem só pensava em expansionismo: não podia garantir que o exército obedeceria. Na situação então vigente, disse Tojo, somente um príncipe imperial seria capaz de deter o exército. Tinha em mente o Príncipe Higashikuni, oficial do exército no serviço ativo e tio da imperatriz. Essa sugestão foi categoricamente rejeitada pelo Imperador e seus assessores. Ele não queria a família imperial envolvida na política, especialmente porque colocaria sobre seus ombros a responsabilidade por uma decisão sobre a guerra, fosse contra ou a favor.

Quase em cima da hora, quando Tojo foi nomeado Premier, o Imperador, por intermédio de Kido, seu Lord do Selo Privado, disse a "Razor Brain" (apelido de Tojo por sua agudeza mental) que a decisão de ir à guerra, tomada em 6 de setembro de 1941, estava revogada. Tojo e o ministro da Marinha receberam a recomendação para "linha básica da política nacional ... avaliar com cuidado, prudência e mais profundidade que nunca, as situações interna e externa, sem considerar a resolução da Conferência Imperial de 6 de setembro."

Tojo considerava seu gabinete um começo novo mas, nas duas semanas seguintes, adotou a ideia de que "é melhor enfrentar a morte do que ficar esperando a extinção, melhor romper o cerco para encontrar uma forma de sobreviver." Este argumento realmente conseguiu superar todo tipo de oposição e, em 2 de novembro, Tojo logrou unir as opiniões dos líderes civis e militares em torno da ideia de que não havia outro caminho a não ser a guerra, caso os Estados Unidos rejeitassem as duas últimas notas que lhes tinham sido apresentadas. Acontece, porém, que eram notas ultrapassadas, que nada ofereciam e já tinham sido rejeitadas anteriormente.

Tojo frequentemente usava a expressão "a oportunidade do Japão em mil anos" para descrever a chance que se abria para o país. Era a hora de aproveitá-la.

Agora estamos em 10 de agosto de 1945, somente três semanas antes de completar quatro anos do dia em que, no mesmo palácio, embora não fosse no subsolo e em outra Conferência Imperial, tinha sido tomada a decisão de ir à guerra. Apenas um integrante daquela reunião estava presente na atual. Ironicamente, era o único que se pronunciara contra a guerra: Hirohito. Até o prédio em que aconteceu a conferência de 1941 tinha sido arrasado em maio passado. Assim, o comandante supremo das forças armadas, o todo-poderoso deus-soberano, cujos mínimos desejos eram ordens que não podiam ser desobedecidas, não podia ter certeza – a julgar por experiências anteriores – de que, naquele momento crítico da história do país, suas palavras seriam obedecidas. No vigésimo ano de seu longo reinado, suas palavras continuavam tendo o peso de um aconselhamento, não de um imperativo. Por tradição e pela Constituição, as ações executivas deviam ser tomadas pelo Gabinete, embora a chave para a paz estivesse nas mãos dos militares.

O Imperador-Deus

A abóbada levemente azul do firmamento estava dominada pela luz brilhante da quase lua cheia. Felizmente, naquela noite não houve ataques aéreos. Da muralha do palácio, o Imperador via a cidade distante.

Talvez tenha vindo à sua mente um antepassado, o Imperador Nintoku, que certa vez subiu em uma torre para ver seu país. Reparou que em todas as direções não conseguia ver a fumaça saindo das chaminés das casas de seus súditos. O velho Imperador concluiu que o povo estava tão pobre que não tinha arroz para cozinhar. Em consequência, deu ordem para que o trabalho forçado fosse abolido por três anos. Entretanto, sua própria fortuna dependia dos resultados do trabalho forçado e, por conseguinte, logo seu palácio ficou miserável e pobre. Para Nintoku, porém, bastava saber "que o povo tinha o que precisava, que a terra exaltava suas virtudes e que saía uma fumaça densa das cozinhas das casas". Certamente, naquela noite, para onde olhasse, Hirohito só veria devastação e gente mal nutrida.

Nos primeiros dias do Japão, a morte de um príncipe exigia que seus servidores fossem enterrados com ele. Essa prática mudou quando alguém mais inteligente se deu conta de que havia um costume mais civilizado, o de usar bonecos de barro chamados *haniwa* para serem enterrados com os restos mortais de membros da realeza.

Em agosto de 1945 era impossível aplacar a fúria das chamas e dos explosivos com figuras de barro. Ao contrário, em vez de servidores vivos serem enterrados com o príncipe morto, o inverso era o mais provável, a menos que chegassem rapidamente a uma decisão. E agora essa decisão dependia do príncipe.

9
A vontade de Deus

Às duas da madrugada de 10 de agosto de 1945, os chefes militares abalaram-se quando o primeiro-ministro Suzuki pediu que o Imperador se manifestasse. Na verdade, todos os presentes, menos três homens (e um deus), foram surpreendidos pela audaciosa iniciativa. Togo, Suzuki e o Imperador a tinham planejado, e Sakomizu sabia que seria solicitado o pronunciamento de Sua Majestade. Estavam convencidos de que era a jogada derradeira e desesperada, da qual dependiam a vida de milhões, o destino da família imperial e da própria raça Yamato, além da configuração do Extremo Oriente e do mundo por décadas, quiçá séculos.

Aboletado num simples trono de madeira, em seu uniforme de comandante das forças armadas, Hirohito permaneceu imóvel durante a discussão da Conferência Imperial, as mãos nas luvas brancas pousadas sobre os joelhos. O rosto impassível como o de uma máscara *Noh*, embora nunca antes em toda a vida tivesse acompanhado debate tão intenso. Sua mente agiu qual ave de rapina mergulhando em cada argumento que ouvia, mas, personagem de um drama *Noh*, embora interiormente se agitasse diante da intensa luta de emoções conflitantes daquele momento, não deu sinal nenhum de sentimento humano romper a barreira do poder imperial.

Os que estavam naquela claustrofóbica sala da Conferência não tinham dúvida de que todos os poderes conferidos pela hereditariedade e pela preparação imperial estavam sendo usados para preservar a compostura do Imperador-deus.

Agora, Hirohito inclinou-se para a frente, apoiou-se nos braços da cadeira e se levantou. Se algum dos presentes pensou que se sentiria inibido por seu papel passivo no passado, ou relutante em falar por questão de hábito, treinamento, medo ou indecisão, subestimou o Imperador. Lentamente, mas sem dar margem a dúvida nenhuma, a voz que tantas vezes inspirou milhares de súditos na praça do palácio falou em tom de angústia para aquele punhado de importantes ministros:

"Então, vou apresentar minha opinião", disse em voz alta e ligeiramente metálica. Os participantes mal podiam respirar, na expectativa de suas palavras.

"Concordo com o ministro do Exterior." – O ministro da Guerra, General Anami, estremeceu como se tivesse recebido um golpe no corpo. A expressão do General Umezu não se alterou. – "Eis as minhas razões."

As palavras jorraram lentamente, frase por frase, algumas vezes uma única sílaba, assinaladas por pausas irregulares e incontroláveis, como se Hirohito falasse do fundo da alma. "Depois de avaliar cuidadosamente as condições enfrentadas pelo Japão, interna e externamente, concluí que continuar esta guerra significa apenas destruição da pátria e mais derramamento de sangue e crueldade no mundo." Subitamente, Sakomizu percebeu que estava chorando. Uma rápida olhada em torno da mesa mostrava a maioria dos circunstantes também de faces úmidas.

"Não posso ficar assistindo enquanto meu povo inocente continua no sofrimento. Terminar a guerra é a única forma de restaurar a paz no mundo e livrar a nação do terrível tormento." A respiração pesada e a inquietação dos que o ouviam se transformaram em murmúrio bem audível. A angústia era evidente. O Imperador engoliu em seco várias vezes e manteve a compostura com visível esforço.

Era um deus muito sábio e homem assaz experiente para acreditar que os militares aceitariam essa fria declaração sem adornos, e a cumpririam. Além disso, ele tinha algumas contas a ajustar com as forças armadas, em particular com o Exército. Não estava disposto a deixá-los livrar-se das culpas:

"Ouvi do Chefe do Estado-Maior do Exército que em junho as defesas da costa em Kujukuri-hama estariam completas, com novas divisões ocupando os fortes e prontas para repelir desembarques inimigos. Entretanto, o relato de meu ajudante-de-ordens, que percorreu pessoalmente a área, mostra exatamente o contrário. Já estamos em agosto, e as fortificações ainda não foram completadas."

(Umezu, Chefe do Estado-Maior, fora mais franco com seu Imperador ao comentar a capacidade combativa das tropas distantes do território do Japão. Quando regressou do vôo de uma visita aos comandos de tropas na China, na Manchúria e na Coreia, em junho de 1945, o General Umezu dissera a Hirohito que seu prognóstico para prosseguimento da guerra era sombrio. Nessa oportunidade, disse, entre outras coisas, que as forças japonesas na China e na Manchúria olhavam cerca de oito divisões dos Estados Unidos e dispunham de munição para uma única batalha. Achava que não poderiam se manter por mais de um mês se forças americanas razoavelmente poderosas efetuassem um desembarque.)

As palavras do Imperador foram se inflamando. "Informaram-me oficialmente que já fora completado o equipamento de uma divisão recentemente organizada, mas sei que na verdade seus soldados ainda não receberam sequer baionetas! Acho que só depois de setembro receberão o equipamento necessário." O calor no abrigo não aumentara, mas os militares começavam a sentir os raios que emanavam do Sol do Céu.

O Imperador continuou a repreensão: "Ademais, o aumento previsto na fabricação de aviões não se concretizou como fora prometido. Os ataques aéreos que sofremos se intensificam dia após dia."

(Prevendo o dia em que o assunto teria de ser resolvido e sentindo que não estava a par de todos os fatos, em fevereiro de 1945 o Imperador designara o Almirante Kiyoshi Hasegawa inspetor especial com a missão de verificar o potencial de guerra da Marinha. Hasegawa, que já fora governador-geral de Formosa, ficou diretamente vinculado ao Imperador e era implacavelmente honesto. Por três meses inspecionou arsenais, distritos navais e unidades de combate. Em 12 de junho, diante de Hirohito e do ajudante-de-ordens do Imperador, leu um relato objetivo de arrepiar os cabelos sobre a debilidade da Marinha.

(Quando o relato formal terminou, Hasunuma saiu da sala, e Hirohito ofereceu uma cadeira ao Almirante. Queria mais informações. Ao inspecionar as unidades especiais de assalto, Hasegawa descobriu que "pequenos barcos improvisados e equipados com motores usados de automóveis estavam sendo preparados para emprego como armas de assalto. Esse estado de coisas já dava lástima, mas, além disso, os integrantes das unidades especiais de assalto eram mal treinados. Grande parte das armas destinadas a esses ataques estavam incompletas e considero que a pressa abreviou o treinamento do pessoal."

(Hasegawa citou exemplos da incapacidade da Marinha para pôr em execução seus planos e assinalou o programa de mobilização fora da realidade, ocasionando desperdícios e duplicações. "Nossa capacidade operacional e de transporte decresce com os bombardeios, que prejudicam tremendamente nosso poder de combate."

(O Imperador ouvia atentamente e demonstrou profunda preocupação. "Até seu cabelo", disse o Almirante, "estava meio despenteado." Quando o jato de água fria das constatações de Hasegawa o deixou totalmente desanimado, Sua Majestade disse em tom pesaroso: "Já suspeitava disso. Sua exposição foi muito clara."

(A única conclusão possível a tirar da apresentação de Hasegawa foi que o Japão não tinha condições de continuar a guerra. "Este relatório ao Imperador", disse o secretário de Kido, "expunha os fatos necessários.")

"Alguns defendem uma batalha decisiva como forma de sobrevivência", prosseguiu o Imperador. "Contudo, por experiências passadas, sabe-se que sempre houve discrepâncias entre os planos das forças armadas e os resultados. No caso de o Japão se empenhar numa batalha decisiva no seu próprio território em condições como estas, como o inimigo seria repelido? Que seria do Japão? Não quero ver prolongar-se o sofrimento de nosso povo. Ademais, não quero ver nossa cultura ainda mais destruída, e tampouco mais desgraças para os povos do mundo."

Nova pausa, enquanto a força de vontade dominava a emoção. "Temo que, diante de uma situação como essa, o povo japonês esteja irremediável e inteiramente condenado. Todavia, para preservar o país Japão para a posteridade, desejo que o maior número possível de japoneses sobreviva e se reerga no futuro." Sob sua voz se podiam ouvir soluços dos líderes do Império. Mesmo os mais estoicos ouvintes não se envergonhavam do choro e não tentavam conter as lágrimas. As mãos enluvadas de Hirohito tocaram de leve seus óculos e suas faces, enxugando lágrimas.

"Sinto profunda dor ao pensar naqueles que me serviram tão lealmente, os soldados e marinheiros mortos ou feridos em distantes batalhas, as famílias desfeitas que perderam todas as suas posses – e muitas vezes também a vida – em ataques aéreos a nosso território. De fato, o desarmamento de nossos bravos e leais militares é doloroso para mim. É igualmente insuportável ver aqueles que me serviram com tanta devoção virem a ser considerados criminosos de guerra. Todavia, para o bem do país, nada pode ser feito. A fim de poupar o povo e preservar a

A vontade de Deus

nação, precisamos suportar o insuportável. Quando recordo a coragem de meu antepassado imperial, o Imperador Meiji, nos tempos da Tripla Intervenção, engulo minhas lágrimas."

A voz falhou por um breve momento. "Todos os senhores, acredito, estão preocupados comigo na presente situação. Mas o que me acontecer não importa. Como já disse, estou decidido a encerrar a guerra imediatamente. Por essa razão, concordo com a proposta do ministro do Exterior."

Estava decidido. O Imperador ouvira todos os argumentos. Os militares pediram a morte antes da desonra do Japão. Hirohito, Governante do Grande Império Japonês, Enviado de Deus (seu título oficial) preferia a desonra, se esse era o preço para preservar a vida de seus súditos e assegurar a sobrevivência do Japão. Que tipo de Japão sobreviveria ao quase aniquilamento do *gyokusai*? Personificação de dois mil e seiscentos anos de tradição e de bom senso consolidado, como poderia o Imperador apoiar alguma iniciativa que significasse o desaparecimento de um povo capaz de manter essa tradição?

Com este, o mais longo discurso de sua vida, o Imperador encerrou a Conferência, uma época e – presumivelmente – a guerra.

Claro que não foi assim que as coisas aconteceram. Como em qualquer mecanismo oriental havia rodas que acionavam outras rodas e estas, por sua vez, acionavam outras e mais outras. Legalmente, o pronunciamento de Hirohito significava apenas uma opinião de aviso na Conferência Imperial do Supremo Conselho de Guerra. Legalmente, não cabia à Conferência decidir o futuro da nação. Somente o Gabinete poderia fazê-lo. O Imperador podia fazer sua recomendação à Conferência, e esta, por sua vez, aconselhar o Gabinete, mas somente a este cabia o direito de agir. Depois de decidir, o Gabinete submeteria sua decisão à sanção do Imperador, o que a tornaria legal e vinculante.

Nesse ponto, o premier Suzuki (que embora parcialmente surdo não perdera uma só palavra) levantou-se da cadeira e disse aos participantes da conferência: "A decisão imperial está tomada", falou com voz rouca, "e assim fica concluída esta Conferência. A Conferência", prosseguiu secamente voltando-se para o Imperador, "está encerrada." Essa determinação e presteza por parte de Suzuki foi algo assombroso.

Eram duas e meia da madrugada de 10 de agosto. O Imperador já se recompusera. O rosto era de novo a máscara *Noh*, embora molhado pelas lágrimas. Hirohito levantou-se da simples cadeira de madeira.

Seu ajudante-de-ordens, General Hasunuma, tomou a posição de sentido. Os presentes se puseram de pé numa reverência de praxe. Os olhos estavam vermelhos, os rostos emocionados e desfeitos, abalados todos eles pelos soluços. Vários se debruçaram sobre a mesa, buscando onde apoiar-se. Com Hasanuma nos calcanhares, Hirohito desapareceu por trás da cortina dourada.

Seguindo o Imperador, os homens que detinham o poder começaram, juntos, a caminhada rumo ao mundo da realidade.

Deixando a sala da Conferência logo atrás de Suzuki seguiu seu ajudante-para-toda-obra, Sakomizu. Após presenciar aquele evento de tal importância, o secretário do Gabinete tremia. Ainda especulava se "tinha sido bom para o Japão ou não devíamos ter aguentado um pouco mais. Uma indecisão sem fim. Porém, acabei me convencendo de que Sua Majestade não podia estar errado."

Seu conflito interior não durou muito. Quando ele e o premier entraram na antessala, o Ten-Gen Yoshizumi, chefe da seção de assuntos militares, postou-se à frente do Almirante e bloqueou sua passagem. Agressivamente acusou Suzuki: "Não faltou com a palavra, senhor primeiro-ministro?"

Suzuki surpreendeu-se. Antes que pudesse responder, o ministro da Guerra colocou-se entre os dois, empurrando Yoshizumi para o lado. Tentando acalmar o obviamente perturbado oficial, Anami disse: "Calma, por favor. Compreendo você, Yoshizumi." O premier se afastou com Sakomizu, entrou na limusine que o esperava e partiu para sua residência. O secretário do Gabinete começou imediatamente a convocar os ministros para uma reunião extraordinária do Gabinete para tratar da decisão do Imperador.

A reação de Yoshizumi foi a primeira indicação da postura do Exército, uma vaga ideia do vasto problema que encontrariam pela frente.

O ministro do Exterior Togo, abatido pelo cansaço e pela tensão, procurou seu colega do ministério do Exterior, Toshikazu Kase. Deixando a antessala do aposento onde fora realizada a conferência, tomada pelo calor insuportável e pelos insaciáveis mosquitos, Kase se retirara muito antes, e agora esperava na limusine do ministro do Exterior. Preocupado quase a ponto de estourar, Kase, homem formado no Amherst College, buscou na fisionomia de Togo a resposta às perguntas por fazer. A caracteristicamente concisa afirmação de Togo de que o Imperador recomendara aceitarem os termos de paz foi como ar fresco para Kase que, pela primeira vez em muitos meses, teve a firme sensação de que o Japão poderia ser salvo. Para seu espírito sensível, foi a confirmação e a recompensa por dois anos de incessantes diálogos com outros integrantes do grupo defensor da paz que com ele trabalhavam por trás das cortinas.

Para Togo, a ocasião trouxe a vívida lembrança da noite de dezembro de 1941 em que dissera ao Imperador que, todas as alternativas exauridas, a guerra ia começar:

> Terminada a entrevista e profundamente comovido ao ver na fisionomia do Imperador o nobre sentimento de fraternidade com seu povo, mas vendo também sua inabalável postura ao me receber na iminência da guerra, já era meia-noite quando passei solenemente, guiado por um servidor da corte, por várias centenas de metros de corredores silenciosos e tranquilos do palácio. Chegando ao portão Sakashita, contemplei as estrelas que brilhavam no céu e me senti invadido por uma sensação de sacralidade. Atravessando a praça do palácio em absoluto silêncio, sem notar som algum vindo da capital adormecida e ouvindo apenas o estalar do pedrisco sob as rodas de meu carro, ponderei que dentro de umas poucas horas nasceria um dia de importantes acontecimentos na história mundial... Depois de, por mês e meio, dedicar-me de corpo e alma ao destino do país e da humanidade, estava convicto de que nossa decisão, tomada somente quando evidenciou-se que não havia mais alternativa, seria submetida ao julgamento final dos céus... Ao chegar em casa retornando do palácio imperial e a um passo da guerra... estava absolutamente certo de que, participando de evento tão relevante, tinha exaurido todos meus poderes e capacidades, na certeza de que os Céus reconhecem um coração fiel a seu país e à humanidade.

O "julgamento" dos Céus agora acontecera. As estrelas continuavam, mas os corredores e os palácios, tanto quanto a "possibilidade de mil anos", jaziam destruídos pelas chamas. E agora, finalmente, o Imperador se pronunciara.

Togo dirigiu até residência do primeiro-ministro para a reunião do Gabinete, enquanto Kase ia para o ministério do Exterior, onde seu alto escalão esperava impaciente havia horas. Na sala escura de luzes cuidadosamente veladas, Kase lhes transmitiu a decisão do Imperador. Profundamente aliviados, começaram a redigir as mensagens que anunciariam ao mundo exterior a opção do Japão. Enquanto os cansados participantes da Conferência subiam um a um os degraus da escada estreita e úmida que levava ao luar insinuado através dos pinheiros que cercavam o abrigo antiaéreo, outra reunião estava em curso... Precisamente às 02h33 da madrugada, registrou o Marquês Kido, Lord do Selo Privado, o Imperador o convocou para um encontro no *gobunko*. Com lágrimas nos olhos, Hirohito contou ao mais importante de seus conselheiros o que de sério ocorrera na Conferência com sua declaração que encerrara a reunião e que, como esperava, terminaria a guerra.

Kido estivera com o Imperador seis vezes durante o dia 9 de agosto, somando duas horas. Não apenas ajudara a negociar aquele momento, como preparara a estrela do espetáculo. Passara os últimos doze minutos com o Imperador antes do momento da verdade. Agora, que já se concretizara a irrevogável decisão, Kido ouvia estupefato, enquanto o Imperador, ainda tomado de emoção, repetia pontos e frases importantes. Foi uma das poucas vezes de sua vida em que o verborrágico Selo Privado ficou sem palavras.

Kido inclinou a cabeça, com as mechas esparsas de sua desgrenhada cabeleira grisalha, baixando o olhar. Não ousava encarar o soberano em sua angústia. Talvez uma pontada de culpa alfinetasse sua mente. Talvez não fosse mais do que um silencioso suspiro de alívio pelos cinco anos e meio de aconselhamento a Sua Majestade. O assessoramento que prestara antes da guerra defendera os extremistas e diminuíra o poder dos pacifistas, exaltando Konoye e Tojo. Até então, seus conselhos tinham servido para amordaçar seu mestre real.

Precisamente às 02h38, Kido fez a reverência tradicional, afastou-se da presença imperial e foi para casa. Seus pensamentos viajaram para o passado, para quase quatro anos antes, para 8 de dezembro de 1941. Nessa mesma hora da madrugada ele tinha feito o caminho inverso, de casa para sua sala a fim de se encontrar com Togo, ministro do Exterior, na expectativa de comemorar, mas preparado para se lamentar, dependendo dos resultados do furioso ataque desfechado pelos japoneses naquela manhã. Agora, voltava à sua mente o acontecido naquele dia distante.

> Quando subia a encosta de Akasaka (escreveu no diário em 8 de dezembro de 1941) vi o sol erguer-se por trás de um prédio distante e achei que era um sinal do destino do país, que se lançava na guerra contra os Estados Unidos e a Inglaterra, as duas maiores potências do mundo. Fechei os olhos e rezei pelo sucesso de nossos aviões que naquela hora deviam estar atacando Pearl Harbor (Notícias sobre o "maravilhoso" êxito do ataque chegaram pouco depois das quatro da manhã.)

Eram três da manhã quando o Lord do Selo Privado foi se deitar para um longo e merecido sono. Pela primeira vez em meses podia dormir e descansar feliz. Mas não era para ser. Antes de amanhecer, bombardeiros inimigos, em novo ataque aéreo, tiraram Kido e centenas de milhares de habitantes de Tóquio de seus irregulares momentos de descanso. Mais uma vez face a face com a dura realidade, Kido constatou que ainda havia um perigoso caminho a percorrer antes de poder repousar.

Enquanto o Selo Privado se acomodava em seus *futons* para dormir um pouco, Suzuki fez uma reunião do Gabinete na residência oficial do Premier. O velho almirante anunciou aos quinze ministros que a Conferência Imperial recém-terminada adotara a decisão de aceitar a declaração de Potsdam, com a única provisão de que fosse preservado o sistema imperial. Decisão do próprio Imperador, acrescentou Suzuki. O Supremo Conselho de Guerra acolhera essa decisão e propunha que o Gabinete fizesse o mesmo.

Mais de doze horas tinham se passado desde que esse mesmo grupo de estadistas se reunira em 9 de agosto para tratar do mesmo assunto. Vinte e três horas antes, os russos fizeram valer seu peso na balança. Essas horas tinham sido desperdiçadas em conversas e hesitações intermináveis, durante as quais Nagasaki e setenta e quatro mil seres humanos da cepa Yamato foram varridos da face da Terra.

Exausto e quase sem voz, porém mais decidido que nunca, Togo se referiu à Conferência Imperial. Como a "decisão" já fora tomada por Sua Majestade, Togo propôs que o Gabinete aceitasse os termos de Potsdam com a única condição aprovada. O ministro do Exterior salientou a urgência de resolver (como fizera todo o dia anterior) e explicou que Hiranuma, presidente do Conselho Privado, participara da conferência e, portanto, em tese esse conselho já estava informado.

Por uma vez na vida, o Gabinete realmente concordou sem debate. Até Anami aquiesceu sem um só murmúrio. Somente o mal humorado ministro do Interior, Abe, discutiu a decisão e, embora de má vontade votasse pela aceitação, recusou-se a assinar o documento. Como ao longo de toda sua carreira tinha sido chefe de polícia e instrumento a serviço dos extremistas, ainda temia uma revolta. Além disso, era bem familiarizado com as técnicas dos agitadores para inflamar a oposição, intimidar e assassinar os adversários. De acordo com sua previsão, aqueles que assinassem o documento aprovando a rendição provavelmente estariam assinando suas sentenças de morte. "Não vejo razão para assinar", disse Abe agressivamente.

O ministro da Educação, Ota, amigo íntimo de Hiranuma e convicto homem da direita, pacientemente argumentou: "O procedimento é necessário, já que a decisão imperial não pode produzir efeito a não ser que os membros do Gabinete assumam a responsabilidade por essa decisão". Aconselhou Abe a assinar. Com os demais membros do Gabinete à espera e irritados com a demora, o ministro do Interior relutantemente assinou o documento, tornando-o pleno e oficial.

O Gabinete encontrou-se diante de um problema. Reconheceu o que havia de verdadeiro na objeção de Abe de que poderia acontecer uma revolta se o povo subitamente tomasse conhecimento, sem prévia preparação, de que a guerra abara e o país seria ocupado pelas tropas inimigas. Afinal, ao longo de uma década, o povo ouvira que derrota e rendição eram inaceitáveis a soldados japoneses. Como se estivesse enfeitiçado, o povo sabia somente o que os jornais e o rádio informavam. As fontes controladas pelo governo afirmavam que naquele mesmo momento o Japão vencia a guerra.

Para prevenir uma rebelião das massas diante de um súbito anúncio da derrota, o Gabinete concordou que não se falaria em aceitação dos termos de Potsdam até que um comunicado oficial do próprio Imperador chegasse ao público. Claro que isso só aconteceria depois do acerto com os Aliados. Assim, para "ambientar o povo com a ideia do fim da guerra", Shinomura, ministro da Informação, deveria trocar ideias com Anami, Yonai e Togo a fim de concluir o que julgavam adequado transmitir a jornais e rádio.

Após resolver o que era essencial, o premier Suzuki encerrou a reunião. Misturando sentimentos de triunfo e angústia, Sakomizu colocou a resolução do Gabinete num arquivo de segurança máxima.

Enquanto Togo ia da residência do premier para o *Gaimusho*, a escuridão se dissipava. A silhueta do prédio da Dieta se projetava no horizonte como uma grande laje de sepultura. Completamente esgotado, Togo reviu a mensagem redigida pelo pessoal do Ministério do Exterior. Aprovando as palavras, determinou que fossem expedidos telegramas para os embaixadores japoneses na Suíça e na Suécia, a serem retransmitidos para Estados Unidos, China, Inglaterra e URSS.

Deixando os detalhes para Matsumoto, o vice-ministro, e para Kase, Togo afundou no banco estofado de seu Buick 1938 e partiu para casa, mais morto do que vivo.

A vontade de Deus

Às 07h o funcionário da sala de códigos do *Gaimusho* comunicou a Kase e Matsumoto telegramas expedidos. Com mensagens idênticas:

> O governo japonês, obedecendo ao augusto comando de Sua Majestade o Imperador, o qual, preocupado em acentuar a causa da paz, deseja ansiosamente um rápido término das hostilidades, a fim de livrar a humanidade das desgraças que a ela serão impostas caso a guerra continue, solicitou semanas atrás ao governo soviético, com o qual então mantinha um estado de neutralidade, para mediar a restauração da paz vis-à-vis as potências inimigas. Infelizmente, tais esforços no interesse da paz fracassaram, e o governo japonês, em conformidade com o solene desejo de Sua Majestade de pôr fim o mais rapidamente possível aos inexprimíveis sofrimentos causados pela guerra e restaurar a paz, decidiu o seguinte:
> O governo japonês sinceramente espera que seja este o entendimento da declaração conjunta exarada em 26 de julho de 1945, em Potsdam, pelos chefes de governo dos Estados Unidos, da Inglaterra e da China, mais tarde subscrita pela União Soviética, e interpreta que a mencionada declaração não formula exigência nenhuma que prejudique as prerrogativas de Sua Majestade como soberano e governante. O governo japonês espera sinceramente que esta interpretação seja reconhecida, e deseja ardentemente que haja uma indicação explícita de que tal compreensão será adotada de imediato.
>
> 10 de agosto, 20º ano de Showa.

Os funcionários do ministério do Exterior trabalhavam sem interrupção, exaustos, havia mais de 24 horas. Finalmente puderam voltar para suas casas. Em seu livro *Journey to the Missouri*, Kase descreve o que sentiu: "Que noite aquela! Interminável de angústias e aflições(...). Parecia que o cansaço das noites anteriores mal dormidas começava a pesar. Ainda me lembro das ruas desertas de Tóquio(...). Entrei num bonde que passava, e o grito estridente das sirenes antiaéreas começou como algo sobrenatural(...). Vi os passageiros olharem para cima, apavorados, inquietos nos bancos. Não sabiam que, pouco antes, seu governo tinha pedido a paz."

Kase também não sabia que o pêndulo começara a ir no outro sentido. Enquanto ele se dirigia para casa de bonde, o General Yoshizumi, o infatigável chefe da seção de assuntos militares, tentava bloquear a transmissão das mensagens que aceitavam os termos dos Aliados para a paz.

10
Pé ante pé atrás da paz

DE MODO GERAL, OS POVOS DO MUNDO DESEJAM sinceramente a paz e para assegurá-la estão dispostos a aniquilar quem se interponha em seu caminho. Os japoneses não eram exceção.

Mas em meados de 1944, o Japão era uma nação derrotada. Em junho de 1942, depois da esmagadora derrota em Midway, os líderes da Marinha sabiam não haver esperança. Ao perderem Guadalcanal em janeiro de 1943, alguns chefes do Exército tiveram a mesma sensação. Ficaram convencidos quando as tropas imperiais japonesas *tenshin* marcharam para outra parte de Saipã em meados de 1944. Os líderes do governo souberam que tudo estava perdido quando Leyte caiu no fim daquele ano. Claro que alguns achavam que a guerra já devia ter acabado muito antes desse golpe inapelável.

Por que não tentaram acabar a guerra mais cedo? Na verdade, tentaram. Homens do próprio governo e de fora dele, nos mais altos escalões da Marinha e do Exército, quiseram levar o Japão à paz. Mas estavam desorganizados, não tinham força, ficaram paralisados ou sentiram-se intimidados. São muitos os motivos de sua ineficácia.

A Declaração Aliada do Cairo, de dezembro de 1944, foi um obstáculo importante. Lá, Chiang Kai-shek, Churchill e Roosevelt fixaram os objetivos da guerra: o Japão será reduzido ao arquipélago principal, o território de antes de suas conquistas em 1894, e "as três potências Aliadas(...) continuarão realizando operações intensas e contínuas a fim de assegurar a rendição incondicional do Japão".

Os líderes nipônicos podiam compreender a devolução de todas as terras conquistadas. Era ponto a barganhar se as negociações de paz se concretizassem. Todavia, o outro ponto – a *rendição incondicional* – estava fora de questão. Significava passar um cheque em branco.

Não se submete uma nação inteira à rendição. Só as forças armadas. Rendição incondicional de *tudo* e de *todos* significa, literalmente, os vencedores fazer o que bem entenderem com o país derrotado. Podem até pôr fim à existência da nação vencida. Nenhum japonês com amor próprio poderia fazer outra coisa que rejeitar essa possibilidade. Até o premier Tojo, na defensiva por causa da sucessão de derrotas que começara em Guadalcanal, justificou seus métodos ditatoriais afirmando: "Diante da exigência de rendição incondicional, não temos outra escolha a não ser lutar." Qualquer discussão de paz, ainda que mera tentativa, era considerada subversiva.

O punho de ferro de Tojo incluía cerrada censura aos meios de informação, de modo que apenas um pequeno grupo de japoneses fazia ideia do que estava realmente acontecendo. Além disso, Tojo tinha fortalecido a *Kempetai*, a polícia militar, e a usava implacavelmente para ludibriar os incautos, suprimir os descontentes e controlar o imprevisível. Aumentou a autoridade da polícia convencional sobre os cidadãos e tornou perigoso para liberais bem conhecidos e "adeptos da paz" se reunirem. Para o povo japonês em geral, o país continuava vencendo a guerra. Portanto, não havia opinião pública pressionando por paz – até o selvagem bombardeio do território japonês.

Os líderes do país já estavam neutralizados antes dos bombardeios, em parte por causa da violência da *Kempetai* e de outras polícias, e em parte porque os líderes tinham se fragmentado em pequenos grupos sem força, e os que se opunham lealmente à política do governo foram reprimidos, considerados subversivos, ou simplesmente silenciados. O mais triste nessa questão é que, se alguns se dispunham a exercer uma liderança inequívoca e a questionar a política do governo, teriam de estar dispostos a ser procurados pela polícia secreta.

Não havia ponto seguro de convergência. Nem mesmo o Imperador, aconselhado por seus conselheiros mais próximos, conseguia impor sua vontade. Tanto quanto seus súditos, era enganado pelos militares. Exemplos impressionantes da forma como ele era ludibriado e usado por seus "leais" chefes militares são os decretos imperiais expedidos em seu nome que comemoraram em termos entusiasmados as fictícias vitórias sobre o inimigo nas ilhas Salomão e Gilbert.

Hirohito não podia simplesmente dar a ordem "ensarilhar armas." Não tinha poder para tanto. O Exército e a Marinha comandavam o espetáculo, não ele. O Imperador poderia perfeitamente repetir a reclamação do Kaiser Wilhelm uma geração antes: "Se o povo alemão pensa que sou o comandante supremo está redondamente enganado. O Estado-Maior nada me informa e nunca me pede opinião."

Na grave situação em que estava o Japão, não havia solução milagrosa para chegar à paz. Tampouco havia homens com talento para apresentar propostas de negociação que pudessem produzir efeitos, pelas razões já mencionadas. A conquista da paz demandava uma fórmula complexa, uma engenharia construtiva. A questão era extremamente delicada. Precisava ser resolvida sem comprometer o equilíbrio, para não correr o risco de destruir todo o esforço despendido.

O elemento que já fizera tudo quanto pretendia era o General Hideki Tojo. Foi premier do Japão de 1941 a meados de 1944 e, ao mesmo tempo, ministro da Guerra (assim podia dirigir a máquina de guerra) e ministro do Interior (permitindo-lhe controlar a polícia civil do país). Eventualmente foi também ministro do Exterior, da Educação, do Comércio e criou um ministério do Material Bélico (do qual foi o chefe), para manter sob seu controle direto a mobilização de toda a indústria. Em fevereiro de 1944, quando, além dos cargos que já ocupava, assumiu o de Chefe do Estado-Maior do Exército, até seus colegas do exército comentaram que ele tinha ido longe demais. A pressão sobre ele começou a ser sentida.

Outro elemento-chave na fórmula era o Imperador. Força viva da nação, estava tolhido em função de suas limitações constitucionais e tradicionais. Via seu papel como o de um monarca que podia tão somente aprovar medidas que lhe eram submetidas pelo Gabinete e pelos chefes militares. Seus assessores o aconselhavam a continuar agindo passivamente. Não obstante, era potencialmente a mais poderosa influência do país, desde que pudesse exercê-la.

Infelizmente, seus conselheiros mais próximos – o Selo Privado, o ministro da Casa Civil e o Grand Chamberlain – calcularam mal o poder dele. Disseram que o controle tímido e bem intencionado do Imperador estava acabado porque temiam ser Tojo tão poderoso que se o Imperador se opusesse a Tojo e à guerra, Sua Majestade fosse preso em sua residência. Se não cooperasse seria então forçado a abdicar em favor do príncipe herdeiro e uma regência viria. Claro que os militares controlariam a regência.

Desta forma, em vez de ser uma fonte confiável de encorajamento e proatividade em favor do fim da guerra, o Trono era um zero à esquerda sob o xeque-mate de uma combinação do poder de Tojo com a fragilidade dos assessores de Hirohito.

Um conselheiro, elemento extremamente valioso dessa fórmula, era o Marquês Koichi Kido, o Selo Privado. Oficialmente, a função desse homem extraordinário era de guardião do selo aposto às assinaturas do Imperador sempre que necessário para oficializar documentos de Estado e decretos imperiais. Porém, na prática, sua função ia muito mais além.

Kido era ouvido pelo Imperador em quase tudo e a qualquer momento. Era o principal conselheiro e assessor do Trono, seu mais íntimo e confiável confidente. Era, na realidade, o dono das chaves, o mestre imperial. A maior parte dos homens que tinham o raro privilégio de serem recebidos em audiência pelo Imperador tinham passado pelo cuidadoso crivo de Kido antes de lhes ser concedida tal honra. O poder sobre o acesso ao Trono era um instrumento vital de controle. Kido podia, por exemplo, separar o Imperador de pessoas cuja opinião o Lord do Selo Privado considerava irrelevante ou inoportuna. E assim ele fazia.

Não havia documento algum regulamentando as funções do Selo Privado. Ele simplesmente as acumulava e desempenhava sem questionamentos. Talvez sua mais importante responsabilidade fosse assegurar uma transição pacífica de poder indicando o primeiro-ministro quando ocorria uma mudança de gabinete. Foi Kido quem defendeu o nome do General Tojo perante o Imperador em outubro de 1941 e do Príncipe Konoye, antes de Tojo. E fatalmente indicaria o sucessor de Tojo, quando o gabinete deste caiu. Sólido e dinâmico, o Selo Privado parecia explodir de tanta energia. Ativo socialmente, mas sereno e reservado, Kido encontrava tempo para participar de ocasionais apresentações *Noh* e se reunia regularmente com seus companheiros do "Clube dos Onze" para discutir a situação mundial e do Japão.

Por trás das lentes redondas de seus óculos, Kido estava atento a tudo. A mente ativa e a rede de amigos e conhecidos lhe permitiam ver ainda mais longe. Não alimentava muitas ilusões. Sabia onde estava a fonte do poder. E sabia quanto, em que direção, em que mãos e com que velocidade o poder estava mudando de mãos em determinado momento. Precisava saber, pois a ele cabia orientar os atos e as respostas do Imperador. Tinha as respostas para todas as perguntas – ou tinha de as descobrir. Dele se esperava que previsse o que estava para acontecer e tivesse planos para enfrentar todas as eventualidades, para lidar com todas as situações.

No passado Kido fora bem preparado para esse serviço. Seu avô era um dos jovens talentosos que planejaram a ordeira e bem sucedida derrubada pacífica do sistema feudal no Japão em 1867-68 e a introdução da nação no mundo moderno. Como um dos três mais importantes homens do Japão naquela época, o velho Kido exerceu imensa influência. O mesmo se pode dizer de seu neto em 1945.

Nascido em 1889, frequentou escolas ao lado de príncipes e começou no mundo da burocracia como secretário-auxiliar do ministro de Agricultura e Comércio em 1915. Sua carreira progrediu em diversos órgãos e ministérios do governo até chegar a secretário do Lord do Selo Privado, em outubro de 1930. Por mais de cinco anos permaneceu nessa função, aprendendo mais do que jamais imaginara a forma como agia o Imperador e funcionava a realeza, vendo como eram manipulados.

Quando o Príncipe Konoye se tornou premier em 1937, esse seu companheiro de infância e colega de escola o nomeou ministro da Educação. O novo ministro aproveitou a oportunidade para "reformar" o sistema educacional a fim de atuar em apoio dos militares e fortalecer o espírito guerreiro na juventude. O ministério de Kido também atuou em íntima ligação com a *Kempetai* e a policia civil para identificar professores suspeitos de transmitir ideias e ensinamentos não patrióticos e manter os demais na linha.

Dois anos mais tarde, quando caiu o gabinete de Konoye, Kido foi nomeado ministro do Interior no governo que subiu ao poder, o do Barão Hiranuma. A mais importante função desse ministério foi exercer o policiamento civil em todo o país, alcançando inclusive as delegacias locais. Todos os órgãos policiais do país se reportavam diretamente ao superintendente da polícia, que, por sua vez, se reportava ao ministro do Interior. Kido usou esse poderoso cargo para apoiar ardorosamente a continuação da guerra contra a China.

Também iniciou uma repressiva censura a filmes e criou legislação sobre organizações religiosas. Instruiu a polícia para amordaçar o jornal *Asahi*, o de maior circulação do país, por agir com muita independência. Assim, intimidou os demais.

Financiado pelo Exército, Kido encenou 850 manifestações anti-inglesas "eclodidas" em vários pontos do Japão no verão.

O proósito era alimentar o sentimento antibritânico para que a opinião pública induzisse o governo a ampliar o Pacto Anticomintern com os názis e os fascistas, e transformá-lo em uma plena aliança militar contra os ingleses e outras democracias.

Kido continuou sua atividade política ao lado de um colega de escola, o Príncipe Konoye, e cooperou na montagem de uma ambiciosa fraude, quando engendraram o suicídio pacífico de todos os partidos políticos do Japão, com exceção de um. Era seu próprio partido recentemente criado, um supercolosso que supostamente enquadrava todo o espectro da opinião pública. Esse partido recebeu o impressionante nome Associação de Assistência ao Governo Imperial. Tratava-se de uma organização monolítica e fascista. Konoye era seu presidente, e Kido estava previsto para vice-presidente, mas recebeu oferta melhor. O cargo de guardião do Selo Privado subitamente ficou vago. Ele foi convidado para ocupá-lo e aceitou.

Como olhos e ouvidos do Imperador, assim como seu guarda, Kido passou a ser a pessoa de maior influência sobre os atos de Hirohito e a história do Japão. Omitiu-se e não encorajou o Imperador a firmar posição contra a guerra, nem no último momento e tampouco no começo, quando sua ação poderia ter sido mais efetiva. Inúmeros exemplos podem ser lembrados.

Nos sombrios dias de 1941, Kido aconselhou seu cada vez mais preocupado soberano a propósito de perspectivas de paz e guerra. Em 31 de julho, o Selo Privado escreveu em seu diário que o Chefe do Estado-Maior da Marinha dissera ao Imperador que a guerra devia ser evitada, que se opunha a transformar a Tríplice Aliança em um pacto militar pleno, porque essa atitude assaltaria as relações entre Japão e Estados Unidos. O almirante disse que se as relações diplomáticas entre os dois países não fossem restauradas, o Japão teria seu suprimento de petróleo cortado e que as reservas existentes se esgotariam em dois anos no ritmo de consumo de então, ou em dezoito meses se o Japão entrasse em guerra contra os Estados Unidos.

Kido afirma: "O Imperador manifestou sua preocupação com a possibilidade de uma guerra contra os Estados Unidos estar fadada ao insucesso." Mas o Selo Privado tinha as respostas: "A opinião do Chefe do Estado-Maior da Marinha é muito simplista. Os Estados Unidos reconhecem a existência da Aliança Tripartite. Anular esse pacto não aumentaria a confiança americana no Japão e despertaria desprezo por nosso país. Ainda não esgotamos as possibilidades de restaurar a amizade EUA-Japão. Devemos deliberar construtivamente sobre a questão." E assim, lamentavelmente o assunto foi deixado no ar.

Kido não foi escrupuloso ao lançar o Japão na guerra. Na verdade, sempre insistiu nesse ponto. Em 1937, registrou em seu diário que um senhor Matsui foi vê-lo depois que os japoneses arquitetaram a guerra contra a China. Kido assinala que "fiquei furioso com a conversa de Matsui de interromper o envio do exército imperial japonês para o norte da China."

Considerando o longo passado de cooperação com os militares, a indicação para sucessor de Konoye como premier apresentada por Kido no fim de 1941 não causou surpresa. O Selo Privado indicou um militar do exército, o general Hideki Tojo, o "cabeça de cuia", o general de crânio raspado, apelidado de "Navalha" por seus companheiros. Kido propôs Tojo "após profunda análise da situação, como medida preventiva em caso de guerra." Disse a Hirohito que no momento precisavam de Tojo, elemento do Exército, no timão. "O Imperador aprovou meus argumentos, dizendo 'se nada se arrisca, nada se ganha.'"

Nem sempre os atos de Kido promoveram a guerra. Ele conta que "na audiência com o Imperador em 5 de fevereiro de 1942, o aconselhei sobre a necessidade de terminar rapidamente a guerra, aproveitando a tomada de Singapura". (Logo após viver um mês de maravilhosos êxitos militares japoneses em todo o Pacífico, diz Kido, o Imperador olhou para ele como se seu Conselheiro estivesse louco.)

Um plano exequível para terminar a guerra estava se tornando mais e mais essencial, à medida que os massacres se sucediam. Surgiram vários planos, mas a palavra exequível invalidou a maior parte deles.

Surgiu, por exemplo, a proposta do General Seizo Arisue, chefe da G-2, a seção de inteligência do Exército. Em janeiro de 1943 ele defendeu a utilização de uma estação de rádio em Bandung, na Indonésia, para fazer uma transmissão especial para os Estados Unidos. O General Tojo seria o "mestre de cerimônias" do evento, que incluiria Tani, ministro do Exterior japonês, o Conde Ciano da Itália, Ribbentrop da Alemanha e os governantes-fantoches de Manchukuo, da China ocupada, das Filipinas, da Birmânia e da Indonésia. A mensagem a ser transmitida seria: "O Japão não tem ambições territoriais... esta é uma guerra para libertar povos." O plano foi rejeitado.

Em fevereiro de 1944, Arisue propôs que se utilizasse uma estação de rádio de Saipã. "Seria usada", aconselhou, "para negociar diretamente a paz. Claro que os Estados Unidos poderiam dizer: 'Que ideia é essa de falar em paz agora?' Se acontecer essa resposta, os japoneses poderão dizer: 'Apesar de nosso apelo, os Estados Unidos se negaram a negociar. Então, lutaremos até o último homem'. Quando fiz essa proposta a Tojo, ele a rejeitou friamente e comentou 'Que absurdo.'". O mais espantoso nessa história não é especificamente a proposta, mas o fato de Arisue continuar como chefe da inteligência durante o restante da guerra.

Por outro lado, surgiram outras sugestões, mais válidas. Uma foi apresentada por Shigeru Yoshida, que veio a ser um excelente primeiro-ministro após a guerra. Yoshida e seu círculo de amigos intelectuais e influentes achavam que a queda de Singapura era uma excelente oportunidade para uma abertura em busca da paz e para terminar a guerra, prematura, mas vantajosamente. Um dos amigos de Yoshida, o Marquês Yasumasa Matsudaira, secretário de Kido, disse-lhe que o Selo Privado pensava da mesma forma.

Yoshida achava que um japonês bona fide, responsável e bem conceituado devia ir à Suíça a fim de abrir caminho para a paz. Tinha em mente o Príncipe Konoye, e quando ouviu dizer que Kido dissera ao Imperador que a guerra devia terminar, falou com o príncipe sobre seu projeto. Embora surpreso, Konoye pareceu simpático à ideia. Perguntou a Yoshida se acreditava que a missão poderia realmente ter êxito. Yoshida respondeu que, mesmo que servisse apenas para demonstrar aos Aliados que o Japão desejava seriamente a paz, a viagem já teria valido a pena. Konoye sugeriu que o plano fosse discutido com Kido.

Yoshida esteve com Kido que, segundo ele, "evitou dar uma resposta clara sobre o assunto." Matsudaira, secretário de Kido, dissera a Yoshida que o General Tojo varias vezes insinuara que o Selo Privado devia silenciar Konoye. Yoshida concluiu que provavelmente a rígida vigilância mantida sobre Konoye era consequência da fria recepção de Kido ao plano. Nesse ponto, o projeto morreu e foi arquivado em um dos muitos escaninhos de Kido.

Houve outras iniciativas em busca da paz que não passaram do nascedouro. O Exército chegou a criar um grupo de planejamento de longo prazo, o Grupo 20, pequeno e ultrassecreto. Chefiado pelo Coronel Makoto Matsutani, em 1944 preparou o documento "Medidas para Terminar a Guerra na Ásia Oriental." Recebeu o carimbo Segredo de Estado e circulou apenas entre os comandantes da Marinha e do Exército.

Matsutani e seus companheiros acertadamente previram a destruição da Alemanha e defenderam que o Japão se empenhasse em dar fim à guerra quando o nazismo entrasse em colapso. Deixou claro que, para o Japão, a guerra ficaria cada vez mais difícil, à medida que os Aliados esmagassem a Alemanha e voltassem todo seu poder contra o país. Ademais, nessas circunstâncias, os termos para a paz ficariam mais duros. O grupo 20 preparou vários planos alternativos, definindo termos a serem propostos de acordo com as condições vigentes no momento da negociação.

O Terceiro Plano era o limite, o ponto final, além do qual o Japão não conseguiria avançar uma só polegada. Essa "derradeira" alternativa simplesmente assinalava que, quando e se a situação chegasse a ponto de ter que escolher entre rendição e aniquilamento, o Japão teria que defender apenas um ponto: a garantia aliada de que a estrutura nacional (o sistema imperial) seria mantida, e a nação japonesa, preservada.

Quando Matsutani apresentou sua análise a Tojo – primeiro-ministro, ministro do Material Bélico e Chefe do Estado-Maior do Exército – descobriu de imediato o que o "Navalha" pensava de suas ideias.

O coronel disse que não compreendia como o país não tinha um plano completo para a paz, e apresentou o documento do Grupo 20. Quando Matsutani explicou a necessidade de buscar a paz antes que fosse preciso implorar por misericórdia, Tojo explodiu e o despachou para servir na frente chinesa. Ele partiu no dia seguinte. Teve sorte. Por muito menos, outros foram detidos pela *kempetai* e ficaram indefinidamente na prisão.

Na primavera de 1944, vários líderes se aliaram cautelosamente para juntos tentarem derrubar Tojo. Cuidadosas discussões e consultas sigilosas foram realizadas por secretários e pessoas mais ligadas àqueles líderes. Assim, o Coronel Matsutani (antes de ser mandado para a China) e o Almirante Takagi se reuniram com Matsudaira, secretário de Kido, com Toshikazu Kase, o especialista em língua inglesa do Ministério do Exterior, e com um moço que era diretor no Ministério das Finanças, Hisatsune Sakomizu. Esses homens se reuniam com frequência e comparavam anotações, trocavam notícias recebidas e passavam para amigos influentes informações precisas, ainda que fragmentadas, sobre o que estava acontecendo. Essa perigosa atividade foi extremamente importante para destravar o "quebra-cabeça da paz."

Num ponto de 1944, quando aumentava o descontentamento com Tojo e a guerra, fez-se um esforço para trazer Umezu de volta ao Japão a fim de chefiar um novo governo. Segundo o filho de Umezu, entre os conspiradores houve vários membros da Dieta e um tal senhor Egami. Um deles voou ao quartel-general de Umezu para convencê-lo a voltar a Tóquio e assumir o governo num *coup d'état*. O passo seguinte seria conter oficiais mais jovens para poder negociar a paz. Incluía um emissário especial à União Soviética e, por meio deles, negociar o fim da guerra no Pacífico.

Porém, como afirma seu filho, o general "estava apreensivo em cruzar a ponte sem examinar detidamente seus pilares, antes de tomar uma iniciativa." Não pensava em chefiar um golpe.

Outro personagem vital para a solução era o ministro do Exterior do Japão. De 1942 a 1945 esteve nesse cargo Mamoru Shigemitsu, homem de ampla experiência como embaixador na União Soviética, Inglaterra e China. Trabalhava pela paz, influenciando estadistas mais velhos, ministros do Gabinete, membros da Dieta e, mais importante, seu amigo, o Selo Privado Kido.

Shigemitsu estava convicto de que "só a rendição incondicional poderia salvar o país." Coerente com a premissa, discutia com Kido possíveis abordagens para chegar ao fim da guerra. Concluiu que, com a balança pesando tanto a favor do Exército, não havia outra solução, a não ser apelar para o prestígio do Imperador no momento apropriado, talvez uma Conferência Imperial.

O *jushin* – órgão que reunia os ex-premiers do Japão – poderia ser um elemento importante para se chegar à paz. Na primavera de 1944 cada um deles separadamente concluíra que as políticas de Tojo eram desastrosas. Faziam parte desse grupo: o Barão Reijiro Wakatsuki, premier em 1926 e novamente em 1931; o Almirante Keisuke Okada, cujo governo fora torpedeado na infame rebelião de 26 de fevereiro de 1936; Koki Hirota, que sucedeu Okada; o Príncipe Fumimaro Konoye, premier de 1937 a 1939 e mais uma vez 1940 e 1941; o Barão Kiichiro Hiranuma, antigo burocrata cujo governo foi perturbado pela discussão do pacto do Eixo; e o Almirante Mitsumasa Yonai, que por seis meses tinha bloqueado a assinatura do Japão na Aliança Tripartite do Eixo em 1940.

No passado, o *jushin* fora um painel que o Imperador e os primeiros-ministros consultavam. Desde que Tojo assumiu o poder, ficou evidente que o ditador não confiava no *jushin* e queria evitar sua interferência e a de seus membros no governo do Japão. Em maio de 1944, entretanto, os velhos estadistas criaram coragem, aliaram-se e passaram a se reunir em sigilo. Pela primeira vez concordaram que

Pé ante pé atrás da paz

Tojo conduzia mal a guerra e a nação.

O Almirante Okada foi escolhido pelo grupo para conversar com Tojo e dizer-lhe da preocupação com o rumo que tomavam as coisas. Okada procurou o ditador de pavio curto, mas antes que começasse sua exposição, o temperamental Tojo ficou furioso e acusou o *jushin* de tentar derrubar seu Gabinete. Não quis ouvir Okada, muito menos dar atenção a sugestões do *jushin*.

Noutra área, o Príncipe Takamatsu, irmão mais novo de Hirohito, era um ponto de aglutinação da oposição a Tojo e ao prosseguimento da guerra. Como comandante na Marinha, conhecia bem a profunda cisão entre as duas forças armadas em estratégia, tática, alocação de materiais, divisão do material bélico disponível e orçamento anual. Na verdade, sabia tudo a respeito das questões mais importantes. Takamatsu acreditava que se devia buscar uma paz negociada e que, para isso, o ministro do Exterior precisava ser fortalecido, enquanto Tojo e o Exército deviam de alguma forma ser contornados.

No fim de junho de 1944, o príncipe disse a Shigemitsu que a marinha japonesa estava praticamente sem condições de operar desde o desastre nas Marianas. Nos três dias de batalha perdera 450 aviões, três porta-aviões, um encouraçado, um cruzador e um navio-tanque. (Os Estados Unidos tinham perdido vinte aviões em combates aéreos e seus navios sofreram danos desprezíveis.) Além disso, Saipã fora tomada pelo inimigo e logo a guerra estaria perdida. Se pudesse ser preservado o sistema imperial, afirmou Takamatsu, o Japão deveria negociar a paz imediatamente.

Enquanto isso Shigemitsu e outros membros do Gabinete criticavam cada vez mais abertamente a forma como Tojo dirigia o país. Em junho ameaçaram renunciar, e Tojo tentou chegar a uma solução de compromisso com novas indicações para o Gabinete. Porém, quando os pontos-fortes japoneses na Birmânia foram tomados, e com Saipã invadida pelo inimigo, a oposição a Tojo ficou inexorável. Só se daria por satisfeita com seu escalpo.

Com a queda de Saipã, Tojo tentou desesperadamente reformar seu governo para satisfazer o número cada vez maior de seus críticos. Expôs seus planos a Kido. O Selo Privado do Imperador o aconselhou a separar as funções de ministros da Guerra e da Marinha e as de chefes de Estado-Maior (Tojo acumulava o cargo de ministro da Guerra com o de Chefe do Estado-Maior do Exército), pois "ficar pulando de uma para outra não transmite confiança à nação." Também assinalou que Shimada, ministro da Marinha (uma pedra no sapato para Tojo e cada vez mais antipatizado pela sujeição dele aos interesses de sua força), devia sair. Ademais, afirmou Kido, era preciso encontrar uma forma melhor de envolver e usar os velhos estadistas e líderes da nação.

Mas nesse ponto os membros do *jushin* já estavam fartos. Quando Saipã caiu, em 9 de julho, eles se reuniram na casa do Barão Hiranuma e decidiram submeter a questão ao Imperador, ou a quem tivesse acesso ao trono, como seu Selo Privado. Desta vez tinham chegado à conclusão de que Tojo devia sair. Preparou-se um documento que foi entregue a Kido pelo Almirante Okada:

> Se realmente a nação quer superar as dificuldades que a torturam, um novo ânimo deve ser injetado na mente e no coração do povo... Uma reorganização parcial do Gabinete de nada valerá. É preciso formar um novo e forte Gabinete que marche com firmeza para o futuro.

Quando Tojo e seu Gabinete renunciaram em bloco, em 18 de julho, Kido já manobrava para encontrar um sucessor. Reuniu-se com o *jushin* a fim de ouvir sua opinião sobre o novo Premier. Estreitou o campo de busca dizendo: "A única solução é conseguir alguém do Exército, considerando a necessidade de reforçar as forças de defesa aumentando o poder da força terrestre em nosso território e a da *kempetai*, para prevenir uma revolta civil."

Por fim, o *jushin* recomendou os generais Terauchi, Koiso e Hata para Premier. Kido apresentou os nomes ao Imperador, que pediu a opinião do General Tojo a respeito deles. O primeiro-ministro que deixava o posto imediatamente rejeitou Terauchi dizendo que ele era absolutamente necessário no comando que então exercia na Região Sul, sobretudo naquele momento, quando o inimigo tanto pressionava. A escolha recaiu no General Kuniaki Koiso, de sessenta e cinco anos, governador-geral na Coreia, anteriormente chefe do poderoso escritório de assuntos militares do Exército e conspirador na tentativa de golpe para derrubar o governo, em março de 1931.

Na mesma tarde o Príncipe Konoye procurou Kido para sugerir que em vez de um militar do exército sozinho, seria melhor um Gabinete Conjunto Exército-Marinha que incluísse o Almirante Mitsumasa Yonai como vice-premier. (Konoye, Okada, Kido e outros acreditavam que Yonai estaria entre os que pressionariam em favor da paz, mas não tinham a mesma certeza quanto a Koiso.) Kido concordou e mandou seu secretário sondar o *jushin* sobre a proposta. Eles aprovaram.

Koiso veio da Coreia e se apresentou no palácio para ser empossado como primeiro-ministro. A cena seguinte (tal como mais tarde a descreveu Koiso) era do tipo opereta de Gilbert e Sullivan:

> Inesperadamente, encontrei Yonai na mesma sala de espera. Perguntei o que o levara ali, e ele respondeu que também tinha sido chamado. Isso me fez pensar que Yonai ira receber a ordem imperial para formar um gabinete e eu receberia alguma outra missão. Nesse ponto surgiu o Selo Privado e nos disse que seríamos recebidos juntos pelo Imperador. Quando perguntei: "Quem vai na frente?" Kido respondeu: "Koiso, claro." Assim, tomei a frente e me apresentei ante o Imperador.
> Naquele momento, o Imperador não definiu quem seria o primeiro-ministro, mas nos disse "vocês dois, em mútua cooperação, formarão um gabinete..." Quando voltamos para a sala de espera Kido estava lá. Yonai perguntou "E então, qual de nós dois será o premier?" Kido respondeu: "Claro que é Koiso." Nesse momento pensei comigo mesmo, "Que conversa estranha!" Mais tarde, porém, me ocorreu que Yonai, que sem dúvida tinha participado da reunião do *jushin* para escolher o novo primeiro-ministro, já devia saber que eu seria o nomeado... Portanto, perguntei a Yonai: "Qual o cargo que você vai ocupar? O de ministro da Marinha?" Yonai respondeu "Não sou capaz de desempenhar nenhum outro cargo."

Dessa forma curiosa começou o gabinete Koiso-Yonai. Koiso ficara na Coreia por dez anos e não estava familiarizado com a frente de combate e a luta política travada em sua ausência. Ademais, não estava satisfeito com um mandato que lhe parecia impraticável.

Como ele próprio comentou: "Eu sentia que a queda de Saipã significava nossa derrota na guerra. Se isso fosse verdade, creio que não existia ninguém – se é que eu estava precisamente informado sobre a grave situação – que ainda acreditasse que o Japão podia vencer a guerra. De modo geral, essa desesperança convenceria qualquer homem de bom senso a recusar o convite para assumir a direção do governo. No Japão, todavia, quando alguém é convocado pelo Imperador e recebe um mandato que é absoluto e definitivo, não pode, como súdito, seguir o que o bom senso aconselha. Agora, ouvindo as palavras do Imperador (em particular "faça todos os esforços para alcançar o objetivo da guerra pela Grande Ásia Oriental. Além disso, deve ser cauteloso para não irritar a União Soviética"), as interpretei como uma ordem taxativa e fiquei estarrecido.

E quanto à paz? Na opinião de Koiso, se o governo a buscasse "seria obrigado a se render e submeter-se a termos impiedosos, podendo gerar uma revolta porque ao povo, doutrinado para acreditar que a guerra estava sendo vencida, provavelmente indignaria a iniciativa pela paz". Acresce que Saipã tinha caído.

Então, decidiu, "se temos de travar outra batalha, usemos todo nosso poder para vencê-la. Só sinalizar pela paz se e quando estivermos na crista da vitória, quando os termos poderão ser mais leves e favoráveis."

Em 19 de agosto de 1944 o primeiro-ministro Koiso reuniu o Supremo Conselho de Guerra e prepararam uma nova revisão da política de guerra. Embora a situação do Japão estivesse fatalmente enfraquecida, a política proposta era tão beligerante como a que fora escrita no auge dos sucessos militares do país. Frisava a absoluta determinação de lutar até o fim. No fim, porém, havia uma menção ao envio de um emissário especial à União Soviética com o não declarado objetivo de negociar com os soviéticos e buscar sua mediação.

Koiso, o premier que considerava a situação desesperadora, se viu colhido na armadilha da política beligerante do SCG e do quartel-general.

Para se pôr a par dos fatos, procurou o Alto Comando, que lhe disse planejar uma batalha decisiva e final nas Filipinas. A estratégia seria "infligir um golpe vital no inimigo, com o Japão pagando o preço de um sacrifício igualmente vital." Quando, em 20 de outubro, começou a invasão de Leyte por MacArthur, Koiso novamente procurou o Alto Comando para confirmar se realmente o plano, como fora dito em 19 de agosto, era travar uma batalha decisiva em Leyte.

O termo *batalha decisiva* tinha um significado especial para os militares japoneses. Por definição era o esforço extremo de uma ofensiva. Não podia simplesmente considerar uma ação defensiva, pois tomar a iniciativa estava implícito no termo. Assim, baseado em garantias dadas pelo Alto Comando, Koiso foi ao rádio e comunicou à nação japonesa que a batalha de Leyte seria um ponto de inflexão. Afirmou que seria uma nova Tennozan. (Tennozan era uma pequena montanha onde, em 1582, foi travada uma das mais cruciais batalhas da história do Japão. Lá, um jovem samurai de nome Hideyishi derrotou seus inimigos em uma manobra decisiva que o fez soberano supremo do Japão.) Todos os japoneses sabiam perfeitamente que a batalha de Tennozan tinha sido uma façanha crucial e acreditaram piamente quando Koiso afirmou: "Se o Japão vencer em Leyte, vencerá a guerra!" Por outro lado, fracasso nessa batalha significaria o país derrotado num campo de batalha estrategicamente decisivo, comparável a Waterloo. A derrota seria a derrocada do Japão porque – segundo o premier – a nação estaria empregando todos os seus meios nessa luta. Supostamente, nada restaria para outras batalhas.

Em 20 de dezembro de 1944, Koiso foi ao palácio para uma entrevista com seu soberano. Estava na antessala quando lá chegou o ministro de Guerra, o General Sugiyam que cochichou em seu ouvido: "Primeiro-Ministro, o Alto Comando abandonou os planos para uma batalha decisiva em Leyte, preferindo uma batalha decisiva em Luzon."

"Atordoado", como disse que se sentiu, Koiso não teve tempo para fazer perguntas. Tinha de entrar imediatamente para a audiência com o Imperador. Fez a habitual apreciação da situação sem mencionar a decisão envolvendo Leyte. Hirohito, ouvindo aquela exposição de rotina, deve ter ficado confuso. Quando Koiso terminou, o Imperador indagou sobre o assunto principal do dia: sabia Koiso que o Alto Comando abandonara Leyte em favor de Luzon? O premier respondeu que soubera quando estava entrando para a audiência. Nesse momento, Hirohito perguntou o que logo todo o Japão estaria perguntando: "Já pensou em como vai justificar sua declaração de que a batalha de Leyte era uma nova Tennozan?"

Confuso e indignado, Koiso respondeu às pressas que precisava resolver a situação da melhor forma possível e se retirou. Em seguida convocou uma reunião do Supremo Comando de Guerra e irritado acusou os chefes de Estado-Maior do Exército e da Marinha de o traírem. Constatou que, a menos que soubesse o que o Alto Comando estava planejando internamente, ele e o governo jamais seriam capazes de dirigir a nação como deviam. Vieram derrotas e mais derrotas. Leyte caiu em poder dos americanos. Depois, Manila e, finalmente, Luzon e todas as Filipinas.

Enquanto isso, Koiso fazia uma curiosa tentativa de chegar à paz com a China por intermédio de um renegado do Kuomintang. Esse homem, Miao Pin, conseguiu convencer um representante de Koiso de que mantinha contato com o governo de Chiang Kai-shek em Chunking por rádio e podia negociar em seu nome com os japoneses. Para desapontamento de Shigemitsu, ministro do Exterior, Koiso acertou com o Exército trazer Miao com seu rádio-operador, um criptografista e outro homem de ligação, da China controlada pelo

Japão para Tóquio. Porém, quando o grupo estava a ponto de decolar, a *kempetai* impediu a saída de todos, exceto de Miao.

"Quando descobrimos que Miao viera sozinho", diz Koiso, "ficamos atônitos... sem seu rádio, Miao era inútil." (Depois da guerra, Miao foi um dos primeiros a ser executado por Chiang Kai-shek como traidor.)

Depois desse fiasco e do fracasso nas Filipinas, a confiança do Imperador em Koiso se esgotou. Quando os Aliados invadiram Okinawa, em 1º de abril, a penetração que conseguiram nas defesas da ilha acabou de liquidá-lo. Como se não bastasse, em 5 de abril os russos denunciaram o Pacto Russo-Japonês de Neutralidade, sinalizando que não o renovariam quando expirasse no ano seguinte. Nesse mesmo dia, Koiso e seu Gabinete renunciaram, mas permaneceram em seus postos até o Almirante Barão Kantaro Suzuki assumir o cargo de primeiro-ministro em 7 de abril.

Durante o regime do General Koiso houve outras tentativas de obter a paz. Uma das mais importantes começou em setembro de 1944, quando Yonai, ministro da Marinha, determinou ao Almirante Sokichi que realizasse estudos sigilosos abordando questões como obter a concordância do Exército para terminar a guerra, além de avaliar a opinião pública e o moral caso se negociasse a paz. Também queria saber como chegar ao Imperador e, por meio dele, obter a paz. O resultado dos estudos eram levados periodicamente a líderes importantes como Kido, o Príncipe Konoye, Tsuneo Matsudaira (ministro da Casa Civil do palácio), Almirante Okada e algumas personalidades do Exército.

Talvez a principal conclusão resultante desses estudos e debates tenha sido a constatação de que o Imperador era a peça-chave para controlar o público e evitar um golpe militar quando houvesse a decisão pela paz.

Quando renunciou e se afastou do cargo, Koiso recomendou mudança drástica no governo: a criação de um Gabinete do QG Imperial.

Para Kido a recomendação dava a entender que o Exército queria assumir as rédeas do governo e que o Alto Comando estava indo longe demais. Muito apreensivo, procurou os ministros da Guerra e da Marinha e os dois chefes de Estado-Maior. Descobriu que não fora ideia deles, mas apenas uma solução de quem estava de partida. Os chefes militares se opunham a tal gabinete.

Perturbado pelo curso da guerra, no fim de 1944 o Imperador estava profundamente triste com o sofrimento dos civis inocentes penalizados pelos bombardeios devastadores. Quando o inimigo invadiu Luzon, em janeiro de 1945, o choque o tirou do torpor. Conversou com Kido e começou, ele próprio, a tomar iniciativas visando à paz. Disse a Kido que queria falar com o *jushin*.

Kido mantivera deliberadamente o *jushin* afastado do trono. Sabia-se que a maioria de seus membros era a favor do fim da guerra e contrária ao Exército. (Tinham boas razões para tanto. A maior parte deles, como primeiros-ministros, ousara enfrentar o Exército e perdera.) O fato de o Imperador falar com eles seria uma demonstração sutil, embora ostensiva, de sua crença na necessidade da paz e de seu apoio às iniciativas nesse sentido. Aparentemente insignificante, a iniciativa do Imperador sinalizava claramente às facções em disputa que naquele momento Sua Majestade desejava o fim da guerra.

Outra iniciativa do Imperador foi a designação do Almirante Hasegawa para inspecionar os preparativos do país para a guerra. Embora fosse periodicamente atualizado pelos chefes do Estado-Maior do Exército e da Marinha sobre a situação das operações e pudesse pedir alguma informação que pudesse interessar, Hirohito resolveu mandar seu próprio representante para fazer uma verificação, um evidente tapa nas duas forças armadas. O relatório, apresentado pessoalmente a Sua Majestade em 12 de julho, foi honesto, objetivo e desanimador, confirmando o que já se supunha. Os fatos foram de inestimável importância quando o Imperador teve de expor suas ideias na Conferência Imperial de 10 de agosto.

Quando o Barão Kantaro Suzuki assumiu o cargo de primeiro-ministro em 7 de abril de 1945, um de seus primeiros atos foi atribuir ao novo secretário do Gabinete, o mal-encarado Hisatsune Sakomizu, a missão de verificar e informar o poder de combate do país. Suzuki queria uma avaliação confiável da capacidade do Japão para prosseguir lutando. Em um mês Sakomizu elaborou um documento com provas de que o país não podia continuar em guerra. Tremendas perdas em navios, fabricação de aviões em declínio, situação alimentar crítica e crescente sentimento antiguerra por parte do povo foram os principais pontos mencionados em seu relatório.

Suzuki aceitou as conclusões e apresentou o estudo ao Imperador, para quem foi só a confirmação da desesperadora situação do país.

Isso aconteceu pouco antes de duas iniciativas japonesas pela paz serem tentadas no estrangeiro. A primeira ocorreu por iniciativa do assistente do adido naval japonês em Berlim, o Comandante Yoshiro Fujimura. No fim de março de 1945 ele foi transferido para Berna, Suíça, mas tinha visto o suficiente sobre a desintegração názi. Também ouvira falar de uma organização de espionagem americana na Suíça, chefiada por um sujeito de nome Allen Dulles. Pondo sua vida literalmente em risco, Fujimura aproximou-se do órgão dirigido por Dulles – a OSS, Agência Americana de Serviços Estratégicos – para descobrir os termos para a paz que o Japão poderia obter.

Funcionários da agência de Dulles disseram a Fujimura que esperavam um rápido fim da guerra e que fariam todo o possível para apressar esse desfecho. Fujimura, entusiasmado, conversou secretamente com seus colegas e, em 8 de maio, dia da rendição da Alemanha, enviou um telegrama urgente a Tóquio, endereçado diretamente ao ministro e o Chefe do Estado-Maior da Marinha.

Fujimura atribuiu a iniciativa à OSS. Teve que fazer isso, ou poderia ser acusado de traição. Em seu urgente, pessoal, secreto e codificado, afirmou ter recebido a proposta da agência de Dulles. Descreveu Dulles como chefe das atividades políticas dos Estados Unidos na Europa e assinalou que o agente americano desejava informar Washington que o Japão queria encerrar a guerra e se esforçaria nesse sentido. A proposta, disse Fujimura, tinha sido dirigida apenas à Marinha japonesa.

Em Tóquio, o telegrama foi apresentado ao Almirante Tomioka, chefe de operações navais pelo seu assistente para assuntos diplomáticos, que sorria feliz diante da inesperada novidade. Embora ambos reconhecessem que podia ser trapaça ou uma armadilha, talvez fosse a chave para conseguir termos aceitáveis de terminar a guerra. Decidiram aconselhar seus superiores a cooperar nas negociações.

Mas Tomioka sabia que seu superior Almirante Onishi, vice--chefe do Estado-Maior, era inflexível pela guerra. Se mostrasse o telegrama a Onishi, o assunto morreria numa gaveta ou no lixo. Tomioka contornou a cadeia de comando e levou o telegrama ao chefe do Estado-Maior, Almirante Toyoda, dando sua opinião favorável. Achou que Toyoda concordaria. Decepcionou-se quando o Chefe do Estado-Maior disse: "O que lhe cabe fazer é se dedicar de corpo e alma às operações militares, não ficar tratando problema de paz."

Tomioka obedeceu, mas de modo nenhum esqueceu a mensagem.

Enquanto isso, Fujimura enviava uma barragem de telegramas a Tóquio tentando provocar alguma inciativa decorrente da proposta. Enviou telegramas em 10, 13, 14, 16, 18 e 20 de maio, pressionando por alguma coisa e anexando curtas apreciações sobre tópicos motivadores, como o "trágico fim" da Alemanha, deslocamento de tropas aliadas e soviéticas para a frente no Extremo Oriente e a participação da agência de Dulles na paz em separado da Itália.

Duas semanas após o primeiro telegrama, Fujimura recebeu uma resposta: as negociações propostas pareciam ser uma tentativa inimiga para lançar a discórdia entre a Marinha e o Exército japoneses, que precisava ser analisada com o máximo cuidado. Na verdade, em Tóquio ninguém sabia quem era Dulles e não compreendiam a razão de uma genuína proposta de paz ser apresentada a um simples comandante da marinha.

A certo ponto, Yonai, ministro da Marinha, perguntou a Togo, ministro do Exterior, quem era Dulles, e mencionou a questão dos telegramas. Togo reconheceu o nome de Dulles, mas recomendou que respondesse a Fujimura informando que o Japão devia receber certas garantias – não aceitaria rendição incondicional. Pediu que Yonai mandasse essa resposta. Semanas mais tarde, Togo soube que a resposta não fora enviada.

Fujimura ficou protelando junto aos americanos, e enviou novo telegrama. Desta vez, pediu que o QG da Marinha aceitasse sua palavra, assinalando que a suspeita era infundada e pedindo que lhe dessem autorização para iniciar imediatamente as negociações, a fim de poupar o Japão do destino da Alemanha. Nenhuma resposta. Mais quatro telegramas de Fujimura a Tóquio, sem resposta.

Desesperados, Fujimura e as pessoas com quem mantinha contato levantaram a possibilidade de o comandante voar para o Japão e apresentar pessoalmente o caso. Discutiram a questão com o assessor de Dulles para assuntos japoneses, que apresentou uma nova ideia: pedir a Tóquio para mandar alguma pessoa de destaque, um almirante, general, ou ministro do Gabinete, à Suíça. Se isso acontecesse, os Estados Unidos dariam salvo-conduto à missão. Imediatamente Fujimura informou Yonai.

Foi um eco da proposta de Yoshida de mandar Konoye à Suíça. Foi também recorrência da sugestão feita anteriormente pelo Almirante Takagi a Yonai, quando insistiu com o ministro da Marinha para adotar essa aproximação com os Estados Unidos e para que ele, Takagi, fosse iniciar negociações. O QG da Marinha descartou as duas propostas.

Saiu um telegrama a Fujimura informando que o ministro da Marinha submetera a questão ao ministro do Exterior, e recomendava que se trabalhasse em conjunto com o embaixador do Japão na Suíça, Shunichi Kase. No que diz respeito à OSS, essa medida encerrou o assunto (só foi revelado após a guerra), pois todos os Aliados tinham os códigos do serviço diplomático japonês. Por conseguinte, as negociações não poderiam permanecer sob sigilo e, portanto, poderiam criar sérios problemas.

Simultânea e impendentemente do esforço de Fujimura, o adido militar japonês na Suíça, Ten-Gen Seigo Okamoto, tomou iniciativa semelhante. Com dois funcionários japoneses do Banco de Empreendimentos Internacionais da Basileia, Okamoto constatou que podia fazer ligação direta com os americanos por meio da OSS. A questão foi discutida com o embaixador japonês, Shunishi Kase. Pediram a um banqueiro sueco de nome Jacobson, conhecido dos banqueiros japoneses, para atuar como intermediário. Ele concordou.

Informado sobre a posição do Japão na discussão, ele entrou em um carro especialmente designado para apanhá-lo e foi levado a Wiesbaden, na Alemanha, onde se encontrou com Dulles. Trinta e seis horas mais tarde, Jacobson retornou a Basileia e explicou detalhadamente a resposta do chefe da OSS. Conforme relatou, Washington não se opunha à continuidade do sistema imperial no Japão, mas tinham sido levantadas no passado muitas objeções por outras nações aliadas. Portanto, não havia como se comprometer nesse ponto. Não obstante, os Estados Unidos declarariam "compreender" que o sistema imperial deveria ser mantido "se o Japão se rendesse." Outros pontos foram abordados. A Constituição japonesa teria de ser abolida. Em parte, era responsável pela ascendência dos chefes militares (Okamoto ressalvara que a Constituição não devia ser revista). Quanto à internacionalização da Manchúria e permissão para o Japão continuar com Formosa e Coreia, Dulles disse "sem comentários."

Porém, alertou Dulles, se os japoneses não começassem logo a negociar a paz, antes de uma possível entrada dos soviéticos na guerra, seu esforço seria em vão. Todavia, a informação de Jacobson foi enviada aos japoneses apenas três semanas antes da reunião dos Aliados em Potsdam. Okamoto transmitiu os pontos principais do relato de Jacobson a Tóquio, e uma semana depois o Embaixador

Kase fez o mesmo. Okamoto não recebeu resposta. Kase recebeu do ministro do Exterior um frio e cauteloso pedido de mais informações. E assim ficou o assunto. Emperrado num centro de poder.

Vale a pena comentar outro esforço pela paz. Sua origem remonta a setembro de 1944, quando o diretor executivo do jornal *Asahi*, Bunshiro Suzuki (não era parente do premier Kantaro Suzuki), procurou o embaixador sueco no Japão, Widar Bagge. Suzuki tinha uma proposta de paz. Como afirmou, representava o Príncipe Konoye e um punhado de japoneses que queriam pôr um fim na guerra, mesmo que implicasse a perda de todos os territórios conquistados – até mesmo da Manchúria.

Suzuki pediu a Bagge para transmitir o pedido ao governo da Suécia e que houvesse uma discreta sondagem junto à Inglaterra por intermédio dos canais suecos. O grupo de Konoye-Suzuki acreditava que o plano seria melhor recebido pela Inglaterra do que pelos Estados Unidos. Bagge relatou todo o entendimento para a sede de seu governo em Estocolmo e ao longo de meses houve inúmeras discussões sobre paz com Suzuki. Porém, o tempo corria, e a sorte do Japão foi afundando. Não houve progresso substancial.

Finalmente, após vinte anos no Japão, Bagge estava na iminência de retornar à Suécia. No fim de março de 1945 resolveu oferecer formalmente seus serviços ao governo japonês. Ao se encontrar com o ex-embaixador japonês na Finlândia, disse-lhe ter certeza de que os Aliados não insistiriam na rendição incondicional se o Japão desse o primeiro passo. Achava que se os japoneses tomassem a iniciativa, os Aliados concordariam com a preservação do sistema imperial.

A opinião de Bagge foi imediatamente transmitida para Shigemitsu, ministro do Exterior, que acertou um encontro com o sueco. Shigemitsu pediu a Bagge que "se empenhasse ao máximo" para saber as chances de uma paz negociada.

Entretanto, o governo de Kase caiu antes de Bagge partir para Estocolmo. Shigemitsu foi afastado, mas os mesmos diplomatas japoneses que tinham acertado o encontro entre Bagge e Shigemitsu transmitiram ao novo ministro Togo as palavras do embaixador sueco. Porém, ocorreu um curto-circuito na comunicação. Togo interpretou mal. Achou que Bagge tencionava por sua própria iniciativa determinar as posições dos Estados Unidos em relação aos desejos japoneses. Ficou entusiasmado e disse que gostaria de conversar com o embaixador. Mas o avião de Bagge devia partir a qualquer momento e ele não pôde se encontrar com Togo.

O diplomata sueco voou para a Manchúria e pegou o trem via Sibéria. Só chegou em casa no começo de maio, e só no dia 10 procurou o embaixador japonês na Suécia, Suemasa Okamoto. Constatou que Okamoto nada sabia sobre a negociação e nenhuma informação recebera de Tóquio sobre o assunto. Surpreso, Bagge insistiu que Okamoto enviasse um telegrama urgente solicitando instruções.

Quando o telegrama de Okamoto chegou à mesa de Togo, foi a vez do ministro do Exterior se mostrar surpreso. Pensando que Bagge estava fazendo contatos por conta própria, Togo tinha diante de si a declaração de que o governo sueco de bom grado levaria a questão da paz aos americanos se os japoneses oficialmente solicitassem. Perplexo, Togo respondeu o telegrama afirmando que a questão teria de ser amplamente debatida antes de alguma ação do governo japonês. O assunto ficou em compasso de espera, com a atenção de Togo voltada para outras áreas, particularmente, a União Soviética.

Em maio de 1945, as poucas portas tentadoramente abertas foram se fechando rapidamente. As iniciativas junto a Dulles e à OSS na Suíça caminharam para o fim. O canal sueco continuava esperando, mas Togo não se animava a trilhar nenhum desses caminhos. De antemão sabia – e dizia a quem perguntava – que por esses caminhos o Japão teria sempre a mesma resposta: os Aliados exigem a rendição incondicional.

E o Vaticano? Togo achou o Papa desinteressado em negociar paz, e seria o mesmo resultado a se obter pela Suíça ou pela Suécia.

E o caso de ligação direta com os aliados (como achavam alguns japoneses influentes) através de personagens do Japão com amigos nas camadas altas dos EUA e da Inglaterra? Muito perigoso. Os militares prenderiam todos os envolvidos. Ademais, chances de sucesso remotas.

Por meio da China? Difícil em face da animosidade Japão-China. Sem falar entre o governo fantoche japonês na China e o regime comunista chinês, que não se reconheciam, e nem ao Kuomintang de Chiang Kai-shek. Até saber por onde começar já era um grande problema.

Avaliando a situação, os japoneses temiam cada vez mais a tradicional inimiga Rússia. Ao pedir ajuda russa para encerrar a guerra, o Japão poderia ser poupado do aniquilamento pelos Aliados; e talvez se evitasse a ofensiva soviética. Afinal, diz um provérbio japonês: "Nem um bicho-papão vai devorá-lo se você lhe implorar misericórdia."

Como o Japão logo veria, depende de qual bicho-papão.

11
Aos tropeços rumo a um fim

Quando a Alemanha nazista, totalmente arrasada, finalmente capitulou, em 8 de maio de 1945, Shigenori Togo, ministro do Exterior do Japão, recebeu o embaixador alemão Herr Stahmer. O embaixador explicou com dolorosos pormenores como e por que a Alemanha se vira obrigada a render-se, esmagada pela superioridade do inimigo em equipamento e efetivos evidenciada em terra, mar e ar. A Alemanha jazia, prostrada. O próprio Führer, dizia-se que estava morto.

Togo replicou mais formal que nunca: "Lembrei-o que a rendição constituiu uma violação das obrigações da Alemanha em tratados". A Alemanha desistira, tal como já fizera a Itália; era como se no Pacto do Eixo houvesse a cláusula de paz em separado!

A rendição alemã foi uma das bandeiras agitadas no Grupo 20 do Exército, que estudava uma forma de pôr fim à guerra. Chegara o momento em que o Japão teria de agir por conta própria. Com Okinawa praticamente perdida e a Alemanha e a Itália nocauteadas, em 11, 12 e 14 de maio o Supremo Conselho de Guerra se reuniu sob grande sigilo. O tema principal foi a Rússia: como lidar com os Russos, mantê-la fora da guerra, usá-los para mediar em nome do Japão e assegurar seus suprimentos, vitais para o Japão. A discussão provocou reações violentas. O Almirante Yonai foi insultado por Togo, que só faltou chamá-lo de burro por acreditar que o Japão conseguiria combustível e aviões da URSS para usá-los contra os Aliados.

A conversa derivou para a questão da paz, e até os militares, pela primeira vez, não se opuseram à ideia geral. A discussão começou no debate sobre termos concretos para uma trégua. Anami, ministro da Guerra, foi veemente ao argumentar: "Devímos nos lembrar, acima de tudo, que o Japão ainda ocupa um grande bloco de território inimigo. Não perdemos a guerra enquanto essa situação prevalecer e devemos negociar partindo dessa base".

Togo rebateu para ele: "Embora Okinawa seja a única porção considerável de território que perdemos, são os eventos futuros na frente de combate que vão importar, e considero impossível enxergar condições de paz meramente com base em território tomado ou perdido". Os dois continuaram discutindo até o ministro da Marinha Yonai cochichar para Togo que a reunião se desintegraria se ele insistisse em discutir esse ponto.

Em determinado trecho, os *précis* oficiais da conferência dizem:

> É absolutamente necessário, não importa a evolução da guerra contra a Inglaterra e os Estados Unidos, que nosso Império se empenhe ao máximo em evitar que a URSS entre no conflito contra nós, porque isso será um golpe fatal em nosso Império, justamente quando combatemos desesperadamente contra aqueles dois países. Além disso, (devemos) convencer os soviéticos a manter uma "neutralidade benevolente" em relação a nós (...) e mediar com o objetivo de terminar a guerra. Com esse fim em vista, iniciar imediatas negociações com a URSS. No curso das conversas para induzir a Rússia, devemos lembrar que sua vitória sobre a Alemanha só foi possível graças ao fato de termos permanecido neutros e que para a Rússia convém o Japão preservar uma posição internacional razoavelmente importante, tendo em vista que, no futuro, a URSS terá de confrontar com a América. Acresce também ser conveniente Japão, URSS e China permanecerem de mãos dadas contra Inglaterra e Estados Unidos. Entretanto, ao mesmo tempo, devemos nos preparar para as exigências pesadas que provavelmente a URSS fará (...) Embora seja natural tentarmos atenuar essas exigências, não devemos evitar a revogação do Tratado de Portsmouth e do Tratado Básico Russo-Japonês se quisermos ter êxito nessas negociações. Especificamente teremos de: (1) devolver a Sakalina do Sul; (2) abdicar de nossos direitos de pesca; (3) abrir à navegação o Estreito de Tsugaru (entre as ilhas internas japonesas de Honshu e Hokkaido); (4) entregar ferrovias no norte da Manchúria; (5) reconhecer a Mongólia Interior na esfera de influência dos soviéticos; (6) arrendar Port Arthur e Dairen.
>
> Além disso, a metade norte das Kurilas pode ter de ser entregue aos soviéticos se as circunstâncias exigirem. Entretanto, a Coreia deve permanecer em nossas mãos, e a independência de Manchukuo deve ser tanto quanto possível preservada, por meio, por exemplo, da criação de uma zona neutra no sul da Manchúria. Quanto à China, é desejável criar um sistema de cooperação entre Japão, Rússia e China.

É importante reparar quanto os lideres japoneses concordavam em dar e como tinham uma visão precisa do cenário geral. É surpreendente, considerando algumas declarações ingênuas feitas durante essas reuniões. O ministro da Guerra Anami disse: "Como a URSS terá de se confrontar com os Estados Unidos após a guerra e, portanto, não desejará ver o Japão enfraquecido, talvez a atitude soviética em relação a nós não seja tão dura". E para Suzuki, Stalin era uma espécie de Saigo Nanchu (modelo de sinceridade e confiabilidade na história japonesa). O premier acreditava que Stalin seria razoável com o Japão. Togo alertou para o perigo de decidir com base na forma japonesa de pensar, mas que não via nação alguma, a não ser a Rússia, capaz de mediar uma paz favorável com os Aliados.

Depois das reuniões dos Seis Grandes, Togo se apressou em procurar Koki Hirota, que no passado fora seu chefe no Ministério do Exterior, e insistiu para que ele entrasse em contato com o embaixador soviético no Japão. Hirota deveria sondá-lo a respeito de problemas entre as duas nações, tendo em mente o tipo de negociação discutido na reunião do SCG. Hirota, que fora embaixador na Rússia, ministro do Exterior e premier do Japão, aceitou a missão.

A partir de 3 de junho, encontrou-se informalmente por dois dias em um spa perto de Tóquio com Jacob Malik, embaixador russo. Hirota informou que foi bem recebido, mas nada de substancial se concluiu.

Subitamente, em 5 de junho, Togo recebeu a notícia de que haveria uma reunião formal do Supremo Conselho de Guerra em 6 de junho. Incluiria os secretários, os membros não votantes (chefes das seções de assuntos militares do Exército e da Marinha, o chefe de seção de coordenação do Gabinete e o secretário do Gabinete), além dos ministros da Agricultura e do Material Bélico. A agenda era curta: "A Política Fundamental a Seguir Doravante na Conduta da Guerra".

O ministro do Exterior passou os olhos no documento e ficou espantado. Era um apelo explosivo para a luta até a morte, envolvendo a mobilização de toda a nação para se sacrificar na tentativa de repelir os invasores. Obviamente, os fanáticos do Exército e da Marinha tinham preparado o documento enquanto seus chefes discutiam a mediação russa para pôr fim à guerra, e Hirota tentava convencer o senhor Malik. Era a primeira palavra que Togo recebia sobre o assunto e o deixou compreensivelmente irritado.

Enquanto isso, uma reunião da Dieta foi marcada para 9 de junho. A Marinha – o Almirante Yonai em particular – achava que levar o debate à sociedade naquele momento era um erro. O Exército viu a oportunidade de conquistar apoio popular para a premissa da batalha-em-casa e conseguir as leis necessárias para a mobilização de todos os civis. O premier Suzuki concordou com o Exército.

Obviamente a reunião do SCG tinha por objetivo anunciar a política à nação e usá-la como base para a realização da sessão da Dieta. Para Togo, tratava-se de um procedimento perigoso, pois anunciar naquele momento um manifesto conclamando abertamente para lutar-até-a-morte complicaria as delicadas gestões que tencionava realizar. O único sopro de realidade na agenda da reunião eram dois relatórios reservados: "Estimativa da Situação Mundial" e "O Estágio Atual do Poder Nacional".

Por estranho que pareça, os dados que continham não passavam de apreciações simples e relativamente precisas sobre a situação. O segundo relatório fora escrito por Sakomizu para o premier Suzuki em abril e maio. Porém, as conclusões extraídas pelos planejadores do Exército e da Marinha eram alucinações.

Assim começava o estudo de Sakomizu:

> O terrível momento que vivemos na guerra, agravado pelo ritmo crescente dos ataques aéreos, provocou grave interrupção das comunicações por terra e mar, como também da produção de material bélico. A situação alimentar vem piorando. Está cada vez mais difícil encontrar os meios para uma guerra total. Além disso, torna-se necessário prestar muita atenção à tendência da opinião pública (uma drástica mudança: os bombardeios acabaram gerando rumores de descontentamento no seio dos dóceis japoneses, submetidos a um regime de trabalho praticamente escravo). O moral é alto, mas há insatisfação com o atual regime. Estão aumentando as críticas ao governo e aos militares. O povo perde a confiança em seus líderes e surgem presságios pessimistas ... há entre intelectuais de prestígio os que defendem as negociações de paz como única saída.

O relatório prosseguia apresentando dados estatísticos sobre o uso ineficiente dos recursos humanos, a taxa declinante de nascimentos e crescente mortalidade infantil. Continuava com as assustadoras declarações de que "o transporte marítimo está com dificuldades insuperáveis" e de que a escassez de material praticamente acabaria com a produção de carvão, gasolina sintética, explosivos e metais leves. Também anotava a fabricação de aviões em queda rápida e as condições de vida piorando a ponto de uma crise ocorrer antes do fim do ano. Fome e desnutrição já havia em diversas regiões remotas do país.

Provavelmente se baseando nas pesquisas mencionadas nos relatórios, a "Política Básica" estava cheia de exortações patrióticas e de retórica bombástica. Sua mensagem central era:

> Com a fé da lealdade eterna que nos inspira, devemos – valendo-nos da unidade da nação e das vantagens de nosso terreno – continuar a guerra até o amargo fim para preservar o sistema nacional, defender o território imperial e assegurar uma base para o desenvolvimento futuro de nosso país.

Em resumo, os quatro pontos da Política Básica eram:

> 1. O Exército e a Marinha começarão imediatamente os preparativos para a batalha decisiva em nosso território e destruirão as forças inimigas nos pontos aonde forem dirigidos os ataques.
> 2. Enérgicos passos diplomáticos serão imediatamente dados em direção à União Soviética para facilitar o prosseguimento da guerra.
> 3. Preparações internas serão aceleradas para apoiar a batalha decisiva em nosso território.
> 4. Efetivar as diversas medidas que acompanham os ítens acima mencionados para efetivar sua rápida e confiável execução.

Quando começou a reunião do SCG, Togo concluiu que era a única pessoa na sala disposta a criticar o conteúdo da política em discussão. Ao longo das apresentações que se estenderam por toda a manhã e entraram pela tarde, somente Togo a questionou.

Pôs em dúvida a argumentação do Exército e da Marinha de que o Japão desfrutaria grande vantagem no campo de batalha à medida que a frente se aproximasse do próprio território japonês. "Nem tanto", afirmou Togo, "quando não temos superioridade aérea."

Quando Sakomizu alvitrou que a situação do Japão poderia ser salva pela diplomacia, mais uma vez invocando a barganha com os soviéticos, o ministro do Exterior rejeitou a ideia: "Isso é sonho", exclamou ele. "A diplomacia japonesa bate de frente numa parede. Os soviéticos não são nem se tornarão aliados do Japão."

Com apenas silêncio dos que discordavam (como Yonai) e com esmagador apoio dos demais presentes, a Política Básica foi aprovada. Para Togo e todos os cientes de que os Seis Grandes tinham decidido três semanas antes uma solicitação aos soviéticos para ajudarem a pôr fim à guerra, o desfecho da reunião pareceu uma hipocrisia incrível.

Hipocrisia é um termo de conotação negativa e muito condenado para caracterizar o que em termos positivos se chama diplomacia, sutileza, tato – e, no Ocidente em particular, blefe. No Japão se chama *haragei*, e é uma prática perfeitamente aceitável. Na verdade, quem emprega *haragei* e obtém sucesso é tão admirado quanto quem, no Ocidente, supera grandes obstáculos por meio de pura coragem. Existe uma certa afinidade entre os dois conceitos, desde que se considerem as diferenças culturais.

Talvez tenha sido *haragei* o que levou Yonai a concordar laconicamente com a política. Mais tarde ele admitiu que "no começo de junho senti que não fazia sentido nehum continuar a guerra."

O relatório de Toyoda, o Chefe do Estado-Maior da Marinha, apresentado nessa reunião é um exemplo perfeito de *haragei*. Ele expôs para a reunião a previsão de perdas inimigas na invasão. O primeiro levantamento que lhe fora apresentado estimava as baixas aliadas em 20% se a invasão ocorresse em julho e 25% se fosse em setembro. Com um toque do pincel, Toyoda alterou os números para 30% e 40%, respectivamente. Ao fazer sua apresentação para o SCG aumentou para 50%.

Mais tarde, explicou:

> Creio que durante a conferência senti que estava apresentando um número redondo, como "cerca de metade", em vez de uma estimativa exata como 30% ou 40%. Devo ter dito 50% porque achava que a proposta para continuação da guerra de qualquer maneira seria aprovada e apresentar dados pessimistas não se harmonizaria com a decisão esperada. ... O fato é que a decisão da reunião contrariou minhas verdadeiras intenções. ... Além disso ... havia tanta gente que uma discussão franca estava inteiramente fora de cogitações. E, como habitualmente acontecia em tais reuniões, para nós não havia outro caminho que não fosse concordar com resoluções extremamente militantes.

Para coroar a militância da discussão, ficou decidido que a capital do Japão não seria deslocada para a fortaleza subterrânea nas montanhas do distrito de Nagano. O governo e a corte lutariam e morreriam em Tóquio!

No dia seguinte Suzuki apresentou a resolução do SCG ao Gabinete e descreveu a "arma secreta" que o Japão empregaria na batalha final. A arma era o suicídio – aviões suicidas, submarinos suicidas, torpedos, minas e projéteis antitanques humanos. Pediu ao Gabinete para endossar o documento sobre a Política Básica que seria devidamente selado se os ministros do Gabinete assinassem.

Para apor o selo final na política era necessária a aprovação do Imperador, e para tal fim Suzuki presidiu a Conferência Imperial de 8 de junho. Os Seis Grandes repetiram suas apresentações de 6 de junho, mas na presença do Imperador suas palavras aumentaram de importância. Embora o Imperador as ouvisse atentamente sem dizer uma só, o fato é que ele estava presente e o simples fato de ouvir significava a sanção do Filho do Céu. Somente assuntos de extrema gravidade exigiam tal endosso estratosférico.

À medida que fluíam dos participantes as inflamadas declarações, e os loucos exageros (Toyoda inclusive repetiu sua apresentação), eram endossados por outros personagens presentes, como o Barão Hiranuma, presidente do Conselho Privado. Aquele velho extremista pressionou seus companheiros para anular todas as iniciativas de paz.

Com os relatórios que lhe eram apresentados salientando a fraqueza do Japão, "o Imperador parecia um tanto desapontado", relatou Toyoda posteriormente. "Claro, não disse uma palavra, mas a insatisfação se estampava em sua fisionomia. Sendo assim, eu não podia levar a Conferência a sério...."

O premier Suzuki, o Hiroito-homem e Kido haviam escolhido tirar o Japão da guerra. Embora Togo, Toyoda e Yonai considerassem impraticável implantar essa política, era trágico ver outros a tomarem absolutamente a sério: os radicais do Exército e da Marinha que a tinham traçado e a grande massa de súditos leais a Sua Majestade, uniformizados ou não. Porém, essa não seria a última palavra sobre a Política Básica.

Conforme relato do Selo Privado Kido, após a Conferência, o Imperador mostrou-lhe o relatório das pesquisas e as resoluções adotadas. O soberano estava perplexo – se é possível aplicar essa palavra a um deus – com a gravidade dos fatos e a decisão tão obviamente suicida. Kido examinou os documentos e constatou que não era mais possível se omitir esperando que o premier Suzuki levasse a guerra a termo. O Selo Privado tinha em suas mãos a prova de que o velho Almirante, depois de marcar passo por dois meses, tinha dado uma guinada de 180 graus em seu rumo. Estava levando o país não à paz, mas à morte certa. Era demais. Como era possível um homem aparentemente racional se perder diante de tantas provas?

No prédio onde ficava o gabinete do primeiro-ministro, naquele mesmo momento acontecia uma exposição de armas a serem usadas pelos voluntários da guarda nacional para repelir os bárbaros invasores: lanças de bambu, arcos e flechas, bestas, facas e implementos agrícolas. Essas armas primitivas eram examinadas por funcionários e membros do legislativo e do Gabinete. Não poderia haver exibição mais concreta de como regredira o potencial guerreiro do Japão. Enquanto os líderes japoneses planejavam seriamente o uso de armas de bambu, os aviões inimigos sobrevoavam o país sete milhas acima deles, quase sem serem perturbados.

Apenas duas semanas antes 130 bombardeiros B-29 tinham causado um incêndio que transformara as colinas de Tóquio num inferno de fogo, como se fossem archotes. As edificações mais importantes do palácio tinham desaparecido sob as chamas que o vento espalhara: os pavilhões da Imperatriz, do Imperador e do príncipe-herdeiro. Também tinham sido destruídos os palácios dos Príncipes Chichibu, Mikasa, Kanin, Higashikuni, Fushimi, Riken, Hashimoto e Riou, além do palácio Aoyama. Quando até os príncipes tinham ficado sem teto, como poderia o plebeu esperar um teto e quatro paredes?

Kido não podia deixar a situação evoluir dessa maneira, sem uma reação. Decidido a agir, deixou seu soberano e percorreu apressado o caminho entre a sede do Ministério do Interior e seu escritório. Em sua mente fervilhavam os seguintes pensamentos:

> Se nas circunstâncias atuais a questão for deixada nas mãos do Gabinete, a guerra nunca acabará, a não ser que sejam adotadas medidas drásticas para dar ao governo uma base sólida de agir em prol da paz. Minha política tem sido dar liberdade ao Gabinete para trabalhar sem interferências e não incomodar o Imperador com assuntos de governo. Porém, como ele está sem poder para agir, inclusive em situações urgentes, não há outra opção. Alguma coisa tenho de fazer.
> Embora a situação militar seja grave, mais importante é o declínio do poder de combate em geral. Dois meses atrás, os comandantes do Exército e da Marinha disseram já esperar esse declínio! ... Em resumo, nossas operações têm redundado em fracasso total. Em consequência, o povo japonês perdeu a esperança.

O Selo Privado então pôs mãos à obra e redigiu a minuta de um "Plano Tentativo para Enfrentar a Situação." Nesse notável documento, o Marquês Kido analisou imparcialmente o que estava para acontecer e recomendou, sem mencionar a própria palavra, a rendição do Japão. O documento começa afirmando que a batalha de Okinawa estava "condenada a ser um miserável fracasso". Lendo os relatórios sobre o poder nacional disse ele, ficam indicações de que "no último período deste ano, estaremos mal em todos os aspectos da guerra".

Kido evitou analisar táticas e estratégias militares, mas comentou que, a julgar pelo atual poder de sua força aérea e a tremenda eficácia dos bombardeios com bombas incendiárias, "seria fácil ao inimigo reduzir a cinzas, uma após outra, todas as cidades do país, grandes e pequenas. E não demoraria muito tempo".

Se isso no geral estava certo, no resto do ano ficaria ainda mais provável, acrescentou, "com a chegada do frio, a extrema escassez de gêneros e outros suprimentos e, portanto, gerando grande intranquilidade no povo em geral. Nessas condições, realmente não haveria mais salvação. Portanto, creio que, nas presentes circunstâncias, é indispensável dar passos resolutos".

Diante de problemas realmente difíceis, Kido escreveu:

> É quase certo que o inimigo tem como objetivo principal derrubar a assim chamada "panelinha militar." Embora eu acredite que exista um caminho adequado para iniciar negociações depois que os próprios militares admitirem a paz – quando, então, o governo encontraria uma fórmula para fazê-lo – essa ideia é de quase impossível realização no presente momento, considerando nossa situação atual. Além disso, provavelmente estaremos perdendo uma boa oportunidade se ficarmos esperando chegar o instante maduro. Por conseguinte, não sabemos exatamente se teremos o mesmo fim da Alemanha e seremos submetidos a condições que não nos permitirão sequer preservar a Casa Imperial e a estrutura nacional.

Em seguida, o Selo Privado abriu o caminho da Grande Decisão:

> Embora seja um fato sem precedentes e extremamente lamentável ter de pedir a Sua Majestade aprovação para a presente proposta, razão pela qual fico realmente apreensivo, penso que não temos alternativa, a não ser pedir uma decisão Imperial em favor de todo o povo e envidar nossos mais sinceros esforços para nos livrar da guerra, pela seguinte política:
> 1. Negociar com um país que se disponha a intermediar – com uma mensagem pessoal de Sua Majestade.
> 2. Resumo da mensagem: o Trono, sempre interessado na paz, a propósito da Declaração de Guerra e diante da situação insustentável consequente dos pesados danos que a guerra nos impôs até a presente data, decidiu terminá-la em termos razoáveis e realistas.
> 3. Condições:
>   a. Paz honrosa (não há como evitar a limitação de nossas condições em um nível mínimo).
>   b. Pesadas exigências fatalmente nos serão impostas. Na verdade, não haverá outra escolha, e o Japão terá de abrir mão de regiões ocupadas ou governadas por nós no Pacífico, desde que, nessas áreas que ocupamos, estejamos dispostos a ajudar várias nações e raças a conquistar suas independências em seus respectivos países.
>   c. As forças terrestres e navais nas regiões ocupadas as evacuarão por sua própria iniciativa. (É possível que sejam obrigadas a depor suas armas nos respectivos locais e nesse caso teremos que negociar.)

d. A propósito de redução de armamentos, devemos estar preparados para intensas pressões no sentido de nos imporem essa redução. Não haverá outra opção a não ser nos contentarmos com um mínimo para a defesa.

Essa era a mensagem. Kido atravessara o Rubicão e para ele não havia olhar para atrás. Agora seu problema era acionar os comandos adequados e fazer a desgastada e mal dirigida máquina do governo japonês funcionar rumo ao objetivo da paz. Seu primeiro passo foi na cúpula. Como o premier Suzuki, o ministro da Guerra Anami e o ministro da Marinha Yonai abriram a sessão de emergência da Dieta com mais exortações para a morte em uma guerra santa, Kido apresentou seu plano para a rendição ao Imperador.

Hirohito já estava cansado de guerra e do preço em derramamento de sangue. Previa o aniquilamento de seu povo e o desaparecimento do Japão como nação se seguisse a "Política Básica" dos militares. Sentiu que a melhor linha de ação seria uma abordagem direta com os Estados Unidos e a Inglaterra, mas percebeu que isso era impossível. Seus assessores assim lhe asseguraram. A situação do país e particularmente o pensamento radical dos militares impediriam. Esses fanáticos viam os Aliados como inimigos de morte e acreditavam que era melhor negociar por intermédio dos soviéticos, que eram neutros. Hirohito sabia que colocar o futuro da nação nas mãos dos soviéticos era um grande risco, mas não via alternativa, diante das circunstâncias. Portanto, o plano de Kido recebeu sua bênção. Quis redigir ele próprio a mensagem pessoal. Disse a seu Selo Privado para pôr o plano em execução, esperando que Kido fosse bem sucedido.

Em seguida Kido procurou o premier Suzuki, mas o velho Almirante estava no meio de uma tempestade na Dieta e não pôde ser localizado. Em sua fala de abertura na sessão do parlamento o premier pediu a criação de um corpo de serviços voluntários e disse o que se esperava: "O povo japonês tem que se sacrificar pelo Imperador." Também teve que incluir uma referência à visita da marinha aos Estados Unidos em 1918 e a citação de seu discurso em San Francisco, quando declarou que se o Japão e a América um dia guerreassem entre si, despertariam a ira dos deuses. Essa declaração gerou um alvoroço entre os membros da Dieta, que consideraram a observação um insulto à guerra santa do Japão e rejeitaram qualquer insinuação de culpa do país. Se culpa havia era dos Estados Unidos. Desfecharam vigoroso ataque a Suzuki, mas o ambiente logo esfriou quando o ministro da Guerra, por intermédio de seus oficiais de ligação com a Dieta, pediu que se acalmassem.

Após a Dieta aprovar a nova lei de mobilização e suspensa a sessão, Suzuki partiu ao palácio para obter a aprovação da Mensagem Imperial que encerraria a sessão parlamentar. Kido esteve por alguns instantes com o premier e tentou falar sobre o novo plano, mas Suzuki adiou a conversa para a tarde e saiu rapidamente, deixando para trás um rastro de fumaça de charuto.

Yonai, ministro da Marinha, de tarde procurou o Imperador, e depois Kido o deteve na biblioteca imperial. Discutiram formas para "resolver a situação." Imediatamente e sem meias palavras, Yonai deixou claro que considerava a rendição urgente. Aliviado, Kido lhe apresentou o plano que elaborara e o explicou. Com uma expressão irônica no rosto, Yonai balançou a cabeça e perguntou a Kido "Isso é tudo que consta do plano?" O Selo Privado assegurou que era a linha básica de raciocínio e o almirante respondeu que o avaliaria em profundidade. "E o que o primeiro-ministro acha do plano?" indagou Yonai. "Creio que ele é decididamente a favor da continuação da guerra."

Kido respondeu que iria discutir o plano com Suzuki mais tarde, naquele mesmo dia, e então saberia a posição do Premier.

Uma hora mais tarde o primeiro-ministro lançou âncora no gabinete de Kido. "O que tem a tratar comigo, senhor Selo Privado?"

Kido explicou ao velho navegador. Enchendo o recinto com uma nuvem de fumaça enquanto escutava, Suzuki de modo geral concordou com Kido e comentou: "Está tudo muito bem, mas eu gostaria de pensar mais um pouco." Completando seu pensamento, disse: "Sabe como é, parece que o ministro da Marinha defende firmemente a continuação da guerra."

O Selo Privado ficou chocado com a incoerência da situação. "Estranho", disse, "porque o ministro da Marinha afirmou que o senhor é a favor do prosseguimento da guerra, e o senhor diz o contrário, que ele é favorável à continuação da guerra. Os senhores já discutiram a questão entre si?"

Suzuki com um tapa na cabeça admitiu: "Ainda não conversamos."

No dia seguinte, mais uma vez Yonai procurou Kido. O Selo Privado lhe falou sobre a afirmação de Suzuki. Yonai balançou a cabeça. "Pelo que você diz, parece que o premier está disposto a aceitar seu plano.

Vou falar pessoalmente com ele." E saiu.

Em 15 de junho o ministro do Exterior Togo esteve com Kido e pela primeira vez abordaram o plano do Selo Privado. Para Togo havia um grande obstáculo. O plano parecia uma mistura de desejo do Imperador com dinamismo de Kido. Em resumo, tratava-se de toda a estrutura imperial por trás de um objetivo coerente. "Desde que passei a integrar o Gabinete venho querendo trabalhar para uma paz imediata, mas o grupo favorável à guerra tem se mostrado muito poderoso", suspirou Togo. "E desde que ficou decidido na Conferência Imperial levar a guerra até o amargo fim, como ministro do Exterior me senti incapaz de fazer alguma coisa. Vou estudar os aspectos do plano."

"Faça tudo que estiver a seu alcance para apressar a paz e analise que tipo de plano é mais adequado para chegarmos a esse objetivo", reiterou Kido. "O Imperador está absolutamente decidido a terminar a guerra o mais rápido possível."

Yonai esteve com Kido no dia 16 e informou que conversara com o premier e que este, de modo geral, achava que a guerra precisava ser logo encerrada. Naquela noite Suzuki iria ao "Grande Santuário" em Ise para reportar a sessão realizada na Dieta e outros assuntos de interesse do governo para os ancestrais do Império, desde o Imperador Taisho à lendária Amaterasu, a Deusa do Sol. Yonai insistira com Suzuki para se concentrar na questão do término da guerra e buscar em Amaterasu a força espiritual para alcançar essa meta, como se fosse Agamenon indo ao Oráculo de Delfos, embora à moda do século XX.

Em 18 de junho Anami, ministro da Guerra, foi conversar com Kido. O prestígio do general estava inegavelmente em ascensão. Era imensamente popular em todo o Exército, e a nova lei de mobilização aumentaria sua importância perante o Chefe do Estado-Maior e o QG do exército, porque sua administração teria de ser coordenada com o ministro da Guerra, o encarregado da mobilização de todos os japoneses adultos para repelir os invasores.

Resplandecente em seu impecável uniforme de gala, com condecorações e espada cerimonial, Anami irrompeu sem cerimônia na sala de Kido, radiante e cheio de novidades. Jovialidade era uma de suas características e ele percorria os itens de sua agenda como se fosse o dono do mundo.

Nenhuma dúvida sobre continuar a guerra. Claro, levada até o fim.

Embora a instalação do gigantesco centro de comando subterrâneo nas montanhas de Matsushiro estivesse dentro da programação, o Quartel-General Imperial provavelmente não iria para lá, já que se decidira combater em Tóquio.

A sessão da Dieta transcorrera como previsto, e a nova lei de mobilização entraria em vigor imediatamente.

A política em relação à China seria alterada e se tentaria uma nova abordagem com o governo de Yenan (comunista). Uma forma de retirar as tropas das frentes chinesas seria, sugeriu Anami, por meio de tréguas locais e desengajamentos acertados entre os comandantes japoneses e chineses nas diversas áreas envolvidas. (Era uma ideia revolucionária, pois tacitamente significava abrir mão das conquistas japonesas na China. Após as tréguas e os desengajamentos, provavelmente os chineses assumiriam o controle das áreas).

Anami tinha ouvido, como afirmou, rumores de que o Selo Privado estava pensando em renunciar em futuro próximo. Era verdade?

Kido tinha planejado discutir com o ministro da Guerra o plano que elaborara. Contudo, Anami tinha assumido intempestivamente a iniciativa de procurá-lo para tratar dos assuntos de sua agenda e agora aparecia com essa audaciosa – ou ingênua – sugestão para Kido renunciar, sem deixar o Selo Privado respirar. Antes que Kido pudesse pensar na pergunta, o ministro da Guerra retomou a ofensiva.

"Se não dermos atenção à situação interna", alertou, "o movimento em prol da paz vai se fortalecer e criar problemas."

Kido, respirando fundo, resolveu enfrentar o leão. "Eu ia justamente falar sobre o movimento pela paz", disse. Em seguida explicou as premissas de seu plano, abordou em linha gerais os tópicos e completou dizendo: "Não existe a mínima possibilidade de vencermos a guerra."

Contido, mas de forma alguma paralisado, Anami deu uma tragada no cigarro enquanto a explicação de Kido pairava no ar como se gaze diáfana fosse capaz de deter a máquina de guerra, ou como se uma gueixa de quimono fosse colocada no caminho de um tanque. Não obstante, o ministro da Guerra reconhecia a determinação e o poder de Kido.

"De modo geral, Kido-san, concordo com você. Em sua posição é muito natural essa atitude. Nós militares, porém, queremos firmemente travar uma batalha decisiva em nosso território. Não seria melhor você conduzir negociações de paz depois de assestarmos um terrível golpe no inimigo em uma batalha decisiva?"

Kido tinha uma casa fora de Tóquio, perto da praia, em local que certamente estaria no caminho das tropas invasoras quando atacassem a capital. Vira os preparativos iniciais para o massacre e tinha ouvido outras pessoas que testemunhavam a lenta e penosa preparação das defesas japonesas em toda parte. O Selo Privado estava convencido de que os preparativos não estariam prontos a tempo de resistir à ofensiva aliada.

"Anami", replicou, "a batalha decisiva está perdida. Embora você queira combater até o último homem, o Imperador está preocupado porque acredita que é uma inutilidade prolongar a guerra até uma batalha decisiva. Se for travada em nosso território, essa batalha resultará, em última análise, em operações de terra arrasada e destruirá a nação."

Pensativo, Anami olhou Kido friamente. "Compreendo seu ponto de vista, senhor Selo Privado. E examinarei com toda atenção suas opiniões (isto poderia soar tanto como uma ameaça quanto uma promessa, mas Kido achava que conhecia o caráter do ministro da Guerra o suficiente para confiar nele). Como sabe, o primeiro-ministro convocou uma reunião do Supremo Conselho de Guerra para as 17 horas hoje. Imagino que o assunto seja a discussão sobre o término da guerra."

"Faça tudo para levar a discussão a uma conclusão feliz", pediu Kido. Anami levantou-se bruscamente, fez uma saudação e se retirou.

A reunião dos Seis Grandes naquela tarde foi muito importante. Apenas dois dias depois da Conferência Imperial que decidira não haver alternativa e que o Japão, mesmo contra a parede, lutaria até a morte, os seis personagens conscientemente abriram a porta para uma paz negociada. Embora dissessem que queriam golpear o invasor inimigo e somente depois negociar em posição vantajosa, Anami e os dois chefes de Estado-Maior não hesitaram em dar o primeiro passo. Excluíram a possibilidade de discutir o assunto até que começasse a batalha decisiva, mas concordaram que era hora de se aproximar dos soviéticos em busca de uma mediação. Tocaram em ideias nas quais já tinham pensado: não apoiariam um tratado de não agressão com os soviéticos ou a renovação do pacto de neutralidade. A condição mínima para a paz seria a preservação da estrutura nacional – o sistema imperial – e os seis concordaram que a data limite para o término da guerra seria o fim de setembro. Portanto, avaliaram que a URSS deveria ser sondada no começo de julho.

No dia seguinte, o premier Suzuki foi relatar a Kido as novidades da reunião dos Seis Grandes. O Selo Privado preparava para o Imperador um relatório sobre os problemas que afetavam as negociações de paz, mas resolveu dar um passo mais adiante. Recordando a reclamação de Togo de que a decisão da Conferência Imperial tolhera sua liberdade para negociar, Kido aconselhou o Imperador a agir. Tinha certeza de que, se o Imperador dissesse, mesmo de forma indireta, que queria a paz, os mais conservadores desapareceriam como orvalho no verão. Por conseguinte, disse a Hirohito que só uma Conferência Imperial convocada por Sua Majestade, em que o Imperador afirmasse direta e definitivamente ao Supremo Conselho de Guerra o que queria, seria capaz de acelerar o processo de paz.

Assim, em 22 de junho, dia em que o inimigo anunciou sua vitória em Okinawa, o Imperador fez exatamente o que Kido aconselhara. Deu aos seis ministros-chave uma dose forte do remédio. "Tanto interna quanto externamente chegamos a um momento crítico", declarou Hirohito. "A situação da guerra é extremamente grave e nossos problemas aumentarão ainda mais com a intensificação dos ataques aéreos. Portanto, é meu desejo, embora a recente decisão da Conferência Imperial possa permanecer inalterada, que os senhores envidem todos os esforços para pôr fim à guerra com a máxima rapidez. A guerra vem sendo travada há três anos e meio e os danos que causa aumentam dia a dia. Embora todos os envolvidos nas batalhas tenham se empenhado até o limite de suas forças, sinto que, como nação, devemos fazer alguma coisa para encerrar a guerra. Os senhores têm algum plano?"

O premier Suzuki respondeu. "Nós, membros do Supremo Conselho de Guerra, já conversamos a respeito. Portanto, peço ao ministro da Marinha Yonai para explicar."

Mas Yonai passou a bola para o ministro do Exterior, e Togo, embora já tivesse relatado detalhadamente o assunto a Sua Majestade dois dias antes, o explicou novamente. (Togo descobrira por intermédio do Selo Privado que o Imperador nada sabia – e tampouco Kido – sobre as discussões dos Seis Grandes em 11 e 14 de maio, pois o premier Suzuki não dissera uma só palavra a respeito. Esse fato deixou Togo muito irritado, pois o fez suspeitar que Suzuki tinha algum objetivo oculto. Teria o premier em mente algum estratagema? Todavia, quando teve que encarar a questão, Suzuki não deu importância ao fato e simplesmente pediu a Togo que explicasse tudo ao Imperador.)

Assim, Togo mais uma vez relatou as discussões dos Seis Grandes e as conversas Hirota-Malik: "Além disso", disse, "o Embaixador Sato em Moscou foi instruído a propósito do assunto, e os nossos planos para enviar um emissário especial a Moscou estão em execução. Contudo, ainda não houve um avanço preciso".

"Qual a data fixada para o acerto diplomático?" perguntou Hirohito. "Existe algum plano concreto?"

Togo estimou que a Conferência de Potsdam ocorreria em meados de julho, após as eleições na Inglaterra. "Portanto", informou, "espero ver o acordo concluído no princípio de julho, ou seja, antes de os soviéticos partirem para Potsdam."

"Qual a opinião do ministro da Marinha?" indagou o Imperador.

Yonai endossou a informação de Togo: "Creio que devemos executar os planos de acordo com a proposta do ministro do Exterior."

O Imperador pediu a opinião do ministro da Guerra, e Anami disse: "Embora não me oponha a encetar as medidas para terminar a guerra, não aprovo incondicionalmente o plano. Creio que precisamos agir com cautela para não demonstrarmos muita ansiedade e assim revelarmos nossas fraquezas."

Umezu, o Chefe do Estado-Maior do Exército, foi arguido a seguir. "A proposta para negociar a paz", admitiu, "considerando que provocará grande impacto internamente e no exterior, convém que só seja aprovada depois de completa análise, e deve ser tratada com extremo cuidado."

Hirohito logo o questionou. "Então, 'tratar com extremo cuidado' significa só agir depois de desfecharmos mais um golpe no inimigo?" Umezu disse que não, e o Imperador perguntou se havia outras opiniões. Toyoda, Chefe do Estado-Maior da Marinha, permaneceu em silêncio porque concordava com a declaração de Yonai e nada mais tinha a dizer.

"Vejo que não há outras opiniões", o Imperador finalmente disse, "e embora a recente decisão da Conferência Imperial deva permanecer sem alteração, desejo que as negociações previstas no plano sejam aceleradas."

"Cumpriremos o desejo imperial e nos empenharemos ao máximo", respondeu o premier Suzuki. Foi um importante ponto de inflexão.

Todavia, Togo enfrentava problemas para conseguir a atenção dos soviéticos, que se faziam de surdos desde que Stalin, Roosevelt e Churchill se reuniram em Yalta, e a Rússia concordara em entrar na guerra contra o Japão, três meses antes da derrota da Alemanha. Claro que o Japão desconhecia essa decisão, e os soviéticos sempre reiteraram que o Japão não fora discutido nas reuniões dos Aliados.

O ministro do Exterior insistiu para que Hirota procurasse novamente Malik, o embaixador soviético, para dar curso às negociações. Em 24 de junho Hirota se reuniu com Malik e tentou diversas manobras. Inicialmente disse que o Japão desejava assinar um novo e mais abrangente pacto com a Rússia para substituir o de neutralidade. Malik bocejou e replicou que isso não era necessário porque o pacto de neutralidade só vigoraria até abril de 1946. Então, Hirota ofereceu aos vermelhos borracha, estanho e tungstênio em troca de petróleo. A única restrição era que os russos teriam que pegar a carga com seus próprios navios em portos de regiões ao sul ocupadas por japoneses. Malik não deu sinal algum de interesse e simplesmente disse que a Rússia não poderia ajudar porque seus próprios estoques de petróleo estavam baixos.

Em seguida, o negociador japonês propôs: "Se o exército soviético e a marinha japonesa juntassem forças, União Soviética e Japão juntos se tornariam as mais poderosas nações do mundo." Diante dessa fanfarronada, o russo mais uma vez bocejou e disse que os militares japoneses poderiam ter opinião diversa. Indiferente a tudo que Hirota dissera, Malik comentou que conversas como aquela a nada levariam, a não ser que houvesse algum "plano concreto" do Japão. Esse comentário encerrou a conversa.

Em 29 de junho, com propostas escritas em mãos, Hirota mais uma vez procurou o embaixador soviético. A oferta de *quid pro quo* foi bem esclarecida. Em troca de um novo tratado de não agressão com o Japão, seu país liberaria a Manchúria e em troca de petróleo soviético abdicaria dos direitos de pesca em águas soviéticas. Além disso, estaria disposto a discutir qualquer outro item que a Rússia desejasse. Malik perguntou se era verdade que o Japão e os Estados Unidos estavam negociando a paz por intermédio da Suécia. Surpreso, Hirota suspirou: "Isso é impossível! O Japão consultaria a Rússia antes de tentar negociar com qualquer país." Para alívio de Hirota, Malik concordou em enviar as propostas para Moscou, prometendo prosseguir com as conversas quando recebesse resposta.

Porém, quando Togo soube, no dia seguinte, que Malik enviara a proposta por mensageiro (que levaria dias para entregar a mensagem) e não por telegrama, perdeu as esperanças em negociações por meio de Malik. Voltou-se para a única possibilidade que realmente restava:

mandar um enviado especial a Moscou.

O tempo se esgotava. A reunião dos Aliados em Potsdam era marcada para a terceira semana de julho e já estavam no fim de junho. Não existe uma explicação satisfatória para o atraso que aconteceu então. Em 2 de julho Togo esteve com o Príncipe Takamatsu e informou que a desesperadora situação do Japão tornava a paz mais do que nunca necessária. Disse ao príncipe que Exército e Marinha eram francamente a favor, que parecia não haver alternativa para a mediação russa e, em consequência, seria necessário mandar um enviado especial. Takamatsu não ficou surpreso. O Almirante Yonai já lhe dissera as mesmas coisas. Togo sugeriu o Príncipe Konoye para a missão e Takamatsu aprovou. Em seguida, o ministro do Exterior conversou com Suzuki sobre o nome de Konoye para o encargo e o premier concordou.

Enquanto isso, as cidades japonesas iam sendo reduzidas a cinzas sob os bombardeios que prosseguiam dia e noite, deixando o Imperador cada vez mais apreensivo. Em 7 de julho ele chamou o primeiro-ministro e indagou sobre o andamento das negociações com os soviéticos. Suzuki explicou o impasse Hirota-Malik, e Sua Majestade quis ir além. Ficara acertado que inicialmente o Japão sondaria as intenções dos soviéticos antes de pedir sua mediação. O Imperador disse a Suzuki que achava ter chegado a hora de procurar oficialmente a Rússia para tê-la como mediadora e não mais por intermédio de Malik. "Portanto", afirmou o Imperador, "é melhor prepararmos e enviarmos um emissário com uma mensagem imperial." O velho Almirante disse ao Imperador que Togo já estava a caminho para sondar o Príncipe Konoye sobre a questão.

Na opinião de Togo, o homem que assumisse essa missão estaria arriscando a vida. Não havia como manter segredo perante os militares, pois o emissário e sua comitiva teriam que ir a Moscou por via aérea e isso significava um avião militar, passando por Coreia, China e Manchúria antes de chegar a solo soviético. Dessa forma, até aterrissar na URSS, o emissário e seu grupo seriam alvos fáceis para os extremistas militares.

Togo achou que seria razoável alertar o homem cuja nomeação fora proposta, o Príncipe Fumimaro Konoye, para o perigo que correria. De olhar soturno, mas astuto, afetado e articulado, o príncipe já fora primeiro-ministro três vezes, antes da eclosão da Guerra do Pacífico.

Em 8 de julho de 1945 o ministro do Exterior Togo foi ao palácio de verão do príncipe nas montanhas em Karuizawa e o sondou sobre a missão. Sensibilizado, Konoye aceitou, com a típica ressalva: que não se sentiria à vontade se recebesse instruções muito rígidas. "Tente algo mais suave do que rendição incondicional", replicou o ministro do Exterior. Konoye concordou.

Em 10 de julho, o SCG se reuniu com o premier Suzuki, e o ministro Togo atualizou os membros do conselho na evolução dos acontecimentos. Porém, somente no dia 11 o Imperador recebeu Konoye e lhe pediu oficialmente para chefiar a missão.

Mais ou menos na mesma hora em que acontecia essa conversa, o embaixador do Japão na URSS, Naotake Sato, lia um telegrama enviado por Togo pela manhã. Talvez tenha sido a mais importante mensagem japonesa em toda a guerra. O ministro do Exterior declarou taxativamente:

> Sua Majestade está extremamente interessado em terminar a guerra o mais rápido possível, profundamente preocupado com a possibilidade de o prosseguimento das hostilidades servir apenas para agravar os incalculáveis sofrimentos a que são submetidos milhões de mulheres e homens inocentes dos países envolvidos na guerra. Entretanto, se Estados Unidos e Inglaterra insistirem em rendição incondicional, o Japão será forçado a combater com todo o seu poder até o amargo fim, para defender sua honra e preservar sua existência como nação, o que, para nossa profunda tristeza, significaria mais derramamento de sangue. Por conseguinte, nosso governo, sinceramente preocupado com o bem da humanidade, deseja negociar uma rápida restauração da paz. Para tal fim, o Príncipe Konoye irá a Moscou com uma mensagem pessoal do Imperador e o Japão solicita ao governo soviético a gentileza de lhe proporcionar as facilidades de trânsito.

Havia meses Sato enviava a Tóquio relatórios sobre a derrocada da Alemanha diante dos Aliados e o deslocamento de tropas soviéticas para a Sibéria. Remetera apreciações ponderadas e coerentes descrevendo o inevitável destino que o Japão enfrentaria se não buscasse a paz antes que fosse tarde. Contra Sato pesava o fato de ser considerado pelos extremistas um conciliador em quem não se podia confiar. Pressionado para substituir Sato, Togo resistiu. Confiava no embaixador e conseguiu superar a exigência dos militares dizendo-lhes que não dispunha de ninguém com a necessária experiência para assumir um posto tão importante, que não poderia ficar vago nem por um curto período. (Togo tinha sondado Hirota, mas este recusara).

Poucas horas mais tarde pousou na mesa do Secretário de Estado dos Estados Unidos em Washington uma pasta altamente secreta com informações sobre a guerra e as relações exteriores. Nela estava a tradução da mensagem de Togo para Sato. Os Estados Unidos tinham o código japonês antes da guerra, e desde as negociações anteriores a Pearl Harbor até as mensagens sobre rendição, os mais altos escalões do governo americano sabiam o que diziam e o que pensavam os representantes japoneses mundo afora.

Naquele momento crítico, apenas cinco dias antes do começo da Conferência de Potsdam, os líderes americanos dispuseram desse lampejo dos grandes problemas que no Japão tiravam do Imperador a autoridade para negociar a rendição, tal como descrevia seu ministro do Exterior. Isso devia ter sido suficiente para os americanos pensarem em uma forma de acelerar o fim da guerra. Em vez disso, os planos e preparativos para a conferência de Potsdam continuaram como programado e outras iniciativas prosseguiram "segundo a rotina de guerra."

Em Moscou, Stalin e Molotov se preparavam para sua viagem triunfal a Berlim. Já previam os espólios que desfrutariam, e apressavam os preparativos para o ataque soviético aos territórios da Manchúria e da Coreia ocupados pelo Japão. Portanto, quando tentou entregar a mensagem de Togo, o embaixador Sato foi encaminhado ao vice-comissário de assuntos exteriores, Lozovsky.

Dia 13 de julho, Sato procurou Lozovsky e teve permissão para um enviado especial. Afirmou que haveria uma carta do Imperador e pediu a cooperação soviética para que um avião pegasse o príncipe em Manchouli ou Tsitsihar, na China. Sato omitiu apenas uma coisa – o ponto mais importante – o Japão pediria a mediação soviética para pôr fim à guerra.

Lozovsky foi cortês. Ouviu atentamente e fez anotações. Assegurou que, em princípio, era impossível adiantar um sim ou não ao pedido, porque Stalin e Molotov estavam a ponto de partir para a Alemanha. Prometeu tentar falar com os dois líderes no QG em Berlim quando lá chegassem. Sato solicitou uma resposta o mais rápido possível, para que pudessem ser tomadas as providências que a missão exigia. Lozovsky concordou e afirmou que entregaria a Molotov os documentos apresentados pelo embaixador. Tratava-se da tradução para o russo do desejo do Imperador, tal como Togo redigira, e uma carta de Sato a

Molotov explicando a natureza da missão. Sato saiu e, embora contrariando a lógica, esperava que a resposta viesse rápida e favorável.

Todavia, somente em 18 de julho, depois de Churchill, Truman e Stalin terem se reunido em Potsdam, Sato recebeu uma resposta. Foi uma carta de um representante de Molotov, mera protelação. Para os soviéticos, na mensagem de Togo não estava clara a finalidade da missão especial. Qual era o objetivo? A URSS não tinha como dizer sim, não ou talvez, tanto em relação à mensagem quanto ao pedido para receber um enviado especial.

Sato repassou a resposta a Togo e, em 24 de julho, foi orientado a informar aos russos que o Príncipe Konoye seria o enviado especial e que solicitaria aos soviéticos que mediassem o fim da guerra. Mais tarde nesse mesmo dia, Togo enviou um adendo para Sato: é muito importante assinalar que o Japão não aceita a rendição incondicional. A raça Yamato seria obrigada a lutar até o último homem se o inimigo insistisse nessa exigência. Atendendo a desejo do Imperador, o Japão queria contar com a ajuda soviética para encerrar a guerra em termos aceitáveis. Paralelamente, seria desejável uma reaproximação com a Rússia, levando em conta suas necessidades e exigências no Extremo Oriente.

Togo estava manietado pelos militares. Não podia revelar condições específicas que, se satisfeitas pelo inimigo, abreviariam a guerra. Não agradariam aos militares, e Togo não podia mencionar que estava pedindo a mediação porque as forças armadas japonesas já estavam derrotadas. O melhor que o ministro do Exterior pôde fazer foi identificar Konoye e assegurar aos soviéticos que estava subentendido que fora concedida ao emissário do Imperador autoridade para negociar o fim da guerra.

Sato procurou Lozovsky no dia seguinte, 25 de julho. Os Três Grandes ainda estavam na conferência de Potsdam, e Sato insistiu junto ao comissário que era importante conseguir uma resposta imediata de Molotov a propósito da missão de Konoye, recentemente descrita. Lozovsky prometeu agir imediatamente. Em vez disso, o que Tóquio recebeu – e também o mundo – foi a proclamação que Estados Unidos, Inglaterra e China expediram em 26 de julho.

Às seis da manhã do dia 26, os postos de escuta japoneses captaram a transmissão da Declaração de Potsdam por uma estação de rádio de São Francisco. O histórico documento, cujos parágrafos iniciais incluíam muitas frases escritas por um astro de cinema então nas forças armadas, Douglas Fairbanks Junior, fora em grande parte preparado pelo Secretário da Guerra, Stimson, e por Eugene Dooman, Joseph Grew e James Byrnes, do Departamento de Estado, e quase foi emitido em maio. Nesta nova oportunidade, o documento saiu da gaveta e, devidamente atualizado e aperfeiçoado, ofereceu aos japoneses um novo e promissor elemento no cenário da guerra, que se agravava celeremente:

> Nós, o Presidente dos EUA, o Presidente do Governo da República Nacionalista da China e o Primeiro-ministro da Grã-Bretanha, nos reunimos e concordamos em conceder ao Japão a oportunidade de pôr fim a esta guerra.
> As poderosas forças de terra, mar e ar dos EUA, do Império Britânico e da China estão prontas para desfechar o golpe final contra o Japão. Este poderio militar é sustentado pela determinação de todas as Nações Aliadas em prosseguir a guerra contra o Japão até que este país deixe de resistir.
> O resultado da inútil e insensata resistência da Alemanha ao poderio dos povos livres do mundo por ela desafiados deve servir de terrível exemplo para o povo japonês. O poder que agora converge sobre o Japão é infinitamente maior do que aquele que, aplicado aos nazistas que resistiram, arrasou cidades, parques industriais e desmantelou todo o modo de vida do povo alemão. A aplicação total do nosso poderio militar, apoiada pela nossa decisão, representará, inevitavelmente, a completa destruição das forças armadas japonesas e, inevitavelmente, do próprio Japão.
> Chegou o momento de o Japão decidir se prefere continuar submetido aos caprichos de seus insensíveis conselheiros militares, cuja insensatez está levando o Império do Japão ao limiar do aniquilamento, ou se seguirá o caminho da razão.
> Adiante estão especificados nossos termos. Não abriremos mão deles. Não existem alternativas. Não aceitaremos protelações.
> Têm de ser eliminadas, para sempre, a autoridade e a influência dos que iludiram e desapontaram o povo do Japão, levando-o a se empenhar em uma guerra de conquista. Portanto, insistimos que uma nova ordem de paz, segurança e justiça será impossível até que o militarismo irresponsável seja eliminado do mundo.
> Até que essa nova ordem seja estabelecida e haja prova convincente de que o poder militar do Japão tenha sido eliminado, pontos do território japonês, a serem designados pelos Aliados, serão ocupados, para assegurar a concretização dos objetivos que aqui apresentamos.
> Os termos da "Declaração do Cairo" serão cumpridos, e a soberania japonesa será limitada às ilhas de Honshu, Hokkaido, Kyushu, Shikoku e outras pequenas ilhas que determinaremos.
> As forças militares japonesas, após completamente desarmadas, terão

permissão para retornarem a seus lares e desfrutar a oportunidade de uma vida pacífica e produtiva.

Não pretendemos que os japoneses sejam escravizados como raça ou destruídos como nação, mas rigorosa justiça será aplicada a todos os criminosos de guerra, inclusive quem tenha tratado com crueldade os prisioneiros. O governo japonês removerá todos os obstáculos à renovação e ao fortalecimento das tendências democráticas no seio do povo japonês. Liberdade de opinião, de religião e de pensamento, bem como o respeito pelos direitos humanos fundamentais serão estabelecidos.

O Japão terá permissão para manter em funcionamento as indústrias que sustentem sua economia, mas não aquelas que possam permitir o rearmamento para novas guerras, e arcará com o pagamento de reparações justas. Para este fim, ser-lhe-á permitido o acesso, sem qualquer controle, às fontes de matérias primas. A participação eventual do Japão nas relações comerciais mundiais será permitida.

As forças de ocupação dos Aliados serão retiradas do Japão tão logo estes objetivos tenham sido alcançados e se tenha estabelecido, segundo a vontade livremente expressa do povo japonês, um governo responsável e respeitador da paz.

Pedimos ao governo do Japão que declare imediatamente a rendição incondicional de todas as forças armadas japonesas e ofereça garantias adequadas e próprias de sua boa fé em tal ação. A alternativa para o Japão é a destruição imediata e total.

12
Uma terrível trapalhada

———◆———

Os JORNAIS MATUTINOS JAPONESES do sábado, 28 de julho, publicaram a Declaração de Potsdam devidamente censurada pela Junta de Informação. Também divulgaram a fala do premier Suzuki afirmando que o Japão *mokusatsu* as exigências dos Aliados.

O primeiro-ministro dissera isso na reunião do Gabinete no dia anterior, quando surgira uma discussão entre os militares e o ministro do Exterior Togo quanto a informar a Declaração de Potsdam ao público. O General Anami pressionara para que o governo condenasse prontamente o ultimato dos Aliados e o rejeitasse como inaceitável. Togo reagira, assinalando que isso seria um erro perigoso.

Suzuki tinha posto de lado seu charuto para concordar com Togo e dizer que "o governo simplesmente *mokusatsu* a declaração". Significava "engavetá-la" ou "não lhe dar atenção." Esse termo arcaico que escolheu também pode ser interpretado como "ignorar permanecendo calado", "desconhecer", ou "tratar com silencioso desprezo". Suzuki estava tentando conter outras exigências dos militares para uma condenação oficial dos termos de Potsdam.

Por fim, o Gabinete concordou que o público devia tomar conhecimento da Declaração de Potsdam antes que soubesse por outras fontes que poderiam distorcê-la. Claro, concordaram os ministros, que seria necessário eliminar certas partes para impedir danos ao moral. Assim, graças à interferência da Junta de Informação, os trechos mais ameaçadores foram retirados. Desapareceram, por exemplo, as expressões "completa destruição do Japão", "rigorosa justiça para criminosos de guerra" e frases como "insensíveis conselheiros militares". O efeito final foi um pronunciamento inimigo mais moderado e aceitável que o original!

A isso, os defensores da paz, o ministro do Exterior e a corte obviamente não se opuseram. Togo, porém, irritou-se ao descobrir que

Anami, ministro da Guerra, pressionava a Junta de Informação para obrigar os jornais a interpretar a declaração de Suzuki como "rejeitar ignorando" e havia, inclusive, induzido o chefe da junta, o Dr. Shimomura, a falar na rádio comentando negativamente os termos de Potsdam e interpretando a declaração de Suzuki como uma recusa. O ministro do Exterior tentou conter a interferência de Anami, mas seu êxito foi apenas parcial.

De algum modo as palavras do premier Suzuki foram parar nas mãos de outros editores na noite de 27 de julho. Até hoje não se sabe o caminho que percorreram – se Sakomizu, o secretário do Gabinete ou o chefe da Junta de Informação as passou adiante, se o próprio Suzuki aprovou sua liberação após o encerramento da reunião do Gabinete, ou se o Gabinete, pensando melhor, decidiu aprovar a notícia da declaração do Premier.

De qualquer maneira, os jornais da manhã do sábado, 28 de julho, publicaram a versão expurgada da declaração de Potsdam e destacaram também as palavras do premier de que o Japão *mokusatsu* as exigências dos Aliados. O *Asahi Shimbun* daquele dia deu sua interpretação: "Já que não tem grande valor, a declaração conjunta da América, da Inglaterra e de Chungking só servirá para reforçar a inabalável decisão do governo de continuar na guerra até uma conclusão vitoriosa!" O *Mainichi* deu a manchete ASSUNTO RIDÍCULO, referindo-se à proclamação, embora não atacasse o ultimato. Outros jornais trataram a questão de forma semelhante, sem dar importância exagerada, mas revelando todo o texto censurado.

A habitual reunião semanal dos líderes do governo e do Comando Supremo no palácio, que aconteceu na manhã daquele sábado, abordou o assunto. Togo não estava presente – teve assunto urgente a tratar no *Gaimusho* – e quando o premier se sentou com os comandantes da Marinha e do Exército, acompanhados pelos respectivos chefes para assuntos políticos, os militares exigiram uma firme, imediata e pública rejeição da Declaração de Potsdam. Estavam num impasse, e diante dele, Suzuki nem podia dizer sim, nem dizer não. Se concordasse em rejeitar daquela maneira os termos dos Aliados poderia provocar uma inesperada retaliação por parte do inimigo, pois a Declaração ameaçava de forma aberta com o emprego esmagador da força se os termos não fossem aceitos imediatamente. Como também poderia empurrar os soviéticos para uma guerra contra o Japão.

Por outro lado, caso se recusasse a rejeitar os termos de Potsdam, deixaria os radicais do Exército e da Marinha indignados e eles poderiam se colocar contra a lei e tomar as rédeas do governo.

Para enfrentar o dilema, Suzuki chamou os líderes em outra sala para tentar descascar a batata quente que tinha nas mãos. A ausência de Togo permitiu que os belicosos ficassem em posição vantajosa diante do maleável Suzuki. Pressionaram o premier para repudiar específica e claramente a Declaração de Potsdam, mas o velho Almirante não cedeu. Sakomizu botou na mesa uma solução de meio-termo: como estava marcada para aquele dia uma entrevista com a imprensa, o premier poderia aproveitar a oportunidade para responder a uma pergunta sobre os termos de Potsdam sem precisar um pronunciamento oficial do governo. Todos concordaram com esse artifício, restando apenas uma questão crucial: o que Suzuki diria quando a pergunta "plantada" lhe fosse feita?

Sakomizu e os chefes para assuntos políticos do Exército e da Marinha, tenente-general Yoshizumi e o Vice-Almirante Hoshina, receberam a missão de preparar a declaração a ser feita. Para Sakomizu foi um pesadelo. Preparou um primeiro comentário e, logo depois, mais um. Porém, não importa o que disse, o fato é que "foi obrigado a revisar o documento várias vezes, sob a firme oposição dos chefes em questão, especialmente de Yoshizumi, chefe do escritório naval de assuntos militares. Cada correção resultava em uma expressão mais forte".

Ainda houve mais idas e vindas, mas, finalmente, apressados e ansiosos, concordaram com uma resposta que informaria o povo japonês e o mundo em geral que a Declaração de Potsdam não estava sendo totalmente acolhida, mas tampouco repudiada. A resposta preparada por Sakomizu e os coautores da Marinha e do Exército afirmava: "A Declaração de Potsdam é apenas uma adaptação da Declaração do Cairo, e nosso governo não lhe dá importância. Em resumo, a considera *mokusatsu*".

"O último ponto de nossas discordâncias", diz Sakomizu, "foi resolver se devia ser escrito 'muita' antes de 'importância' e se depois de *mokusatsu* devia aparecer 'por enquanto'. Enfim, meus argumentos foram vencidos, e me restou apenas concordar que essas palavras não deveriam ser utilizadas". A história teria sido diferente se Sakomizu e seu chefe Suzuki não tivessem sido tão cordatos. O acréscimo de "por enquanto" após a palavra *mokusatsu* serviria como um esclarecimento de que os termos de Potsdam ainda estavam sendo avaliados – não rejeitados.

Todavia, o x da questão foi a palavra *mokusatsu* e era a esse vocábulo que Sakomizu devia ter dado mais atenção. "Ao usar o termo *mokusatsu*", afirmou mais tarde o secretário do gabinete, "quis dizer 'sem comentários'".

Voltando ao *kantei* do Premier, a declaração foi posta em suas mãos às quatro da tarde, justamente quando começou a entrevista para a imprensa. Houve perguntas sobre as medidas adotadas pelo governo para reagir aos ataques aéreos do inimigo e aos bombardeios por belonaves, além de uma indagação sobre o recente corte de 10% nas rações alimentares. Em cada caso, a resposta de Suzuki foi um apelo ao povo para que "suportasse o que em outras circunstâncias seria insuportável". Logo, conforme planejado, ocorreu a seguinte troca de palavras:

> *Pergunta*: Recentemente, as potências aliadas têm feito diversos tipos de propaganda anunciando o término da guerra. Qual a sua opinião a respeito?
>
> *Resposta*: Creio que a declaração conjunta das três potências não passa de uma repetição da declaração do Cairo. O governo não lhe atribui muita importância. Tudo que temos a fazer é *mokusatsu*. Precisamos é nos concentrar na continuação da guerra.

O uso da palavra *mokusatsu* por Suzuki, e a forma como a imprensa japonesa a usou mudaram a sorte de milhares e milhares de seus concidadãos. Essa palavra mal escolhida forneceu ao inimigo o pretexto que precisava para desencadear todo seu poder contra o Japão.

Quando a fala do premier chegou à editoria dos jornais japoneses, a crucial palavra *mokusatsu* foi interpretada como "ignorá-la." Na mesa do editor do noticiário da Domei, que era a voz do Japão para o além-mar, foi traduzida para línguas estrangeiras e transmitida pelo rádio como "ignorá-la." A rádio da Domei em língua inglesa foi captada e, em poucas horas, rádios e jornais americanos soltaram a manchete "JAPÃO REJEITA A DECLARAÇÃO DE POTSDAM". A essa "rejeição" o Presidente Truman se referiu quando disse: "Foi para poupar o Japão da destruição total que em 26 de julho se expediu o ultimatum em Potsdam. Seus líderes prontamente rejeitaram aquele ultimato."

Dessa forma, a pressão dos militares e o modo desajeitado como Suzuki tratou a Declaração de Potsdam deram aos Aliados motivo para enviar o B-29 *Enola Gay* em sua fatídica missão de lançamento da bomba atômica em 6 de agosto. E também foi o *mokusatsu* que deu aos soviéticos o pretexto técnico para invadir a Manchúria em 9 de agosto.

Em Tóquio, nas primeiras horas de 28 de julho, uma densa neblina era o prenúncio de mais um dia quente e úmido.

Algumas parcelas mais perspicazes da população identificaram a importância da Declaração de Potsdam. A bolsa de valores japonesa estava moribunda porque a atividade era mínima. Porém, depois que a Declaração apareceu na imprensa, subitamente passou a negociar ações havia muito tempo adormecidas de produtos de consumo, como têxteis, tabaco, papel e cerveja. Em 2 de agosto, a bolsa subiu cerca de três pontos. Aparentemente muitos negociantes apostavam numa paz próxima.

O Japão começou a viver uma calmaria, um curioso período de inação durante o qual todos os olhos se voltaram para a URSS. Togo telegrafou a Sato, mas marcando passo. Kido explicou:

> Embora a Declaração de Potsdam já tivesse sido anunciada, fora feita uma solicitação à União Soviética para que atuasse como mediadora. Esperávamos que os soviéticos nos respondessem quando Molotov e Stalin regressassem a Moscou.
> Além disso, os soviéticos não tinham assinado a Declaração de Potsdam e, portanto, havia questões em aberto, como a natureza da resposta do governo soviético, qual o tipo de mediação que poderia fazer e qual seria o desfecho. Como toda a nação estava na expectativa da resposta soviética, não podíamos nos precipitar e aceitar a Declaração de Potsdam. A corte imperial deixou o assunto por conta do Gabinete.

Durante os dias seguintes à declaração de Potsdam, a Corte pareceu viver em outro mundo. No último dia de julho, por exemplo, Hirohito conversou longamente com o Selo Privado Kido sobre a transferência dos tesouros sagrados do santuário Atsuta para um local mais seguro.

Togo pressionou Sato para conseguir uma resposta dos soviéticos a propósito da missão Konoye. Sato fez o que pôde, insistindo com Lozovsky para agir nesse sentido. Porém o russo ficou a dizer que teria de esperar Molotov voltar de Potsdam. Somente em 5 de agosto Sato logrou uma entrevista com Molotov, justamente no dia em que o russo chegou a Moscou. O encontro foi marcado para as 11 horas da manhã (horário do Japão) de 8 de agosto.

Atordoado pelas especulações sobre a resposta soviética, o Japão se preparou para a invasão aliada enquanto suas cidades eram tomadas pelas chamas. Estavam tão desamparadas que o inimigo se dava ao luxo de dar "aviso prévio" dos bombardeios. Folhetos eram jogados sobre as cidades-alvo dias antes dos ataques aéreos. Recomendavam aos civis que as evacuassem antes dos bombardeios. Cumprindo a ameaça, os aviões aliados atuavam com inexorável eficiência, dia e noite, com chuva ou sol, mostrando até para observadores leigos que o poder militar do Japão era incapaz de defender sua população, em casa ou em seus locais de trabalho.

Quando apenas um ou dois aviões sobrevoavam a cidade, os japoneses os ignoravam. Ficavam apavorados quando chegavam as ondas de bombardeiros, não quando se tratava de ocasionais aeronaves de observação com a missão de fotografar.

Em 6 de agosto, houve em Hiroshima um ataque aéreo preliminar, de advertência. Porém, os bombardeiros se dirigiram para algum outro alvo e a "cidade encantada" voltou a seus afazeres antes mesmo que naquela manhã soasse o sinal de "tudo livre". A cidade era um dos grandes centros urbanos que permaneciam relativamente incólumes na guerra. Corriam rumores de que Hiroshima fora poupada pelo fato de muitos de seus moradores terem parentes nos Estados Unidos. Às 08h15 de 6 de agosto seus habitantes estavam ocupados nas tarefas diárias, tomando o café da manhã ou se dirigindo para seus trabalhos nas fábricas. No grande campo de paradas no centro da cidade, os soldados do Distrito Ocidental do Exército faziam a ginástica calistênica matinal.

Às 08h15, o clarão brilhante, a bola de fogo, a esmagadora onda de sopro, um calor calcinante e o redemoinho devorador da primeira bomba atômica arrasaram a cidade de Hiroshima, à beira do mar interior do Japão. A metrópole industrial de 400 mil habitantes se transformou instantaneamente em um forno crematório da Idade da Pedra para 80 mil pessoas. Cerca de 37 mil outros cidadãos ficaram feridos e 90% dos prédios da área foram arrasados. A era atômica explodiu no mundo como um insaciável dragão de fogo.

Agora, com uma revolução técnica que conseguira tornar suas armas convencionais antiquadas ainda mais inúteis, e considerando a lógica ocidental de sua aplicação, os japoneses deveriam ter jogado a toalha e se rendido imediatamente. E não o fizeram. Por quê?

Por diversas razões, alguns líderes não quiseram admitir que a bomba que atingira Hiroshima era atômica. O Exército, por exemplo, repeliu essa conclusão e insistiu na necessidade de uma investigação para determinar a natureza da bomba. Entretanto, a investigação foi feita de forma tão descuidada e lenta que só se completou depois de Nagasaki ser bombardeada três dias depois. Os chefes do Exército preferiam travar uma sangrenta batalha final em território japonês a admitir que os Aliados dispunham de uma arma desconhecida nos anais de guerra.

Nos escalões inferiores e entre os radicais, a reação da Marinha foi praticamente a mesma do Exército. A parte da investigação a cargo dessa força só começou dois dias depois da bomba em Hiroshima e só foi completada em 12 de agosto. Todavia, a cúpula da Marinha sabia e reconhecia a natureza da bomba. Em algum momento de 6 de agosto o almirante Yonai, ministro da marinha, rabiscou um memorando ultra-top-secreto que dizia "Hiroshima destruída por arma atômica. Esta guerra está perdida." A reação japonesa à bomba se caracterizou por confusão, imprudência e desconhecimento.

O General Seizo Arisue, chefe da inteligência do Exército, relata o que se soube em Tóquio na época: "Às 08h16 o operador do controle da Rádio do Japão informou que a estação de Hiroshima saíra do ar. Cerca de vinte minutos mais tarde, o centro de telegrafia da ferrovia em Tóquio verificou que a principal rede telegráfica tinha parado de funcionar ao norte de Hiroshima. De algumas estações ferroviárias dentro de um raio de dez milhas da cidade chegaram confusas informações, não oficiais, sobre uma terrível explosão em Hiroshima..."

Os QGs militares tentaram repetidamente contato com a estação de controle em Hiroshima, mas o silêncio absoluto intrigou os militares daquelas organizações. Sabiam que não ocorrera nenhum ataque aéreo em larga escala e que naquele momento não havia na cidade estoque nenhum de explosivos que justificasse a explosão.

Um jovem oficial do Estado-Maior Geral japonês foi instruído a voar imediatamente para Hiroshima, aterrissar, investigar os danos e regressar a Tóquio com informações confiáveis. No QG a sensação geral era de que nada de anormal acontecera, e se tratava apenas de um terrível rumor com base em alguns lampejos de verdade.

O oficial alçou voo, e após cerca de três horas, ainda a cem milhas de Hiroshima, ele e o piloto viram uma grande nuvem de fumaça. Era uma tarde radiante, e o que restava de Hiroshima estava em chamas. Aterrissaram o pequeno avião ao sul da cidade, e o oficial do Estado-

-Maior, depois de comunicar a Tóquio o que vira, começou imediatamente a organizar medidas de socorro.

Nesse momento, auxiliares de Togo já o tinham procurado com o texto de uma transmissão radiofônica americana anunciando que uma bomba atômica fora lançada em Hiroshima. Os chefes aliados tinham ameaçado usar essa arma até aniquilar o Japão, caso este país não se rendesse. Prontamente, Togo expôs os fatos aos chefes militares. Acreditava que, se a notícia fosse verdadeira, estavam diante de uma violação das leis internacionais de guerra. A preocupação do ministro do Exterior era desencadear um protesto contra o emprego daquela devastadora arma.

As autoridades do Exército responderam já estar em curso uma investigação, mas que, por enquanto, só se sabia que uma bomba com alto poder destrutivo fora lançada sobre Hiroshima. Afirmaram que poderia perfeitamente ser uma bomba convencional e extraordinariamente poderosa, mas que as evidências precisavam ser examinadas mais detidamente. Togo lhes pediu para se apressarem porque, como frisou, "países estrangeiros estão dando grande importância a essa evolução da guerra."

Por volta do meio-dia, chegou uma informação do correspondente da Domei (agência oficial de notícias do Japão) próximo a Hiroshima, mas não deixava claro o grau de destruição.

O QG da *Kempeitai* recebera na tarde de 6 de agosto, por sua rede de comunicações, a notícia de que um pequeno número de bombardeiros transformara Hiroshima num mar de chamas. A notícia foi passada para os principais chefes no Ministério da Guerra, que ficaram quietos. Mais tarde, um porta-voz do distrito militar informou que a cidade sofrera danos inacreditáveis em consequência de um ataque lançado por "um pequeno número de aviões inimigos" e que poderia se tratar de "um tipo totalmente novo de bomba." Entretanto, a notícia mais terrível foi a transmitida pelo General Kawabe, vice-chefe do Estado-Maior do Exército, na madrugada do dia seguinte: "Toda a cidade de Hiroshima foi destruída instantaneamente por uma única bomba."

Kawabe era um dos poucos militares do exército familiarizados com a pesquisa atômica no Japão. Na verdade, alguns anos antes, os militares tinham ridicularizado um pedido de 50.000 ienes para pesquisas atômicas e acusado os cientistas de sonhadores. Só mudaram de opinião, diz Saburo Hayashi em seu livro *Kogun*, "quando o Dr. Odan e dois prédios, inclusive seu laboratório, foram pelos ares diante de seus olhos." Mas já era tarde. Naquele estágio, o Japão já não dispunha de dinheiro, de recurso industrial e tampouco de capacidade técnica para apostar em uma arma atômica.

O General Kawabe mandou um oficial do departamento aeronáutico do exército procurar um renomado físico japonês, o Dr. Yoshio Nishina. O oficial disse ao professor que uma bomba fora lançada em Hiroshima causando severos danos e que se especulava se a arma seria uma bomba atômica. Poderia Nishina ir a Hiroshima com um grupo de investigação do exército? O professor, diretor do Instituto de Pesquisas Científicas, concordou, e os dois estavam quase saindo quando um repórter da Domei anunciou que a bomba de Hiroshima tinha realmente sido atômica e que seu poder de destruição equivalia a vinte mil toneladas de TNT. Esse valor era compatível com os cálculos feitos por Nishina anos antes, quando fazia estudos teóricos sobre energia atômica. Tendia a corroborar a notícia.

Nishina e o oficial do exército se dirigiram para as colinas de Ichigaya, quartel-general do Exército, onde receberam informações sobre a missão. Em seguida foram para o aeródromo em Tokorozawa, onde um grupo de peritos técnicos do exército e o físico embarcaram em dois aviões e partiram para a cidade bombardeada. Um problema no motor obrigou o avião de Nishina a voltar, mas o outro, que transportava o General Arisue, chegou ao destino depois de contornar um bombardeio inimigo que se abatia sobre Osaka. Arisue encontrou "toda a cidade praticamente arrasada. Havia apenas uma árvore negra e morta, como se um urubu estivesse pousado nela. Nada mais, além da árvore seca. Ao aterrissarmos no aeroporto vimos que toda a grama estava avermelhada como se estivesse torrada. O oficial de serviço se aproximou de nós. Sua face estava queimada em um lado, mas não no outro. Disse-nos que 'tudo que fica exposto pega fogo, mas tudo que está coberto, mesmo superficialmente, pode escapar das queimaduras. Portanto, não se pode dizer que não haja contramedidas.'"

Os transportes de Hiroshima estavam destruídos, obrigando Arisue a ir de barco até o Comando de Transporte Marítimo em Ujina, onde, à luz de velas, redigiu seu relatório para o QG. Chegou a três conclusões principais: (1) tratava-se de uma bomba especial; (2) as queimaduras podiam ser prevenidas pela cobertura do corpo; (3) corriam rumores de que o mesmo tipo de bomba será lançado sobre Tóquio em 12 de agosto. Arisue entregou o relatório ao comandante local e pediu que fosse enviado imediatamente. Na manhã seguinte, depois do café, descobriu que o relatório ainda estava lá, não fora enviado. Ficou furioso, e a mensagem foi via rádio, de modo que somente na manhã de 8 de agosto o quartel-general recebeu a primeira confirmação local da catástrofe.

Apenas às 16h, quando chegou o grupo do Professor Nishina, foi possível uma apreciação profissional da cena em Hiroshima. O físico examinou a cidade do ar e concluiu, com um simples olhar, que "somente uma bomba atômica infligiria tais danos." No solo, avaliou, pelas telhas derretidas, que o calor alcançara 2.000 graus centígrados, impossíveis com bombas convencionais. Outras observações confirmaram a natureza atômica da bomba.

No dia 8, o Marechal Hata, comandante do Distrito Ocidental do exército, com QG em Hiroshima, enviou seu relatório sobre a devastação. As queimaduras sofridas por quem estava com roupas claras ou abrigado tinham sido relativamente leves. Mais importante, salientou Hata, a bomba caíra por volta das oito da manhã, justamente quando muitos moradores estavam com fogões acesos para preparar o café da manhã. Concluiu que essa provavelmente tinha sido a causa da propagação do fogo e das queimaduras relatadas.

Também no dia 8 a Marinha mandou o comandante de sua guarnição em Osaka falar com o professor Asada, físico da Universidade de Osaka. O professor morava em Kobe, cidade próxima e que por pouco escapara da morte na manhã de 6 de agosto, quando um ataque aéreo convencional atingiu aquela área às duas da madrugada. Sua casa fora totalmente reduzida a cinzas. Por volta do meio-dia ele estava diante das ruínas fumegantes de sua casa, mexendo absorto nos destroços, quando parou à sua frente um homem com um rádio portátil e lhe disse que alguma bomba especial fora lançada em Hiroshima, devastando a cidade. O almirante que procurou Asada dois dias depois disse que o inimigo alegava ter sido uma bomba atômica e lhe pediu para investigar a explosão para a Marinha.

O Dr. Asada concordou e, tendo em vista que suas roupas tinham desaparecido no incêndio, recebeu sapatos, calças largas e uma mochila do uniforme da Marinha. Apanhou um contador Geiger e alguns outros equipamentos para teste de radioatividade na cidade e, com três oficiais da Marinha e um grupo de dez marinheiros carregando instrumentos e alimentos, partiu para a cidade bombardeada às 22h30 do dia 9.

Uma terrível trapalhada

Viajaram à noite, para evitar os ataques aéreos com bombas e metralhadoras que os trens sofriam durante o dia. Ainda assim, a caminho sofreram um atraso de três horas pelo ataque aéreo a uma cidade.

Em 6 de agosto, o Lord do Selo Privado Kido foi imediatamente procurar Hirohito para informá-lo sobre a nova catástrofe, recebido pelo Imperador uma hora depois do ataque. Ao saber por Kido que Hiroshima fora atacada por um novo tipo de arma que dizimara milhares de homens, mulheres e crianças transformando a cidade em um monte de escombros, o deus reagiu como ser humano. "Ficou", disse Kido, "arrasado pela dor que sentiu pelas vítimas, civis inocentes."

"Nessas circunstâncias", disse Hirohito em tom grave, "devemos nos curvar diante do inevitável. Não importa o que aconteça com minha segurança, devemos pôr um fim a esta guerra tão rapidamente quanto for possível, para que tal tragédia não se repita."

Essa vaga informação que chegou em 7 de agosto serviu apenas para deixar todos estarrecidos. O inimigo continuou transmitindo notícias sobre a bomba, e os líderes japoneses estavam quase convencidos de que não se tratava de mera propaganda, mas que correspondiam à verdade. Kido soube de 130 mil pessoas mortas e feridas. O Exército e a Marinha ainda contestavam oficialmente essa notícia e informavam que o assunto estava em investigação.

Quando o Gabinete se reuniu na mesma tarde, Togo tomou a iniciativa e mencionou o noticiário radiofônico americano segundo o qual Hiroshima fora destruída por uma bomba atômica e que essa arma seria novamente empregada contra o Japão, a menos que o país pedisse a paz. À parte o exagero da propaganda, Togo disse a seus companheiros que "esta arma altera drasticamente toda a situação militar e oferece aos militares plenos motivos para terminar a guerra."

Togo quis dizer que o surgimento dessa arma "suprema" oferecia aos chefes militares uma forma honrosa de desistir salvando as aparências. Referindo-se à bomba atômica, poderiam dizer que, "diante de tal poder revolucionário, resistir passa a ser impossível e temerário, de modo que, embora dispostos a sacrificar sua vida em prol da sobrevivência da nação, se veem forçados a propor o fim da guerra". Mas os militares não estavam dispostos a seguir este caminho.

O ministro do Exterior apelou que o gabinete considerasse uma paz com base na Declaração de Potsdam. Além de outros ministros não apoiarem a ideia, Anami, ministro da Guerra, a rejeitou cabalmente. "Tal iniciativa é inaceitável", declarou. "Ademais, ainda não sabemos se foi uma bomba atômica. Até que sejam recebidos os relatórios da investigação, não podemos adotar medidas precipitadas." Togo deduziu imediatamente que o Exército pretendia minimizar os efeitos da bomba e se recusar a admitir que se tratava de uma arma atômica.

Abe, ministro do Interior, a quem todos os policiais civis eram subordinados, resumiu as insuficientes informações até então disponíveis sobre Hiroshima que lhe tinham chegado através dos organismos policiais. "Em resumo", afirmou, "um tipo desconhecido de bomba, completamente diferente das que conhecemos, atingiu Hiroshima. Matou um número assustador de moradores e destruiu quase todas as edificações. Hiroshima foi completamente arrasada."

A despeito das crescentes evidências de que alguma coisa drástica precisava ser feita, o Gabinete encerrou a sessão sem enfrentar o desafio. Os líderes japoneses optaram por nada fazer.

A quarta-feira, 8 de agosto, começou com "bom tempo", conforme o diário do Lord do Selo Privado Kido. Às 10h30, Shigemitsu, ex-ministro do Exterior, procurou seu amigo no prédio da administração do palácio. Kido o recebeu satisfeito, pois naquele momento precisava conversar com alguém que pensasse equilibradamente. Discutiram o bombardeio atômico e suas implicações. Mais uma vez Shigemitsu retornou a seu tema recorrente: o Imperador deve dar ordem para terminar a guerra. A questão era como fazer isso de forma que funcionasse.

Togo teve uma entrevista com Hirohito aquela tarde, justamente quando um alarme de ataque aéreo obrigou o Imperador e seus auxiliares do palácio a correrem para os abrigos. No abrigo, Togo atualizou o soberano nas declarações inimigas sobre a bomba atômica e afirmou que era absolutamente imperativo encerrar a guerra. Hirohito, sabedor dos claudicantes e ineficazes esforços para chegar à paz que nada tinham alcançado, a não ser insucessos, endossou a opinião de Togo.

"Além disso", alertou Hirohito, "como a nação, em face dessa nova arma, não deve insistir na guerra, o Japão não pode perder a oportunidade de obter a paz, em vez de ficar se esforçando inutilmente para garantir melhores termos. No momento, são mínimas as possibilidades de barganhar em busca de condições mais favoráveis. Portanto, devemos concentrar nossos esforços na cessação imediata dos combates. Transmita meu pensamento ao primeiro-ministro", concluiu.

Togo fez uma parada para falar com Kido e resumiu a declaração do

Imperador. Em seguida, foi procurar o premier para imprensá-lo contra a parede. O Almirante Suzuki "caminhava no convés" de sua sala. Ouviu Togo atentamente sobre o que pensava o Imperador. Quando Togo pediu a reunião do Supremo Conselho de Guerra, Suzuki chamou o secretário do Gabinete. Sakomizu telefonou aos demais "Seis Grandes", só para ficar sabendo que nem todos os chefes militares estavam disponíveis até a manhã seguinte: marcou para 10h30 no abrigo antiaéreo do prédio do Premier.

E por fim, em Moscou, o Embaixador Sato teria sua entrevista com Molotov. Acreditou que os soviéticos responderiam ao Imperador sobre a missão Konoye na Rússia. Aprumado e sorridente, Sato entrou na sala de Molotov exatamente à hora marcada. Com seu limitado domínio do idioma russo, saudou calorosamente Molotov por seu regresso de Potsdam. Molotov, porém, cortou a conversa e fez um gesto para que sentasse. Disse a Sato que tinha um importante comunicado a fazer e leu uma declaração de guerra ao Japão, que entraria em vigor à meia-noite.

O embaixador japonês reprimiu a reação imediata e calmamente assinalou que ainda existia em vigor um pacto de neutralidade entre as duas nações. Sato pediu a Molotov que nas seis horas seguintes, antes de começar a guerra, ele pudesse usar suas prerrogativas diplomáticas para transmitir o comunicado a Tóquio. "Claro", respondeu Molotov, "toda a liberdade para fazê-lo. Pode inclusive transmitir em código."

Sato, cavalheiro e diplomata até o fim, levantou-se. "Fui embaixador em seu país nos últimos três anos, em meio a uma guerra... agradeço a boa vontade e hospitalidade de seu governo, me permitindo permanecer em Moscou em época tão difícil. É realmente triste nos separarmos como inimigos. Mas nada podemos fazer. Desejo me despedir com um aperto de mão que pode ser o último."

Apertando a mão de Sato, Molotov respondeu: "Eu e meu governo... reconhecemos em especial seus esforços, que permitiram, até hoje, manter boas e amistosas relações entre nossos países. É hora de nos despedirmos." E se separaram. Não se sabe se a cena não passou de cínica ironia de Molotov. O fato é que o telegrama de Sato a Tóquio com a declaração de guerra dos soviéticos nunca chegou ao Japão. A última notícia de Sato foi que estaria com Molotov às seis da tarde sobre a missão de Konoye. A mensagem seguinte recebida de Moscou pela fronteira Manchúria-Sibéria foi na inconfundível linguagem dos disparos de muitos canhões soviéticos.

13
Os tigres diante da verdade

NA MANHÃ DE 10 DE AGOSTO, o diplomata de carreira Shunichi Matsumoto, vice-ministro do Exterior, supervisionava, trabalhando sem parar nas últimas 24 horas, a expedição de mensagens aos embaixadores japoneses na Suíça e na Suécia que propunha a rendição a ser transmitida aos Aliados. Matsumoto, ex-embaixador do Japão na Indochina até Togo convocá-lo de volta a Tóquio para ser vice-ministro, sentia-se indizivelmente aliviado ao ver que o holocausto estava no fim, convencido de que as perspectivas de seu país na guerra eram sem esperança.

Atarracado, sociável, agitado, ele era tudo que Togo não era: bem apessoado, engraçado, informal, aberto e amistoso. Mas pensava como Togo. Estavam absolutamente de acordo quanto à necessidade de o Japão se render. E rapidamente. Matsumoto acreditava que os telegramas que acabara de enviar terminariam a guerra em curto prazo.

Exausto, deixou o prédio do *Gaimusho*, entrou na limusine e foi para sua residência temporária em Reinanzaka, perto da antiga embaixada americana e não muito longe da casa de Kido em Akasaka. Ao passar pela porta da casa em estilo ocidental, tinha uma única coisa na cabeça: dormir. Extremamente cansado, jogou o paletó e a gravata em uma cadeira e se atirou na cama. Sem tirar os sapatos, estava quase dormindo quando a empregada bateu na porta.

"O general Yoshizumi está aqui e quer falar com o senhor."

Ainda sonolento, o vice-ministro pôs a gravata e foi para a sala, onde o "má notícia" do setor político-militar o esperava. Yoshizumi era bastante simpático, e visto em sua vida privada como amável e agradável. Oficialmente, porém, era chefe da seção de assuntos políticos das forças armadas, órgão que atuava como impulsionador, orientador e agente de intimidação, fazendo uso da influência do Exército nos assuntos internos.

Yoshizumi não perdeu tempo com amenidades: "Nossa proposta já foi enviada?"

Matsumoto acenou concordando e confirmou que já fora enviada.

"Pensei que havia uma série de condições a serem acrescentadas à solicitação", disse o general em tom de censura. Em seguida veio a tradicional arma de intimidação do Exército: "Isso nos coloca em posição embaraçosa, porque você enviou a mensagem sem nos consultar previamente".

Por sua vez, o vice-ministro não aceitou o ônus. "Entendi que, além de a decisão ter sido tomada na Conferência, a questão foi totalmente confiada ao ministro do Exterior. Além disso, não se podia perder tempo." Na verdade, Matsumoto não sabia o que acontecera com as outras três condições impostas pelos militares, pois Togo voltara muito cansado e não quis conversar a respeito. Contudo, o vice-ministro estava absolutamente convicto de que acrescentar mais condições levaria ao fracasso das negociações. Nas conversas com Togo, sempre que possível frisava esse aspecto. Matsumoto estava em uma posição desconfortável. Apesar disso, descreveu para Yoshizumi o conteúdo da nota e agiu como se as três condições adicionais tivessem ficado a cargo de Togo.

Vendo que era muito tarde para suspender a mensagem sobre a rendição, Yoshizumi passou para o item seguinte da agenda: "Isso nunca deve chegar ao conhecimento de nossas tropas na linha de frente e do público em geral. Perderíamos o controle das tropas, que poderiam tomar alguma iniciativa inesperada e colocar em risco as negociações". (Sua preocupação não impressionou Matsumoto.) "E", antecipou o homem da política no Exército, "se os japoneses descobrirem, vão fazer o atual governo em pedaços".

Matsumoto não conseguia discernir claramente o verdadeiro objetivo de Yoshizumi. Em meias palavras, o estrategista político do Exército lhe dizia que o Japão não devia anunciar ao mundo e a seu próprio povo que considerava a rendição. Anúncios dessa natureza eram responsabilidade do ministério do Exterior. Na verdade, Yoshizumi estava afirmando: "Não transmita essa notícia por ondas curtas e tampouco deixe que seja transmitida por rádio ou jornal no próprio Japão". Por quê? Real preocupação com o moral dos soldados e com a ordem pública? Ou era o Exército encarando o futuro?

Caso o Exército pretendesse resistir à rendição, sua tarefa ficaria muito mais fácil se as tropas e o público não tivessem notícia sobre as negociações, a participação do Imperador e o fato de o Exército ter concordado. Se pretendia tomar alguma iniciativa, o Exército teria chance muito maior de sucesso tendo todas as notícias a respeito das negociações mantidas em segredo até se sentir em condições de reagir. Nesse ponto, já não importaria as negociações virem à tona ou não. Aparentemente, no momento, o Exército ainda não estava em condições.

Claro que também era possível o Exército simplesmente querer salvar as aparências, deixando a impressão de que os militares, ainda poderosos, tinham sido traídos por conselheiros do trono. Os nazistas tinham usado com grande sucesso artifício semelhante nos anos 1920 na Alemanha. Por que isso também não funcionaria no Japão?

O vice de Togo interpretou ao pé da letra a posição do general e a contestou: "Afinal, trata-se de um fato que os Aliados divulgarão para todo o mundo e esperar que o povo japonês seja o último a tomar conhecimento é uma conduta sem pé nem cabeça. Portanto, o governo deve dar passos positivos para manter o povo informado a respeito de assunto tão importante".

Mas Yoshizumi não via nenhuma incoerência e não gostou. "Essa abordagem", insistiu com firmeza, "deixará o Exército em posição desconfortável. Não deve ser adotada".

A discussão avançou e recuou, e Matsumoto foi ficando convencido de que o general não queria e não podia ceder. Ansioso pelo esperado descanso, o vice-ministro finalmente entregou os pontos. "Muito bem. Podemos cancelar a transmissão da notícia para área da Ásia Oriental".

Aparentemente Yoshizumi ficou satisfeito e foi embora. Matsumoto, aliviado, voltou imediatamente para a cama. Sabia que tinha permitido uma vitória inútil dos militares. Cancelar a transmissão para a Ásia Oriental não fazia sentido porque a divulgação da notícia por outras fontes mundiais obviamente quebraria o sigilo.

Quanto à divulgação interna, não era responsabilidade de Matsumoto, mas do Birô de Informações do Gabinete.

Na lista de assuntos pendentes do ministro do Exterior Togo havia algumas questões de 10 de agosto ainda não resolvidas. Para um homem tão meticuloso, um desses assuntos era de extrema importância. Desde a manhã do dia 9 Jacob Malik, o corpulento embaixador soviético, tentava falar com Togo. Seu objetivo nada tinha de secreto, ou seja, entregar oficialmente a declaração de guerra da URSS ao Japão.

Togo protelara o encontro devido às intermináveis reuniões de todo o dia 9. Disse que se o assunto fosse urgente, Malik poderia tratá-lo com o vice-ministro. Porém, o embaixador soviético calmamente respondeu que podia esperar o dia seguinte, sem problema.

Assim, na manhã do dia 10, no gabinete provisório do ministro do Exterior, ao controlar sua indignação, Togo teve um desempenho comparável ao de Cordell Hull em 7 de dezembro de 1941, quando recebeu o embaixador japonês após o ataque a Pearl Harbor.

Elegante, em um terno escuro, Malik disse calmamente a Togo que, por determinação de seu governo, naquele momento apresentava oficialmente a declaração de guerra. Entregou a nota já divulgada na manhã anterior, quando as tropas soviéticas saltaram sobre a Manchúria e avançaram 105 milhas em alguns setores. Em consequência da interrupção das comunicações com Moscou, Togo não sabia que o embaixador japonês na URSS recebera a notícia no fim da tarde do dia 8. Claro que esse detalhe já não importava, já que a nota nunca fora transmitida para Tóquio.

Encarando o embaixador soviético com aquele olhar frio que já ficara famoso, Togo lembrou a Malik que a Rússia atacara enquanto o pacto de neutralidade entre os dois países ainda estava em vigência. E mais, Togo acusou os soviéticos por terem, de forma tão abominável, começado as operações sem responder à solicitação do Japão para que atuassem como mediadores. A URSS alegara como motivo para atacar o fato de o Japão ter rejeitado os termos de Potsdam, mas nada fez para saber a verdadeira posição japonesa a esse respeito.

Elaborando na dignidade, Togo fez um eco das palavras de Cordell Hull: "A atitude da URSS", afirmou com veemência a Malik, "será condenada pela história."

Malik não se perturbou. Respondeu com argumentos triviais, alegando que nada havia de condenável nas ações dos soviéticos.

Tóquio estremecia sob ondas de B-29 que bombardeavam a cidade. Pano de fundo apropriado para o instante em que Togo entregou a Malik cópia da nota enviada pela manhã para a Suíça e para a Suécia, informando que o governo japonês aceitava as condições impostas em Potsdam. Malik aceitou a nota. Missão cumprida, saiu apressado.

No Ministério da Guerra correu a notícia de que o General Anami e o General Yoshizumi queriam falar com todos os oficiais superiores do ministério às 09h15. Oficiais com o posto de tenente-coronel e superiores se reuniram no abrigo antiaéreo do prédio, em meio a uma onda crescente de conjeturas e rumores. Houve a natural onda de boatos, mas o consenso era de que Anami ia relatar o que acontecera na recente Conferência Imperial e o que fora decidido em face do ataque soviético. Houve quem achasse que a tônica da fala do ministro da Guerra seria uma nova política para lidar com o problema da bomba atômica. Alguns especulavam que a longamente discutida fusão Exército-Marinha se concretizaria por meio de uma diretriz baixada pelo Imperador. Também houve quem, em tom de zombaria, sugerisse que o Imperador tinha decidido terminar a guerra.

Os militares se levantaram quando o General Anami entrou acompanhado pelo General Wakamatsu, vice-ministro, e pelo tenente-general Yoshizumi. Anami parecia bem disposto, a fisionomia de Yoshizumi mostrava cansaço e profundas olheiras. O chefe da seção de assuntos militares comandou "À vontade" e declarou em poucas palavras que, como já deviam saber, à noite houvera uma Conferência Imperial na qual estavam o ministro da Guerra e o Chefe do Estado-Maior. O General Anami relataria a conferência.

O ministro da Guerra levantou-se, percorreu com os olhos o rosto de seus subordinados e depois, falando serenamente e dominando as emoções, surpreendeu a todos com as seguintes palavras:

"Em obediência ao desejo imperial, ficou decidido aceitar os termos da declaração de Potsdam..." Correu um murmúrio de nãos entre os homens aturdidos, que olhavam para o general sem acreditar no que tinham escutado. Anami prosseguiu "... com a condição de que nosso sistema nacional seja preservado." Seu rosto demonstrava tensão e os oficiais mais próximos puderam notar que Anami lutava desesperadamente para se controlar.

Não olhou para eles ao explicar que o Japão já enviara aos Aliados uma nota de aceitação. Não conseguiu encará-los ao declarar com firmeza que não havia alternativa e que só restava cumprir a decisão imperial.

"Não encontro forma de me desculpar com vocês", continuou, "mas, tendo o Imperador decidido aceitar os termos de Potsdam, não há mais nada a fazer. Lamento não ter podido corresponder à expectativa de vocês. Não tive poder suficiente. Estou certo de que contava com a confiança de vocês e tentei representá-los dignamente. Na Conferência Imperial insisti, com toda firmeza, que continuássemos lutando até o fim para defendermos nosso sistema nacional. Entretanto, agora devemos seguir a vontade do Imperador. Desejo deixar algo bem claro: no momento que vivemos e de acordo com os valores militares, é absolutamente indispensável o Exército continuar agindo em uníssono. Não procedam de forma errada justamente agora que o país atravessa a hora mais crítica de sua história. Ponham de lado sentimentos pessoais e os de seus subordinados. Se um único soldado violar o código militar, o ato poderá significar a destruição da nação."

O ministro da Guerra lançou um olhar para as fisionomias angustiadas dos subordinados e os exortou a se manter firmes. "A decisão do Imperador se baseia na condição de que os Aliados garantam a continuidade do sistema nacional. Até que saibamos se esta condição foi aceita, é prematuro afirmar que a guerra terminou. Portanto, o exército deve se manter preparado para a paz e para a guerra."

Anami parou de repente e em seguida ressaltou: "Se alguém presente não está satisfeito e pensa em reagir contra a decisão do Imperador, terá que passar por cima de meu cadáver!" O ministro da Guerra sentou-se pesadamente e manteve o olhar fixo para algum ponto no espaço. Um murmúrio de descontentamento foi aumentando até o General Yoshizumi começar a falar. Recapitulou os pontos principais da Conferência, salientando os argumentos utilizados por Anami, Umezu e Toyoda em defesa do prosseguimento da guerra e o pronunciamento do Imperador.

Todavia, o peso do anúncio de Anami tinha golpeado seus auxiliares mais próximos como se fosse um cruzado na cabeça. Finalmente os jovens tigres estavam diante da verdade. "A notícia da decisão do Imperador foi um golpe horrível em nossos cérebros", lamentou Takeshita. Em sua mente, como na de outros, a determinação de agir surgiu de imediato. Esse raciocínio, semelhante ao de muitos, era simples:

Desmobilizar as forças armadas japonesas e deixar que tropas estrangeiras ocupem o território nacional significaria sermos compelidos a nos adaptar ao que nos impuserem as forças de ocupação. Como nosso sistema nacional, que é peculiar, está além da compreensão de outros países, não há dúvida de que essas forças acabarão nos obrigando a mudar nosso sistema para nos ajustarmos a seus desejos. Desta forma, as quatro condições defendidas pelo ministro da Guerra e pelo Chefe do Estado-Maior são absolutamente necessárias para a preservação do sistema nacional. Para o povo, será inútil sobreviver à guerra se a estrutura da nação for destruída.

O Imperador afirmou que chegará uma hora em que o estado poderá ser restaurado, desde que suas raízes permaneçam vivas. Mas será uma visão adequada? A declaração do Imperador não é compatível com as ideias de Meiji e dos ancestrais do Império. Embora possa significar uma desobediência eventual à decisão do atual Imperador – situação sem dúvida indesejável – em última análise agir em obediência aos desejos dos ancestrais do Império constituiria uma lealdade mais presciente e verdadeira ao trono. A forma oriental de pensar defende que não basta obedecer estritamente a uma ordem imperial. Por outro lado, objeções e debates fazem parte da lealdade verdadeira.

(Como veremos adiante, a expressão "objeções e debates" adquiriu conotação de ameaça quando, após a reunião, Takeshita conversou com seus companheiros da seção de assuntos militares.)

Nesse dia seguinte à "intolerável" decisão, a Marinha também demonstrava certo grau de intranquilidade. Como comentou o Almirante Toyoda, integrantes do Estado-Maior do Ministério da Marinha e do quartel-general "tomaram conhecimento da situação em geral e aos poucos o ambiente foi revelando sinais de tensão." Circularam rumores pelo velho prédio com paredes de tijolo aparente do Ministério da Marinha. Temendo os efeitos da boataria sobre o pessoal, Toyoda e o ministro expediram uma nota conjunta de orientação para todos os oficiais da força naval.

Os chefes da Marinha lembraram aos marinheiros seu dever permanente perante o Império e anunciaram francamente que em 10 de agosto o governo imperial tinha iniciado negociações diplomáticas para chegar à paz, com a condição de que fosse preservado o sistema nacional. Toyoda e Yonai alertaram seus subordinados a não se deixarem levar por falsa propaganda e exigiram a observância de absoluta disciplina e obediência.

Além disso, o Almirante Toyoda ouviu falar de uma conspiração para assassinar o "elefante branco", o Almirante Yonai. Havia muito tempo era bem conhecida a oposição do ministro da Marinha ao Exército, ao pacto do Eixo e à guerra. Para os extremistas foi fácil chegar à conclusão de que ele tinha sido o principal arquiteto das negociações de paz. Portanto, era um alvo prioritário para os que se dispunham a lutar até o fim.

O Almirante Toyoda sabia onde encontrar o cabeça dos radicais da Marinha. Estava na sala vizinha e era seu Vice-Chefe de Estado-Maior, Takajiro Onishi. Como "pai" da arma suprema, o ataque *kamikaze*, Onishi era do tipo que resistia até o fim. Era a favor da batalha final, defendia a guerra de guerrilha e insistia em um "ataque especial" com todos os meios disponíveis. O homem que mandara mais de 2.000 oficiais e marinheiros japoneses para missões sem volta era o ponto focal do fanatismo na força naval.

O Chefe do Estado-Maior entrou na porta vizinha e falou com seu vice-chefe. Alertou Onishi especificamente a "não recorrer a atitudes imprudentes." Disse também que, como Chefe do Estado-Maior, faria tudo ao seu alcance para defender o país e a honra da Marinha. Toyoda repetiu essas palavras para seus principais subordinados. Todos concordaram e, ao menos superficialmente, a disciplina parecia firme. Todavia, na área de treinamento dos *kamikazes*, a base aérea Atsugi nas vizinhanças de Tóquio, começaram imediatamente as demonstrações de revolta e recalcitrância. E pior, lideradas pelo comandante.

A tarefa mais importante do mágico oficial de Hirohito, Marquês Kido, no dia seguinte à "intolerável" decisão não podia ser outra: assegurar a solidariedade dos líderes japoneses à extraordinária atitude do Imperador e prevenir reações que pusessem em risco as negociações de paz. Como um vendaval, Kido lançou-se nesse esforço.

O dia começou com um encontro inusitadamente longo com Hirohito que durou de 09h30 às 11h10 da manhã e cobriu uma série de assuntos, inclusive a fatídica Conferência e a formulação de planos para o período imediatamente à frente. Kido voltou a garantir a Sua Majestade que a atitude assumida era a única possível e que juntos poderiam, então, voltar seus olhos para o futuro.

O resto do dia foi preenchido em reuniões esclarecedoras com dois almirantes, um antigo Selo Privado e sete estadistas de destaque e ex-primeiros-ministros – o *jushin*. Tratava-se de líderes cuja influência era importante para apoiar o esforço em prol da rendição (mencionada eufemisticamente como "término das hostilidades").

Às duas e meia da tarde, os estadistas mais antigos se reuniram com o ministro do Exterior Togo na residência do premier para um entendimento preliminar com vistas às audiências que teriam em separado com o Imperador. O ministro do Exterior expôs os fatos com sua habitual frieza e habilidade para conduzir discussões.

O General Kuniaki Koiso perguntou como a declaração de Potsdam afetaria as forças armadas japonesas. Togo respondeu que acarretaria severas limitações, embora o desarmamento não constasse especificamente do documento. Havia no documento expressões como "eliminar o militarismo no mundo" e evitar o "rearmamento para a guerra." Koiso, que em festas gostava de se anunciar como "o paladino careca do Japão", protestou, afirmando que nunca concordaria com tal exigência. Lembrou que, ao longo dos séculos e por vontade divina, o Japão sempre tivera armas! Ficou furioso e se revoltou contra tal possibilidade.

O General Hideki Tojo concordou com Koiso e levantou-se para alegar que a concordância com os termos de Potsdam equivaleria a um suicídio para o Japão. Rejeitou com veemência a garantia de Togo de que a condição de preservação do sistema nacional atenderia aos interesses da nação. Finalmente, ainda balançando a cabeça com cabelo "escovinha", Tojo se acalmou e disse que, se a aceitação dos termos de Potsdam era o desejo de Sua Majestade, nada mais podia ser feito e nada mais tinha a dizer.

Os outros *jushin*, Okada, Hiranuma, Abe, Wakatsuki e Konoye, se pronunciaram a favor da rendição. A reunião foi encerrada e os *jushin* se dirigiram para o palácio.

Os sete ouviram dos lábios do próprio Imperador que ele havia manifestado a vontade de que se desse um fim à guerra. Todo o ritual durou apenas cinquenta e cinco minutos. Em seguida Kido e Hirohito se reuniram por dez minutos, e o Selo Privado saiu rapidamente para orientar seus assessores, pensando nas negociações seguintes.

Os B-29 ainda sobrevoavam Tóquio no começo da tarde quando o simpático Kainan Shimomura, chefe da Agência de Informações, colocou diante dos ministros da Guerra, da Marinha e do Exterior folhas de papel com a minuta de um documento a duras penas preparado por Shimomura e seus auxiliares com base na impossível proposta decidida pelo Gabinete na sessão anterior.

Para qualquer mente objetiva era evidente que a notícia sobre a oferta de rendição japonesa logo estaria disseminada para o mundo inteiro pelas estações de rádio dos países aliados. Os japoneses além-mar com acesso fácil às estações de ondas curtas logo tomariam conhecimento da rendição oferecida. Mesmo no próprio Japão, onde era proibido escutar estações estrangeiras, a declaração de guerra soviética fora ouvida e a indiscreta divulgação do "pedido de mediação feito pelo Japão" era indício certo de que algum tipo de negociação estava em curso por trás das cortinas.

Não obstante, o Gabinete tomara uma firme decisão sobre informar o público. Muitos ministros se opuseram à divulgação para o povo. Temiam uma explosão de ressentimento popular, uma revolta. E o Exército? Quem conteria a fúria dos soldados quando soubessem?

A decisão do Gabinete era difícil de executar: não haveria menção imediata à decisão imperial; se os Aliados aprovassem a condição do Japão, haveria documento do Imperador; o Gabinete autorizaria Shimomura, editor do *Asahi*, principal jornal, a preparar declarações graduais ao povo. Tais anúncios agiriam no espírito popular para uma quase instantânea mudança de política, se e quando....

Para Shimomura a primeira publicação devia ser sutil, não um rompimento drástico; a nota que submetia aos três ministros tinha o tom habitual. Deixava claro sinal do fim, que não precisava de vitória japonesa.

Anami, Yonai, Togo e Shimomura debruçaram-se na minuta, analisando cada palavra. Os quatro sabiam que, mais cedo ou mais tarde, o povo seria informado. Yonai foi favorável a uma imediata declaração clara e direta. Anami preferiu outra mais cautelosa, que revelasse a real situação por etapas. Shimomura foi o árbitro, favorável, como ele próprio frisou, a "desviar o povo da ideia de 'lutar até a vitória' para a de 'terminar a guerra.'"

O ministro da Guerra assumiu entusiasmado a direção da discussão, sugerindo emendas e aperfeiçoando o texto. Ao longo da reunião, Shimomura foi diversas vezes procurado por seus auxiliares da Agência de Informações pedindo que regressasse para a sede da agência. Mas ele permaneceu ao lado dos outros participantes até que a declaração fosse concluída satisfatoriamente para os quatro e mandada para os jornais e estações de rádio. Tratando-se da primeira canção do novo quarteto, era indispensável a melodia resultar agradável.

Nos parágrafos iniciais do pronunciamento, os esforços inimigos eram derrotados por toda parte graças ao obstinado espírito das forças armadas do Japão. O documento chamava o inimigo de "diabólico" por empregar "um novo tipo de bomba" capaz de destruição e morte em grau sem precedentes ... e de forma cruel e bárbara. A notícia dizia que o inimigo se preparava para invadir o território nacional. Por fim, em parágrafo resumido, mencionava as dificuldades do Japão: "Somos obrigados a reconhecer que estamos em péssima situação. Assim como o governo envida esforços para defender o território nacional e preservar nosso sistema de vida e a honra da nação, o povo deve estar à altura de superar todos os problemas da existência de seu Império."

Eram quase cinco da tarde quando o chefe da Agência de Informações voltou a sua sala depois da reunião com Togo, Anami e Yonai. Havia em curso uma séria crise. Os colegas de Shimomura na Agência de Informações atendiam a telefonemas dos jornais. Os editores diziam ter recebido uma nota belicosa com a assinatura do ministro da Guerra e queriam saber a orientação da agência sobre como utilizá-la. Nada surpreendente! A mensagem do Exército era uma inflamada exortação para não ceder e lutar até a morte:

Instrução à Tropa
Declaro a todos os oficiais e soldados do Exército:
A União Soviética, aplicando seu poder na direção errada, invadiu o Japão. É evidente seu propósito de invadir a Ásia Maior e procura justificar seu objetivo. Estando as coisas nesse ponto, palavras não adiantam mais. Tudo que nos resta é lutar até o fim a guerra santa pela proteção da Terra dos Deuses.
Estamos determinados a combater resolutamente, ainda que precisemos mascar o capim, comer a poeira e dormir nos campos. Acreditamos que há vida após a morte. Esse é o espírito do grande Nanko, que quis renascer sete vezes a fim de servir ao país, e do invencível Tokimune, que se recusou à submissão e combateu com vigor para esmagar as hordas mongóis.
Todos os oficiais e soldados do exército inteiro, sem exceção, devem incorporar o espírito de Nanko e de Tokimune, e marchar ao encontro do inimigo mortal.
Korechika Anami, Ministro da Guerra

Alguma coisa dera errado. A mensagem pretendia ser clara até aos mais obtusos – e contrariava frontalmente o texto cuidadosamente preparado e liberado por Shimomura apenas minutos antes, com a aprovação de ambos, Anami e Yonai, ministro da Marinha. A intenção da mensagem expedida por Shimomura era dar a entender que a rendição era uma possibilidade desagradável, mas quase inevitável.

Os editores dos jornais não conseguiam conciliá-la com a beligerante proclamação de Anami. Estaria o Exército planejando continuar o combate mesmo que o governo desejasse se render? A declaração de Anami tinha a sanção do Birô de Informações? Ou o Exército tinha resolvido assumir o governo? Os editores queriam saber.

Shimomura ligou a Anami para saber a verdade sobre o assunto. A cena teve alguns toques engraçados, quando Shimomura ficou esperando que o ministro da Guerra viesse ao telefone cercado por seu vice-chefe Hisatoni, pelo comandante Takase da Marinha e por outros auxiliares que comentavam irritados: se o Exército podia fazer uma proclamação daquelas e publicá-la, a Marinha teria de fazer o mesmo!

As respostas de Anami às perguntas de Shimomura sobre a "Instrução à Tropa", foram vagas e pouco claras. Não sabia a que o chefe da agência se referia. Shimomura ouviu a voz de alguém no gabinete de Anami e concluiu que o ministro da Guerra, esquivo, ouvia sua equipe. Então, subitamente a recompor-se, Anami disse: "Ah, ah! Está se referindo *àquilo*? Bem, agora entendo. Por favor, veja um jeito de tocar em frente e publique."

Lentamente, o ministro das Informações repôs o fone no gancho. Descobrira Anami constrangido entre a opinião radical de seus obstinados jovens oficiais e a posição oficial do governo. "Com toda certeza o ministro da Guerra está em posição difícil", disse a si mesmo Shimomura. Passou-lhe pela cabeça que Anami poderia realmente correr risco físico se não cedesse à opinião de seus subordinados. Shimomura concluiu que imprensar o ministro contra a parede significaria jogá-lo nas mãos dos radicais, possivelmente destruí-lo e perder todo o controle sobre os extremistas. Em consequência, deu ordem aos jornais para publicarem a proclamação de Anami como expedida pela Agência de Informações.

O incidente é um exemplo clássico de *gekokujo* – controle pelos mais moços – típico dos jovens tigres no meio militar. Começou quando um personagem dinâmico, mas frio, o tenente-coronel Masao Inaba, deixou a reunião de Anami com seus oficiais impregnado por uma ideia.

Inaba achava que a nação imediatamente tomaria conhecimento da decisão imperial (nem Anami, nem Yoshizumi explicaram que isso não aconteceria). Porém, como a guerra prosseguiria até que houvesse uma rendição, Inaba acreditou que as tropas deviam receber uma forte dose de encorajamento "para que não haja intranquilidade." Inaba já "notava um certo mal-estar mesmo no Ministério da Guerra e no Estado-Maior." Como era um dos líderes, não foi uma percepção espetacular.

Todavia, Inaba tinha uma segunda e realmente genuína preocupação. As forças do Exército na China e na Manchúria eram presa fácil dos russos. "O exército Kwantung precisava ser alvo de uma exortação... o governo ainda não anunciara uma declaração formal sobre o destino do país... Nenhuma nova ordem fora expedida pelo Comando Supremo. O exército Kwantung se comportava como em tempos de paz. Ou seja, diante do inimigo, não vai além de seus deveres como guarda de território. O ministro da Guerra e o quartel-general estão ocupados redigindo um 'Projeto de Política de Guerra' e não estão preocupados com novas ordens, enquanto esperam que a nação chegue a uma decisão... alguma espécie de inspiração por parte das principais autoridades era necessária como quebra-galho."

Esse oficial, movido pelo entusiasmo que o fazia crer absolutamente necessária alguma ação, encurralou seu superior, o Coronel Arao, a quem expôs seu pensamento. Arao achou que ele fazia sentido e o autorizou a discuti-las com o ministro da Guerra. O chefe da seção de orçamento apresentou suas ideias ao General Anami. Sem hesitar, Anami determinou que fosse preparada uma "Instrução à Tropa" a ser expedida imediatamente, exigindo firme disposição e insuperável determinação. Inaba saiu apressado do gabinete de Anami e no instante seguinte, possuído por uma exaltação patriótica e inspirado por Diana, a deusa de língua inflamada, começou a redigir a ordem.

Quando Inaba terminou a redação de seu apelo às armas, já eram quase duas horas da tarde e o ministro da Guerra saíra para uma reunião do Gabinete na residência do primeiro-ministro. Mostrou a minuta ao Coronel Arao, que a leu atentamente e disse que estava muito longa, mas que, tendo em vista a urgência, estava aprovada. Inaba a levou em mãos ao Tenente-General Yoshizumi, que fez pequenas modificações e assinou. O especialista em orçamento saiu rapidamente em busca do vice-ministro da Guerra, o General Wakamatsu, que também fez algumas alterações e afixou seu selo.

Nesse ponto, nada mais podia ser feito até a aprovação de Anami, mas o general ainda estava na reunião. Naquela noite, o Coronel Arao foi falar com Anami em sua residência para apresentar a minuta que Inaba lhe entregara e tentar obter a assinatura do ministro.

Até aquele momento, o chefe do orçamento achava, com certa dose de presunção, que dava uma contribuição real. Não fazia ideia do tumulto que estava a ponto de desencadear.

Às três horas, o tenente-general Oyadomari, do Birô de Informações, chegou à Seção de Assuntos Militares do ministério da Guerra. O tenente-general Takeshita e o Major Hatanaka estavam de serviço na seção.

Oyadomari lembrou Takeshita que às quatro da tarde deveria ir ao ar o noticiário da rádio. Sugeriu que a "Instrução à Tropa" redigida pelo Coronel Inaba fosse transmitida por esse noticiário. O Major Hatanaka apoiou a ideia com entusiasmo.

Com Oyadomari, Takeshita foi ao reduto de Inaba e descobriram que a "instrução" estava terminada e pronta para ser expedida. Além disso, aprovada por todos, exceto o ministro da Guerra. Mesmo sem sua assinatura, o documento estava redigido de acordo com a orientação dele. O prazo para a transmissão pela rádio se esgotava. Takeshita fez uma rápida verificação e constatou que seus superiores estavam fora e não podiam ser encontrados. Arbitrariamente e sob sua própria responsabilidade, decidiu liberar o documento para divulgação.

Surgiu pequeno contratempo. Não conseguiram encontrar o Coronel Arao, com quem estava o texto final, o que sofrera as pequenas alterações. Que fazer? Inaba achou uma solução. Ele e seus amigos vasculharam a cesta de lixo até encontrar o texto da primeira versão. Inaba cuidadosamente o corrigiu e introduziu as mudanças, de modo que ficasse o mais próximo possível, tanto quanto ele conseguiu lembrar, do que estava no bolso de Arao.

Tendo em vista o estilo inflamado e o conteúdo explosivo da "Instrução", deveriam ter pensado duas vezes antes de liberar o documento para divulgação sem Anami aprovar, principalmente naqueles dias de delicadas negociações. Apesar disso, foram em frente. Afinal, assinalou Inaba, sabiam que o objetivo era apenas "conclamar para um grande esforço de guerra que, em princípio, já fora aprovado pelo ministro...."

Assim, com a ajuda de Inaba, Takeshita, Oyadomari e Hatanaka prepararam a veemente "Instrução à Tropa" e a distribuíram para divulgação de jornais e estações de rádio. Foi ao ar no noticiário das quatro horas e provocou a imediata reação dos editores.

No fim da tarde, de volta ao prédio onde ficava o gabinete do primeiro-ministro, Sakomizu, secretário do Gabinete, encontrou um de seus amigos jornalistas à espera. Constatou que havia uma série de repetidos telefonemas de editores pedindo retorno imediato das ligações. Seu amigo repórter entregou-lhe uma cópia da recente "Instrução à Tropa" com a assinatura do General Anami e perguntou se o Gabinete a tinha aprovado.

Sakomizu deu uma olhada e, transtornado, ligou imediatamente para o Ten-Gen Yoshizumi e perguntou a respeito da divulgação da nota. O chefe da seção de assuntos militares acabara de voltar para sua sala no prédio do Ministério da Guerra e nada sabia do que se passara enquanto estivera fora. Ao ouvir o texto do documento lido por Sakomizu, a julgar pelo teor das palavras e das ações propostas, e pelo conhecimento da personalidade de certo personagem, a assim chamada "Instrução" parecia ser obra de determinada pessoa, o jovem e exaltado Major Hatanaka.

O general chamou Hatanaka e o questionou a respeito da liberação do documento. A suspeita de Yoshizumi se confirmou, e Hatanaka se transformou no bode expiatório do erro. "Passe por todos os jornais e recolha a informação. Use meu carro." Na era do telefone, era o mesmo que mandar Mercúrio entregar uma mensagem pelo "expresso elefante." Hatanaka fez o que lhe foi ordenado. Foi a todas as redações de jornais no carro do Estado-Maior.

O prédio onde ficava o teatro Hibiya era um dos maiores do Japão. Localizado no quarteirão do Parque Hibiya, com o Hotel Imperial em um lado da rua e o fosso que cercava o palácio no outro, também abrigava escritórios no interior de suas paredes de tijolos marrom. Lá ficava a sede da agência oficial de notícias do Japão, a Domei. Com a típica simplicidade das redações em todo o mundo, os escritórios da Domei eram completamente tomados pelo mobiliário. Mesas rústicas, surradas e cobertas de poeira, pisos escuros e atulhados, paredes com avisos recomendando veracidade nas notícias e que mudavam constantemente, calendários, fotos de eventos acontecidos e de histórias recentes. A confusão de máquinas de escrever, telefones, lâmpadas de mesa, cinzeiros e copos de café faziam da redação um local em que repórteres de qualquer jornal do mundo se sentiriam perfeitamente em casa.

Naquele especial momento, Saiji Hasegawa, editor de assuntos estrangeiros da Domei, foi um dos que caíram nas malhas do destino. Era tarefa dele coordenar as transmissões japonesas para o estrangeiro. Como esse canal era o meio mais rápido do Japão com o mundo exterior, Hasegawa se tornou, num breve espaço, um dos mais importantes atores da tragédia. No dia anterior fora avisado por seus colegas do Ministério do Exterior que estava para acontecer uma Conferência Imperial. Avaliando que dessa conferência resultariam notícias importantes, dormiu debruçado sobre sua mesa na sede da Domei. Era dura mas não mais quente do que sua cama no Hotel Imperial.

Então, quando a Decisão Imperial foi tomada, um repórter da Domei trouxe a Hasegawa, por volta de 06h30, a notícia de que o Imperador pedira a paz e que o Gabinete acatara seu "conselho." Hasegawa imediatamente telefonou ao presidente da Domei, voltou para seu trabalho e começou a organizar as notícias pensando na transmissão para além-mar. Estava tremendamente excitado com a notícia da rendição tentativa e permaneceu junto ao telefone aguardando que dissessem alguma coisa, uma palavra, qualquer palavra, instruções para divulgação das notícias... Mas nada veio, e a tensão de Hasegawa foi aos poucos se transformando num torpor maçante que surgiu e permaneceu, mas do qual despertou quando novas notícias desaguaram em sua mesa.

Às quatro da tarde recebeu uma chamada do Ministério das Informações. Estava a caminho uma declaração especial do ministro das Informações. "Agora", pensou Hasegawa, "a nação e o mundo vão conhecer a importante verdade."

Quando o documento chegou, o leu com impaciência, irritação e até desgosto. "É tão vago", pensou, "que realmente não se sabe o que significa." Era totalmente inadequado, avaliou, e serviria apenas para deixar o povo japonês e o mundo exterior confusos. Hasegawa fez uma coisa inusitada. Como funcionário do governo, era tarefa sua transmitir declarações oficiais para os líderes do país e esse era o caso que tinha em suas mãos. Se não soubesse da decisão do Imperador, teria enviado o papel para os tradutores das transmissões em inglês. Porém, pensou, isso não contribuiria para o fim da guerra. Decidiu retê-lo. Pôs o papel de lado.

Enquanto examinava a nota recebida de Shimomura, chegou outra vinda do Exército. Era a proclamação de Anami. Hasegawa a leu espantado. "Não pode ser enviada em inglês", pensou. "Não há dúvida de que vai atrapalhar as negociações. Além disso, nenhum americano entenderá as referências a Nanko e Tokimune. Os Aliados também não gostarão do 'combater com vigor' para esmagar o equivalente moderno das hordas mongóis."

Mas isso era outra história. Um comunicado rotineiro do Ministério das Informações podia ser esquecido e perdoado, mas uma declaração do Ministério da Guerra! Pouco provável. "Não sou um sujeito muito inteligente", refletiu Hasegawa, "mas acho que seria prudente para mim não soltar estas duas declarações." E foi sensato o bastante para perceber que certo grau de autoridade era indispensável para amparar tal decisão. Assim, procurou Matsumoto, vice-ministro do Exterior.

"Há dois importantes pronunciamentos que acabam de chegar do Ministério das Informações e do Exército. Já ouviu falar neles?" Matsumoto respondeu que não, e Hasegawa leu o texto das duas mensagens. "Ainda não as enviei para países estrangeiros", disse lentamente. "Gostaria de pedir permissão para retê-las, para não as enviar." Matsumoto ainda se sentia na corda bamba, temendo que ocorresse algum incidente inesperado, capaz de arruinar as negociações. Graças a Deus Hasegawa teve o bom senso de fazer essa consulta antes de divulgá-las! "Tudo bem", concordou o diplomata, "segure-as até eu lhe dizer alguma coisa."

Imediatamente o vice-ministro tentou falar por telefone com Togo. O ministro do Exterior não pôde ser localizado. Matsumoto convocou seus principais auxiliares para discutir como lidar com a declaração do ministro da Guerra.

Mesmo antes desse episódio, já tinham chegado do exterior notícias terríveis, que causaram consternação no ministério do Exterior. Matsumoto e seus colegas estavam estudando como reagir a uma delas. Tratava-se do artigo de um jornal chinês rotulando claramente de embuste os "rumores" sobre iminente rendição que vinham do Japão.

Embora os funcionários do *Gaimusho* e muitos editores de Tóquio achassem que a declaração do Exército não passava de uma fraude, o fato é que a força terrestre se recusava a retirá-la. Nesse ponto, só havia uma forma de evitar sua divulgação: interromper a distribuição dos jornais já impressos. Togo, assim pensaram seus auxiliares, poderia perfeitamente determinar a interrupção da distribuição a tempo.

Finalmente localizaram Togo e lhe falaram sobre a proclamação de

Anami. Pesando prós e contras, o ministro do Exterior concluiu que a situação interna era muito incerta e que uma manobra arbitrária para abafar a proclamação poderia levar a nação a um "banho de sangue." Rechaçou as propostas para evitar a distribuição dos jornais.

No fim da tarde, mais uma vez Sakomizu procurou o General Yoshizumi. "Os jornais já preparam as matrizes", informou o secretário do Gabinete. "Portanto, para evitar a divulgação da 'Instrução' do ministro da Guerra, teremos de impedir a impressão final dos jornais. Medida tão drástica seria muito radical. Então, é melhor deixar as coisas assim."

Um pouco mais tarde, quando o Major Hatanaka voltou, praticamente sem fôlego, Yoshizumi não se surpreendeu com a agitação de suas palavras: "As redações dos jornais estão reclamando da inoportuna retirada da notícia." No íntimo, talvez o general tivesse ficado satisfeito. Dispensou o major e todos os envolvidos ficaram à espera dos acontecimentos.

No Japão, a imprensa cativa fazia o que lhe mandavam fazer. A mão que agia por trás dos bastidores ficava discretamente oculta por um leque, mas, não obstante, era eficiente na imposição de sua vontade. Todas as notícias eram reguladas pelo Birô de Informações e, obviamente, eram a razão de ser dos jornais. Assim, havendo um conflito entre o Birô de Informações e o Exército, os jornais podiam se ver diante de um dilema. Basicamente, a escolha era entre desperdiçar a notícia e perder pessoal e maquinaria. Se o Birô de Informações não cortasse o suprimento de papel, os radicais assassinos, uniformizados ou não, eram perfeitamente capazes de tirar o jornal de circulação, atacar pessoas e destruir impressoras.

Em consequência, em 1º de agosto os jornais japoneses publicaram lado a lado, na página um, as duas declarações diametralmente opostas. (Apenas um jornal, o *Times do Japão*, em língua inglesa, teve coragem e integridade editorial para rejeitar a proclamação de Anami. Publicou somente a declaração do Gabinete. No dia seguinte, porém, até o *Times* foi forçado a divulgar as duas notas.)

Assim, ao lerem os jornais da manhã, os defensores da paz tiveram novos calafrios. Lidos em conjunto, o apelo de Anami às armas e a declaração do governo significavam um reconhecimento oficial de que o pior acontecia e que era iminente uma defesa suicida do país.

Se a intenção era sinalizar que a rendição estava próxima, a declaração redigida à mão por Shimomura, Togo, Anami e Yonai acabou fracassando totalmente. Os editores de um jornal ressaltaram este aspecto ao escrever sob a manchete:

APELO À NAÇÃO JAPONESA PARA UM ESFORÇO DE GUERRA TOTAL
*Superar a Presente Crise para Defender
o Sistema Nacional Insiste Shimomura*

Muitos japoneses leram a declaração oficial e a interpretaram como mais uma exortação patriótica para um esforço total. A sutileza da insinuação de Shimomura de que a guerra estaria terminada se fosse garantida a preservação do "sistema" ficou completamente perdida na assustadora linguagem bombástica.

Acresce que as instruções expedidas pelo exército indicavam que os militares de forma alguma pensavam em acabar a guerra. Mais ainda, os radicais tinham força suficiente para neutralizar qualquer medida do governo que visasse à preparação do país para a rendição. As coisas iam de mal a pior, mas também havia a repercussão internacional a ser considerada. Que efeito a proclamação de Anami produziria nas negociações de paz quando os Aliados a lessem? Seria um esforço deliberado para sabotar a proposta do governo aceitando os termos de Potsdam?

O incidente gerou uma consequência imediata. Togo mudou de ideia a respeito da divulgação pelo rádio. Sempre se opusera à transmissão de qualquer menção à aceitação dos termos de Potsdam pelo Japão até que uma nota oficial chegasse aos governos Aliados através dos canais convencionais. Porém, agora essa possibilidade tinha sido comprometida pelos extremistas. Togo mudou sua posição e deu luz verde para Matsumoto divulgar a notícia. Nos escritórios temporários do Ministério do Exterior que ocupavam os espaços cedidos no prédio do centro financeiro, os assistentes de Togo no *Gaimusho* estavam preocupados com a tensa situação. Por intermédio da Suíça e da Suécia, o Japão comunicara oficialmente aos Aliados que se renderia se o sistema imperial fosse preservado. Não obstante, a guerra continuava e as forças armadas poderiam perfeitamente prejudicar as negociações por meio de alguma ação militar ou diplomática equivocada. Os Aliados não tinham acusado oficialmente o recebimento da nota do Japão. Internamente, o povo japonês ainda pensava que seu país vencia a guerra e o mesmo acontecia com as tropas além-mar.

Era essencial sinalizar para os Aliados que o país estava disposto a se render. Se ao menos fosse possível erguer uma bandeira branca com uma faixa embaixo dizendo: *Se for preservado o sistema do Imperador!* Transmissão radiofônica sem rodeios seria a forma mais rápida, o método mais direto. Entretanto, os militares poderiam não permitir e, como monitoravam as transmissões emitidas e recebidas, tentar essa via seria tolice.

Quem foi o autor da ideia hoje em dia se perdeu nos arquivos, mas alguém que trabalhava com Togo e Matsumoto subitamente apresentou uma brilhante sugestão. Talvez, quem sabe, os militares não estivessem monitorando as transmissões em código Morse. Por que a Domei não enviava a mensagem para os Aliados em inglês, em Morse? Pelo menos havia uma boa chance de a nota passar antes que os operadores militares a decodificassem e traduzissem. Matsumoto aprovou o plano. Imediatamente o vice-ministro telefonou para Hasegawa na Domei.

"Estou enviando em mãos outro documento. Espere até chegar a suas mãos e proceda de acordo com o que disser o mensageiro."

Em dez minutos o chefe da seção de informações do Ministério do Exterior, Saburo Ota, apareceu diante de Hasegawa. Retirou de sua pasta um envelope e o entregou ao chefe da Empresa de Notícias. As mãos de Hasegawa tremiam ao abrir o documento, no qual estava a mensagem enviada pela manhã para a Suíça e a Suécia. Examinou o texto com olhos de preocupação.

Ota conferiu o texto com Hasegawa, que chamou o Sr. Yaso, o especialista em inglês, e outro homem da Domei, o Sr. Alta. Com Ota foram para o segundo piso, onde poderiam trabalhar com privacidade. Por trás das portas trancadas, Hasegawa orientou Yaso a traduzir a mensagem para o inglês e, em seguida, convertê-la em código, para que o senhor Alta a transmitisse.

Às oito da noite a mensagem estava pronta para ser enviada, e Hasegawa a colocou no transmissor, despachando-a primeiro para a América e, em seguida, para a Europa. A partir de então começou uma real tensão para o homem da Domei. A primeira preocupação do Ministério do Exterior era a palavra do Japão aceitando os termos de Potsdam chegar ao mundo exterior. Togo e Matsumoto queriam, dessa forma, contornar o Exército. Tencionavam impedir novas bombas atômicas. Com perspicácia, também avaliavam que, uma vez iniciadas as comemorações pela vitória em países Aliados, seus governos se veriam compelidos a aceitar de imediato a única condição apresentada pelo Japão.

Em quinze minutos Hasegawa recebeu a confirmação de que a mensagem fora transmitida. Recebeu um telefonema da estação de monitoramento da Domei. O operador que monitorava as transmissões externas em inglês contou que uma notícia da Associated Press em ondas curtas, com origem em San Francisco, informava que o Presidente Truman acabava de tomar seu desjejum quando recebeu um documento com a mensagem da Domei. Segundo a Associated Press, o Presidente Truman convocara o Almirante Leahy, o General Marshall e os secretários Stimson, Forrestal e Byrnes para examinar o pedido de rendição do Japão.

Logo depois chegou uma transmissão da Reuters, de Londres: Logo após uma da tarde, espalhou-se em Londres o clamor "a guerra acabou." Sob o sol do início da tarde, os londrinos começaram a dançar em Piccadilly Circus, comemorando a chegada da paz.

Hasegawa ficou satisfeito. A transmissão fora bem sucedida. A guerra, pensou, estava realmente terminada. Somente às cinco da madrugada seguinte descobriu que as forças armadas tinham uma ideia diferente.

Enquanto isso, o Selo Privado, Marquês Koichi Kido, foi chamado pelo irmão do Imperador, o Príncipe Mikasa. Rapidamente foi para o palácio de Mikasa e o informou a respeito da evolução. Teve de ser cauteloso ao entrar em detalhes porque ele era oficial do Exército e havia a possibilidade dessa força conceber algum plano para depor Hirohito e substituí-lo por Mikasa, caso o príncipe cooperasse com os militares. Todavia, Kido contava com a lealdade de Mikasa ao irmão e com o relato da verdadeira situação, para evitar que ele enveredasse por esse caminho.

Em seguida Kido foi para casa, passando pelas ruas calcinadas e cheias de crateras da devastada cidade. Esperando em sua casa, estava o Príncipe Konoye, muito preocupado com a proclamação de Anami e pessimista, temendo uma revolta que unisse o Exército e os comunistas. Como tantas vezes ocorrera no passado, Kido e seu mais próximo confidente político conversaram longamente sobre os acontecimentos mais recentes e as "medidas para enfrentar a situação." Konoye já demonstrara várias vezes no passado que não era um bom profeta. Agora, era Kido quem levava a lanterna e iluminava o caminho através do crepúsculo.

Na noite do dia 10, o governo finalmente teve a primeira confirmação da natureza da bomba de Hiroshima, partida de um físico franzino enfiado numa calça larga da Marinha. O Professor Asada, da Universidade de Osaka, por fim regressara com sua equipe da Marinha para a base naval de Kure. Fizeram um resumo de suas descobertas em Hiroshima: o eletrômetro e o contador Geiger mostrando intensa radioatividade na cidade; a contagem dos glóbulos brancos das pessoas expostas à bomba anormalmente baixa; placas fotográficas preparadas para determinar o grau de radioatividade mostravam que geograficamente a radiação ainda estava presente. Diante dessas evidências, o Professor Asada concluiu que a "bomba especial" era, sem dúvida, atômica.

O professor estava ansioso para enviar essa informação para Osaka, ao representante da Marinha que o escolhera para a missão, e para Tóquio, ao governo. Todavia, com as comunicações por terra destruídas pela bomba atômica, ainda não fora possível restaurá-las. Havia, porém, um destroier ancorado no porto de Kure, e Asada decidiu enviar a mensagem utilizando os meios desse navio. Ela foi transmitida e, segundo ele soube mais tarde, foi a primeira informação direta recebida pelo governo em Tóquio afirmando que a bomba era atômica.

O Exército também enviara uma equipe a Hiroshima nos dias sete e oito e recebera a informação coletada por essa equipe, mas não a compartilhara. A mensagem de Asada chegou na noite do dia sete e dizia:

> A bomba lançada em Hiroshima é, sem dúvida alguma, atômica. Comprovamos isso cientificamente. Os danos foram tremendos. Não há como enfrentar tais armas. O Japão está diante de um gigantesco problema. É necessário nos prepararmos para o pior.

Pelos rumores que circularam, Tóquio seria a cidade seguinte da bomba atômica, e correu a notícia de que uma estação em ondas curtas dos Aliados informara 17 de agosto como a data marcada para bombardear Tóquio, e dia 21 seria Osaka. Asada avaliava que os Estados Unidos provavelmente teriam cinco ou seis bombas atômicas, o que lhes permitia fazer ameaças. Além disso, em seus dois dias de viagem Asada tinha visto destruição em grau suficiente para convencê-lo de que rendição era a única alternativa. A ambígua última sentença de sua mensagem podia englobar dois sentidos, mas particularmente o "desista agora." Suas palavras chegaram ao destino, mas seu significado não sensibilizou todos que as leram.

14
Império, Banzai! E acabai!

———◆———

EM SUA DESARRUMADA SALA da Agência Domei de Notícias, em Hibiya, o editor de assuntos estrangeiros Saiji Hasegawa, debruçado sobre a mesa, em mangas de camisa, colarinho aberto, dormia um sono entrecortado. Eram cinco da tarde do sábado, 11 de agosto. Embora tonto de sono, ouviu seu nome sendo chamado.

"Hasegawa!" "Hasegawa!" dizia a voz. O magro de meia-idade estremeceu. Uma mão sacudia seu ombro.

O editor abriu os olhos e viu um comandante da Marinha uniformizado a sacudi-lo. Reconheceu o comandante Arima, da seção de operações do QG. Levantando-se com dificuldade, por um momento ficou temeroso. Sabia que se tratava de alguém a favor da paz. Também sabia que Arima tinha um cargo importante na Marinha e, portanto, não podia deixar transparecer o que realmente pensava. O recesso de seu cérebro, ainda turvado pelo sono, se iluminou imediatamente quando Arima sentou-se e disse calmamente: "Esta manhã nossos monitores interceptaram transmissões de propaganda de países estrangeiros. Anunciam que o Japão aceitou os termos de Potsdam."

Arima correu casualmente os olhos pelo escritório desarrumado e, em seguida, encarou Hasegawa.

"As transmissões dão a Domei como fonte dessa notícia."

Hasegawa gelou, esperando pelo pior.

"Claro", sorriu Arima examinando o rosto do editor, "que particularmente não acredito nesses programas de propaganda, mas apenas para confirmar, para encerrar o assunto, concordei em vir aqui e lhe perguntar se é verdade que a Domei transmitiu essa informação."

Naquele momento, Hasegawa descobriu o tipo de homem que era. Seria corajoso se admitisse que tinha enviado a notícia, mas acontece que não era corajoso. A prudência o levou a uma resposta diferente. "Por favor, pergunte a Sakomizu e Matsumoto", replicou. "Não estou em condições de responder". O comandante o encarou pensativamente e se levantou. "Muito bem", disse. "Vou falar com eles". Botou o quepe na cabeça, saiu da sala e se dirigiu para o carro de serviço que o esperava.

Com um mau pressentimento, o editor avaliou que uma grande discussão devia estar em curso na Marinha para justificar enviarem alguém tão importante quanto Arima conversar com ele. Normalmente, a pergunta seria feita pelo telefonema de um dos chefes de seção de informações da Marinha. Hasegawa não estava preparado para receber visita semelhante do pessoal do Exército e ficou imaginando o que fariam os militares quando o secretário do Gabinete ou o vice-ministro do Exterior confirmassem que a Domei News enviara a mensagem.

O General Yoshizumi, poderoso braço político do Exército, não se deu ao trabalho de procurar Hasegawa. Tinha monitorado as mesmas transmissões de estações inglesas, indianas e americanas, e sabia o que anunciavam. Foi diretamente a Sakomizu e Matsumoto, e seus protestos foram explosivos. "Como vocês permitiram essa história ser transmitida? Milhões de soldados japoneses ainda estão nas frentes de combate. As notícias liberadas pela Domei vão desencorajá-los e podem pôr a nação em perigo. Essa notícia só podia ser transmitida depois que a guerra realmente terminasse. Como puderam permitir uma atitude irresponsável como essa?" E continuou vociferando.

A resposta de Matsumoto foi irrefutável. "Por que o senhor está se opondo à transmissão de uma informação aprovada por Sua Majestade com suas próprias palavras? Está questionando a decisão do Imperador de pôr fim à guerra? O conflito terminará mais cedo se a decisão do Imperador chegar logo ao conhecimento dos Aliados. Simplesmente transmitimos aos Aliados, por intermédio de estações neutras, o que já fora aprovado pelo Gabinete".

Esvaziado pela resposta do diplomata, Yoshizumi voltou suas baterias para Sakomizu.

Todavia, o secretário do Gabinete respondeu prontamente: "Se tem alguma reclamação a fazer a respeito de nossa posição, por favor peça a seu chefe, o ministro da Guerra, para submeter o assunto em uma reunião do Gabinete". Francamente repudiado, Yoshizumi retornou rapidamente ao quartel-general para lamber as feridas. Não fez reclamação formal ao ministro da Guerra, e Anami não submeteu a questão em reunião alguma com os líderes do governo.

Hasegawa soube das reações de Matsumoto e Sakomizu, e respirou aliviado... pelo menos por enquanto.

Na manhã clara e nublada de verão, o General Anami entrou no jardim de sua residência oficial empunhando uma espada de samurai. Em mangas de camisa, o ministro da Guerra pegou uma aljava com flechas e, flexionando a corda do arco, foi acalmar os nervos. O magnífico arco japonês de dois metros exige tanto músculos quanto nervos, e Anami era bem dotado nos dois aspectos.

O General Anami comandava uma instituição que fracassara em sua missão e se dividira. Seus soldados eram caçados como coelhos nas planícies da Manchúria pelos blindados e aviões soviéticos. Sua força aérea assistia impotente aos B-29 dominarem os céus e devastarem a terra. Seus aviões eram perseguidos e destruídos por ondas de aeronaves inimigas baseadas em porta-aviões. Seus soldados batiam em retirada nas frentes da Birmânia e da China. No Japão, suas forças cavavam as derradeiras e malfadadas trincheiras em um esforço suicida. Enquanto era pressionado pelos volúveis e vigorosos tigres que o cercavam para assumir o controle do país e lutar até a morte, seu Imperador e o governo acenavam com a rendição.

Isso dá a medida do homem que, a despeito da pressão que convergia sobre sua pessoa, ainda encontrava disposição e energia dignas de um lutador de sumô pronto para a luta. Agora, recorrendo ao controle zen de suas ações e dedicado à prática de arco e flecha, Anami mirava o alvo. Naquela tranquila manhã, em onze disparos ele conseguiu seis flechas no centro do alvo. Satisfeito, retirou-as do alvo, colocou-as cuidadosamente de volta na aljava, caminhou de volta à casa e foi em frente. Vestiu o uniforme e, com o Coronel Hayashi, partiu para seu gabinete no Ministério da Guerra.

"Estive pensando no primeiro-ministro. O Almirante Suzuki vem agindo de forma suspeita desde 9 de agosto", disse Anami a Hayashi. Mais tarde, já em seu gabinete, Anami mencionou novamente essa suspeita perante um grupo de jovens oficiais, entre eles Takeshita e Inaba. A "Instrução à Tropa" do ministro da Guerra não foi ventilada. Embora o General Yoshizumi tivesse repreendido severamente Takeshita por liberar o documento, o ministro da Guerra nada disse a respeito, confirmando a crença entre os jovens tigres de que, apesar de condenar a conduta radical do grupo, na verdade era decididamente contra os termos de Potsdam.

Naquela manhã as palavras de Anami aos jovens agitadores fortaleceram esse entendimento:

"Sinto-me como se tivesse decepcionado na Conferência Imperial", confidenciou. "Na ocasião, achei que seria adequado incluir as três condições adicionais na discussão, tanto da proposta de Togo quanto da nossa. Todavia, apenas a de Togo foi considerada. Cochichei com o General Umezu: "Talvez haja uma conspiração para descartar nossa proposta. Talvez seja conveniente argumentar não com a questão das condições, mas se devemos ou não aceitar a declaração de Potsdam, ou seja, se prosseguimos lutando ou se aceitamos a paz."

(Umezu recusara friamente a sugestão de Anami, e nenhum seguiu a ideia mencionada. Sobre a proposta de Togo, a afirmação de Anami não procede. As duas "propostas" foram impressas e apresentadas à reunião. Após a manifestação dos Seis Grandes e do Barão Hiranuma, o premier interrompera a discussão passando a questão a Sua Majestade. De fato, não apresentou em separado a proposta dos militares, mas a discussão cobriu os pontos principais. Anami esqueceu de salientá-lo.)

O general disse a seus pupilos que a inclusão do Barão Hiranuma na conferência dava margem a outra suspeita. Os militares não tinham sido avisados que o presidente do Conselho Privado compareceria, e para Anami isso era ilegal. Obviamente, concluiu que era parte da trama. Hiranuma fora incluído para que os militares ficassem em minoria, inclusive em votação. (Na verdade, os militares tinham recebido bem a presença de Hiranuma, até que ele abriu a boca e foi o que vimos. O velho estadista liderara por quarenta anos a facção direitista e se proclamava defensor do "sistema nacional." Os chefes militares estavam convictos de que ele apoiaria a luta até a morte e se oporia terminantemente à rendição.) Quanto à legalidade da presença de Hiranuma, Sakomizu examinou cuidadosamente esse ponto e identificou inúmeros precedentes da ida do presidente do Conselho Privado.

Não obstante, Anami continuou inoculando material explosivo na mente dos jovens oficiais. Várias vezes conversou com Takeshita e Inaba sobre sua profunda desconfiança: "Fomos apanhados em uma armadilha por uma manobra dos conspiradores que estão traindo a nação. Estão em contato com o inimigo por meio de algum canal secreto."

Takeshita se encheu de ideias e de autoconfiança. Sua missão era relacionada com assuntos nacionais e frequentemente despachava com o ministro da Guerra para tratar de decisões e diretrizes. Seu relacionamento especial com o cunhado lhe permitia acesso ilimitado a Anami. O Coronel Hayashi, secretário de Anami, comentou: "Anami confiava a Takeshita pensamentos pessoais que até eu desconhecia. Creio que Takeshita repassava para seus companheiros muitas opiniões do ministro da Guerra... Embora eu não saiba o que Takeshita contava a seus colegas, acredito que suas palavras alvoroçavam os oficiais jovens e, em consequência, o ministro da Guerra passou a temer que ele se transformasse em um novo Saigo (samurai e político japonês da era Meiji, e líder da última revolta samurai)."

A postura desafiadora dos jovens era parte do fanatismo impregnado pelo treinamento, a educação militar, a tradição guerreira histórica do Japão e o conceito de *Bushido* – o "comportamento dos samurais."

Por sete séculos os samurais, guerreiros japoneses, constituíram a classe que, pela via hereditária, conservava poder portar armas e defender seus senhores e mestres. Nos tempos feudais, usavam as espadas que manejavam com as duas mãos e as exibiam orgulhosamente como símbolos de ascendência e de poder.

Embora jurassem fidelidade ao seu senhor feudal, levassem vida espartana e declarassem cumprir com seu dever e lutar até a morte, na verdade muitas vezes eram vistos numa vida confortável, quando não suntuosa, desprezando a lealdade sem se sentirem culpados e se preservando, apesar das exigências do dever. A supersensível devoção aos conceitos largamente valorizados de "honra" frequentemente se transformava em obsessão mórbida. Inquietos e mercuriais, a maioria deles não trabalhava (era indigno) e evitava a contaminação dos afazeres diários. Assim, desprezavam questões mundanas como dinheiro e aritmética, e se afastavam das pessoas comuns... agricultores e comerciantes.

Os samurais formavam a classe dominante e governavam pelo poder da espada. Não hesitavam em abrir a cabeça de qualquer cidadão que os contrariasse. Talvez bastasse o simples fato de, ao fazerem reverência, não tocarem a cabeça no solo com suficiente espontaneidade. Um dos principais governantes do Japão decretou que "os cidadãos comuns que se conduzirem de forma imprópria diante de um samurai ou não demonstrarem respeito a seus superiores podem ser imediatamente executados." Os cidadãos não tinham a quem recorrer.

Manejo da espada não era a única atividade de um samurai. Sobretudo nos séculos mais recentes, mais e mais samurais adquiriram conhecimentos administrativos necessários para gerir as propriedades de seus senhores. Em tempos de paz passavam os dias praticando esgrima e arco e flecha, jogando xadrez japonês, participando de concursos de poesia, caligrafia e de cerimônias do chá. Alguns se dedicavam à pintura, outros escreviam, mas muitos não passavam de capangas que alimentavam e incensavam a vaidade de seus mestres, de quem dependiam totalmente.

Por setecentos anos os samurais desfrutaram o respeito imposto à nação e foram considerados portadores dos mais elevados ideais da vida nacional. Muitos desses ideais estavam presentes no clássico conto "Os 47 Ronin" baseado no incidente real de um senhor provincial que é levado a um ato embaraçoso na corte e crava a espada em quem o enganara. Embora consiga atingir a cabeça do homem, o impedem de matá-lo e ele é forçado a cometer *seppuku*, a cerimônia do suicídio, pelo imperdoável ato de sacar a espada no recinto da corte.

A morte do senhor feudal então deixa seus samurais sem mentor (*ronin*), e 47 deles se dispersam para conspirar, passam por privações e sacrifícios para desagravar a humilhação de seu mestre. Um chega a vender a filha para a prostituição, outro vende a esposa para satisfazer seus objetivos. Um terceiro se vinga entregando a irmã para ser concubina. Um quarto mata o padrasto. Outros mergulham na libertinagem e na bebida. Por fim, os *ronin* (ex-guerreiros, samurais sem mestre) conseguem matar o senhor que enganara seu mestre. Colocam a cabeça dele no túmulo de seu ex-senhor e todos os 47 cometem suicídio cerimonial. Assim se portavam os samurais.

Porém, em 1873 a restauração Meiji acabou com as tradições dos samurais e instituiu de um dia para outro o treinamento militar compulsório segundo o modelo ocidental. O Imperador Meiji anunciou que "a era da liberdade estava gradualmente se abrindo para o povo. A distinção hereditária entre soldados e agricultores será abolida." O novo e democrático exército, com rapazes do campo, príncipes e filhos de samurais servindo lado a lado, foi uma verdadeira revolução. Conquistou o apoio do povo abolindo a classe dos samurais como objeto de respeito.

Portanto, ser soldado passou a significar pertencer a um grupo honrado e privilegiado. Ser oficial era pertencer à elite e ser designado para

Império, Banzai! E acabai!

trabalhar no ministério da Guerra ou no quartel-general imperial significava ingressar na estratosfera da elite. Havia outros cargos relevantes, como nos principais comandos do exército e em organizações do governo, mas os que trabalhavam no quartel-general estavam no ápice.

Na era Meiji a devoção do samurai a seu mestre e senhor se transformou em serviço dedicado ao deus-Imperador e absoluta obediência a seus desejos, tal como ensinado pelos oficiais a seus subordinados. A lealdade do soldado ao Imperador era um dever, e a voz do oficial do exército era a "voz" do Imperador. A maior honra para um soldado era morrer pelo Imperador e, desta forma, se tornar uma divindade protetora da nação, honrada e reverenciada no panteão de heróis, o Yasukuni, em Tóquio.

O soldado japonês levava uma vida espartana. Durante a Segunda Guerra Mundial, alimentação e alojamento eram muito modestos, o vencimento era irrisório (US$ 1.26 por mês o de um soldado, US$ 126.30 o de um general), mas a frugalidade não era apenas uma prática habitual, pois também servia para desenvolver o espírito de corpo e a crença na própria superioridade.

Treinados em escolas militares preparatórias, os oficiais do exército começavam a educação militar aos 13 ou 14 anos. Os que ingressavam na *Shikwan Gakko* – a West Point japonesa – recebiam a preparação militar convencional. O currículo deliberadamente excluía economia, conhecimento de assuntos de governo, leis e relações internacionais. A maior ênfase recaía sobre a área anímica do oficial, privilegiando a abnegação, a devoção ao dever e a lealdade pessoal ao Imperador.

Esperava-se que no exército do Imperador os oficiais subalternos confraternizassem com seus soldados e os oficiais superiores, com seus subordinados. O objetivo dessas práticas era construir fortes laços entre eles, esperando-se que os elos militares substituíssem os familiares. Nos dias de prosperidade, beber na companhia de oficiais amigos era uma prática comum. Um modesto divertimento noturno – jantar com saquê e gueixas – podia ser um capricho eventual. Oficiais conquistavam admiração por suas habilidades para beber sem se embebedar, e ganhavam fama com as proezas de que eram capazes.

Mas os samurais modernos, os oficiais, encaravam um futuro incerto. A expectativa de sete em oito dos que entravam na academia militar passarem para a reserva após trinta anos de serviço, como major ou coronel, com uma pensão de cerca de 50 dólares por mês, valor julgado injusto. O oficial sacrificava metade da vida servindo ao Imperador e à nação, e terminava num abandono indigno. Os contemporâneos em atividades de negócios ficavam ricos e desfrutavam uma vida luxuosa em clubes, casas para férias na praia ou na montanha, talvez uma gueixa carinhosa instalada em um ninho tranquilo e acolhedor. Outros nobres tinham começado suas carreiras como alpinistas políticos abrindo caminho para o poder. Uma vez em cargos de destaque, eram nomeados para cargos de prestígio nos gabinetes, além de serem privilegiados pelo governo e pelo Imperador. Obviamente, os oficiais acreditavam que os militares não estavam recebendo o reconhecimento que mereciam.

Para conquistar o merecido, os oficiais foram cada vez mais para a política em centenas de associações às quais se filiavam, a maior parte de evidente cunho político, em geral reacionárias e ultranacionalistas. Cada uma se achava com a verdadeira percepção da grandeza nacional. A maioria sem grande influência e com existência efêmera. Mas algumas, umas doze, com milhares de membros, poder considerável e nomes poéticos: Sociedade da Cerejeira em Flor, Mansão da Nuvem Violeta, Sociedade do Lobo Branco, do Dragão Negro, mas objetivos muitas vezes sanguinários. A partir de 1930 seus membros enveredaram pela política pensando em assumir posições de destaque por meio de manobras de bastidores ou cedendo munição para o assassinato de líderes japoneses que consideravam contrários aos militares.

Naturalmente, tudo com as mais puras motivações. De modo geral seu objetivo era realizar a "Restauração Showa." Esse apelo de tão ampla abrangência ganhou repercussão quando os militares foram atingidos por severos cortes orçamentários e redução de efetivos, e também quando foram assinados tratados impopulares. Nessa época, as associações ultrapatrióticas (algumas inteiramente de membros militares e outras, parcialmente) tramaram e trocaram ideias em segredo para acabar com os falsos conselheiros do Imperador e permitir que a divindade imperial prevalecesse. Empregavam metáforas, mas o que realmente afirmavam era "vamos nos livrar do atual governo e seus principais adeptos e substituí-los por um regime militar ou pró-militares." E bem que tentaram diversas vezes, como prova o crescimento do número de assassinatos de personalidades do governo e de figuras de destaque no meio dos negócios.

O exército era uma organização com uma missão santa. O General Sadao Araki, com seu bigode pontudo e sua oratória envolvente, foi

Império, Banzai! E acabai!

uma eminência parda por trás de muitas tramas e golpes realizados pelo Exército nos anos 1930. Comandante da Escola de Estado-Maior e, mais tarde, ministro da Guerra, preparou jovens oficiais. Impregnou milhares de jovens facilmente impressionáveis com doutrinas tais como "nossa antepassada (a Deusa Sol) determinou aos descendentes do Imperador que organizassem expedições contra aqueles que não se submeterem à ordem dos deuses". Outra: "A missão do Japão é glorificar o caminho imperial até o fim dos quatro mares". Seria o "século imperial", ao fim do qual o Imperador governaria o mundo.

Na análise que fez do Japão na década de 1930, "Governo por Assassinatos", Hugh Byas chama os jovens oficiais de "membros militantes ativos de um partido permanentemente no poder". O que realmente eram. Típico nas grandes organizações japonesas, fosse o exército, o governo ou empresas, os elementos do nível intermediário – supervisores, gerentes – dar as ordens. Era o *gekokujo* – "governo dos mais modernos", ou "o eficiente trabalho de Estado-Maior." O pessoal desse nível intermediário elaborava os planos e pressionava seus chefes para pô-los em execução. Por outro lado, eram suficientemente sensatos para não propor planos que seus chefes não endossariam ou não poderiam apoiar.

Conquistando seus subordinados, os chefes faziam conhecer suas opiniões a respeito de questões, envolviam os mais entusiasmados, atraíam elementos do exército para apoiar suas posições e pensavam em uma forma de favorecê-los. A consequência era um ciclo de reciprocidade em que os jovens oficiais apresentavam seus planos e exigiam ação. Essa pressão era geralmente sentida nos altos escalões e em outras organizações militares e do governo. Mostrava que se o plano não fosse endossado, financiado e executado, o chefe "poderia encontrar dificuldade para controlar os jovens oficiais." Na verdade, essa expressão, que se tornou recorrente na política japonesa, era uma ameaça ostensiva.

Os oficiais jovens eram como tigres. Fruto da atitude de seus chefes. Uma vez fortalecidos e encorajados por eles, precisavam ser dominados ou reprimidos, mas havia a crença de que era impossível reprimi-los.

Agora, todavia, os horizontes do Japão tinham se estreitado, o fim se aproximava, e os tigres estavam exaltados. Tinham visto seus mais ousados sonhos e seus mais audaciosos planos realizados com os êxitos iniciais da Segunda Guerra Mundial. Ao atingir o zênite, Nippon dominava 600 milhões de seres humanos e territórios equivalentes à metade dos Estados Unidos. Os militares tinham construído um Império e, ignorando os protestos iniciais do Ministério do Exterior, foram progressivamente coagindo uma sucessão de gabinetes e Premiers. Como já foi comentado, ignoraram até mesmo o Imperador quando o exército, por iniciativa própria, se apossou da Manchúria em 1931 e fabricou o "Incidente com a China" em 1937.

Viram o Império e o poder escorregando entre os dedos. Também viram o controle sobre o governo se esgotando. Agora viam diante de si a derrota iminente, algo que o Japão jamais experimentara como país moderno. Pior ainda era o fantasma que os rondava, a humilhação. Em defesa da *giri* (honra) do exército, os jovens oficiais não podiam aceitar a rendição.

(*Giri* faz parte do peculiar sistema japonês de deveres e traduz a imensa complexidade do que, em poucas palavras, entendemos como "salvar as aparências." Esse sistema motiva e determina muitas atitudes japonesas e possui força extraordinária. "*Giri* em defesa de alguém" inclui o dever individual de não admitir o fracasso e a obrigação de eximir a reputação de alguém de insulto ou imputação de fracasso.)

Claro que, segundo a prática de *giri*, jovens oficiais como Takeshita, Inaba, Arao, Hatanaka, Ida, Shizaki e seus camaradas não podiam aceitar a rendição. Empunharam belicosamente suas espadas de samurai e juraram esmagar os russos e todos os demais Aliados.

Os jovens tigres se prepararam para bradar seus "banzais!" e morrer pelo Imperador e pelo Império. Repeliam a verdade de que o Império estava condenado. Eles estavam condenados: Seu brado não podia ser mais preciso: "Império! Banzai! e Acabai!"

Como lembrou o Coronel Hayashi, muitos oficiais da seção de assuntos militares eram influenciados pelo Professor Hiraizumi, da Universidade Imperial de Tóquio. "Anami também se interessava pelas interpretações históricas do Professor Hiraizumi. Creio que o professor influenciou os oficiais profundamente no campo anímico. Dava palestras sobre história japonesa na Academia Militar e na Escola de Estado-Maior. Sempre que falava, se referia à Guerra Civil Shokyu e gostava de destacar que, quando o Imperador ficava em situação extremamente adversa, o povo o ajudava a resgatar sua soberania por meio do grande respeito que lhe devotava."

Hiraizumi era um mitólogo que ocupava a cadeira de História e conquistara grande número de adeptos para sua doutrina extremista. Essencialmente, pregava a divindade do Imperador e sua ascendência, que remontava até o Imperador Jimmu, nascido de um crocodilo inseminado pelo neto de Amaterasu (Deusa do Sol) em 660 a. C. A impactante mensagem de Hiraizumi defendia que o Caminho Imperial era natural e inevitável como o nascer do sol. Ensinava que era impossível impedir que o Japão seguisse seu destino. Quando nocivos ou mal orientados conselheiros do Trono deixassem de considerar essa fatalidade, era preciso afastá-los para que o veneno não contaminasse o Imperador.

Ademais, o próprio Imperador, como guardião da Casa Imperial e do destino do país nipônico, poderia, em circunstâncias extraordinárias, não ter condições para decidir e dirigir a nação rumo a esse destino. (Teria o Imperador Taisho, pai de Hirohito, sido um deles?) Em tais casos medidas atípicas seriam necessárias e poderiam ser adotadas. Por exemplo, poderia ser necessário colocar o próprio Imperador sob proteção, para seu próprio bem, para o bem do país e para assegurar seu futuro.

Prudentemente, Hiraizumi evitou usar a espada contra o Imperador e endossou o emprego de armas apenas em sua defesa. Para o professor, o incidente de 26 de fevereiro de 1936 foi dirigido contra o Imperador e, portanto, foi um ato ilegal, ainda que os conspiradores alegassem, como explicou seu manifesto, que "para salvaguardar a Pátria, estavam matando todos os responsáveis pela oposição à Restauração Showa e pela violação do prestígio imperial." Porém, não havia dúvida de que impedir que o Imperador cometesse a ignomínia da rendição significaria agir em sua defesa. Essa era a opinião do professor e a de seus apaixonados jovens tigres.

Com as suspeitas de Anami alimentando suas ativas imaginações, os jovens tigres mais próximos do ministro da Guerra decidiram agir. Reuniram-se no abrigo antiaéreo do prédio do ministério para encontrar uma "solução para a situação." O temperamental Takeshita era o mais antigo oficial presente e, assim, lhe coube chefiar os conspiradores. Reunidos em torno da mesa estavam os Tenentes-Coronéis Inaba e Kiyoshi Minami, companheiros de Takeshita na Academia Militar, o tenente-coronel Shiizaki e o Major Hatanaka, ambos subordinados de Takeshita.

"Decidimos", relatou Takeshita, que o grupo favorável à paz devia ser neutralizado e que se desencadearia um *coup* a fim de "persuadir o Imperador a mudar sua decisão". O objetivo do golpe? "Afastar os conselheiros pacifistas do Imperador e convencê-lo a mudar de opinião e continuar a guerra. Não achávamos essencial matar membros do grupo pacifista. Tudo que queríamos era um governo militar com todo o poder político concentrado nas mãos do ministro da Guerra."

Isso era tudo. O coronel e seus companheiros queriam voltar ao passado, para a situação anterior a 1867, quando o chefe militar, o Shogun, controlava o país, e o Imperador era mantido como um acessório inconveniente, mas necessário, sequestrado com sua corte estéril e asfixiante na velha cidade de Kyoto. O novo Shogun seria, claro, Anami, e os jovens tigres, como seus camaradas mais próximos, o ajudariam a chefiar a nação até a esperada batalha final e a campanha de guerrilhas que viria em seguida.

"Não acreditávamos que o povo japonês fosse completamente aniquilado se lutássemos até o fim. Mesmo que fosse travada uma batalha final em nosso território e as forças imperiais se vissem confinadas às montanhas, o número de japoneses que seriam mortos pelo inimigo seria pequeno. A despeito das sucessivas vitórias japonesas no 'incidente da China,' o número de chineses mortos foi relativamente pequeno. Quase todos os pontos estratégicos na China foram ocupados, mas o governo de Chungking em Szechuan não foi derrotado. Mesmo que toda a raça (japonesa) fosse eliminada, sua determinação para preservar o sistema nacional seria para sempre lembrado nos anais da história, mas um povo que preferisse salvar sua existência física nunca mais se ergueria como nação."

Entre os conspiradores havia somente três elementos que não pertenciam à seção de assuntos militares, os Coronéis Minami, Hosoda e Hara. Os dois últimos trabalhavam na G-2 do quartel-general. Os participantes do complô decidiram não fazer contato com outras seções do ministério. "Não pensamos em estabelecer ligações formais com órgãos externos", revelou Takeshita, "como a inspetoria geral de educação do exército, embora alguns contatos pessoais fossem realizados espontaneamente por participantes mais jovens com seus amigos mais íntimos."

Os conspiradores estavam empenhados principalmente em evitar que o "golpe" se limitasse a uma simples tentativa local. "Queríamos conquistar o apoio de todas as unidades do exército, mesmo nas mais remotas regiões do país. Desejávamos evitar uma situação em que elementos locais aqui e ali se opusessem a nós. A primeira exigência, portanto, era assegurar a aprovação do ministro da Guerra e do Chefe do Estado-Maior. Antes de agir, também precisávamos da concordância dos comandantes da 12ª Região Militar (mais conhecida como Distrito Oriental do exército, com a missão de defender Tóquio) e da 1ª Divisão Imperial de Guarda (A 2ª Divisão de Guarda estava além-mar e a 3ª era subordinada à 12ª Região Militar.)"

Como chegar a esse objetivo? O cunhado de Anami e seus amigos recorreram a um método simples e o mais interessante é que era perfeitamente legal. "Decidimos utilizar a autoridade excepcional do ministro da Guerra para empregar tropas a fim de manter a lei e a ordem. O ministro já possuía autoridade para recorrer a esse poder emergencial e, por sua própria iniciativa, empregar as forças armadas para garantir a segurança local. Nosso plano era confiarmos principalmente na 12ª Região Militar, mas também dependíamos da Divisão Imperial de Guarda, tendo em vista que o planejamento incluía o palácio imperial."

Takeshita e seus companheiros se lançaram entusiasmados ao trabalho para execução do plano que consideravam absolutamente seguro. Obviamente a participação do coronel assegurou, mais do que em algum outro plano, mais status, energia e dinamismo, pela simples existência do parentesco de Takeshita com o ministro da Guerra. Facilmente se poderia inferir – e assim aconteceu – que Anami tinha conhecimento do golpe e tacitamente o aprovava.

Enquanto seu cunhado conduzia a preparação da trama para derrubar a decisão do Imperador de rendição, Anami estava com Hirohito para lhe apresentar o relatório de rotina sobra a situação militar. Sua Majestade, como seus súditos, naquela manhã tinha lido a proclamação de Anami dirigida às tropas e ficara impressionado com o tom belicoso e suas implicações. Claro que contrariava sua decisão em favor da paz. O Imperador convocara o chefe de seus ajudantes-de-ordens, o General Hasunuma, para investigar o que havia por trás do pronunciamento e apresentar um relatório.

Não se sabe exatamente o que foi conversado quando Hirohito, na mesma manhã, chamou seu antigo ajudante-de-ordens, agora ministro da Guerra e supostamente súdito leal, o General Korechika Anami. Apesar de toda sua contrariedade com a decisão tomada na Conferência Imperial e a aceitação dos termos de Potsdam, talvez Anami não tenha sequer mencionado qualquer dos assuntos. Também não se pode ter certeza de que tenha tentado modificar a decisão do Imperador, por mais que desejasse isso acontecer. O que realmente sabemos é que ele conversou com Sua Majestade sobre a desagradável questão dos comunicados de guerra, até certo ponto atenuados por declarações oficiais salientando a devoção ao dever das tropas nipônicas sitiadas na Manchúria, na China e no teatro de operações ao sul. Tudo com muita cortesia e formalidade. Mas seria estrita rotina?

Em sua casa na encosta do monte Akasaka, o Marquês Kido, mandachuva itinerante do Imperador Showa, contemplava a manhã ensolarada e anotava em seu diário: "Sábado, lindo dia".

Era sábado, sem dúvida. O sol indubitávelmente atravessava a leve neblina, e mais uma vez começava a cozinhar o Japão em fogo lento. A temperatura já atingia os vinte e tantos graus e prometia continuar subindo rapidamente. E Kido achava que aquele dia era um lindo dia e sentia-se bem. Estava no auge de sua forma, com o êxito na última Conferência Imperial a enchê-lo de confiança e a fazê-lo crer que a paz estava ao alcance. Naquele dia, como no anterior, envidaria todos esforços para consolidar o apoio à decisão do Imperador.

Kido parou um instante junto ao túmulo de seu pai no cemitério, pensou alguns momentos na grandeza de seu avô, uma das principais figuras na Restauração Meiji, e partiu rapidamente para seu escritório no palácio. Telefonou procurando convencer os principais personagens – mais ou menos importantes – os líderes de facções e outros, do acerto da decisão de Sua Majestade sobre a rendição.

Depois de breve audiência com Hirohito no *Gobunko* às 09h55, o Marquês prosseguiu nos telefonemas e arranjos. Às onze o ministro do Exterior Togo o chamou e contou a reação das capitais mundiais à iniciativa japonesa de negociar a rendição. Em meio à alegria mundial, o Japão era um ponto obscuro no globo, onde a proclamação de Anami constituía um anacrônico apelo para a volta à Idade da Pedra.

Contudo, como disse Togo a Kido, não havia manifestação oficial dos Aliados. Kido atualizou o ministro do Exterior nos esforços para consolidar o apoio dos líderes à decisão de paz e pediu-lhe que, ainda naquela tarde, tentasse convencer os príncipes da família real.

Ao meio-dia o premier Suzuki foi falar com Kido, mas os assuntos não tinham grande importância. O Selo Privado deu-lhe uma injeção verbal de encorajamento e ele deixou o palácio.

Shimomura, presidente da Junta de Informações, foi o seguinte. Entrou em detalhes com Kido a respeito dos motivos e intenções das declarações de Anami e da junta que presidia segundo a interpretação dos jornais matutinos. Seu relato confirmou a crença de Kido na necessidade de ação rápida e decisiva para neutralizar os grupos contrários à paz quando a rendição fosse irreversível.

Conforme a percepção de Kido sobre a situação, a segunda bomba atômica em Nagasaki e o ataque russo deram "súbito e poderoso estímulo a manobras e contramanobras dos grupos a favor e contra a paz. Analisando a situação, previ grande dificuldade e julguei que só poderia ser superada por uma declaração do próprio Imperador pelo rádio." Shimomura e Kido já tinham discutido diversas vezes essa possibilidade de levar a mensagem do Imperador diretamente para o povo, com sua própria voz. Concordavam que seria a forma mais rápida de reagir contra os recalcitrantes perante o povo.

Com sua autoridade de presidente da Junta de Informações, Shimomura dispunha da Empresa Japonesa de Radiodifusão, como também tinha sob sua asa jornais e periódicos. Para preservar o Imperador e ter a máxima segurança, os dois preferiam gravar a mensagem nas dependências do próprio palácio. Kido providenciaria.

O Selo Privado voltou a falar com Hirohito no *Gobunko* e ventilou a possibilidade de uma transmissão radiofônica para o povo quando a rendição fosse irreversível. Na Conferência Imperial o Imperador se comprometera a fazê-lo, se necessário. Kido lhe disse que era de fato necessário, e o Imperador concordou.

Analisaram o processo da gravação e da transmissão propriamente dita. Discutiram o texto da mensagem, e Kido sugeriu palavras e frases. Recomendou que a mensagem mencionasse especificamente que o "sistema nacional" (o sistema imperial) seria mantido. Este ponto renovaria a confiança dos indecisos e tranquilizaria os extremistas.

O Selo Privado contava com esse pronunciamento do Imperador sobre o fim da guerra para convencer o povo. O Exército não teria como alegar que a vontade do Imperador, ouvida por milhões de seus súditos, fora mal interpretada por "falsos conselheiros" ou por usurpadores do governo. As engrenagens estavam em movimento para levar a "Voz do

Sagrado Grou" aos japoneses. Ao longo dos séculos o Imperador japonês, embora nunca fosse visto, estava sempre presente e suas palavras eram como o grito de um pássaro nas alturas, oculto pelas nuvens. Por essa razão, referiam-se a sua fala como a Voz do Sagrado Grou. Kido transformaria esse fenômeno mítico em realidade.

Na mansão do Príncipe Takamatsu, segundo irmão de Hirohito, os príncipes de sangue real reuniram-se à uma da tarde. O ministro do Exterior Togo descreveu a situação e respondeu a perguntas. Takamatsu, comandante da Marinha, sempre se manifestara a favor da paz. Mikasa, terceiro irmão do Imperador, era oficial do exército e Kanin fora Chefe do Estado-Maior do Exército antes da guerra. Higashikuni, tio do Imperador, qualificava-se permanente candidato a primeiro--ministro, principalmente dos militares. Portanto, era extremamente importante assegurar que esses senhores conhecessem bem os fatos e apoiassem o esforço de Hirohito em momento tão crítico.

Após duas horas de reunião, Togo afirmou: "Quando os deixei, senti que os príncipes tinham entendido perfeitamente a situação."

Kido ia e vinha como um ioiô. Abordou detalhes da transmissão via rádio com Ishiwata, ministro da Casa Civil. Esteve com o General Hasunuma, chefe dos ajudantes-de-ordem, e contou-lhe o que planejava. Encontrou-se com Machimura, chefe da polícia de Tóquio, que fez uma apreciação sobre a situação da capital sob o ângulo da manutenção da ordem. Machimura já fora governador de província. Quando Abe, ministro do Interior, duvidou que fosse possível manter a ordem se houvesse a rendição, Machimura contestou e assegurou que não haveria explosão de violência. Suzuki o nomeou chefe de polícia em Tóquio e confiava nele. A substituição de Abe chegou a ser cogitada. A possibilidade dessa medida desencadear uma reação dos militares contribuiu para desistirem dessa medida.

Na oportunidade, o chefe de polícia implorou a Kido que providenciasse um rápido término da guerra. Informou que eram distribuídos panfletos denunciando os "Badoglios" – Kido, Sakomizu, Suzuki – e pedindo a morte de "traidores." "Até agora", disse Machimura, "é atividade esporádica e aparentemente descoordenada. Mas ande rápido com essa rendição", insistiu.

Ao voltar para a sede da Domei às quatro da tarde, Hasegawa re-

Império, Banzai! E acabai!

cebeu um telegrama do representante da agência em Nanking. Dizia que a *kempetai* o convocara para comparecer ao quartel-general e o interrogara. A Domei tinha mesmo divulgado uma notícia que aceitava os termos de Potsdam? Era verdade, ou não? O representante em Nanking (e mais tarde todos os demais representantes nas grandes cidades no estrangeiro) telegrafara a Hasegawa querendo saber se a notícia fora realmente transmitida.

O editor para assuntos estrangeiros leu o telegrama cuidadosamente, amassou-o até virar uma bola de papel e jogou-o na cesta de lixo. Dispensou o mesmo tratamento aos telegramas seguintes.

Às seis da tarde, o premier Suzuki voltou para ver Kido. Informou que ainda não recebera mensagem nenhuma dos Aliados, que os bombardeiros inimigos não estavam no ar, aparentemente obedecendo a diretriz do Presidente Truman, e que circulavam rumores de crescente intranquilidade no Exército. Depois de dar essas notícias, o velho lobo do mar foi para casa.

Somente às oito da noite as engrenagens burocráticas funcionaram e os atos que Hasegawa praticara acabaram sendo examinados pelos membros responsáveis do governo. Nessa hora veio um telefonema da Junta de Informações convocando Hasegawa. Apreensivo, disse a seu assistente para assumir o serviço, montou em sua surrada bicicleta e pedalou para a sede da Junta.

Tinha certeza de que sua carreira como editor de assuntos estrangeiros estava encerrada e que poderia ser preso por enviar a proclamação de Anami e a nota da Junta de Informações sem a assinatura de Shimomura, no dia anterior. Hasegawa abriu lentamente a porta da sala do funcionário que o convocara. Bastou um olhar e o editor abriu um largo sorriso. O homem por trás da mesa fora seu calouro no colégio. Os laços nascidos nos tempos de escola são mais densos que água e quase tão fortes quanto os sanguíneos. Hasegawa relaxou.

Seu velho companheiro de colégio foi muito cordato. Explicou que em seu íntimo concordava com a iniciativa de Hasegawa ao enviar o texto da nota do Japão para o exterior, mas que o Exército estava muito aborrecido. Assim, queria a verdadeira história. Seu amigo disse francamente que precisava fazer um relatório e esperava que Hasegawa não sofresse consequências, mas que nada podia prometer. Obviamente, dependeria de seus superiores.

Hasegawa montou em sua bicicleta e desceu a ladeira até o parque Hibiya, rezando para que a resposta dos Aliados chegasse rapidamente, porque os militares poderiam pedir seu escalpo. Ele tinha mais quatro horas para esperar.

Enquanto o editor da Domei descia a ladeira rumo a seu escritório, o Coronel Takeshita entrava na residência oficial do ministro da Guerra. Anami estava acabando o jantar. Takeshita fora se desculpar pela notícia que saíra no jornal e por sua participação no episódio. Para o coronel, era uma tarefa desagradável, mas que não chegava a ser difícil.

Anami tranquilizou Takeshita: "Tudo bem. Não se preocupe com isso. Shimomura perguntou-me a respeito do episódio na reunião do Gabinete, e eu disse ter aprovado o teor da mensagem." Contudo, as palavras seguintes do ministro da Guerra foram bem mais sérias: "O Imperador me repreendeu a propósito do caso e perguntou 'Isso não contraria as decisões do Gabinete?' Mas expliquei que 'o Exército tem de enfrentar o inimigo até o fim, portanto, era necessário expedir uma diretriz às tropas.'" O ministro da Guerra assegurou a seu cunhado que nada havia de novo e tudo corria bem, e ao fazê-lo, na verdade abriu nova brecha na disciplina nessa longa e lamentável história de *gekokujo*. Além disso, com sua atitude permissiva, estimulou a crença de que estava "com" a conspiração e a via com simpatia.

No quartel-general, o alto escalão se preocupava com a possibilidade de as tropas além-mar não entregarem as armas se recebessem essa ordem. Estavam inquietos, como disse o Ten-Gen Kawabe, Vice-Chefe do Estado-Maior, especulando se as tropas japonesas fora de seu território compreenderiam as razões que obrigariam o país a se render.

Afinal, estavam isoladas do Japão; recebiam de seu país apenas notícias por uma imprensa controlada, que pouco revelavam da situação desanimadora e da destruição no Japão. Essas forças ainda dispunham de consideráveis estoques de suprimentos, armas e munição. Em termos relativos, estavam instaladas adequadamente e supridas para prosseguir, por algum tempo, uma guerra de atrito ou uma campanha de guerrilhas. Não faziam ideia de que suas famílias estavam sem teto e passando fome.

O General Kawabe considerava o Exército Expedicionário da

Império, Banzai! E acabai!

China mais difícil de controlar. Na opinião do quartel-general, o teatro de operações na China estava a ponto de entrar em colapso. Não obstante, o clima psicológico no Exército Expedicionário da China era de vitória. Os oficiais em postos de comando se achavam capazes de operações independentes na China, mesmo enfrentando crescente número de unidades equipadas pelos americanos e a interrupção de estradas, ferrovias e linhas telefônicas pela ação da força aérea inimiga. Nem mesmo o fato de não poderem contar com o recebimento de mais suprimentos vindos do Japão afetava seu moral. Além disso, os comandantes do Exército Expedicionário sabiam ser possível desviar tropas do sul e do centro da China para a Manchúria, agora que os russos tinham atacado a região.

Todavia, como percebeu Kawabe: "Mesmo admitindo que o aumento da atividade aérea americana fosse o prelúdio do desembarque americano na China central em futuro próximo, tudo indicava que o Exército Expedicionário ficaria satisfeito se pudesse desviar mesmo que fosse um único soldado ou avião americano do território japonês. Considerando seu elevado moral, temíamos que, expedida a ordem de cessação das hostilidades, enfrentássemosmos casos de desobediência na China, gerando uma desonra difícil de superar."

Durante a manhã do dia 11, chegaram provas de que essa análise era razoavelmente acurada. Houve um telegrama do General Okamura, comandante do Exército Expedicionário, ao ministro da Guerra e ao Chefe do Estado-Maior. Insistia no prosseguimento da resistência. Okamura ouvira pelo rádio notícias sobre uma rendição japonesa. A julgar pelo que diziam essas fontes suspeitas, o comandante Expedicionário imaginou que o clima em Tóquio devia ser de revolta iminente. Insistia que Anami e Umezu continuassem lutando. Render-se incondicionalmente à China e a outras potências inimigas, afirmou Okamura, seria intolerável e "mergulharia a terra de nossos ancestrais na ruína total." Okamura confiava que as autoridades centrais se esforçariam para tomar "as devidas providências." O QG respondeu recomendando que fossem transmitidas às tropas instruções para controlar a intranquilidade e conter a agitação. Mas em Tóquio continuavam a intranquilidade e a agitação.

15
Resposta inaceitável

Meia hora depois da meia-noite de 12 de agosto, o editor de assuntos internacionais da Domei foi novamente acordado enquanto dormia debruçado sobre a mesa do escritório. Desta vez foi o telefonema de uma estação de monitoramento da Domei no interior. Uma nova transmissão da estação de ondas curtas de São Francisco afirmava que o Secretário de Estado James Byrnes acabara de anunciar a resposta Aliada à aceitação dos termos de Potsdam pelo Japão. A notícia prosseguia com o texto completo da resposta americana.

Hasegawa mandou um auxiliar em quem confiava copiar o texto, enquanto tentava falar com elementos do governo para lhes dizer que o momento crítico estava à vista. Seu primeiro telefonema foi ao ministro do Exterior. Em seguida, ligou a Sakomizu e aos quartéis-generais do Exército e da Marinha para lhes anunciar a resposta a caminho.

Imediatamente chegaram mais de dez membros do *Gaimusho*, com Okazaki, o chefe de informações do ministério à testa e, entre eles, Toshikazu Kase, o da língua inglesa. A equipe do *Gaimusho* copiou febrilmente a resposta. Kase e Okazaki começaram a examinar as frases, a fim de traduzi-las para o japonês. A Associated Press citava o que disse Byrnes:

> A propósito da mensagem do governo japonês aceitando os termos da declaração de Potsdam, que, entretanto, afirma "entendendo que a mencionada declaração não implica qualquer exigência que comprometa as prerrogativas de Sua Majestade como governante soberano", nossa posição é a seguinte:
> A partir do momento da rendição, a autoridade do Imperador e do governo japonês para dirigir o país estará submetida ao Comandante Supremo das Potências Aliadas, que dará os passos que julgar adequados para efetivar o cumprimento dos termos da rendição.
> O Imperador deverá autorizar e assegurar a assinatura pelo governo e pelo

quartel-general imperial do Japão, dos termos da rendição, como for necessário para a execução das disposições da declaração de Potsdam, e garantirá que os comandos de todas as forças terrestres, navais e aéreas japonesas sob seu controle cessem as operações e entreguem suas armas, além de expedir outras ordens que o Comandante Supremo considerar indispensáveis para o cumprimento dos termos da rendição.

Imediatamente após a rendição, o governo japonês deverá levar todos os prisioneiros de guerra e civis internados para locais seguros, conforme for determinado, onde serão de imediato embarcados em transportes aliados.

A nova forma de governo do Japão deverá ser, conforme a declaração de Potsdam, estabelecida de acordo com a livre vontade do povo japonês.

As forças armadas das Potências Aliadas permanecerão no Japão até que os objetivos mencionados na declaração de Potsdam sejam alcançados.

Ao lerem e relerem a notícia, os homens do Ministério do Exterior empalideceram. Não era a resposta que desejavam e esperavam. Queriam um simples "Sim, o sistema do Imperador será preservado." Em vez disso, a resposta levantava muitas outras perguntas, e o disposto sobre ocupação e rendição com certeza revoltariam os militares.

Pouco depois de uma da madrugada, o sono de Shunichi Matsumoto foi interrompido por um telefonema de Sakomizu. O secretário do Gabinete lhe disse que a Domei tinha ouvido e registrado a resposta aliada. Vestindo-se rapidamente, o vice-ministro do Exterior chamou seu carro e partiu célere para a residência do Premier, onde se encontraria com Sakomizu.

Quando Matsumoto chegou, Kase e Adachi, um repórter da Domei, estavam com Sakomizu – taciturnos os três. O vice de Togo juntou-se à sombra do ambiente. Num exame inicial, concordaram ser praticamente impossível ao Japão aceitar os termos. Analisando a mensagem, não tiveram dúvida de que o povo focalizaria a frase "submetidas ao Comandante Supremo das Potências Aliadas." Para os diplomatas, porém, a parte mais importante da mensagem era "A nova forma de governo... deverá ser... estabelecida de acordo com a livre vontade do povo japonês." Significava alguma forma de república? Certamente não estava garantida a manutenção do Sistema Imperial.

Diante dos rumores de intranquilidade no meio militar, de seguidos boatos sobre conspirações para promover desordens e assassinar líderes, sobre um *coup d'état* e sobre a evidência de que uma tentativa de levar os Aliados a modificarem os termos fracassaria ou levaria tempo demais, o suficiente para o governo entrar em colapso, Matsumoto e

Resposta inaceitável

seus colegas decidiram que os termos teriam que ser "engolidos sem reclamação." "Vamos aceitá-los tal como estão", insistiu o vice-ministro.

Matsumoto saiu para falar com Togo. A caminho, parou para apanhar dois especialistas do *Gaimusho* – Ando, chefe da seção de assuntos políticos, e Shibusawa, chefe do Birô de Tratados – e dirigiu a toda para a casa de Togo, em Hiroo-cho, nas colinas de Azabu, bairro de Tóquio. Cerca de cinco e meia da manhã Matsumoto entregou ao ministro do Exterior ainda de quimono o texto da transmissão da Associated Press. Togo permaneceu em silêncio enquanto lia toda a mensagem. Então, correu o dedo pelo parágrafo que mencionava a nova forma de governo.

"Esta é a disposição-chave e a mais difícil de aceitar", afirmou. Matsumoto já discutira essa exigência com Ando e Shibusawa no carro. "Acho melhor não levantar essa questão", aconselhou o vice-ministro. "Vai permitir que os militares se oponham à aceitação." Estava chamando a atenção para a estratégia de dirigir a discussão para a expressão "submetidas." Sensibilizado, Togo concordou.

De volta à Domei, o Comandante Arima, que na manhã anterior perturbara Hasegawa, chegou para apanhar uma cópia da nota de Byrnes. Vendo que estava em inglês, tal como tinha sido monitorada, pediu que a Domei a traduzisse para o japonês porque, como disse na ocasião, a Marinha não era muito boa em outro idioma.

Embora duvidasse dessa afirmação, Hasegawa não estava em posição de discutir o pedido. Chamou seu secretário e ditou lentamente palavra por palavra a tradução. No primeiro parágrafo, quando esbarrou na crucial expressão "submetidas", o editor de assuntos estrangeiros usou a palavra japonesa *reizoku*, que significa "subordinadas". Depois de o secretário ter datilografado a tradução, Arima pegou uma cópia e retornou ao QG da Marinha, enquanto o representante do Exército apanhava outra cópia para seu QG. Hasegawa enviou uma cópia para Sakomizu por mensageiro.

Ao receber a tradução de Hasegawa, Sakomizu ficou furioso. Telefonou para protestar que Hasegawa utilizara palavra tão forte em japonês que certamente fortaleceria a oposição militar à nota. Pediu ao editor de assuntos estrangeiros para encontrar palavras mais suaves para traduzir "submetidas " e corrigir a tradução que fizera.

Os especialistas do Ministério do Exterior quebravam a cabeça a pesquisar freneticamente em seus dicionários inglês-japonês interpretações mais convenientes e aceitáveis para a discutida expressão. Após um debate quase interminável chegaram à tradução "o Imperador... ficará sob as limitações impostas pelo Comandante...." Esta passou a ser a versão oficial do *Gaimusho* para a nota de Byrnes. As batalhas seguintes da guerra interna seriam travadas em torno da diferença entre "sob as limitações de" e "submetidas a."

No QG do Exército nas colinas Ichigaya, o Chefe do Estado Maior, General Umezu, recebeu seu assistente às 8h20 da manhã para examinar a resposta aliada e concluíram que os termos apresentados pelo inimigo eram absolutamente inaceitáveis.

Extremamente contrariados, os chefes de Estado-Maior do Exército e da Marinha compareceram a uma audiência com Sua Majestade. Na pequena sala da biblioteca, Hirohito, acompanhado pelo General Hasunuma, recebeu Umezu e Toyoda. O Chefe do Estado-Maior do Exército, mais velho e mais antigo, foi o porta-voz.

Haviam solicitado a audiência com o Imperador, disse o general solenemente, para apresentar a análise conjunta sobre os termos recentemente recebidos dos Aliados. Em seguida, delineou para Hirohito um cenário assustador sobre as consequências previsíveis se a nota fosse aceita. Assustador a ponto de reduzir uma estatueta de bronze a um monte de cacos de metal.

Sem dúvida, só havia uma opção: rejeitar os impertinentes termos e lutar até o fim. Com muito orgulho as forças armadas morreriam pelo Imperador e pelo país. Aceitar a paz em tais condições significaria deixar as tropas além-mar sem apoio e resultaria não apenas na invasão do território nacional por tropas estrangeiras, mas na destruição do próprio país. Milhões de soldados e marinheiros poderiam ser mortos em uma derradeira linha de defesa, mas não havia outra solução. Os termos impostos pelos Aliados eram impossíveis.

O General Hasunuma, que habitualmente comparecia quando representantes militares tinham audiência com o Imperador, havia muitos anos testemunhava as apresentações desses chefes a Sua Majestade. Além disso, conhecia pessoalmente muitos membros da cúpula militar. Observando e ouvindo Umezu e Toyoda, notou certa dose de inverdade em suas falas.

"Os dois chefes de Estado-Maior", observou, "pareciam fazer recomendações contra a própria vontade e por exigência de seus subordinados." A dedução de Hasunuma estava ligada ao fato de ter recebido naquela manhã uma chamada telefônica de um chefe de seção do QG do Exército. Esse oficial chamara o ajudante-de-ordens para comentar com ele a resposta dos Aliados e questionar seus dispositivos "insatisfatórios".

Hirohito ouviu as terríveis previsões dos chefes de Estado-Maior, sem se apavorar e entrar em pânico. Absorveu as alegações dos dois guerreiros e disse: "Ainda não chegou uma resposta *formal* dos Aliados. Vamos estudá-la a fundo quando chegar. Talvez tenhamos de fazer uma nova análise nesses pontos ainda duvidosos". Hasunuma notou, pela fisionomia do Imperador, que Hirohito percebera o general e o almirante meramente a cumprirem uma formalidade pressionados pela intransigência de seus subordinados. O Imperador, assinalou seu ajudante, "não teve reação exagerada".

Após ouvir a resposta de Sua Majestade, Umezu e Toyoda se retiraram. Em meio à solidão imposta por sua vida isolada, o Imperador tristemente constatou que não tinham prestado a devida atenção quando ele dissera, na Conferência Imperial, que desejava o fim imediato da guerra.

Na casa do ministro do Exterior, Togo e seus auxiliares montaram sua estratégia. O *Gaimusho* adotaria uma atitude agressiva, argumentando que a resposta aliada era aceitável. Agiria com toda rapidez para concretizar a rendição antes que a oposição se fortalecesse o suficiente para bloqueá-la. Matsumoto e seus colegas partiram para o Ministério do Exterior, deixando com Togo o encargo de convencer os líderes.

Exteriormente mais que nunca sólido como granito, naquele momento Togo suspirou profundamente. Sua missão era formidável: convencer o Gabinete a apoiá-lo aprovando a resposta aliada. Foi um daqueles momentos em que Togo mais sentiu falta de seus adorados cigarros turcos. Um ou dois lhe trariam verdadeiro conforto em um momento como aquele. Mas seu cardiologista dissera "não" para tabaco e álcool quando, cinco anos antes, ele servia em Moscou e, como diplomata disciplinado, da noite para o dia cortara o número de cigarros que fumava de sessenta para zero. Com o álcool não fora tão extremo e, vez ou outra, se permitia um gole. O prognóstico do médico garantia que ele provavelmente viveria até os noventa anos ou mais se conservasse a calma e cuidasse da saúde. Não podia ter sido mais claro: "Mude de trabalho ou se prepare para um fim prematuro". Mas quem teria o direito de recusar um apelo de seu país?

Togo vestiu seu terno, fez um afago afetuoso em seu Sealyham terrier e afundou no soturno banco traseiro da limusine Buick. "Para o *kantei*", mandou, e passou a pôr seus pensamentos em ordem. "Minha missão", refletiu, "é atrair os chefes militares... minha estratégia é conseguir convencer a maioria do Gabinete, inclusive o Premier, a aceitar meus argumentos. Se o primeiro-ministro mudar de posição, receberei o cheque-mate e, considerando o crescente apoio do Gabinete à continuação da guerra, insistir em minha tese resultará fatalmente na renúncia forçada do Gabinete. Por outro lado, isso pode perfeitamente significar não apenas a perda da presente oportunidade, mas também a intensificação da agitação contra o fim da guerra... e um fim a toda esperança de paz".

Mas se ele *conseguisse* trazer o Gabinete, considerou, aquele poderia ser o dia da inflexão para acabar de vez com o raio daquela guerra.

Na residência oficial do Premier, Togo encontrou Suzuki em sua sala "andando pelo convés", envolto na fumaça do charuto. O ministro do Exterior chamou o Almirante primeiro-ministro até uma mesa para tomarem um chá enquanto comentava, item por item, a nota de Byrnes. Suzuki balançava a maciça cabeça enquanto Togo explicava. O ministro do Exterior acreditava que, se não todo, pelo menos grande parte de seu conselho era absorvido pelo velho Almirante. (Estava otimista demais, como se viu adiante.)

Togo se dirigiu ao palácio e fez breve parada na sala de Kido, a fim de discutirem a nota. Às onze da manhã, foi conduzido à presença do Imperador. Togo reparou que o cabelo de Sua Majestade estava um pouco despenteado e havia círculos escuros em torno de seus olhos, acentuados pela palidez e pela perda de peso.

O ministro do Exterior analisou a resposta aliada com Hirohito, sem ousadias. Era verdade que os termos implicavam ficar na dependência das boas intenções dos Aliados quanto à segurança do Imperador e à preservação da linha imperial. Togo salientou que os Aliados não eram tolos e tudo indicava que nada fariam a Sua Majestade que pudesse gerar resistência do povo japonês. Portanto, seria de interesse dos Aliados, pelo menos do ponto de vista da paz e da ordem, que

Resposta inaceitável

o Imperador continuasse como soberano.

Na pior hipótese, advertiu Togo, a ocupação manteria o Imperador até que fosse realizado um plebiscito. Em um plebiscito livre, sem sofrer controle indevido, o povo certamente seria a favor da continuação do sistema imperial. Manifestação contrária seria incompatível com o caráter japonês. Togo nada temia quanto a esse ponto e aconselhou o Imperador a confiar em seus súditos. Entretanto, alertou que os militares poderiam reagir energicamente a esse ponto da resposta aliada.

Hirohito revelou lucidez ao dizer a Togo que considerava a resposta satisfatória e que deveria ser aceita tal como estava. Orientou o ministro do Exterior a transmitir seu pensamento ao Premier. O Imperador efetivamente disse: "Compreendo os riscos que corremos, mas minha prioridade agora é terminar a guerra. Prossiga com seu trabalho".

Togo embarcou novamente no Buick e voltou para o *kantei*. Entrou na sala do Almirante Suzuki e comunicou a diretriz do Imperador que recomendava a aceitação imediata dos termos. Suzuki já tinha ouvido esse assunto com diferentes versões desde 22 de junho, quando o Imperador anunciou abertamente sua intenção de pôr fim à guerra. Como sempre, na mente do premier estava a pergunta para a qual não encontrava resposta: "Como?".

Inesperadamente entrou o Barão Hiranuma. Estivera analisando com muita cautela a nota (generosamente os militares lhe tinham passado uma cópia). Aplicando seu prodigioso talento para questões legais ao exame do documento, o presidente do Conselho Privado o dissecara completamente e o considerou falho. De sua posição de defensor número um (como se autodenominava) do sistema nacional, o velho advogado julgava discutíveis os parágrafos dois e cinco.

Togo saiu para preparar a reunião do Gabinete que aconteceria em seguida, e os dois continuaram a conversa, os receios de Hiranuma das intenções americanas atuando sobre Suzuki sem antídoto.

"Em poucas palavras", disse Hiranuma, "o Japão concordou em aceitar os termos de Potsdam desde que as prerrogativas do Imperador para dirigir a nação fossem preservadas. Os Estados Unidos se comprometeram a observar essa salvaguarda? Não. É uma questão vital. Essa condição deve ser plenamente confirmada antes de apresentarmos uma resposta final. O ministro do Exterior acha desnecessário obter tal confirmação. E você?".

Suzuki mexia olhos como raposa cercada. Tragando seu charuto, admitiu que, particularmente nesse ponto, tinha de concordar com Hiranuma. "Não se trata de afirmar que a resposta dos Aliados não possa ser aceita na forma atual, mas de buscarmos confirmação desse ponto, que considero crucial".

Estimulado pela resposta de Suzuki, Hiranuma o deixou envolvido em uma nuvem de fumaça de charuto e indecisão, e partiu para o palácio a fim de convencer o Selo Privado. Kido o espremeu entre uma entrevista com o ministro da Casa Civil Ishiwata (para tratar de questões envolvendo a família real coreana) e outra audiência com Sua Majestade. Não ficou surpreso com a opinião de Hiranuma, de que a nota aliada era inaceitável. Era característico dele. Atípica tinha sido sua saída da Conferência Imperial aceitando os termos de Potsdam.

Os informantes de Sakomizu tinham relatado que a casa de Hiranuma era o posto de comando regular da oposição, com oficiais do Exército entrando e saindo o dia inteiro, mostrando que a campanha estava em pleno andamento e que lá estava um oficial de permanência. Ao lado da casa de Hiranuma ficava a sede de uma ultrapatriótica associação fundada anos antes pelo velho advogado. Era um local tradicional de reunião de extremistas e agora era um ponto de passagem conveniente para os que rejeitavam a rendição. Sakomizu via nessa associação o "quartel-general da resistência".

No fundo, Hiranuma se opunha à expressão "submetidas ao" Comando Supremo das Potência Aliadas, argumentando que invadia os direitos e prerrogativas inerentes à soberania do Imperador. Rejeitava violentamente o parágrafo que convocava o povo japonês a decidir a própria forma de governo por sua "livre vontade". Aos olhos do advogado. havia sombrios indícios de planos subjacentes para derrubar o sistema imperial de governo.

Embora fossem ideias não explícitas, a redação do parágrafo cinco estava intencionalmente voltada a satisfazer não apenas supostas pretensões do povo japonês, mas também o clamor de Aliados tão desiguais como a URSS e a Inglaterra quanto à nova forma de governo no Japão. Respondia às exigências de quem desejava abolir o sistema imperial e, ao mesmo tempo, aos que queriam preservá-lo. A decisão caberia ao povo japonês, prometia a declaração de Potsdam.

Era quase meio-dia quando o ministro da Marinha Yonai soube que o Almirante Toyoda estivera com o Imperador e recomendara a rejeição

Resposta inaceitável

da nota de Byrnes. O ministro da Marinha determinou que o Vice--Almirante Zenshiro Hoshina, chefe da seção de assuntos de Marinha, convocasse imediatamente Toyoda e Onishi, vice-chefe do Estado--Maior. Quando Hoshina voltou, Yonai apontou para um local junto à sua mesa e ordenou: "Você também, fique aqui, para testemunhar o que vai acontecer". Hoshina permaneceu quando Toyoda e Onishi chegaram. Yonai ficou por trás da mesa, do alto de seu metro e oitenta de gélida fúria. "Nunca", afirmou Hoshina, "o vi se dirigir a alguém com tanta dignidade e indignação como ele fez naquele momento".

(Por ocasião da última reunião do Supremo Conselho de Guerra, Onishi aparecera subitamente, sem avisar previamente Toyoda e Yonai. Sem dizer uma só palavra para seus superiores, o Almirante Onishi se dirigiu ao ministro da Guerra fora da sala. No saguão de entrada, diante de diversos militares e funcionários do secretariado do conselho, Onishi se dirigira de forma impetuosa a Anami. "O ministro da Marinha é fraco. Não serve para nada e vocês do Exército devem insistir firmemente no prosseguimento da guerra". Implorou a Anami para rejeitar os termos dos Aliados e disse que muita gente da Marinha dependia de sua liderança no trato dessa questão.

(Anami revelara a confidentes sua opinião sobre Yonai. "Yonai é tímido demais. O ministro da Marinha não tem uma vontade firme." De modo geral, Anami concordava com Onishi, mas demonstrar publicamente deslealdade a um superior era mais do que o ministro da Guerra conseguia digerir. Agradeceu sumariamente a Onishi por sua confiança e voltou para a conferência. Obviamente as palavras de Onishi foram passadas para Yonai logo após o término da conferência. Fizeram a pressão arterial do "elefante branco" subir como um foguete. Ao saber do encontro da dupla Toyoda e Umezu com o Imperador, Yonai enlouqueceu.) Agora, com os olhos faiscando, o ministro da Marinha flagelou verbalmente Toyoda e Onishi: "O comportamento do Estado-Maior Naval é indesculpável. Se têm alguma coisa a dizer a meu respeito, por que não me procuram e dizem pessoalmente? Essa atitude impudente de comparecer à reunião do SCG sem serem chamados é imperdoável".

Em seguida, o Almirante Yonai se voltou para o chefe do Estado--Maior. "E que ideia foi essa de, sem me consultar, recomendar ao Imperador a atitude radical de rejeitar a nota dos Aliados? A ideia central da diretriz expedida ontem a todo o pessoal da Marinha foi justamente alertar contra condutas como essa. É indesculpável ter procedido dessa forma, a despeito da advertência expedida".

Toyoda permaneceu imóvel. Nada disse, mas seus olhos buscavam os de Hoshina, enquanto este percebia que, no fundo, as feições de Toyoda significavam: "Lamento muito, realmente".

Onishi, com lágrimas correndo pelas faces, se desculpou com Yonai. Depois de sentar-se, o ministro da Marinha friamente dispensou os três.

Segundo Hoshina, o ambiente no quartel-general da Marinha era tão ruim que por algum tempo temeu que os fanáticos seguidores de Onishi fossem capazes de ameaçar a vida de Yonai. Porém, depois que o ministro da Marinha pôs o vice-chefe do Estado-Maior em seu devido lugar, as preocupações de Hishina diminuíram, "pelo menos em parte", embora ainda sentisse que algum problema fermentava.

Às duas e meia da tarde os conspiradores da seção de assuntos militares, chefiados pelo Coronel Takeshita, cunhado do ministro da Guerra, e seu amigo íntimo, o Coronel Inaba, tinham decidido que era hora de garantir a participação do personagem mais importante na trama. Por conseguinte, uma delegação chefiada por Takeshita e Inaba se dirigiu à sala do ministro da Guerra.

Takeshita explica: "Julguei que seria melhor, antes de vermos Anami, conversar com o vice-ministro, Wakamatsu. Assim, fui a seu gabinete e informei que, nas circunstâncias, provavelmente teríamos de empregar tropas para manter a paz e a ordem no país. O vice-ministro anotou o que eu dissera em um pequeno papel e o entregou ao secretário Hayashi, ordenando que o entregasse ao ministro da Guerra".

"Vendo que era mínima a possibilidade de abrir caminho daquela forma, meus colegas, que esperavam no saguão, imediatamente irromperam no gabinete do ministro da Guerra. Wakamatsu, os coronéis Inaba, Arao, Hayashi, o tenente-coronel Hirose, secretário particular do vice-ministro, e o Major Hatanaka também entraram." Justamente nesse momento, Anami prendia sua espada ao cinto, boné na mão, pronto para sair para a reunião do Gabinete.

"Em nome de meus companheiros, apresentei ao ministro nossa opinião de que era absolutamente desaconselhável terminar a guerra nas condições propostas, e que o Distrito Oriental do Exército devia ser alertado sobre o emprego de tropas a fim de manter a ordem, pois assim exigiam as circunstâncias." Anami reagiu como normalmente, sem refletir. "O ministro", continua Takeshita, "imediatamente deu ordem a Wakamatsu para adotar as providências necessárias para satisfazer nossa sugestão".

Nesse ponto, o Coronel Hiroo Sato, chefe da preparação para a guerra, por acaso entrou na sala, percebeu o que acontecia e, com lágrimas nos olhos, implorou que não agissem com precipitação. "Logo", relata Takeshita, "Hatanaka comentou sobre 'Badoglios' no exército japonês, obviamente dirigido ao Coronel Sato. O ministro da Guerra disse friamente: "Militares devem confiar uns nos outros", e criou um efeito solene na sala onde, momentos antes, reinava a confusão.

"Nesse instante, o Coronel Hirose me puxou pela manga e murmurou: 'Diga ao ministro que todos os oficiais jovens confiam nele e estão dispostos a segui-lo sem pestanejar'. Senti certo desconforto, mas transmiti o recado ao ministro da Guerra. Como Anami devia se apressar para seu compromisso, nesse ponto a reunião foi encerrada."

"Embora ainda não pudéssemos definir com exatidão a verdadeira posição do ministro, secretamente fomos em frente com os preparativos necessários", recorda Takeshita.

"Era particularmente importante estabelecer contato com a Divisão Imperial de Guarda. Em consequência, no mesmo dia sondamos o pensamento do Tenente-General Mori, comandante dessa divisão, e chegamos à conclusão de que ele se opunha terminantemente ao golpe. Como era sua missão defender o Imperador e o palácio imperial, cumpriria seu dever de obedecer à vontade do Imperador, não importando as ordens contrárias que recebesse do ministro da Guerra e do Chefe do Estado-Maior. Como já tínhamos conquistado a adesão dos comandantes subordinados ao Tenente-General Mori, decidimos que, quando chegasse a hora do *coup*, chamaríamos Mori ao Ministério da Guerra e mais uma vez tentaríamos convencê-lo. Se ainda resistisse, o confinaríamos nas dependências do ministério e empregaríamos a Divisão Imperial de Guarda como planejado."

A conspiração progredia lentamente, mas os elementos-chave ainda precisavam ser aliciados. O tempo se esgotava. Os conspiradores marcaram arbitrariamente o dia 13 de agosto para execução do golpe. A maior preocupação era conseguir o apoio de Anami a tempo de incluí-lo na trama antes que o golpe fosse desencadeado.

Às três da tarde o Gabinete japonês se reuniu em sessão especial no *kantei* para examinar o conteúdo da nota dos Aliados. Era hora de Togo mostrar seu poder.

Ele estava sereno. "A resposta aliada", admitiu, "não é inteiramente tranquilizadora. O Japão apresentou uma condição – que fosse preservada a da soberania do Imperador. Na verdade, os Aliados responderam que os poderes de Sua Majestade não seriam ilimitados durante a ocupação e que, com sua autoridade, o Comandante Supremo se empenharia para que os termos de Potsdam fossem cumpridos. Naturalmente o estado e o soberano sofreriam essa limitação até que os termos fossem cumpridos e a ocupação terminasse. A posição do Imperador não seria destruída, nem modificada em princípio".

Os parágrafos 3, 4 e 5 eram compreensíveis e aceitáveis, segundo Togo. Todavia, o parágrafo 5, que mencionava a "livre vontade do povo japonês", precisava de exame.

"Estabelecer desse modo a forma de governo era um dos pontos mais importantes da Carta do Atlântico e, agora, da Declaração de Potsdam. Contudo, essa disposição, longe de levantar suspeitas, deve nos tranquilizar, uma vez que promete que os próprios japoneses decidirão a forma de governo que desejam, sem interferência de fora. E quem vai acreditar que o povo japonês faria outra escolha que não seu sistema imperial?"

Em seguida o ministro do Exterior alertou que entre os Aliados havia forte oposição ao sistema imperial do Japão. "Porém", disse, "os líderes anglo-americanos conseguiram limitá-la, tal como demonstra a resposta de Byrnes. Se agora exigirmos revisões, provavelmente fracassaremos. Se insistirmos em discutir esse ponto, é muito provável que as opiniões mais duras entre os Aliados tenham rédea livre e que resulte a exigência de abolição da casa imperial. Nesta hipótese, teremos de nos resignar a interromper completamente as negociações".

Mal Togo acabara de falar, Anami começou sua cuidadosamente preparada exposição. Como esperado, o ataque do militar se concentrou na expressão de Byrnes "submetidas a" (totalmente inaceitável, comprometendo o Imperador, reduzindo Sua Majestade a um lacaio) e ao plebiscito sobre a forma de governo (rejeitando o pedido para garantir o sistema imperial). Apesar da severidade na rejeição desses pontos, o tom sereno da voz de Anami e sua atitude comedida permi-

Resposta inaceitável

tiram que o teor de seu ataque parecesse suave.

Os pontos que defendeu foram apoiados por dois outros membros do Gabinete, o ministro do Interior Abe e o da Justiça Matsuzaka. Sendo concessão dos deuses, o sistema nacional do Japão não poderia ser submetido à decisão do povo. Quem combatia pelo Império não poderia suportar a humilhação de ser forçado a desistir de suas armas.

A discussão prosseguiu com instantes mais e menos acalorados, girando em torno de considerações metafísicas e de ofensas ao ego, com Togo rebatendo os argumentos e Yonai o apoiando. Por volta das quatro da tarde, Togo telefonou a Matsumoto, que estava no Ministério do Exterior: "A situação está extremamente ruim", informou. "É problema difícil de resolver. O clima da reunião está francamente contra a aceitação da nota aliada." Obviamente era melhor encerrar a reunião sem recorrer a uma votação formal. Talvez um recesso permitisse mudar a situação. Matsumoto insistiu para que Togo retornasse ao *Gaimusho* depois da reunião, para poderem pensar nas próximas iniciativas. O ministro do Exterior concordou e, desanimado, voltou para a conferência.

Cerca de uma hora mais tarde, o Premier, pela primeira vez parecendo ligado no debate, pôs de lado seu charuto e disse com muito sentimento: "Se o desarmamento for imposto ao Japão, não há alternativa, teremos que continuar a guerra! Ser desarmado pelo inimigo é intolerável ao soldado japonês e, sendo assim, a resposta aliada é inaceitável".

Estarrecido, Togo percebeu, em um relance, que sua posição era insustentável. Agora, com Suzuki podendo colocar o peso de sua posição contra a resposta aliada, era preciso evitar uma votação e resolveu ganhar tempo: "Como ainda não chegou uma resposta oficial dos Aliados, seria melhor adiarmos nossa discussão até que a nota seja recebida". Todos os presentes sabiam que a resposta formal aliada chegaria a qualquer momento, assim, Suzuki acatou a sugestão e adiou a reunião até que a nota oficial fosse recebida naquela noite.

Fora de si de tão aborrecido que estava, Togo acompanhou o premier até seu gabinete. Portas trancadas, o ministro do Exterior explodiu. "Está pensando o quê?" – perguntou ao velho e dócil marinheiro. "Discordo totalmente do senhor. Não é hora de levantar a questão do desarmamento. Essa briga de palavras sobre o ultimato do inimigo é inútil. A menos que queiramos um rompimento das negociações, não há alternativa, a não ser aceitar a resposta tal como está. Como o premier bem sabe, o Imperador quer pôr fim à guerra. Não é preciso lembrar que sua opinião, como comandante-em-chefe, deve prevalecer. Não há dúvida de que a questão envolve a própria sobrevivência da casa imperial. Alerto que..." – e neste ponto Togo falou pausadamente, destacando cada palavra – "se o senhor e o Gabinete insistirem em continuar a guerra, serei obrigado a levar minha opinião contrária diretamente ao Imperador!". Branco de raiva, Togo saiu bruscamente da sala.

Nem Togo, nem o premier queriam que isso acontecesse, pois resultaria automaticamente na queda do governo de Suzuki. Para evitar esse colapso, teriam de conciliar suas posições. O ministro do Exterior, deprimido e abalado pela crise, percorreu alguns quarteirões até seu ministério e chamou Matsumoto. Recapitulando os fatos para o vice-ministro, disse: "Diante dos acontecimentos, minha renúncia ao cargo de ministro do Exterior talvez seja a única opção que me resta".

Extremamente abalado, Matsumoto implorou: "Se renunciar, será um desastre. Tudo está muito confuso. Por favor, descanse esta noite. Vamos recomeçar amanhã, de cabeça fria". Matsumoto teve, então, uma inspiração que asseguraria o repouso, pelo menos naquela noite. "Embora a resposta oficial ainda não tenha chegado, provavelmente será recebida ao longo desta noite. Como não convém apresentá-la nas atuais circunstâncias, vamos fazer de conta que chegou amanhã de manhã e distribuí-la apenas com essa data de recebimento." Togo, meio desatento, sinalizou debilmente sua concordância e foi para casa.

O vice-ministro pegou o telefone e ligou para o chefe da estação de telegrafia do *Gaimusho*, Akira Oe. Matsumoto o orientou cuidadosamente sobre o que fazer com a esperada mensagem oficial das potências aliadas via Suécia ou Suíça. "Em qualquer caso", alertou, "coloque o recibo com a data de amanhã, *13 de agosto*, e a retenha até de manhã." O vice-ministro repetiu suas instruções para certificar-se do entendimento.

Enquanto isso, Togo, a caminho de casa, parou no palácio. Vendo que, se procurasse diretamente Hirohito, o governo poderia desabar, foi falar com Kido. O Lord do Selo Privado anotou em seu diário:

> 18h30: Togo procurou-me e disse que o primeiro-ministro concordara com a opinião de Hiranuma; Togo preocupado com as perspectivas. Fiquei extremamente ansioso.

Resposta inaceitável

Mas o que Kido pensava era, de certa forma, bem menos comedido. "Togo me procurou e me surpreendeu ao dizer que, aparentemente, também o primeiro-ministro aprovava a opinião de Hiranuma. Togo estava muito nervoso quanto à possibilidade de concluir amistosamente as negociações de paz. Se forem rompidas – pensei – o Japão terá de enfrentar uma situação muito pior que se tiver de prosseguir combatendo até o fim, sem interrupção. Eu senti que tinha de fazer todo o possível para levar o governo a andar no rumo da paz. Mandei Matsudaira (secretário de Kido) telefonar ao premier pedindo uma entrevista. O primeiro-ministro também queria falar comigo e prometeu me chamar mais tarde."

Depois de tranquilizar o ministro do Exterior, Kido disse a Togo que o Imperador já decidira a propósito da rendição e que falaria com Suzuki para lembrá-lo dessa decisão e da necessidade de conduzir a questão de acordo com a linha. Ainda desanimado e cético, Togo entrou na limusine e foi para casa nas colinas de Azabu, onde o esperava seu ansioso, afetuoso e apolítico terrier.

Logo após o encerramento da reunião do Gabinete, Hasegawa, o editor de assuntos estrangeiros da Agência Domei, foi novamente chamado à colina Kasumigaseki, convocado por um indignado ministro das Finanças. O senhor Hirose pediu a Hasegawa para levar a versão original em inglês da mensagem de Byrnes e a respectiva tradução.

Obrigado a comparecer, o editor pedalou em sua desgastada bicicleta para o encontro marcado e, como um cristão jogado aos leões, foi conduzido até o furioso ministro das Finanças. Embora Hasegawa tentasse explicar o significado da mensagem aliada, o burocrata estava tão agitado que praticamente nada ouviu. "Isso vai contra a Constituição do Japão", vociferou. "Com essas exigências, podem derrubar o Imperador...".

Hasegawa tentou argumentar: "Mas estamos sendo derrotados na guerra, portanto, temos de aceitá-las". Foi como sacudir uma bandeira vermelha, e o touro bufou ainda mais. "Típico", disse Hasegawa com pesar, "da mentalidade e da psicologia de nosso povo. Não conseguíamos admitir que estávamos realmente derrotados".

Se um dos "envolvidos" – membro do Gabinete – não conseguia perceber, como esperar compreensão maior por parte de milhões de pessoas que liam os jornais e acreditavam apenas no que lhes diziam? Quando Hasegawa saiu e pegou a bicicleta para retornar à sede da Domei, o ministro das Finanças ainda estava subindo pelas paredes e rejeitando os ultrajantes termos impostos pelo inimigo.

Às 18h40 do dia 12, a chave do telégrafo da seção de comunicações do *Gaimusho* começou a trepidar com a longamente esperada resposta oficial aliada via Suécia. De acordo com as instruções recebidas, Oe, o operador chefe, apanhou-a e carimbou: *07:10, 13 de agosto*. Logo em seguida chegou um telegrama do embaixador do Japão na Suécia, Suemasa Okamoto. Dirigido ao ministro do Exterior, foi encaminhado a Matsumoto, que pediu uma cópia e a leu, preocupado.

Okamoto comentava: "Tudo indica que os Estados Unidos estão em dificuldade para conciliar a posição das diversas potências aliadas a respeito da resposta ao Japão. A União Soviética e a China se opõem à manutenção do sistema imperial. O *Times* de Londres também publicou um editorial defendendo a abolição da divindade do Sistema do Imperador".

Para Matsumoto, o telegrama foi um presente dos céus, principalmente porque correspondia plenamente às observações e ao modo de pensar dos funcionários do *Gaimusho*. Na visão do vice-ministro, "Se pensamos em levar avante as negociações, convém Truman esclarecer sua posição quanto ao sistema imperial, que ele mantivera expressamente intocado. Então, se o sistema imperial não podia ser garantido nas atuais circunstâncias, provavelmente as negociações seriam totalmente interrompidas."

Para Matsumoto, o embaixador japonês na Suécia fizera um excelente trabalho ao explicar o clima imperante entre os Aliados, e seu relato seria capaz de impressionar o premier para a urgência da aceitação dos termos. O vice-ministro chamou sua limusine, partiu apressado para o *kantei* e rapidamente rumou para gabinete do Almirante.

O vice-ministro irrompeu na sala de Suzuki, explicou que acabara de chegar um telegrama e o entregou ao Premier, que deu uma olhada. "Como a situação internacional é a que Okamoto descreve", afirmou Matsumoto formalmente, "por favor, faça uso de sua capacidade de estadista neste momento".

Suzuki encarou o diplomata com sua expressão vazia e negativa, e sacudiu os ombros roliços. "Tenho a mesma ideia", murmurou, devolvendo o telegrama, "mas o ministro da Guerra e o senhor Hiranuma defendem firmemente suas opiniões perante o Imperador e isso é um problema muito sério".

Matsumoto se retirou, tomado de mau pressentimento. Conhecia Suzuki havia muitos anos e ao longo da extensa crise que já durava quatro meses, desde abril, quando Suzuki se tornou Premier, o diplomata vinha registrando a imprevisibilidade do velho marinheiro. Muitas vezes se mostrava favorável a determinada política, e, em seguida, como um caranguejo, voltava atrás e tomava direção diferente. Algumas vezes nada fazia e "marcava passo".

O vice-ministro fora à residência do primeiro-ministro para aprumar a coluna do velho Suzuki. Agora, desanimado e trôpego, voltava para seu gabinete improvisado.

Entrando suavemente na sala de Kido como um grande pássaro de plumagem negra preparando-se para pousar, o primeiro-ministro Suzuki chegou em meio à fumaça do charuto de ponta aparada. À sua moda aberta e áspera, o velho premier contou ao Selo Privado as visitas que recebera naquele dia. Kido reparou que ele parecia muito sensibilizado pelos argumentos do grupo que se colocara na posição de guardião da estrutura nacional.

Kido, olhos e ouvidos do Imperador, comentou: "Não pretendo ignorar os argumentos dos que se mostram tão preocupados e zelosos com a defesa do sistema nacional. Entretanto, depois de cuidadosa análise, o ministro do Exterior nos assegura que nada existe que possa ser questionado nos parágrafos em questão. Se permitirmos que nossas iniciativas sejam postas em risco por opiniões individuais, não chegaremos a lugar nenhum. Portanto, creio que não temos outra opção, a não ser confiar na interpretação de autoridades responsáveis, ou seja, na do ministro do Exterior. Se no presente estágio a declaração de Potsdam for rejeitada e a guerra continuar, o Japão terá de sacrificar outros milhões de inocentes em consequência dos bombardeios e da fome. Ainda que aconteçam distúrbios na frente interna resultantes da aceitação dos termos de Potsdam, teremos de sacrificar apenas nossas próprias vidas. Sem concessões e hesitações, mantenhamos nossa política de acatar a Declaração de Potsdam!"

Suzuki ficou paralisado durante a exortação de Kido, absorvendo suas palavras. Profundamente sensibilizado. Talvez o apelo de Kido por um nobre e útil sacrifício em defesa do desejo de paz do Imperador tivesse despertado o velho guerreiro. Talvez a visão de uma atitude capaz de evitar que seus compatriotas retornassem à Idade da Pedra finalmente o iluminara. Não importa o que fosse, Kido comentou: "Senti-me extremamente recompensado ouvindo o premier reagir enfaticamente 'vamos em frente!'". O Selo Privado viu essa afirmação como um endosso e sentiu-se muito satisfeito ao ver o velho Suzuki recompor-se e se dispor a "fazer" ou morrer.

Confiante, Kido ligou a Togo, que estava em casa. Em tom de tímido triunfo, o Lord do Selo Privado informou que tivera uma conversa franca e incomum com o premier e conseguira "refrescar sua determinação". Suzuki agora compreendia a situação e se mostrava disposto a ir adiante na questão da resposta aliada. Ele não era, disse Kido, o tipo de homem capaz de se opor à vontade do Imperador. Mesmo assim, naquela noite Kido e Togo foram dormir cruzando os dedos.

Uma importante iniciativa planejada por Kido e o Imperador foi conseguir o apoio da família imperial à decisão de Hirohito. Marcou-se, pois, um conselho familiar e, enquanto o Gabinete baixava a pancada nos termos aliados, o Imperador conversava com seus parentes mais próximos. Os príncipes de sangue reuniram-se no salão da biblioteca imperial, e Hirohito explicou-lhes o objetivo de sua decisão. Em seguida pediu para se manterem solidamente unidos, como uma só pessoa, para ajudá-lo naquele momento crítico.

Kido, que soube do resultado da reunião pelo seu principal personagem, concluiu que fora um grande sucesso. O Imperador disse que houvera ampla discussão e que os príncipes se comprometiam a apoiá-lo.

Na mesma noite, quando o General Anami visitou o Príncipe Mikasa, seu objetivo era duplo: saber pelo príncipe o que acontecera na reunião familiar e implorar para que pedisse ao Imperador para que musasse sua decisão. O ministro da Guerra dirigiu-se ao palácio de Mikasa com seu secretário, o Coronel Hayashi. Foi ao encontro com o príncipe alegre e cheio de confiança. Regressou para o carro circunspecto e contido. Na viagem de volta a sua residência, confidenciou a Hayashi: "O Príncipe Mikasa me censurou severamente, dizendo que 'desde o incidente na Manchúria, o exército não vem agindo de acordo com a vontade imperial. É muito impróprio você ainda querer prosseguir com a guerra quando as coisas já chegaram a este estágio'".

Resposta inaceitável

Essas palavras, disse Hayashi, "atingiram profundamente o ministro da Guerra".

No Ministério da Guerra e no QG reinava confusão na ordem do dia. Oficiais superiores reuniam-se o tempo todo. Em sua maioria, os chefes de seção não eram encontrados. Subordinados procuravam amigos em outras unidades e telefonavam a suas seções querendo saber, se fosse o caso, o que esperavam deles. Ondas de boatos circulavam pelas organizações militares. Um dos que mais inflamava os injuriados militares do Exército era que a facção "Badoglio" estaria planejando matar o ministro do Exército. Vinte *kempetai* foram enviados para a residência de Anami para protegê-lo e repelir os assassinos.

No prédio da Marinha, a situação era um pouco menos confusa. À noite, muitos oficiais da força naval já sabiam que estava em curso no Exército um plano para algum tipo de golpe. A informação era nebulosa, mas a cúpula da Marinha admitia que o plano envolvia a "eliminação" de membros do grupo favorável a rendição. Segundo se propalava, fazia parte do plano o "emprego da força em larga escala" – seis batalhões da Divisão Imperial de Guarda. Então, chegou a notícia de que o plano tinha ido para a prateleira, "pois se reconhecera que a resposta de Byrnes seria naturalmente rejeitada devido a seu tom extremamente inamistoso".

Doze de agosto foi um domingo. Anami era homem de família. Como qualquer servidor do Estado, esperava o fim de semana para desfrutá-lo com a mulher e os filhos. Nas últimas semanas, os breves momentos com eles tinham sido escassos. Decidido a passar alguns instantes com a família, o ministro da Guerra deu ordem a seu motorista para levá-lo à sua residência em Mitaka, subúrbio de Tóquio.

Esse domingo não era propício para levar os filhos à praia ou às corridas de cavalos. Essas corridas eram mais uma atividade que ficara impossível em tempos de guerra. Havia muito estavam suspensas. Agora era hora de pôr a família num carro e sair para um passeio pelos arredores poeirentos de Tóquio, se as estradas permitissem. Não havia condições para atividades privadas. Os passeios familiares que desfrutavam no passado também tinham se tornado impraticáveis. Podia-se, porém, ver claramente o topo do Monte Fuji e um róseo pôr do sol.

Anami fez os filhos tomarem um banho quente e pretendia jantar com a família. Porém, se espalhara entre seus subordinados, amigos, vizinhos e adeptos, a notícia de que o ministro da Guerra estaria em casa naquela noite. Muitos deles interpretaram ao pé da letra o "em casa" e foram vê-lo em grupos.

Foi como uma nova recepção de Ano Novo. Até o tenente-coronel Ida e o Major Hatanaka batalharam no desgastado sistema de transportes para percorrer os 32 quilômetros até Mitaka e verificar se o seu adorado chefe estava bem protegido e seguro. Anami recebeu os dois e muitos outros por volta das nove da noite, para uma conversa descompromissada, com doses de saquê e cigarros. Já era tarde quando o último visitante deixou a modesta casa de estuque em estilo combinado japonês-ocidental e desapareceu na rua, um labirinto de quarteirões quase iguais, de casas quase idênticas, de volta a Tóquio.

O homem de família perdera o jantar com a mulher e os filhos. As duas filhas estudantes dormiam profundamente enroladas em seus *futons*. O filho mais novo, ainda no ensino médio, também já estava na cama quando finalmente Anami pôde dar uma olhada e ver seu caçula dormindo em paz. Faltavam dois. O mais velho servia no Exército como técnico da força aérea. O segundo tinha sido soldado na China e fora morto havia quatro anos, no dia 14 de agosto.

Anami aprendera com o pai, budista devoto, a dar pouca atenção à comida, de modo que não se sentia chateado ter perdido um jantar especial. De qualquer modo, as rações de guerra tornavam impossível pretender algo especial. Sentia que perdera, isto sim, uns momentos de tranquilidade junto às pessoas que amava. Pela manhã, como sempre de bom humor, Anami consumiu seu modesto desjejum e se despediu da família. Chegara a notícia de que haveria uma reunião dos Seis Grandes na residência do premier às 8h45 da manhã. Mas Anami tinha algumas coisas a fazer antes dessa reunião.

Dizendo até logo à mulher, o general entrou no carro de serviço. Olhando para trás, viu a figura franzina e encurvada da esposa na entrada da casa. Sua aparência era a de uma típica esposa japonesa resignada. Ele sorriu e acenou pela janela do carro. Nas feições dela apenas uma leve contração, ela ergueu a mão automaticamente e o carro desapareceu de sua vida, virando a esquina a um quarteirão de distância.

16
Com a cabeça no cepo

EM 13 DE AGOSTO, em suas salas na área do palácio imperial, o Marquês Koichi Kido, Selo Privado do Imperador, bem cedo recebeu uma visita. Eram sete e meia quando o ministro da Guerra chegou ao gabinete de Kido no palácio imperial.

A sala em que Kido trabalhava, esparsamente mobiliada, parecia construída nos anos 1920 em Liverpool, Schenectady ou Bruxelas.

O cenário mais apropriado para o duelo entre os dois importantes antagonistas na tragédia que se aproximava seria uma taberna ou uma casa de chá, com uma vista espetacular para um rio ou lago, um *koto* tocando antigas e tristes sagas, com elegantes portas deslizantes por onde passavam os famosos 47 *Ronins* para se lançarem à sua vingança imortal. Ao gabinete de Kido, com sua aparência metódica, faltavam os ornamentos do teatro dramático *kabuki*.

Mesmo assim, os ingredientes do drama estavam presentes. Na calmaria entre as manobras dos dois no conflito que travavam, o senhor da guerra, em seu uniforme impecável, encarava o factótum imperial em seu quimono. Kido fazia lembrar um terrier. Faltava-lhe a compleição e o peso de um buldogue, mas essa falta era compensada por senso de avaliação e rapidez de raciocínio.

Kido era reconhecido como líder da facção favorável à paz e fora rotulado "falso conselheiro" do Imperador. Até dois dias antes, era protegido por quinze policiais. Todavia, para sua própria segurança, o Selo Privado resolveu se mudar para o prédio da Casa Civil do Imperador e permanecer dentro dos muros do palácio.

Anami e Kido se conheciam havia anos, desde quando os dois serviram ao Imperador nos anos trinta. Nessa época, Kido era secretário do Lord do Selo Privado e também trabalhava como conselheiro do ministro da Casa Civil; Anami era ajudante-de-ordens de Sua Majestade e coronel de infantaria. Participando da "família" imperial, os dois se encontravam frequentemente durante esse período e muitas vezes jantaram juntos "no mesmo refeitório" (tal como disse Kido).

Respeitavam-se como pessoas e adversários. No momento não podiam saber, mas esse seria seu derradeiro encontro.

Olhando para Anami, Kido via o típico chefe militar do país, o representante máximo da oposição à vontade do Imperador. Afinal, sete semanas antes Sua Majestade dissera ao ministro da Guerra e aos outros membros do Supremo Conselho de Guerra que desejava o fim do conflito. Três dias antes, em 10 de agosto, tinha se manifestado perante essas mesmas pessoas a favor da aceitação da declaração de Potsdam. Agora, ali estava Anami, porta-estandarte da oposição, arrogante e rindo para Kido. Teria o general alguma novidade para apresentar?

A fisionomia de Anami demonstrava confiança. Falou em tom grave. Kido sabia (porque Togo e Suzuki haviam dito) que Anami dirigira a ofensiva contra a resposta aliada durante todo o dia 12 de agosto. "O Japão será destruído", anunciava com estardalhaço o ministro da Guerra, em tom de adivinho, "se as exigências dos Aliados forem aceitas." Até aí, nada de novo.

"Devemos, de todas as formas, conseguir que o Imperador reconsidere sua posição e apoie uma batalha final e decisiva em nosso território." Nada de novo nisso. É o que os militares vinham defendendo havia meses.

"O que você acha? Na guerra, pessimismo nunca leva a bons resultados. Se o Japão se dispuser a fazer um último esforço, não será impossível conseguirmos terminar a guerra em posição vantajosa." O ministro da Guerra pôs um cigarro na boca enquanto esperava a resposta de Kido.

Era, pensou Kido, uma declaração típica de Anami – confusa e inexata, baseada em emoção e vontade, e não em realidade e lógica. Kido não acreditava mais em dogmas ou amuletos. Acreditava no que seus olhos viam e nos dados estatísticos que recebia. Não podia perder tempo acreditando em desejos e intenções sem fundamento.

O Selo Privado respeitava a fortaleza de caráter de Anami, mas já passara a hora de contemporizar. Tinha certeza de que, se expusesse o que pensava, Anami não ficaria aborrecido, não importa o quanto a mensagem pudesse contrariá-lo. Nas últimas conversas com o general tinha sido discreto e judicioso. Agora, quando sentia que havia uma real chance de chegar à paz, Kido não pretendia ter inibição.

"Isso não vai funcionar", replicou Kido, os grandes olhos avaliando calmamente a reação do ministro da Guerra. "Depois de ler os estudos sobre a nota realizados pelo ministério do Exterior, não consigo ver como essa resposta (dos Aliados) pode nos prejudicar. Podemos colher quantas opiniões diferentes quisermos, mas não podemos nos deixar influenciar por tantas visões conflitantes e mal informadas. Nossa única opção é acatarmos a opinião das autoridades responsáveis (significando os profissionais do ministério do Exterior).

Mudando de tática, Kido usou as premissas de Anami. "Vamos supor que o Imperador mude de posição e rejeite a proposta de paz do Japão apresentada no dia 10. Suponhamos que ele faça uma declaração conclamando o país para uma batalha final e decisiva. Lembre-se que o Japão já comunicou aos Aliados o desejo de aceitar os termos de Potsdam. Se o Imperador renegasse a nota enviada, então os Aliados e o resto do mundo o teriam como um tolo ou lunático. Seria intolerável ver Sua Majestade insultada dessa forma. Você pode ter suas próprias ideias, mas minha única opção é seguir minha própria diretriz."

O ministro da Guerra fumava como um dragão enjaulado. Subitamente o cenho franzido descontraiu. Sua expressão se inverteu. Anami riu. "Entendo sua posição muito bem, Kido-san. E que diria alguma coisa desse tipo." Hesitou e prosseguiu solenemente: "Mas o clima no Exército está realmente tenso."

Jogando fora o toco de cigarro, ergueu-se e saiu resoluto.

Tinha sido um encontro respeitoso e sem surpresas. Cada um mostrara claramente oposição à ideia do outro. Teria sido esse o objetivo de Anami ao procurar Kido? Ou fora para alertar o Selo Privado e a corte para a atitude perigosa de tentar calar o Exército? Kido via claramente Anami segurando com firmeza a tampa de um caldeirão a ponto de entrar furiosamente em ebulição. A questão era saber se ele conseguiria segurar a tampa o tempo necessário.

Na residência oficial do Premier, antes das oito horas daquela manhã quente de agosto, o escritório do secretário do Gabinete já funcionava a todo vapor. Sakomizu estava em posição delicada.

Desde o começo do governo de Suzuki os militares viam com desconfiança o secretário do Gabinete. Em sua opinião, o Premier, como o Imperador, era assessorado por falsos conselheiros e, entre estes, o principal era Sakomizu. Portanto não era surpresa o nome de Sakomizu estar associado ao de Kido nos cartazes que nos últimos dias tinham surgido nas estações de trem e nas esquinas mais movimentadas. Kido, Sakomizu e outros pacifistas deviam ser mortos na hora, como traidores, diziam os cartazes.

O secretário do Gabinete estava sentado à mesa, ocupado com detalhes da próxima reunião do Gabinete. Corriam rumores de que a oficialidade jovem estava atingindo o ponto de ebulição e era iminente o *coup d'état*. Também circulavam rumores de que tinham sido feitas listas de assassinatos, descrevendo quem "estava na turma." A segurança em torno de Sakomizu fora reforçada, e estantes e arquivos cheios colocados de forma a bloquear a entrada dos gabinetes dos principais funcionários cujas vidas podiam estar ameaçadas.

Naquela manhã apareceu no gabinete de Sakomizu um tenente carregado de documentos. Parou bem em frente ao secretário e, quando Sakomizu ergueu os olhos, espalhou insolentemente sobre a mesa a cascata de documentos, enchendo-a e empurrando para o chão os trabalhos de Sakomizu.

O secretário do Gabinete se levantou rapidamente para pegar e recolher os papéis que tinham caído. Nesse momento o militar já tinha esvaziado as mãos. Encarou desafiadoramente Sakomizu, fez meia-volta e saiu sem dizer uma só palavra. Olhando a papelada, o secretário do Gabinete viu que eram todos documentos ultra-secretos que versavam sobre a necessidade de continuar a guerra até a "vitória" final. Sakomizu entendeu a mensagem.

Mal acabara de receber aquela encomenda, o secretário do Gabinete viu à sua frente o tenente-general Sanji Okido, comandante dos temidos *Kempeitai*. A prática da opressão se desenvolvera a tal ponto que aterrorizava todos os japoneses. O General Tojo, quando primeiro-ministro, a usara frequentemente nos três primeiros anos da guerra e desde o começo da década de trinta os *kempei* já levavam fama de violentos e cruéis. Dezenas de milhares de japoneses e incontável número de chineses e coreanos haviam sido detidos, confinados, torturados e presos sem direito a recurso, acusados de suspeita de subversão, pensamentos traiçoeiros, manifestação contra a guerra e desrespeito ao trono. Quatro meses antes, menos de duas semanas após assumir o cargo de ministro da Guerra, o General Anami autorizara os *kempei* a prender 400 bem conhecidos japoneses por alimentarem sentimentos "contrários à guerra." Entre eles um juiz de alto nível e ex-embaixador na Inglaterra, Shigeru Yoshida. Isso fez tremer os defensores da paz. Sakomizu tinha todos os motivos para acreditar que seu nome estava na lista dos *kempei* para ações futuras.

Assim, ao ver a expressão do chefe *kempei*, o secretário do Gabinete não pôde evitar um calafrio interior. Mas ele queria falar com o primeiro-ministro Suzuki Okido, e não com Sakomizu. O secretário do Gabinete ficou imaginando, muito preocupado, a razão para o chefe dos *kempei* querer falar com o velho Premier. Disse a Okido que Suzuki ainda não chegara e acreditava que estaria indo diretamente para a reunião dos Seis Grandes, marcada para 08h45.

O general insistiu. Queria ver Suzuki tão logo fosse possível. Todavia, faltava pouco tempo para a reunião do Supremo Conselho de Guerra, e o premier não tinha chegado. Impaciente, Okido puxou Sakomizu para um canto da sala.

"Se o Japão se render", rosnou o comandante dos gendarmes, "o Exército se revoltará. Com certeza. O primeiro-ministro está seguro de que conseguirá dominar a revolta?" Era uma pergunta curiosa, que mais pareceu uma ameaça do que mera indagação. Afinal, Okido era o chefe de uma organização policial do Exército, justamente a que tinha a missão de manter a ordem e a disciplina no meio militar.

"Os *kempei* estão recebendo informações a cada hora de regimentos de todo o país. Todos indicam a possibilidade de uma insurreição." Okido encarou Sakomizu e ficou evidente que estava culpando o premier e o grupo pacifista pela intranquilidade dos militares. "Não podemos nos responsabilizar pelo que acontecer", deixou escapar. "A *Kempeitai* insiste que a guerra deve continuar. Dezenas de milhões de vidas poderão ser sacrificadas, mas não devemos nos render!"

Sakomizu prometeu transmitir o parecer e a advertência ao Premier, e o general caminhou solenemente para a porta. Em seguida, fez meia volta, encarou o secretário do Gabinete com olhar penetrante e significativo, e disse: "Sei qual é sua posição e você sabe qual é a minha e a da tropa. Certifique-se de que o premier também entenda bem isso." Então se foi, deixando no ar um senso de danação.

As experiências de Sakomizu naquela manhã foram o agourento prelúdio para um dia que prometia ser crítico. Era inevitável um desfecho no dia 13 de agosto. A resposta não oficial dos Aliados, que no dia 12 dera um nó no gabinete, teria que ser respondida de uma forma ou de outra, agora que a nota oficial tinha oficialmente chegado.

A questão do momento na manhã do dia 13 era saber se o premier tinha parado de variar de opinião e, em caso positivo, qual era sua posição final. Teria mais uma vez mudado sua opinião e resolvido aceitar os termos dos Aliados nas reuniões do Supremo Conselho de Guerra e do Gabinete? Caso contrário os defensores da paz ficariam diante de sérios obstáculos que impediriam a rendição.

Às 08h45, os seis membros do Supremo Conselho de Guerra do Japão entraram na salinha do abrigo antiaéreo da residência do Premier.

Ao sentarem em torno da mesa coberta por uma toalha de feltro verde, o ministro da Guerra Anami, o General Umezu, Chefe do Estado-Maior do Exército e o Almirante Toyoda, Chefe do Estado-Maior da Armada, ficaram diante do ministro do Exterior Togo e do Almirante Mitsumasa Yonai, ministro da Marinha. Suzuki, o respeitável Premier, tomava enigmaticamente seu chá e fazia de conta que não via os preparativos.

A reunião mal começara quando os dois chefes de Estado-Maior foram chamados para uma audiência urgente com o Imperador. Toyoda e Umezu saíram rapidamente e viram-se ante Hirohito às nove horas. O Imperador estava acompanhado, como de hábito em audiências dessa natureza, por seu ajudante-de-ordens. Em seu uniforme de Grande-Marechal do Exército, o Imperador, em pé, falou pausadamente.

"Uma proposta de paz está sendo discutida com as Nações Aliadas. Qual é o vosso plano de operações aéreas que vamos realizar enquanto a negociação está em curso?" Olhando para Umezu e Toyoda por trás de seus óculos de grossa armação preta, o Imperador-deus examinava os dois senhores à sua frente, ambos capazes de puxar os gatilhos. Cada um deles comandava centenas de milhares de soldados japoneses e podiam expedir ordens de operações capazes de comprometer ou destruir as negociações. Passou a perguntar aos dois militares qual era o poder de combate que restava ao Japão, querendo obter deles um comprometimento que servisse como dispositivo de segurança capaz de evitar que os gatilhos fossem acionados. Em sua forma usualmente indireta de dizer as coisas, Hirohito tentava indicar seu interesse na segurança das negociações e em seu sucesso.

Falando também pelo Chefe do Estado-Maior da Marinha, o Chefe do Estado-Maior do Exército, General Umezu, respondeu: "Deveremos evitar ataques agressivos. Só quando formos atacados ou surgir necessidade de medidas defensivas responderemos ao fogo".

O Imperador ficou a olhar o general e seu colega. A resposta de

Umezu era suficiente, se o Exército e a Marinha a mantivessem. Hirohito fez que sim, e a audiência terminou. Os dois militares saudaram reverentemente o Imperador e voltaram para a reunião do SCG.

Enquanto isso, Sakomizu estivera ativo. O secretário do Gabinete vinha acompanhando cuidadosamente a reação em estações de rádio e jornais inimigos. Concluíra que a paciência dos Aliados acabava. Em 12 de agosto, as transmissões americanas diziam que o Japão ainda não respondera à nota aliada enviada no dia anterior. Portanto, eram duvidosas as intenções pacifistas do Japão. Na manhã de 13 de agosto, as transmissões ficaram mais agressivas, acusando o Japão de atrasar deliberadamente a resposta. Ameaçavam uma chuva de bombas sobre as cidades japonesas, a menos que o país se rendesse imediatamente.

Tais manifestações se deviam ao fato de Japão não fazer declaração nenhuma para o estrangeiro, oficial ou não, indicando que eram discutidos os novos termos apresentados pelos Aliados. Alarmado, Sakomizu concluiu ser importante afastar as suspeitas aliadas e ressaltar a sinceridade do Japão. Claro, não podia emitir nenhuma nota oficial que devesse ter a sanção do governo e ser expedida pelo ministério do Exterior. Mas podia emitir uma nota não oficial pela estação de ondas curtas da Domei. Mais cedo, naquela manhã, tinha pedido à Domei para soltar uma notícia em sua transmissão ao além-mar. Mais tarde, em San Francisco, a estação local repetiu a notícia em inglês. A Domei afirmara (seguindo a orientação de Sakomizu) que o Gabinete japonês decidira pela paz e estudava os procedimentos consequentes. Segundo a Domei, era a única coisa ainda pendente. Obviamente o secretário do Gabinete havia deturpado consideravelmente a verdade.

O Exército e a Marinha do Japão, monitorando as principais estações de rádio dos Estados Unidos e de outros países, imediatamente tomaram conhecimento da notícia. Uma chamada telefônica para a Domei identificou de imediato a fonte da informação, e alguns ativistas foram instigados a procurar o secretário do Gabinete e intimidá-lo. Vários oficiais do Exército irromperam no escritório de Sakomizu. Um deles berrou: "Com que autoridade você fez essa transmissão?". "Você é um traidor!", gritou outro. Sakomizu tentou permanecer calmo, mas depois de muitas imprecações e ameaças, eles saíram tão espalhafatosamente quanto tinham entrado.

A reunião do Conselho recomeçou. A discussão parecia uma dança ritual de um pequeno grupo de pássaros sofisticados. Um abordava um lado da questão conduzindo-a em determinada direção e era prontamente repelido por outro, que transferia a matéria para alguém no outro lado da mesa. Então, um terceiro personagem introduzia outro tema contrapondo-se às considerações anteriores, em uma sucessão de prós e contras, e esses movimentos só cessavam quando havia um intervalo. Era hipnótico, enlouquecedor. Um debate essencialmente semântico, sem clímax e sem fim. Bem à moda japonesa. Enquanto na superfície o mundo estava coberto de cinzas e seus compatriotas se viam obrigados a catar lixo, eles continuavam a dança ritual em seu cubículo privativo e isolado.

O ministro da Guerra e os chefes de Estado-Maior queriam que os Aliados declarassem que o Imperador não receberia ordens do Comandante Supremo, o sistema imperial não seria submetido a um plebiscito, não haveria ocupação nas principais ilhas e as forças armadas japonesas providenciariam voluntariamente o próprio desarmamento.

Togo e Yonai acreditavam que exigir uma dessas condições, e muito menos todas, resultaria no colapso das negociações e no prosseguimento de uma guerra total dos Aliados contra o Japão. Togo concordou em perguntar aos Aliados sobre as questões do desarmamento e da ocupação, mas se recusou firmemente a apresentar essas matérias como condições do Japão para aceitar os termos aliados.

O debate avançou e recuou a respeito das declarações de que o Imperador ficaria "submetido ao" comandante supremo e do dispositivo que afirmava que o governo do Japão seria decidido "pela livre vontade do povo."

O ministro da Guerra, queixo projetado, bateu com firmeza com a mão no tampo de feltro da mesa e disse friamente que a ocupação do território nacional e o desarmamento, a não ser realizado pelo próprio Japão, estavam fora de questão.

Yonai continuava calado, queixo apoiado na mão, acompanhando os debates com apreensão. Finalmente falou, como sempre concisamente. "Há questões que já foram resolvidas pela decisão imperial (10 de agosto). Portanto, quem insiste em repetir esses argumentos está se rebelando contra Sua Majestade." Houve um murmúrio e depois, silêncio. Anami ficou furioso e Toyoda sacudiu vigorosamente a cabeça.

Umezu, imperturbável, se esquivou das implicações da objetividade de Yonai. "Não estamos questionando a decisão imperial. É absolutamente normal exigirmos mudanças no texto, para que os japoneses possam entender os termos. Precisamos evitar interpretações unilaterais."

A conversa parecia incomodar o velho Premier, que emergiu de uma nuvem de fumaça de charuto para perguntar impaciente: "Os chefes militares estão tentando frustrar nossos esforços em busca da paz ao ficarem deliberadamente resmungando sobre a resposta de Byrnes? Por que não podemos considerá-la compatível?"

Togo respirou fundo o ar úmido e malcheiroso. Finalmente o premier tinha descido do muro. Embora não fosse uma declaração inequívoca de apoio à aceitação dos termos aliados, produziria esse efeito. Portanto, o equilíbrio da balança tinha sido restaurado – três a três.

A discussão continuou. Anami liderava a oposição. Umezu seguia seu líder, mas se concentrando nas dificuldades técnicas para o desarmamento e a ocupação. Considerava esses pontos extremamente delicados, quiçá insolúveis. Toyoda se mantinha inabalável e, embora não possuísse esquadra, seu poder retórico não diminuía. Era impensável, afirmou em tom quase zombeteiro, os Aliados continuarem combatendo em vez de barganharem somente porque os japoneses queriam esclarecer certos termos. Afinal, o Japão tinha sinalizado que desejava encerrar as hostilidades.

Mais tarde Toyoda descreveu seu raciocínio. "Quando alguém compra um vaso de plantas de um agricultor numa feira e este percebe que o comprador está decidido a comprar, não desiste facilmente. Se o comprador reclama disto e daquilo, procura não interromper sua conversa de vendedor. Pode estar pensando em não ceder, mas, no fundo do coração, prefere agir com paciência, esperando até conseguir vender a planta. Se não quer reduzir o preço que pediu, provavelmente vai esperar até que o comprador desista e concorde a pagar o preço. Se pensa em reduzir o preço, provavelmente concordará um pouco adiante."

Pode ser que alguém pergunte o que um vaso de plantas tem a ver com guerra e quem seria o comprador e o vendedor nas negociações da rendição, mas Toyoda sabia muito bem.

A fuga de frustração prosseguiu até quase as duas da tarde, quando o premier, sem paciência e sem charutos, determinou uma pausa. O SCG estava irremediavelmente dividido. Suzuki anunciou uma reunião do gabinete às três da tarde e adiou a sessão.

Enquanto Togo guardava seus documentos, Anami se aproximou bruscamente da mesa de Suzuki. O ministro da Guerra se postou diante dele, praticamente nariz contra nariz. Mencionou para Suzuki a Conferência

Imperial de 10 de agosto: "A decisão imperial não devia ter sido solicitada antes de chegarmos a um acordo. Esse engano não pode se repetir!"

O objetivo de Anami estava bem claro: ressaltar o descontentamento do Exército com essa mudança de regras. Estava alertando Suzuki para não reincidir nesse procedimento. Foi uma dura ameaça.

Togo percebeu o desafio e disse com firmeza: "O Alto Comando está tentando arruinar as negociações. Temos de providenciar imediatamente para que os Aliados conheçam nossas intenções. Portanto precisamos chegar rapidamente a uma decisão." Togo estava desafiando Anami e os militares. Afirmava que se eles impedissem um acordo, o primeiro-ministro e o grupo a favor da paz não hesitariam em apelar para uma "decisão" do Imperador.

Depois dessa afirmação, Togo recolheu seus documentos, a pasta, e saiu apressado da sala. Passou pela onda de calor do verão rumo ao palácio e mostrou ao Imperador o texto oficial da resposta aliada. Também enunciou as dificuldades que Suzuki estava enfrentando com os militares. Hirohito aprovou a posição de Togo e lhe disse para apoiar o premier e, novamente, insistiu com o ministro do Exterior que fizesse todo o possível para resolver a questão.

No quartel-general do exército, oficiais jovens se incitavam reciprocamente para rejeitar qualquer trégua ou rendição. Chegaram ao Ministério do Exterior e aos assessores do primeiro-ministro informações sobre grupos de militares radicais planejando formas de içar a bandeira da reação. De acordo com as informações que chegaram a Togo e Sakomizu, dezenas de oficiais de postos intermediários estavam planejando:

- Recorrer ao Imperador para que emitisse uma proclamação defendendo a guerra total, a qualquer preço.
- Conseguir que o ministro da Guerra expedisse ordem para todo o Exército combater até o último homem.
- Anunciar a vigência da lei marcial em todo o país, com o ministro da Guerra assumindo o Ministério do Interior (com o controle de toda a polícia interna da nação).
- Cooperar com o "grupo guerreiro" da Marinha na reação às ordens para término da guerra.
- Esmagar impiedosamente a facção pacifista.

Uma informação dizia que os radicais do exército usariam granadas de mão em vez de metralhadoras para manter a ordem e planejavam eliminar o grupo pacifista se as massas ficassem agitadas. Outro relato afirmava que os oficiais tentavam conseguir apoio para seus planos. Embora houvesse tentativas de obter alguma ressonância em seus correspondentes da Marinha, o pulso de Yonai sobre os subordinados e a disciplina evitou que prosperassem aventuras conjuntas.

Toyoda, Anami e Umezu sofriam intensa pressão dos subordinados mais jovens e jingoístas. Esses fanáticos eram tão audaciosos que tentaram bloquear as transmissões-rádio com a Suíça e a Suécia, nações pelas quais o Japão estava conduzindo as negociações para a rendição oficial.

Enquanto o ministro do Exterior estava no palácio, o da Guerra era assediado por visitantes. Era fácil abordar Anami. Agora, momento de profunda intranquilidade, seu gabinete se transformara em palco de manifestações de encorajamento, simpatia e determinação. Dezenas de jovens oficiais visitaram o ministro da Guerra. Simplesmente contornavam a cadeia de comando, ignoravam seus chefes de seção e de departamento e se dirigiam diretamente ao ministro para manifestar o que pensavam e conseguir sua promessa de que não haveria rendição.

Se não fosse resistente, Anami teria se desgastado muito com o dilúvio diário de visitantes e suas variadas demandas. Uma das reuniões mais importantes daquela tarde foi com o Chefe do Estado-Maior, General Umezu, e com o comandante do Distrito Oriental do Exército, General Shizuichi Tanaka, responsável por toda a cidade de Tóquio e o centro de Honshu.

A carreira de Tanaka, um severo disciplinador, incluía anos como profissional de punho de ferro. Fora encarregado de exercer a repressão como comandante dos *Kempeitai* e, mais tarde, como comandante nas Filipinas ocupadas, até que a malária o forçou a retornar ao Japão, onde assumiu o comando em Tóquio.

Nessa reunião informou a Anami e Umezu que havia crescente agitação no Exército e na população. Sempre favorável às soluções simples e drásticas, insistiu que já era hora de implantar a lei marcial. Além disso, argumentou que os pacifistas estavam criando problemas e deviam ser presos imediatamente. Anami e Umezu asseguraram a Tanaka que dariam atenção às suas recomendações, mas que, por enquanto, não podiam ir mais além.

A agitação no Exército e na Marinha não passara desapercebida pela corte. Embora fosse comandante-em-chefe, o Imperador não tinha poder para expedir uma simples ordem de que as forças armadas cessassem a perturbação. Tais ordens eram emitidas em seu nome por seus leais e qualificados representantes, os chefes de Estado-Maior do

Exército e da Marinha. Assim, a maneira de Hirohito contornar essa limitação era transmitir sua vontade a todos os príncipes imperiais, ao Conselho Privado, aos almirantes da esquadra, aos marechais e a outras pessoas influentes. A esses personagens ele comunicou sua decisão de terminar a guerra e suas razões para aceitar a declaração de Potsdam. Essa iniciativa ajudou a repelir as alegações de que o verdadeiro desejo do Imperador estava sendo deturpado por "assessores traidores".

Hirohito também enviou seus irmãos a lugares sensíveis. O Príncipe Mikasa, oficial do exército em serviço ativo, foi despachado para o QG, onde conversou, entre outros, com o chefe da seção de assuntos militares, ao qual Takeshita era subordinado. A frase de Mikasa foi claramente ouvida na sala vizinha. "A atitude dos jovens do exército está errada." Mikasa fez acusações. "A de Anami também está errada."

Takeshita reconheceu que o príncipe (e, portanto, a família imperial e o Imperador) reprovava o Exército por desobedecer a vontade expressa por Sua Majestade de que o conflito terminasse com a aceitação dos termos de Potsdam. Em seguida Takeshita ouviu a resposta de seu chefe de seção. "É porque estão pensando apenas na estrutura nacional."

Os militares da força terrestre, para sua conveniência, ignoravam a preocupação do Imperador que fora fundamental para sua decisão de pôr fim à guerra. Achavam que a forma de pensar deles era a única visão realista do país. A do Imperador, julgavam distorcida pelas "nuvens que rondavam o trono" – os membros do grupo pacifista.

Às três da tarde, no auge do calor daquele abafado dia de agosto, o premier Suzuki reuniu seu Gabinete, e Sakomizu leu a resposta oficial dos Aliados. O velho Almirante pediu a opinião dos ministros que compunham o Gabinete. Dez deles concordaram com a aceitação imediata dos termos. Três se opuseram à nota de Byrnes. Recomeçou a dança ritual, agora com mais pássaros.

Logo depois do início da reunião, o ministro da Guerra se afastou, foi à sala de Sakomizu e pediu que fosse feita uma ligação com o chefe da seção de assuntos militares, centro nervoso da elaboração da política do exército. Quando o Tenente-General Yoshizumi atendeu, Sakomizu passou o telefone para Anami. Ficou surpreso com as palavras do ministro da Guerra.

Anami disse em tom animado para Yoshizumi, "Agora o Gabinete está ficando favorável. Um ministro após outro está entendendo nossa posição, de modo que quero que você nada faça até eu retornar. O secretário do Gabinete está aqui. Se necessário, pergunte a ele sobre o andamento da reunião." Sakomizu estivera na reunião e sabia que a situação era exatamente o inverso da que descrevera Anami. Longe de aderir à posição dos militares, o Gabinete se manifestara contra na proporção de quatro para um e não havia indícios de mudanças de posição. O que Anami estaria pensando? Espantado, Sakomizu encarou o ministro da Guerra, a ponto de protestar. Porém, Anami o fez desistir franzindo as sobrancelhas e com um aceno deliberado de cabeça.

Yoshizumi acatou a descrição de Anami, e não pediu para falar com Sakomizu. A situação no Exército devia estar terrivelmente tensa, pensou o secretário, para obrigar o ministro da Guerra a telefonar ao seu mais confiável e próximo subordinado e contar uma falsa história como aquela. Anami, na melhor hipótese, apenas tentava apagar o estopim.

O ministro da Guerra voltou para a reunião e, um pouco depois, Sakomizu fez o mesmo. Togo notou que o ministro da Guerra parecia um pouco menos disposto a se envolver nas controvérsias do que estivera durante a manhã. É verdade que o calor estava insuportável, mas todos sofriam igualmente. Anami parecia pensativo, e Togo achou que de vez em quando mergulhava em devaneios. Contudo, não diminuíra a oposição aos termos do inimigo. Os ministros da Justiça e do Interior rejeitavam com firmeza a nota de Byrnes. Nesse momento, Togo não sabia que pouco antes Anami recebera novos conselhos desencorajadores. Em 10 de agosto ele mandara buscar secretamente Yosuke Matsuoka, ministro do Exterior do Japão antes da guerra, que com tanta competência ajudara os militares a celebrar a aliança com o Eixo e a repelir as democracias. Anami lhe perguntou se havia alguma possibilidade no campo diplomático para resolver o dilema do Japão. Matsuoka doente e à beira da morte, vivia ao sul de Tóquio. Foi à capital, passou dois dias visitando amigos para se familiarizar com a situação corrente e, em seguida, procurou o ministro da Guerra e afirmou que não havia providências diplomáticas e nem milagres capazes de salvar o Japão.

Subitamente, Sakomizu foi chamado à sala de reuniões do Gabinete. No corredor encontrou um repórter do *Asahi*, seu velho conhecido. O secretário do Gabinete achava que seria útil contar com suas próprias fontes de informações e, portanto, subsidiava e aliciava repórteres que pudessem alimentá-lo com notícias importantes sobre o meio militar. O repórter tinha nas mãos um pedaço de papel. "Sabe alguma coisa sobre isto?"

O secretário do gabinete olhou. Era um comunicado do Quartel-General Imperial liberado às quatro da tarde de 13 de agosto. Dizia:

> O Exército e a Marinha imperiais, tendo recebido do Império a nobre missão de preservar o sistema nacional, a fim de defender o território do Império, declaram que todas as forças armadas iniciarão, com a maior devoção, uma ofensiva geral contra as forças inimigas Aliadas.

Ofensiva geral! O entusiasmo do secretário do Gabinete desmoronou. "Essa declaração fora preparada para publicação pelo *Asahi* e estava previsto transmiti-la pelo rádio às quatro da tarde", informou o repórter. Sakomizu olhou o relógio. Três e quarenta e cinco. A ser verdade, as negociações estariam liquidadas e a guerra recomeçaria com intensidade e violência ainda maiores, o que tornaria inevitável a *gyokusai*, pois os Aliados não acreditariam mais em iniciativa de paz partida do Japão.

Sakomizu saiu correndo para a sala de reuniões e se postou ao lado de Anami. Pôs o papel diante do ministro da Guerra e cochichou em seu ouvido: "O que tem a dizer sobre isso?"

Anami arregalou os olhos enquanto lia. Girou a cadeira e olhou fixamente para Sakomizu. "Nada sei sobre isso", disse. "Declarações do QG Imperial estão fora da jurisdição do Ministério da Guerra e competem ao Chefe do Estado-Maior do Exército. Entre imediatamente em ligação com o General Umezu."

O secretário do Gabinete apanhou o pedaço de papel e o levou até a mesa do diretor de Planejamento do Gabinete, o Tenente-General Ikeda, que tampouco ouvira alguma coisa a respeito, mas que ficou, como Sakomizu, alarmado com aquela ameaça. Juntos saíram apressadamente da sala. Enquanto prosseguiam as discussões, o centro das atenções naquele momento convergiu para o telefone. Ikeda rapidamente ligou para o General Umezu para saber algo a respeito daquela ordem.

Umezu se estarreceu. Nunca ouvira falar de tal ordem e nada sabia. Determinou a Ikeda para anulá-la e disse que faria o mesmo. Assim começou uma corrida frenética de ligações para jornais, estações de rádio e a Domei. As chamadas exigiram angustiantes minutos, mas a falsa ordem sobre a ofensiva foi finalmente bloqueada alguns minutos antes das quatro, hora limite.

Posteriormente Sakomizu descobriu que aquele assustador pronunciamento tivera origem na seção de imprensa do QG Imperial aprovado pelo vice-ministro da Guerra e pelo vice-chefe do Estado-

Maior. Nenhum julgara necessário a sanção de seus superiores, Anami e Umezu. Tampouco hesitaram em permitir fraude tão abominável – que chegara a invocar o nome do Imperador – e difundi-la para a nação e para o mundo. Foi uma clara demonstração da deterioração da disciplina no exército. Também revelou que terminar a guerra seria objeto de uma disputa febril. Quem poderia prever o que radicais fariam em seguida? E quem poderia garantir que a bomba seguinte poderia ser desarmada a tempo?

Durante toda a tarde os ministérios da Guerra e do Exterior enviaram mensageiros com subsídios para Anami e Togo defenderem as respectivas posições. Noticiários monitorados no rádio, comentários e opiniões editoriais das capitais mundiais eram material para argumentação dos lados que se opunham e chegavam aos dois ministros tão logo os textos eram traduzidos.

Anami distribuiu cópias de um editorial do *New York Times* de 11 de agosto como exemplo da "atitude mal-intencionada e ultrajante dos Estados Unidos." O editorial dizia que o Imperador deveria ser mantido porque é preferível um "deus desacreditado" do que um "deus-mártir", segundo o ponto de vista americano.

Togo aproveitou o ponto de vista do ministro da Guerra em seu próprio benefício. Afirmou que essa atitude favorecia o Japão porque mostrava que os Aliados não modificariam o sistema imperial.

O editorial do *Herald Tribune* de Nova York do mesmo dia era outra história. Dizia seriamente que o Comandante Supremo das Potências Aliadas "governaria" o Japão. Anami e seus seguidores ressaltaram triunfantes que isso era uma prova conclusiva de que a frase de Byrnes "submetido ao" significava que o Imperador se tornaria um lacaio.

Togo contestou Anami, o *Herald Tribune* e a interpretação da frase. Após dois dias inteiros moendo e remoendo a semântica dessa expressão, ela continuou sendo um obstáculo de mui difícil superação.

Enquanto o Gabinete continuava atolado em suas disputas rituais, o Coronel Makoto Tsukamoto, oficial do Exército, magro e de cabeça angulosa, chegava ao sólido prédio de pedra bem conhecido e temido por todos os japoneses, o QG da *Kempeitai* em Tóquio.

Tsukamoto, obedecendo a uma ordem, preparava o primeiro relatório em sua nova função. Transferido do exército japonês em Formosa para o comando do *kempei* do Distrito Oriental, em Honshu. Disposto, tagarela e atrevido, era perfeito para o trabalho de dedo-duro.

Doze de agosto foi seu primeiro dia na nova função e o passou bancando o detetive no quartel-general imperial, ouvindo pessoas que ele conhecia, como o tenente-coronel Masataka Ida, da seção de assuntos do Exército do escritório de assuntos militares. O jovem Ida também já servira em Formosa e fora transferido para Tóquio havia alguns meses.

Na tarde do dia 13, Tsukamoto despachava diretamente com um membro da cúpula, o Tenente-General Sanji Okido, comandante geral da *kempei*. "Na manhã do dia doze", começou, satisfeito o informante, "o tenente-coronel Ida me disse: 'Agora acabou o conflito entre o Exército e a Marinha. A Marinha está dividida em dois grupos, e o Estado-Maior naval mudou para Ichigayadai (onde estava localizado o quartel-general do Exército). Estamos elaborando um plano para derrubar o gabinete de Suzuki e formar um governo radical chefiado pelo General Anami. Em consequência há um planejamento para implantação da lei marcial.'"

Empolgado com o assunto que informava, Tsukamoto prosseguiu com entusiasmo: "O sentimento que predomina (entre os oficiais jovens) é que 'o gabinete de Suzuki é como o de Badoglio, conspirando por baixo dos panos com os Estados Unidos e a Inglaterra; e o cabeça da trama é Sakomizu, o secretário do Gabinete. O Imperador é ludibriado pela deslealdade do Gabinete. Esse Gabinete precisa ser dissolvido para nosso sistema nacional ser preservado.' Isso me foi dito por Ida, oficial do Estado-Maior." Tsukamoto fez uma pausa momentânea à espera de algum sinal de aprovação, pois tinha certeza de que a informação e sua atuação bem a mereciam. O grisalho comandante da *kempei* brincava com a miniatura de uma lâmina de espada que estava sobre a mesa e seu olhar trespassava Tsukamoto. Mas nada disse.

O coronel limpou a garganta e foi em frente: "Ida disse também: 'O sistema nacional deve ser preservado por meio de assessoramento adequado ao Imperador. O General Anami está se esforçando ao máximo nesse sentido... Mas existe o perigo de as coisas ficarem ainda piores, e de o Imperador transformar-se num Badoglio, a não ser que seja devidamente protegido... Contudo, o Tenente-General Mori, comandante da Divisão Imperial de Guarda é um problema, porque tende a fazer exatamente o que o Imperador manda.'"

"Nesse ponto", prosseguiu modestamente o agente da *kempei*, "apresentei uma ideia para preservar meu amor próprio e disse: 'O

Exército deve sempre agir em uníssono, e se o Imperador manifesta sua vontade, o exército deve obedecer.' Ida ignorou minha observação e continuou: 'Embora o ministro da Guerra pense como nós, o chefe do Estado-Maior é mais cauteloso e por isso não podemos fechar a questão.' Eu lhe perguntei: 'Como sabe o que pensa o ministro da Guerra?' Ida respondeu 'O tenente-coronel Takeshita está permanentemente em contato com ele.'"

O General Okido bateu violentamente o punho sobre a mesa. "O ministro da Guerra não tem a menor intenção de empregar o exército num *coup d'état*!" – trovejou. O relatório do informante repetia todos os boatos que Okido já escutara, e ele protestou: "Só agora todos estão pensando nisso, depois que a situação chegou a esse ponto? O ministro da Guerra e eu já analisamos a questão sob muitos ângulos. Nós (Japão) estamos como a carpa, com a cabeça no cepo. Não é hora de começarmos a reclamar e criar dificuldades." (Estava muito longe da atitude beligerante do próprio Okido ao ameaçar Sakomizu sete horas antes. Naquela ocasião, ele tinha sido a favor de sacrificar "dezenas de milhões de vidas" ao invés de se render. Qual seria sua posição após mais sete horas?)

Agora são quase sete horas da noite na cidade de Tóquio, ruas sujas e poeirentas. O calor de quase trinta graus cedeu um pouco. O blem, blem abafado dos sinos dos templos pode ser ouvido de todas as direções. Na sala de reuniões do Gabinete o calor ainda é forte e os debates prosseguem, inflamados e ríspidos.

Finalmente Suzuki concluiu que a reunião já tinha alcançado o máximo possível, ou seja, quase nada. Esgotado, o premier sondou informalmente a posição dos membros do Gabinete e concluiu que Togo, Yonai e oito outros eram a favor da aceitação dos termos aliados. Anami e os ministros da Justiça e do Interior queriam alongar as negociações. O ministro do Material Bélico nada tinha decidido e um outro ministro deixou a critério de Suzuki. O júri estava dividido, mas em um julgamento é preciso haver unanimidade, e a maioria não basta para chegar a uma decisão. Todavia, embora não se tratasse de um júri, essa condição não poderia ser esquecida. Em consequência, mais um dia se perdera em discussões inúteis. Um dia precioso.

Abatido e desalentado, o velho premier via seu Gabinete irremediavelmente dividido. Pôs de lado o charuto e falou francamente com aquele grupo com o qual estava familiarizado (uma das poucas vezes que agiu dessa forma ao tratar dessa questão):

"Admito que quando li pela primeira vez a resposta aliada não vi como poderia ser aceita. Estava decidido a lutar até o fim com nossos heroicos defensores, se preciso arrasando a terra."

Entretanto, lera e relera a nota várias vezes e finalmente tinha concluído que os Aliados não tinham em mente um propósito sinistro. O coração de Sua Majestade clamava por uma única coisa, o fim da guerra e o restabelecimento da paz. Como primeiro-ministro, disse o velho Almirante, seu desejo e dever era obedecer à vontade imperial. Portanto, informaria a Sua Majestade o que acontecera na reunião do Gabinete e pediria que o Imperador manifestasse sua nobre decisão. E assim Suzuki encerrou a reunião.

Na verdade, isso serviu para alertar os militares que, se realmente quisessem tentar um golpe, deveriam fazê-lo antes que o Imperador desse sua decisão em uma Conferência Imperial como na de 10 de agosto. Portanto, os contrários ao fim da guerra teriam de agir logo, impedir ou atrasar essa conferência. Poderiam bloqueá-la pela falta de autorização dos chefes de Estado-Maior do Exército e da Marinha, porque uma Conferência só poderia ser convocada mediante requisição escrita do primeiro-ministro e dos dois chefes de Estado-Maior. Claro que o Imperador podia convocar uma Conferência Imperial por sua própria iniciativa, mas isso raramente acontecia e era improvável.

Após a reunião do Gabinete, o General Anami foi ao escritório do primeiro-ministro e o viu na antesala com um médico da Marinha de nome Kobayashi. Disposto a tentar atrasar ou impedir a Conferência Imperial, Anami perguntou: "Senhor Premier, por favor, será que poderia esperar mais dois dias antes de convocar uma Conferência Imperial?"

Suzuki recusou atender ao pedido do ministro da Guerra. "A hora é esta, Anami, não podemos perder a oportunidade. Lamento."

Anami tinha tentado e percebeu que seria inútil continuar discutindo a questão. Saudou o premier e saiu em silêncio. O Dr. Kobayashi ficou intrigado. "Por que não esperar um pouco? Faria muita diferença?" O velho Almirante suspirou e respondeu: "Qualquer atraso seria perigoso. Se perdermos esta chance para terminar a guerra, os russos vão nos atacar não apenas na Coreia, na Manchúria e na Ilha Sakalina, mas também em Hokkaido (o extremo norte interno japonês). Isso seria um golpe fatal para os próprios fundamentos da nação. Não, precisamos resolver essa questão enquanto as negociações se limitam a um só ator principal, os Estados Unidos".

"Mas, senhor primeiro-ministro, o General Anami pode se matar", comentou Kobayashi. "De fato", disse Suzuki pensativo ao parar junto à porta. "É bem possível. Lamento". Acenou para o médico e saiu da sala.

Enquanto o ministro da Guerra saía do gabinete e voltava para sua residência oficial a fim de acalmar os nervos praticando seu exercício diário de *kyujutsu* (arco e flecha japonês), Togo passava pelos escombros de Tóquio rumo a um jantar para inaugurar a nova residência oficial do ministro do Exterior, que substituíra a destruída por um ataque aéreo. Esperava que fosse a ocasião ideal para relaxar um pouco, embora tivesse seu lado formal. Era um alívio depois das dezoito horas que passara tentando contornar ou converter os militaristas. Embora austero e reservado, Togo esperava poder descontrair um pouco na companhia de amigos.

O ministro do Exterior acabara de chegar ao jantar quando foi chamado ao telefone. Umezu e Toyoda queriam vê-lo imediatamente. Togo relutou em deixar o jantar planejado semanas antes. Não lhe agradava deixar o evento e atravessar a cidade para discutir ainda mais com o general e o almirante. Duvidava que ainda houvesse alguma coisa a ser discutida que não tivesse sido debatida exaustivamente na semana anterior. Os chefes de Estado-Maior insistiram. Hesitante em deixar passar qualquer oportunidade, por mais remota que fosse, de liquidar as divergências e decidido a não conceder aos militares alguma razão para afirmarem que ele não desejava cooperar, Togo finalmente concordou em vê-los na residência do premier às nove da noite. Nesse exato momento Anami recebia a delegação de conspiradores, como já foi mencionado antes.

Os chefes de Estado-Maior tinham pedido a Sakomizu os preparativos para seu encontro com Togo. Ele previu que haveria uma fria confrontação e, para aliviar o ambiente, separou chá e uma garrafa de uísque cuidadosamente guardada para uma ocasião importante como aquela. Todavia, a gentileza do secretário foi rejeitada pelos chefes de Estado-Maior, que se recusaram terminantemente a tocar naquelas preciosidades.

Aparentemente Umezu e Toyoda queriam que Togo mudasse de opinião sobre o prosseguimento de negociações com o inimigo. Passaram duas horas revendo minuciosamente a situação sem chegar a resultados concretos. A única realização foi de ordem psicológica. Tanto os subordinados de Umezu quanto os de Toyoda nos quartéis-generais do Exército e da Marinha, respectivamente, tinham conhecimento da reunião e acreditavam estar havendo progresso na criação de condições para poupar os militares da humilhação, e a nação, da desonra.

Já eram quase onze horas quando Togo, Umezu e Toyoda se prepararam para sair. Foi justamente nesse instante que o Vice-Almirante Onishi irrompeu na sala. Pegou Toyoda pelo braço e reclamou que tinha tentado convencer o Príncipe Takamatsu a influir junto ao Imperador e ao Almirante Yonai a favor de uma batalha decisiva no território nacional. Longe de persuadir Takamatsu, terminou recebendo uma severa reprimenda. Ao contrário do esperado, o príncipe reagira afirmando que eles é que tinham de reconsiderar a posição e não Yonai. Afirmou que não possuíam plano viável para salvar a situação, que não tinham condições de vencer a batalha decisiva e, considerando o passado da Marinha, que não costumava cumprir promessas, a força naval perdera a confiança do Imperador. Onishi, idealizador e alto sacerdote do corpo de *kamikazes*, estava em lágrimas.

O especialista em suicídios fez um apelo aos dois chefes de Estado-Maior. A questão não era saber se a resposta americana era aceitável ou não, lamentou Onishi. O ponto fundamental era as forças armadas terem perdido a confiança do Imperador, seu comandante-em-chefe. Portanto, ele implorou: "Devemos apresentar ao Imperador um plano capaz de conquistar a vitória e pedir que reconsidere sua decisão. Se formos determinados e estivermos dispostos a sacrificar vinte milhões de japoneses em um esforço *kamikaze*, a vitória será nossa!".

O General Umezu e o Almirante Toyoda ficaram olhando Onishi como se fosse um ser extraordinário que estivessem vendo pela primeira vez. Seu silêncio foi a resposta eloquente. Onishi voltou-se para Togo: "O que acha o ministro do Exterior?", perguntou.

Togo disse calmamente, "Se ao menos tivéssemos uma real chance de vencer, nem por um momento alguém pensaria em aceitar a declaração de Potsdam, mas vencer uma batalha não significa vencermos a guerra". Após estas palavras, o ministro do Exterior partiu, em meio aos relâmpagos e ao temporal. Deu uma parada em seu gabinete no ministério do Exterior, que ficava próximo, para uma olhada nos telegramas vindos do exterior e nas transcrições de notícias veiculadas por estações de rádio de outros países. O Japão corria risco cada vez maior, indicavam as mensagens. Sua já minguada reserva de tolerância internacional mermava rapidamente em face do constante atraso em suas decisões. A caminho de casa – justamente quando, em algum ponto de Tóquio, Anami voltava de seu encontro à meia-noite com os conspiradores – Togo refletia: "Mesmo que estejamos dispostos a sacrificar vinte milhões de vidas japonesas, elas serão alvo fácil para o fogo de metralhadoras e canhões. Poderíamos enfrentar qualquer coisa, desde que pudéssemos obter algum retorno, mas as flechas e as lanças de bambu que os militares ficam inventando de nada valem". Balançou a cabeça. O desconhecimento dos soldados sobre a natureza da guerra moderna estava além de sua compreensão.

O dia do Almirante Onishi ainda não tinha acabado, nem o de Sakomizu. O secretário do Gabinete ainda estava em sua sala procurando uma forma de sair do impasse. Tentara conseguir autorização dos chefes de Estado-Maior para convocar uma Conferência Imperial. Umezu e Toyoda se recusavam a sequer discutir essa possibilidade. Quanto mais demorasse o desfecho, melhor para eles. Sakomizu lia as traduções das transmissões do estrangeiro, crescentemente cáusticas, sobre a paralisia do Japão. Acabara de concluir que nada havia a fazer, até que, naquela manhã, Onishi entrou de repente, soluçando.

O vice-chefe do Estado-Maior da Marinha lamentou com Sakomizu, seu velho amigo: "Queríamos, sinceramente, tentar conseguir uma vitória. Mas agora, nesse estágio final, vejo que não basta querer. Se mantivermos a determinação, poderemos pensar num plano que vire o curso da guerra a nosso favor". Segurando a mão do secretário do Gabinete, Onishi chorou. "Aqui, agora", disse aos prantos, "não podemos encontrar uma forma de continuar a guerra?".

Todavia, Sakomizu sabia muito bem que o Japão não poderia pagar o preço de uma vitória de Onishi. Um massacre sairia mais caro do que a derrota. O Japão era realmente uma carpa com a cabeça no cepo.

Enquanto Onishi e Sakomizu conversavam, uma pequena folha de papel, menor do que a mão de um homem, era posta em centenas de bombardeiros inimigos a centenas de milhas do Japão. Embora nenhum dos dois soubesse, pela manhã esse papelzinho resolveria a questão que os atormentava.

17
Manhã de pânico

QUANDO O SOL NASCEU EM 14 DE AGOSTO, no Ministério da Guerra alguns integrantes da seção de assuntos militares já estavam em suas salas. Esse seria o grande dia. A hora do golpe já estava marcada, 10 da manhã. A agenda prenunciava um dia muito ocupado. Às sete horas, o ministro da Guerra e o Coronel Arao estariam com o General Umezu, Chefe do Estado-Maior, para envolvê-lo no movimento.

Antecipando-se à aprovação que esperavam receber do General Umezu, os conspiradores tinham ligado aos comandantes da Divisão Imperial de Guarda, do Distrito Oriental do Exército e da *Kempeitai*, pedindo que comparecessem ao gabinete de Anami logo depois das sete horas. Assim, quando voltasse de seu encontro com Umezu já com o alto comando do exército no bolso, o ministro da Guerra poderia dar ordem aos Guardas, ao Distrito Oriental e aos *kempei* para cooperar, e o *coup* poderia ser desfechado sem percalços quando desse dez horas.

Takeshita, Inaba, Hatanaka, Shiizaki, Ida e Arao estavam a postos, preparando as ordens a serem expedidas para consolidar o golpe, ordens para o desdobramento das tropas e diretrizes para prender os integrantes da facção pacifista. A ordem principal (pronta para ser assinada) era a que instituía a lei marcial. Quando Anami a assinasse, começaria a ação.

Enquanto os oficiais mais modernos faziam esses preparativos para que ele assumisse o poder, o homem-chave desse plano grandioso, como habitualmente fazia nessa hora, estava em seu jardim disparando flechas no maço de palha. Sua fisionomia não denotava preocupação nenhuma. Olhar sereno. Mesmo assim, precisou disparar quatorze vezes para grupar cinco flechas na forma que lhe agradava. Da tranquilidade do jardim zelosamente plantado e cuidado, Anami partiu para o encontro da hora do café com o Marechal Hata, comandante do Distrito Ocidental do Exército. O ministro da Guerra pedira a Hata para vir de seu quartel-general em Hiroshima para Tóquio, a fim de apresentar um relatório sobre os efeitos da bomba atômica e pressionar Hirohito para recusar a resposta aliada.

Hata disse a Anami que a bomba não afetara as raízes das plantações de batata-doce cerca de três centímetros abaixo da superfície do solo, e que a explosão era reverberada por roupas brancas. Portanto, afirmou, eram possíveis defesas contra a bomba. Satisfeito, Anami transmitiu a informação de Hata ao Imperador, com a intenção de incentivá-lo a resistir aos argumentos pela rendição.

O ministro da Guerra seguiu rapidamente para seu encontro com o Coronel Arao no prédio do Ministério da Guerra. Chegando à sala, Anami foi imediatamente cercado pela turma de protegidos ansiosos e ativos. Confiantes, mal podiam esperar para pôr em execução seu plano de salvar o Japão da vergonha. Koko Arao lembrou Anami que já eram quase sete horas e eles tinham um encontro com Umezu. Os dois deixaram a sala do ministro da Guerra bastante animados, com os brados de aprovação a ecoar. Naquele momento, o prestígio de Anami estava no auge. Era onipotente. Se sugerisse pintar de roxo o prédio da Dieta, os jovens tigres apareceriam com baldes de tinta e pincéis.

Em questão de minutos, Arao e Anami chegaram ao gabinete do Chefe do Estado-Maior, que era perto. Umezu levantou-se quando entraram e os convidou a sentar, enquanto um auxiliar trazia o indispensável chá verde. O Coronel Arao apresentou o plano para impor a lei marcial na capital, mudar o governo e "neutralizar" o grupo pacifista, tal como expusera a Anami na noite anterior. A reunião foi curta e a discussão bem resumida. Umezu, o "homem que não atravessaria uma ponte, a menos que checasse cada pedra onde pisar", apontou o polegar para baixo.

Foi o que Anami disse aos conspiradores quando na volta eles acorreram a seu gabinete. "O golpe", disse o ministro da Guerra, "terá de ser abandonado. O Chefe do Estado-Maior o desaprova". (Depois, o ministro da Guerra disse ao cunhado Takeshita que Umezu fizera um gesto de desaprovação dizendo: "O emprego das forças armadas no santuário do palácio seria um sacrilégio".) Enquanto isso, o tenente-general Tanaka, feroz comandante do Distrito Oriental do Exército; o tenente-general Mori, erudito comandante da Divisão Imperial de Guarda; e o tenente-general Okido, rude chefe da *Kempeitai*, esperavam na antessala, convocados por elementos do gabinete do ministro

Manhã de pânico

da Guerra.

Os conspiradores então confessaram ter chamado esses comandantes em nome do ministro da Guerra e marcado para as nove da manhã uma reunião, antecipando-se à aprovação certa de Umezu para o golpe. Em vez de repreendê-los pela iniciativa não autorizada, Anami, sempre coração mole, os perdoou e chamou os três generais à sua presença. Advertiu-os para adotarem precauções de segurança em vista da situação geral, que atingiria ponto crítico naquele dia ou no seguinte. Exatamente o contrário da ordem que os conspiradores esperavam que Anami emitisse, mas consoante com a decisão de Umezu.

Ainda havia uma tarefa crucial a cumprir. Às nove horas houve uma reunião de todos os chefes de seção do Ministério da Guerra. O ministro lhes falou brevemente: "O exército deve se manter unido", advertiu, "porque o Japão está diante de uma situação crítica. Permaneçam unidos. Quem pensar em ações arbitrárias terá de passar por cima de meu cadáver para executá-las". Para dar mais ênfase, Anami bateu no joelho com um pequeno bastão que portava. Assim terminou sua orientação aos membros de seu Estado-Maior e a esperança dos conspiradores de assumir sem problemas o poder e decretar a lei marcial.

Todavia, qual brasa ardente, a esperança continuou na mente dos conspiradores. Takeshita e Inaba trocaram ideias com Hatanaka, Ida, Shiizaki e outros. Os que serviam no Ministério da Guerra foram procurar os coronéis Hara e Hosoda, subordinados de Umezu, e não de Anami. Por que não tinham conseguido a cooperação do Chefe do Estado-Maior? Pela manhã os dois coronéis haviam pensado em falar com Umezu, mas agora, misteriosamente, não encontravam o general em lugar nenhum. Falava-se que Umezu estava em audiência com o Imperador.

O Coronel Ida surgiu com a teoria de que o Chefe do Estado-Maior fora aliciado na noite anterior, quando se reunira (assim acreditavam os militares do Exército) com Suzuki, Togo e Sakomizu na residência do Premier. Essa suposição alimentou a forte desconfiança dos conspiradores quanto à posição de Umezu. Simplesmente não conseguiam entender a razão de sua oposição aos planos. Anami não tivera tempo de explicar, e o Coronel Arao estava ocupado em outra coisa.

Pouco tempo depois, Hosoda e Hara irromperam agitados na sala de Takeshita, afirmando que finalmente tinham conseguido chegar a Umezu quando ele retornava a seu gabinete. Sondaram o general, que teria declarado não se opor ao golpe de forma nenhuma. Diante da força dessa nova informação, Takeshita rapidamente redigiu o "Plano nº 2 para Emprego da Tropa" e partiu em busca da aprovação de Anami. Sabia que o ministro da Guerra já tinha ido para a residência do Premier, mas, a bordo de um carro de serviço, partiu atrás do general. Mas não teve sorte e chegou minutos após Anami sair para o palácio com outros ministros do Gabinete. Takeshita partiu atrás. Agora estava decidido a não perder o ministro da Guerra.

Quando a reunião do gabinete teve um recesso, em 13 de agosto, o Almirante Barão Kantaro Suzuki, primeiro-ministro do Japão, visivelmente esgotado, marcara a retomada dos debates para as dez horas da manhã seguinte. Esperava que então todos já tivessem resolvido, enfim, aceitar os termos dos Aliados, como desejava o Imperador.

Antes do amanhecer do dia 14, sete B-29, transportando cinco milhões de folhetos azuis de oito por dez centímetros, decolaram de Saipan. Sua missão era lançar os panfletos sobre Tóquio, Osaka, Nagoya, Kobe e Kyoto. Quando essas cidades entraram em seus visores de bombardeio, os aviões despejaram os panfletos que viriam a ser as cargas mais explosivas que jamais tinham transportado. Tratava-se de propaganda que cobriu grandes áreas das cidades visadas. Sua mensagem era direta:

> Ao povo japonês:
> Hoje estes aviões americanos não estão despejando bombas sobre vós. Em vez disso, estão lançando estes panfletos porque o Governo Japonês ofereceu render-se, e todos os japoneses têm o direito de conhecer os termos da proposta de rendição e da resposta do governo dos Estados Unidos em nome dos governos inglês, chinês e russo. Agora vosso governo tem uma oportunidade para terminar imediatamente a guerra. Poderão ver como a guerra pode ser encerrada lendo as seguintes duas declarações oficiais:

> (E os panfletos davam a mensagem de 8 de agosto do governo japonês aos Aliados e o texto da nota do Secretário Byrnes, de 11 de agosto.)

Com um dos panfletos na mão, um chamberlain da Casa Civil atravessou correndo os saguões até a sala do Lord do Selo Privado. Kido, que tinha os cruciais encargos de coordenador, conselheiro e estrategista,

Manhã de pânico

fora para a cama convicto de que no dia 14 as dúvidas chegariam ao fim. Tinha certeza de que sua conversa com o premier pusera Suzuki novamente nos trilhos. Estava convicto de que Suzuki faria todo o possível para conseguir a aceitação dos termos aliados na sessão do Gabinete do dia 14. Se não desse certo, uma reunião plena do Supremo Conselho de Guerra – com os ministros e o Imperador – talvez funcionasse. Ademais, mesmo com a oposição cada vez maior à nova reunião plena desse Conselho, poder-se-ia recorrer a uma última instância: o Imperador poderia convocar o "comparecimento obrigatório" a uma Conferência Imperial, mesmo sem a habitual solicitação da reunião partir do premier e dos chefes de Estado-Maior.

Do ponto de vista de angariar apoio à decisão do Imperador, quase tudo marchava em ordem. O Imperador acabara de conversar pessoalmente com o *jushin* e com respeitados líderes como o Conde Makino, o anterior Selo Privado. Trouxera os príncipes de sangue de sua confiança a uma reunião da família imperial e conseguira apoio unânime, embora sem muito entusiasmo. Tinham sido consultadas as opiniões de líderes e especialistas como o ex-ministro do Exterior, Shigemitsu, e todos ouviram dos próprios lábios de Sua Majestade a decisão de encerrar a guerra. Kido já marcara uma audiência naquela manhã para os oficiais mais antigos da Marinha e do Exército, o Almirante de Esquadra Nagano e os Marechais Sugyama e Hata.

As incógnitas eram: as forças armadas (embora aparentemente Yonai tivesse o controle da situação na Marinha) e o povo japonês. Se o Exército e o povo permanecessem quietos e disciplinados até a aceitação dos termos aliados, e uma declaração do Imperador fosse transmitida pelo rádio, tudo estaria salvo. Era um grande "se", mas, com um pouco de sorte, poderia dar certo.

Agora, quando Kido saía da cama ainda sonolento, o chamberlain punha nas mãos do Selo Privado a prova de que sua sorte acabara. O panfleto fez os neurônios de Kido explodirem. "Bastou um olhar", diz ele, "para me sentir desanimado. Nos últimos dois ou três dias as forças armadas vinham, aos poucos, endurecendo. A reunião do Supremo Conselho de Guerra fora adiada por causa disso. Justamente nessa hora estes panfletos foram distribuídos! Se caíssem nas mãos dos soldados e os deixassem furiosos, o *coup* militar seria inevitável, tornando extremamente difícil a execução do que estava planejado (a rendição). Resultaria na pior situação possível para nosso país".

Kido correu para o telefone e pediu uma audiência especial com o Imperador, que ficou marcada para as oito e meia. Frenético e à beira de um ataque de nervos, o Selo Privado antevia o Japão mergulhado no caos se permitissem que a informação contida no panfleto viesse exacerbar a situação já conturbada. Agora não havia margem para Suzuki conduzir mais uma interminável sessão de debates do Gabinete. Não havia tempo para ficar aguardando que uma saudável racionalidade levasse os Seis Grandes à decisão favorável em tão pouco tempo. Portanto, o governo tinha de agir *imadiatamente*.

Foi isso o que disse quando chegou ao *Gobunko* e ficou diante de Hirohito. A única solução, aconselhou o Selo Privado, era permanecer firme na decisão tomada, convocar os Seis Grandes e o Gabinete para lhes dizer, tal como Hirohito fizera em 10 de agosto: o Imperador quer a imediata cessação das hostilidades. Como relata Kido, Sua Majestade "compreendeu perfeitamente a situação e me deu ordem para preparar tudo com o primeiro-ministro". O Selo Privado retirou-se do encontro (que não durou mais que cinco minutos) e estava a ponto de partir, célere, para sua sala a fim de ligar para Suzuki.

Agora a sorte estava a seu lado. O velho Almirante decidira começar o dia indo até o palácio. Coincidentemente, chegou quando o Selo Privado saía da audiência. Em uma pequena sala da biblioteca imperial, Kido sentou-se com Suzuki e perguntou-lhe se tinha marcado uma reunião do Supremo Conselho de Guerra. "Uma expressão preocupada dominou sua fisionomia", relata Kido, e o velho premier disse ofegante: "Estou vivendo tempos difíceis. O Exército quer que eu espere até uma da tarde, enquanto a Marinha me pede para adiar a sessão sem uma hora específica".

Kido contemplou o rosto envelhecido do premier e entregou-lhe o panfleto, perguntando se já o tinha visto. Suzuki respondeu que não. O Selo Privado deu-lhe a assustadora notícia de que aviões americanos o espalhavam por todo o Japão e mencionou seus temores: "Na verdade, eu recém tive uma audiência imperial justamente para tratar desse assunto, disse a Sua Majestade que a situação é crítica e o aconselhei a convocar os membros do Supremo de Guerra e do Gabinete para determinar-lhes que aceitem imediatamente a resposta dos Aliados e negociem a paz. Sua Majestade concordou e me orientou a falar com o Premier. Logo, se não se opõe, vamos arranjar esse assunto".

Suzuki deu de ombros e levantou as espessas sobrancelhas. "Embo-

Manhã de pânico

ra eu lamente criar problema para o Imperador, a atitude do Exército e da Marinha nos últimos dois ou três dias me faz sentir que não há outra opção, a não ser pedir ao Imperador que tome justamente esse caminho. Gostaria de ser recebido imediatamente em audiência conjunta com o Selo Privado para relatar as circunstâncias e receber aprovação do Imperador".

Rapidamente Kido chamou um chamberlain para pedir a Sua Majestade que recebesse às 8h40 o Selo Privado e o primeiro-ministro em entrevista conjunta pela primeira vez na história do Japão. Suzuki contou a Hirohito as dificuldades que vinha enfrentando nos últimos quatro dias e solicitou formalmente a convocação de uma Conferência Imperial. Tendo em vista a urgência, o Imperador a marcou para as dez horas. Seria a primeira Conferência dessa natureza desde 1º de dezembro de 1941, quando fora aprovada a entrada na guerra. Esse curto tempo para a realização da Conferência era sem precedentes. Entretanto, como os membros do Gabinete já se reuniriam àquela hora na residência do primeiro-ministro, a maior parte deles estaria disponível. Restava serem chamados apenas os militares do Exército e da Marinha que integravam o Supremo Conselho de Guerra, mais o Barão Hiranuma. Às 9h35, a audiência terminada, Kido e Suzuki se lançaram às tarefas – "a galope" e "em quincôncio" (desordenadamente) cada um. O premier se dirigiu diretamente ao prédio do Gabinete, foi para sua sala e chamou Sakomizu.

Suzuki deu ordem ao secretário do Gabinete para notificar os membros do gabinete e do SCG sobre a realização de uma Conferência Imperial às 10h00 no abrigo antiaéreo do palácio. Eram 09h45 e a maioria dos ministros já se aprontava para a reunião do Gabinete que estava marcada. "Na Conferência", disse Suzuki a Sakomizu, "o Imperador expedirá um decreto imperial. A minuta está pronta?".

Sakomizu foi apanhado totalmente de surpresa. Desde a Conferência Imperial de 10 de agosto ele vinha preparando uma minuta de decreto com a ajuda de Tajiri, do Ministério da Grande Ásia Oriental, e Kihara, repórter do *Asahi* e grande amigo. Porém, era apenas um rascunho e não havia como datilografá-lo em quinze minutos. Além disso, um decreto só podia ser expedido após discussão e aprovação por todo o Gabinete, em seguida ser aprovado pelo Imperador e assinado pelos membros do Gabinete. Só então seria expedido.

Mas não havia como preparar um decreto imperial para ser expedido em apenas quinze minutos! Impossível! "Deve haver um engano", gaguejou o secretário do Gabinete, empalidecendo. "Ainda não finalizamos a minuta e ainda não foi examinado por nenhum ministro do Gabinete. Praticamente não há tempo para prepará-lo, e se eu falhar, o suicídio é a única saída que me resta". Sakomizu mal podia falar. "Tem certeza de que o Imperador disse que emitiria esse decreto esta manhã? Acho que o primeiro-ministro deve estar mal informado..."

Tratava-se de algo que não podia ser deixado ao acaso. Suzuki voltou ao palácio, correu para falar com Kido e às 9h50 constatou que o decreto seria expedido mais tarde. O assessor especial recomendou que Suzuki abreviasse as discussões a fim de encerrar a sessão o mais rápido possível. O velho Almirante fez um gesto de concordância, voltou para seu carro e novamente se dirigiu para o Gabinete, onde Sakomizu trabalhava febrilmente no texto do decreto.

Suzuki puxou seu auxiliar para um lado e abriu um sorriso. "É como você previu. O Imperador espera a reunião do Gabinete para chegar ao texto do decreto, que será expedido mais tarde." Sakomizu esboçou um riso nervoso, pensando na gigantesca tarefa que ainda tinha diante de si e na importância do documento que acabaria com o Japão Imperial.

Em minutos chegou da corte oficialmente a convocação para a Conferência Imperial. Silenciou a conversa na sala de estar dos ministros e apenas murmúrios eram ouvidos. "Esteja no *Fukiage goin* do Palácio Imperial às 10h30 desta manhã", dizia a mensagem. "Permitido traje informal."

Somente Suzuki e Togo estavam nos trajes formais compatíveis com o comparecimento à corte. Os demais ministros vestiam o que julgavam mais confortável para enfrentar o calor do intenso verão. Muitos estavam com camisas abertas no colarinho, outros nem mesmo usavam paletó. Uns poucos usavam o "uniforme nacional" cáqui, uma jaqueta que servia para todos os fins. Os ministros sentiram-se envergonhados por ter de se apresentar na corte em trajes tão informais.

Sakomizu e seus auxiliares circularam entre eles, assegurando que fora permitido que comparecessem "como estivessem", pois se tratava de uma emergência. Muitos, porém, acharam um desrespeito aparecer diante do Imperador em trajes informais. Portanto, houve um momento hilário quando os ministros que estavam vestidos para enfrentar o calor de pleno verão se puseram a abotoar apressadamente os colarinhos, trocar de paletó ou terno com seus secretários e auxiliares, arranjar gravatas e até calças emprestadas e pendurar os distintivos cerimoniais nas jaquetas cáqui. Anami e Yonai, em uniformes militares, divertiram-se com o pandemônio criado.

Depois de completarem seus preparativos, os ministros entraram em seus carros, se reuniram no pátio na entrada do *kantei* e partiram rumo ao palácio. O sombrio comboio chamava tanta atenção quanto um funeral, atravessando as ruas quase desertas até a praça em frente ao palácio e prosseguindo pelo portão do jardim Fukiage. Mais uma vez os líderes desceram enfileirados a escadaria úmida e atapetada, e passaram pelas pesadas portas blindadas que davam acesso à sala de conferências no abrigo antiaéreo. Novamente o aposento estava arrumado com a cortina dourada por trás da cadeira simples de madeira e a pequena mesa coberta por uma toalha bordada. Desta vez, porém, para atender a um grupo maior, tinham sido dispostas duas fileiras de mesas fazendo um ângulo reto com a mesa do Imperador, com as cadeiras voltadas para o centro da sala. Além dos quinze ministros do Gabinete, lá estariam também o General Sumihisa Ikeda, chefe da seção de planejamento, o Barão Hiranuma, presidente do Conselho Privado, Machimura, chefe da polícia metropolitana, Murase, diretor do Birô Legislativo, e Sakomizu, secretário do Gabinete. Além deles, também estavam presentes os dois chefes de Estado-Maior e os chefes das seções de assuntos militares do Exército e da Marinha, General Yoshizumi e Almirante Hoshina. Todos sentaram em seus lugares de acordo com a precedência da corte e o silêncio tomou conta do recinto.

Era um silêncio de esperança e pressentimentos, de ansiedade reprimida e sofrimento controlado. A ansiedade tinha a ver com o futuro, e o sofrimento com a vida dura dos últimos quatorze anos. Haveria alguém naquela sala que não soubesse, lógica ou instintivamente, que naquele momento ficaria patente a profunda divisão entre o Japão do passado e o de então? Com toda a profunda percepção da importância do que estava por acontecer, qual membro da raça Yamato poderia, naquele momento, deixar de dar contribuição?

O silêncio, como o que impera antes do som dos blocos de madeira que precede as apresentações de um *Kabuki*, escondia a expectativa e controlava as emoções. Os participantes, sentados e atentos, maldiziam o calor e reprimiam as próprias reações. Primeiro um tossiu, depois, outro e seguiu-se uma epidemia de tosse, e as tentativas de reprimir as tosses só serviram para aumentar a tensão.

Espremido entre os generais Yoshizumi e Ikeda, Sakomizu examinava os rostos em torno de si. Yonai exibia a habitual expressão irônica por trás das lentes redondas de seus óculos. Togo não estava à vontade. Machimura suava profusamente. Abe, mais que nunca, parecendo uma rã. Umezu, imóvel como uma estátua de marfim em uniforme cáqui. Anami, com a respiração pesada. Toyoda parecia distraído, olhando para o espaço.

Então o Imperador entrou, seguido pelo General Hasunuma. Os vinte e quatro senhores presentes levantaram-se e fizeram a reverência inclinados com os olhos voltados para o chão. Hirohito envergava seu uniforme do Exército, tal como em 10 de agosto. Depois que se sentou, os presentes também sentaram.

Suzuki, a boca como um crescente invertido e as sobrancelhas como manchas grisalhas sobre os olhos estreitos, levantou-se e se dirigiu ao Imperador. Descreveu a falta de progresso nos últimos quatro dias e informou que o Gabinete continuava dividido na questão de aceitação dos termos dos Aliados, embora 75% dos membros os aceitassem. Assinalou que os Seis Grandes também estavam divididos. Em seguida, resumiu a posição da maioria e da minoria. "Portanto", disse, "como não houve apoio unânime, desejo apresentar minhas sinceras desculpas pelo sério contratempo de perturbar Sua Majestade trazendo este assunto à sua consideração. Agora, por favor, ouça os que se opõem aos termos e nos conceda sua decisão imperial." Após essas palavras, chamou Umezu, Chefe do Estado-Maior do Exército.

O general, fisionomia sombria, começou: "Desejo me desculpar pela evolução desfavorável dos acontecimentos, o que deve ser uma decepção para Vossa Majestade." Em seguida, novamente o tradicional argumento: "Se o Japão aceitar os termos de Potsdam, a preservação de nossa estrutura nacional se torna grave problema: nas condições atuais será destruída. Portanto, gostaríamos de saber as verdadeiras intenções dos Estados Unidos. Não há dúvida de que perdemos a guerra, se pudermos ter certeza de manter a política nacional, estamos prontos a nos resignar. Mas, se não for possível preservá-la, estamos prontos a sacrificar toda a nação numa batalha final." Umezu sentou-se. Em todo o discurso não mostrou mais emoção do que se pedisse mais arroz no jantar.

Manhã de pânico

Suzuki chamou o Almirante Toyoda, que repetiu os argumentos de Umezu. Menos enfático, mas afirmou que o Japão não podia "engolir" a resposta americana como estava. "Não há certeza de vitória prosseguindo a guerra, mas se resolvermos por uma batalha decisiva em nosso território com toda a nação preparada para uma luta suicida, não vejo por que não tentarmos negociar a preservação do sistema nacional." Apesar de suas palavras, mais tarde Toyoda escreveu que "não se destinavam a defender a continuação da guerra." (Simplesmente mais uma vez permitiu seu *haragei*.) Estava convicto de que novo pedido de esclarecimento aos Aliados não interromperia as negociações e, mesmo sendo ignorado, tinha de ser feito, "porque, se não pedirmos, a futura posição do Japão será muito desvantajosa."

Agora era a vez de Anami; tocou a mesma partitura, mas muito mais emocionado, peito arfando, olhos cheios de lágrimas. "Se não for possível novamente perguntar aos Aliados quanto à manutenção do sistema imperial", concluiu o ministro da Guerra, "será melhor continuar lutando, pois há possibilidade de vencermos. E se não vencermos, pelo menos terminaremos a guerra em posição mais favorável."

Anami sentou-se e o premier voltou-se para Hirohito. "Não há outras opiniões a apresentar."

O Imperador permanecera o tempo todo sentado rigidamente ereto, as mãos enluvadas sobre as pernas, enquanto ouvia os três militares prestando atenção a cada palavra e procurando novas razões para retardar o fim do conflito. Mas os argumentos tinham os vazios de sempre. O Imperador segurou os braços da cadeira, levantou-se e falou.

Sentia-se a respiração pesada dos presentes à medida que buscavam ar naquele cubículo úmido.

"Ouvi atentamente os argumentos dos que se opõem à aceitação, pelo Japão, dos termos da presente resposta dos Aliados. Agora, vou expressar a minha opinião." Por um momento, pareceu que todos que estavam no recinto prenderam a respiração.

"Foi após madura apreciação – e não superficial – das condições atuais em nosso país e no exterior, e, especialmente, do curso da guerra, que comandei a declaração de Potsdam ser aceita. Creio impossível prolongar a guerra." A voz metálica de Hirohito falhou momentaneamente e deu para ouvir soluços entre os presentes.

"Estudei cuidadosamente a resposta aliada e concluí que praticamente reconhece nossa posição expressa na nota enviada há dias. Em resumo, creio que a resposta é aceitável. Embora veja que alguns suspeitem das intenções aliadas, não acredito que haja malícia no texto da resposta."

Afinal, tudo era uma questão de confiança, e o Imperador queria confiar nos Aliados, se isso significasse a paz imediata.

"Em meu entendimento, revela intenções pacíficas e amistosas do inimigo. Todavia, a não ser que a guerra termine neste instante, temo que o sistema nacional seja destruído e o país, aniquilado. Entretanto, se o povo, o Estado e a família imperial sobreviverem, podemos alimentar a esperança de, no futuro, reconstruir a nação. Portanto, a fé e a determinação nacional são de vital importância ..." Nesse momento as palavras o sufocaram. As pontas dos dedos das luvas brancas enxugaram as lágrimas e o suor das faces e dos óculos do Imperador. Sua respiração também era irregular. Alguns dos participantes da reunião soluçavam abertamente.

Na Conferência Imperial de 10 de agosto ele tinha sido veemente a propósito dos inadequados preparativos dos militares diante da violenta ofensiva inimiga. Sua revolta por saber que estava submetendo seu povo ao ataque de bombas, atômicas e convencionais, e hordas de navios de guerra e de aviões, não era compensada pelo heroísmo implícito no ato de enfrentar o esmagador ataque inimigo com elevação de espírito, mas com armas e defesas inferiores. Naquele momento o Imperador reprimiu todo o desgosto que podia restar. Sua voz era tensa e suas palavras vinham em blocos. Fez uma pausa, procurando as melhores palavras. As mãos enluvadas tocaram a face imperial. Os assistentes estavam abalados. Alguns levavam lenços aos olhos. Outros passavam a mão pela testa. Um ou dois soluçavam. O choro contagiava todos.

Com voz rouca, Sua Majestade prosseguiu. "Compreendo perfeitamente quão ignominoso será para oficiais e soldados do Exército e da Marinha serem desarmados pelo inimigo e ver o território do país ocupado. É doloroso para mim ter de dar essa ordem e ver meus leais e corretos servidores serem acusados como criminosos de guerra. Contudo, a despeito do que sinto, não posso submeter meu povo a mais sofrimentos."

"Louvo a disposição do povo para se sacrificar pela nação e pelo Imperador. Meu coração se aflige ao lembrar os que perderam seus lares e meios de vida durante esta longa guerra. Continuá-la, porém, levaria a morte a dezenas, talvez centenas de milhares de pessoas. Nosso país seria totalmente devastado e reduzido a cinzas. A reconstrução de um Japão em paz será tarefa difícil e demorada. Entretanto, creio que esse objetivo será alcançado por meio de esforços vigorosos e cooperação de nosso povo. Estou pronto a fazer tudo que me for possível." Nova pausa, enquanto Hirohito arrumava seus pensamentos e reprimia suas emoções.

"Esta decisão é como a que foi imposta a meu ancestral, o Imperador Meiji, que teve determinação suficiente para suportar a humilhação da Tríplice Intervenção (quando França, Alemanha e Rússia obrigaram o Japão a devolver a península Laiotung à China depois da vitória do Japão na Guerra Sino-Japonesa de 1894-1895). Assim como ele, eu e os senhores devemos suportar o insuportável e superar o insuperável."

Os líderes do Império japonês já nem se preocupavam em esconder o choro. Dois deles, o ministro da Educação Ota e o ministro do Bem-Estar Okada, tinham se atirado no carpete, inteiramente fora de controle. Braços apoiados no chão, choravam com as mãos cobrindo o rosto.

Hirohito continuou. "Eu vos conclamo, meus ministros de Estado, a se unirem a mim e cumprirem fielmente meus desejos. Aceitem incontinenti a resposta dos Aliados. Para que o povo tome conhecimento de minha decisão, quero que preparem imediatamente um decreto imperial com esse objetivo. Pode ser que os cidadãos civis sofram um forte abalo quando subitamente ouvirem falar de minha decisão. Se for desejável, estou disposto a fazer um pronunciamento pelo rádio. Também estou preparado para ir pessoalmente a qualquer lugar para falar diretamente com os soldados, se assim for necessário."

O Imperador sabia muito bem quão facilmente no passado sua vontade fora atribuída a seus assessores. Desta vez, não quis deixar espaço aos militares e os radicais para essa tática. Na verdade ele dizia "Não haverá desculpa para os soldados malentenderem o que digo, já que estou disposto a me dirigir pessoalmente a eles." Passou pela mente dos participantes da reunião o espetáculo do ser que era adorado e reverenciado como um deus ir seu povo implorar que compreendesse sua vontade e aceitasse a derrota que custara tão caro.

Os soluços de muitos dos presentes estavam convulsivos e o Imperador prosseguiu. "Finalmente, ordeno a cada um dos senhores empenhar-se ao máximo a fim de podermos superar os dias penosos que enfrentaremos no futuro." As luvas de Sua Majestade, molhadas de lágrimas, novamente limparam a face e as lentes do óculos enquanto o Imperador se sentava. O único som que se ouvia na sala era o dos prantos.

Para Hirohito, a provação acabara. Na essência de seu pronunciamento estava sua disposição para se sacrificar. Todos que estavam na reunião tinham lido ou ouvido as declarações radicais veiculadas por jornais e rádios inimigas sobre o julgamento do Imperador como criminoso de guerra. Ou mandá-lo como prisioneiro para a China. Ou ainda abolindo seu endeusamento e o retirando do trono. As garantias oferecidas pelos Aliados e a interpretação dos termos pelo *Gaimusho* não davam a certeza de que o homem-deus que dirigia a rendição sobreviveria. Talvez viesse a ser o último Imperador do Japão. Hirohito tinha posto a própria cabeça no cepo.

Enquanto os líderes do império tentavam se recompor, Suzuki levantou-se hesitante. Prometendo submeter uma minuta de decreto a Sua Majestade o mais cedo possível, de novo o premier se desculpou profusamente por ter incomodado o Imperador em busca de uma decisão de Sua Majestade. Deslocando-se diretamente para a frente da mesa central, o primeiro-ministro se inclinou e, com a mão direita, traçou um grande arco em torno de seu coração. Diante desse gesto o Imperador se levantou da cadeira e teve um momento de hesitação. Os conselheiros, ainda chorosos, se ergueram, ajudaram os colegas a levantar e fizeram a reverência habitual. Hirohito, depois de anunciar a mais penosa decisão e fazer a mais longa declaração de toda a sua vida, voltou as costas para os ministros e deixou o recinto seguido pelo General Hasunuma, que rapidamente recolocava o lenço no bolso.

O General Anami, tropeçando para fora da sala de reuniões, achou seu secretário Coronel Hayashi, que esperava ansioso na antessala. O general fez um gesto para Hayashi que o seguisse e foi para o banheiro, enxugando os olhos ao entrar. Lá dentro disse ao coronel que o Imperador dera ordem para que a resposta dos Aliados fosse aceita. "Hayashi", disse Anami, "há um último pequeno conselho que quero lhe pedir. A decisão imperial foi tomada, mas, de acordo com o serviço de inteligência, um grande comboio americano está ao largo da baía de Tóquio. O que acha da ideia de proporrmos a paz depois de atacar esse comboio?"

Atordoado, o olhar naturalmente de espanto de Hayashi ficou ainda mais pasmo. O ministro da Guerra falava sério? Depois de o Imperador anunciar pessoalmente sua decisão de aceitar os termos do ini-

Manhã de pânico

migo, Anami realmente pensava em atacar a força-tarefa americana? Ou com uma piada macabra estaria brincando com seu secretário tremendamente sério? Hayashi respondeu a sério. "Sua ideia está absolutamente equivocada! Em primeiro lugar, trata-se de uma decisão imperial e, segundo, mesmo que circule notícia sobre a existência de um comboio americano na baía de Tóquio, as patrulhas aéreas não confirmam. Portanto, não tem cabimento pensar em tal coisa!"

"Continuo acreditando", insistiu Anami, "que devemos desfechar um derradeiro e decisivo golpe no inimigo antes de propormos a paz."

O secretário sugeriu ao ministro discutir com o General Umezu antes de alguma iniciativa drástica e que os dois fossem juntos com o grupo de ministros do Gabinete que saía sem ânimo do abrigo úmido e abafado em busca da luz brilhante do sol de verão.

No carro de serviço estacionado, cercado pela infinita serenidade dos gigantescos pinheiros e das pedras eternas do Jardim Fukiage, o tenente-coronel Takeshita fumava, impaciente, sentado à espera de uma mudança no destino do Japão. Como executivo do grupo do Ministério da Guerra que tramava o *coup d'état*, Takeshita sabia qual apoio tinha e como o golpe deveria acontecer. Mais que isso, ele era vital para o sucesso por ser o elemento de ligação com o ministro da Guerra, seu cunhado, homem-chave no plano.

O parentesco de Takeshita lhe dava acesso praticamente livre a Anami, com quem criara, ao longo de vinte anos, um sólido entendimento, além de ser o principal confidente do general. Vigoroso, agressivo e opiniático, Takeshita, bem mais novo que o general, agia como uma espécie especial de válvula. Transmitia para Anami informações colhidas nos escalões inferiores com seus companheiros, os oficiais modernos, e passava para baixo, aos mesmos jovens tigres, as "avaliações" do ministro da Guerra. Portanto, tinha papel-chave como veículo de informações. Mas, devido a suas próprias convicções, ao seu dinamismo e à ilimitada ambição, era bem mais do que isso. Por meio de seus atos e interpretações, Takeshita influía nas atitudes e opiniões de Anami e dos oficiais mais moços. Era o exemplo típico da pessoa influente nos bastidores que atua sem o peso da responsabilidade.

Fumando nervosamente sem parar enquanto esperava o fim da Conferência, Takeshita reviu a situação. Os planos do *coup* tinham recuado quando Anami e o Coronel Arao retornaram da reunião com

Umezu anunciando que o Chefe do Estado-Maior não cooperaria.

A reunião de Anami com os comandantes da Guarda, da *Kempeitai* e do Distrito Oriental do Exército, tão cuidadosamente programada, fora estragada pelas palavras de Anami aos chefes de seção do Ministério da Guerra. O golpe, que deveria ter sido desfechado às dez horas da manhã, se encontrava descartado.

Mas, depois, quando dois membros do próprio Estado-Maior de Umezu conversaram com seu chefe e ouviram dele que "de forma nenhuma se opunha" a um golpe, isso significou que os planos podiam ser reativados – apenas adiada a deflagração. Takeshita conservara o plano anterior, mudando o nome e a hora. Em si, era o mesmo: o ministro da Guerra proclamar a lei marcial e assumir o poder. Em seguida, prisão do grupo pacifista e retomado compromisso com a guerra total, sem a vergonhosa rendição poupadora de vidas. A estrutura nacional, o sistema do Imperador, seria defendido fanaticamente até que os japoneses desaparecessem ou o inimigo desse garantias sólidas de que o sistema seria preservado.

O *coup* e suas consequências não prometiam futuro longo, e sim um porvir glorioso para todos os convencidos de que sacrificar a vida pelo Imperador e juntar-se aos espíritos do Santuário Yasukuni ao lado do palácio imperial era a máxima ambição. A morte não era para ser temida, mas abraçada, desde que significasse um nobre fim. Afinal, os dois e meio milhões de almas deificadas em Yasukuni lá estavam defendendo a nação sagrada e recebendo a homenagem de todo o Japão, inclusive da família imperial. E cada uma daquelas almas outrora fora um ser vivente que sacrificou a vida temporal pelo bem do país. Eram almas de patriotas desde 1869, quando o Imperador Meiji estabeleceu Yasukuni como santuário nacional. Até esse nome significava algo que justificava um orgulhoso sacrifício: *Yasukuni* – "Trazer paz e tranquilidade ao país."

Para Takeshita, que amassava uma ponta de cigarro e acendia outro, o golpe, além da motivação autêntica, dava oportunidade que não se repetiria de ficar próximo ao mais poderoso homem do Japão, o novo Shogun, Korechika Anami. Afinal, sem dúvida, em nome do Imperador, o golpe derrubaria o próprio Imperador. O Exército sabia que Hirohito falava sério em rendição. Mas se insistisse na ideia, mesmo depois de o *coup* afastar seus "falsos assessores", Anami ver-se-ia forçado a passar por cima dele ou ignorá-lo. Assim, a nação retornaria ao modelo que existira por séculos, quando o Shogun governava e o Imperador fazia a conversa da corte e cumpria obrigações religiosas.

Takeshita bem sabia que Anami era homem de ação, que agia sem contemplação. Não era um administrador ou um intelectual. Tinha instintos transparentes e bem definidos. Revelava-se um político natural no papel de ministro da Guerra, mas principalmente em função de seu magnetismo, e não por meio de um programa abrangente ou de qualquer crença. A objetividade do homem, sua simpatia e espontaneidade seduziam e atraíam mesmo os mais ardorosos adversários. Mas precisava de conselheiros, assessores, auxiliares confiáveis. Sem dúvida alguma, Takeshita era o primeiro da fila.

Subitamente, piscando como toupeiras a sair da toca, os membros do Gabinete começaram a emergir da entrada do abrigo antiaéreo. Primeiro pareceu que os olhos se ajustavam à luz ofuscante do sol de meio-dia, mas tão logo o coronel se aproximou da porta para encontrar Anami, viu que estavam chorando. O ministro da Guerra surgiu como os outros, abalado e enxugando os olhos. O General Yoshizumi o acompanhava. Takeshita saudou Anami e pediu uma conversa. O general gesticulou que se afastasse, que precisava ir imediatamente para o *kantei*. Sem desanimar, Takeshita seguiu o carro do ministro da Guerra até o prédio do Premier.

Da Conferência Imperial até o gabinete do Premier, Anami e Yoshizumi mantiveram-se taciturnos no carro. Com os olhos inchados, o ministro da Guerra e seu olhar pareciam ausentes ao passarem no fosso. "Confiante, deixo o resto com você", disse serenamente a Yoshizumi. "Não consigo mais viver neste mundo."

As palavras de Anami não surpreenderam Yoshizumi, que apresentou o único argumento cabível em tais circunstâncias – apelar para o nobre dever. "A missão diante de nós é muito árdua. É bem possível que gente do Exército e da Marinha se revolte, tanto eles esperam de você para controlar a situação." Aos olhos de Anami isso não era muito maior que a responsabilidade pela derrota do Japão.

"Dei minha opinião a Sua Majestade de acordo com minhas convicções, mas as coisas chegaram a este ponto. Não sei como me desculpar com o Imperador nem posso continuar neste mundo à luz de minha responsabilidade pela derrota nesta guerra."

"Você deve reconsiderar", instou Yoshizumi. "Sua liderança é indispensável para que milhões de nossos leais soldados regressem em paz..." Mas o ministro da Guerra estava acima de tais argumentos.

Na saída do *kantei*, os repórteres à espera logo perceberam, com um simples olhar, que o grupo vinha triste, choroso e abalado, denunciando o que ocorrera na Conferência Imperial. Falavam pouco.

Sakomizu subiu e correu até a rua pavimentada. A caminho de seu escritório, encontrou Kihara, que trabalhara com ele redigindo a minuta. "Venha", disse acenando. "Temos muito trabalho a realizar imediatamente." No escritório, o secretário do Gabinete informou ao repórter que a decisão do Imperador fizera tudo menos resolver a questão. Sua Majestade também se oferecera para falar aos soldados, portanto precisaria dessa mensagem, tão logo Kihara pudesse botá-la no papel. O repórter lançou-se ao trabalho e começou a escrever o pronunciamento, enquanto Sakomizu ajudava Suzuki a preparar a reunião do Gabinete.

Os ministros do Gabinete almoçaram pão preto com carne de baleia. Alguns estavam muito cansados para comer, mas o velho Suzuki conseguiu liquidar uma boa porção de cada.

Anami não estava ali. Estava em outro aposento com o cunhado.

Takeshita despejou em Anami sua novidade que Umezu não se opunha ao golpe. Rogou ao ministro da Guerra aproveitar a oportunidade, assumir o comando, impedir a ocupação e o julgamento de crimes de guerra que destruiriam o sistema nacional. Takeshita abriu ao general um plano reformado para ele liderar a tomada do governo do Japão. Ainda sob o impacto emocional da ordem final do Imperador, Anami leu apressadamente o plano, inclinou-se para trás e fechou os olhos. Após um breve silêncio, disse: "Nada mais pode ser feito. O Imperador chegou a uma decisão final e logo será promulgado um Decreto Imperial terminando a guerra."

Tenaz até o fim, Takeshita recusou-se a ficar de lado. Sabia que o ministro da Guerra ainda podia deter a rendição. Como as palavras do Imperador tinham de ser endossadas pelo Gabinete para tornar a decisão legal, o coronel insistiu que Anami bloqueasse isso. "Ao que sei, o vice-ministro Onishi da Marinha, convocou os oficiais e disse que se a decisão imperial fosse terminar a guerra, devemos continuar lutando, mesmo ao risco de sermos chamados traidores, em favor de uma justiça maior. Peço encarecidamente que se demita do Gabinete.

Com essa demissão, o Exército retomaria posição vantajosa porque a força terrestre escreveria condições para dar ao novo Gabinete um novo ministro da Guerra, e o novo premier teria de aceitá-las ou também demitir-se. Significava que o Exército decidiria não só as políticas do governo sucessor, mas reteria a nomeação de um novo ministro da Guerra até que este aprovasse o premier escolhido. Em outras palavras, o Exército podia esperar até um de seus próprios representantes ser indicado primeiro-ministro... e se os jovens tigres tivessem pista livre, isso aconteceria.

Anami fez um aceno de cabeça e chamou seu secretário Hayashi. "Arranje um tinteiro, um pincel e uma folha em branco. Pretendo redigir minha demissão. Veja como devo proceder." O coronel ia para a porta quando Anami o deteve: "Esqueça", gritou, gesticulando para que Hayashi saísse.

(O secretário, experiente com as súbitas mudanças de pensamento do ministro, prosseguiu buscando informações sobre o mecanismo de renúncia. Procurou o secretariado do Gabinete e falou com o chefe da seção de assuntos gerais. "Para ser franco com você, o ministro da Guerra manifestou vontade de dar demissão e quero saber o procedimento de dar entrada na renúncia." O assistente de Sakomizu disse a Hayashi: "Não precisa estar se preocupando desde já com isso. O gabinete Suzuki vai renunciar *en bloc* amanhã.")

O ministro da Guerra explicou seu ato ao cunhado: "Ainda que eu dê demissão, às vezes um decreto imperial como esse provavelmente será expedido mesmo sem mim. Se eu renunciar, perco meu precioso privilégio de aparecer diante do Imperador."

A Takeshita, Anami pareceu patético, e suas palavras pareciam dizer: "Não poderei mais ver meu bom amigo, o Imperador, se renunciar." O jovem tigre, agora convencido de que o ministro da Guerra não levantaria a mão contra a decisão do Imperador, desesperou. O gambito final fora recusado. Takeshita deixou Anami e dirigiu de volta para o QG do Exército nas colinas de Ichigaya, tomado de maus pressentimentos. Fracassara. No que lhe concernia, as chances de um *coup* e de continuar a resistência estavam findas.

Pouco mais tarde Anami retornou a sua sala no Ministério da Guerra. Para um homem que considerava morrer pelo Imperador-deus a mais nobre vocação, a Conferência tinha sido o clímax da tragédia. Significava que ele, Anami, falhara perante seus oficiais, particularmente seus devotados jovens tigres, uma vez os termos aliados aceitos em vez de rejeitados, como esperavam. Por conseguinte, não haveria a batalha total em que poderia ser demonstrada a superioridade do espírito de Yamato sobre a posição vantajosa do inimigo em armamento. Anami tinha faltado com o Imperador ao não repelir o inimigo ou não convencer Sua Majestade de que dispunha de um plano viável para enfrentar esse inimigo. Fracassara perante o Exército ao perder a confiança do Imperador na força terrestre. Assim pensava naquele momento. E nesse caminho a estrada conduzia a um único destino.

O Lord do Selo Privado estivera atarefadíssimo desde que passara os olhos pelo folheto de propaganda dos Aliados na manhã do dia 14. Kido mal conseguira conter-se enquanto a Conferência Imperial transcorria. Conversara com o Imperador pouco antes de Sua Majestade entrar no abrigo antiaéreo para aquele evento histórico. Então o Príncipe Mikasa o chamara, e Kido foi ao encontro dele no "banheiro para príncipes de sangue." Mikasa era um esteio no esforço pela paz e no uso de sua posição de oficial do Exército para influir nos militares.
    Ao meio-dia, Kido foi chamado por Sua Majestade. Correu para o *Gobunko* ansioso por saber o que tinha acontecido na conferência. Ainda abalado pela experiência vivida, Hirohito externamente já tinha se recomposto, mas não conseguia conter as lágrimas e controlar a voz. Kido, pasmo de reverência diante da cena de seu soberano em condição que ele jamais vira, baixou os olhos e a cabeça enquanto o Imperador narrava os pontos principais da reunião. O 124º Imperador do Japão disse a seu principal consultor que seguira seu conselho e, ao fazê-lo, pusera a vida de seus súditos e a sobrevivência da raça Yamato acima de sua própria vida, de sua posição e da santidade da casa imperial. A partir daquele ponto, acrescentou, o futuro estava nas mãos dos Aliados.

Depois de deixar o Imperador, o Kido eficiente administrador tomou as rédeas do Kido dedicado serviçal do Imperador, e começou a farer os necessários arranjos com toda sua considerável energia. Conversou com o Grand Chamberlain do palácio e com o chefe dos ajudantes-de-ordens sobre a mensagem imperial aos soldados, a fim de tranquilizá-los e mantê-los sob controle. Depois, às duas da tarde, novo encontro com Sua Majestade. (O Imperador agora calmo, equilíbrio recuperado, determinado a levar as coisas até o fim.) Trataram de procedimentos e momentos.

Manhã de pânico

Às 14h45, enquanto Kido deixava Sua Majestade e Anami chegava ao Ministério da Guerra, a Agência Domei de Notícias repetiu no ar um anúncio especial em seu programa de rádio para o exterior dirigido à América. Absolutamente conciso. Havia um curto silêncio e em seguida entrava a voz exaltada do locutor interrompendo o programa: "Atenção! Atenção! Tóquio, 14 de agosto. Sabe-se que logo virá uma mensagem imperial aceitando a declaração de Potsdam." Ao anúncio seguia-se outro breve silêncio. Todavia, aquelas poucas palavras foram suficientes para os sinos repicarem em todas as nações aliadas.

Meia hora mais tarde, o Príncipe Mikasa chegou na sala de Kido e o atualizou no que acontecia no Exército. Vinte minutos após, depois que o príncipe saiu, Kido novamente procurou o ajudante-de-ordens e soube que tanto o ministro do Exército quanto o da Marinha tinham recebido um apelo pessoal para manterem suas forças sob controle. Em seguida Kido foi falar com Ishiwata, o ministro da Casa Civil, para tratarem da gravação da mensagem imperial.

Machimura, chefe de polícia de Tóquio, foi ao escritório de Kido e relatou que imperavam paz e ordem na cidade. Até o momento tudo estava sob controle, mas acrescentou que a situação era perigosa. Antes do amanhecer mais cartazes apareceram no centro de Tóquio, em postes e nas estações de metrô e trens de subúrbio. Acusavam de traidores os ministros do Gabinete favoráveis à paz. Portanto, como observou Machimura, os direitistas tinham começado a agitar. Caso se unissem aos militares – sério problema!

A seguir chegou o Príncipe Takamatsu. Temia que fanáticos na Marinha saíssem do controle a qualquer momento.

Depois de Takamatsu, veio o Príncipe Konoye falar com Kido. Descarregou algumas de suas preocupações-padrão sobre um "levante comunista" por esquerdistas no Exército e na população. Depois o príncipe perguntou a seu velho amigo se o palácio estava seguro. Escutara falar, explicou, que que a Divisão Imperial de Guarda estava rebelada. Kido nada tinha ouvido sobre tais rumores e desdenhou: "A Divisão de Guarda honra seu nome e jamais recorrerá a nenhuma ação ilegítima."

Em poucas horas, o Lord do Selo Privado descobriu o quanto estava errado.

18
Ocaso para samurai

No QUARTEL-GENERAL DO EXÉRCITO, o dia 14 começou em "uma atmosfera de relativa tranquilidade", segundo o Tenente-General Torashiro Kawabe, seu Vice-Chefe do Estado-Maior. Porém, depois que a decisão tomada na Conferência Imperial chegou ao quartel-general, essa tranquilidade desapareceu rapidamente. "Tensão, emoção e excitação" tomaram conta do ambiente. "Eu podia sentir isso", relata Kawabe, "observando os olhos e a boca dos que passavam apressados por mim nos corredores".

O Ministério da Guerra e o quartel-general do exército estavam agitados como um enxame de abelhas quando, à uma da tarde, circulou pelo prédio a notícia de que o General Anami tinha regressado do palácio. Os jovens tigres acorreram a seu gabinete e se juntaram para recebê-lo.

Depois de esperarem um tempo, o general apareceu visivelmente pálido, mas contido. Os mais íntimos o notaram engasgado de emoção, esforçando-se para se controlar. O Coronel Masataka Ida, subordinado de Takeshita, descreveu o clima: "Ansiosos por saber se as notícias eram boas ou más, os oficiais, sob a tensão da expectativa de conhecer o que fora decidido sobre a pátria, prendiam a respiração à espera do que ele tinha a dizer e seus olhos subitamente brilharam quando o general chegou. Sem mais delongas, o ministro da Guerra disse serena e simplesmente: 'Ficou decidido na Conferência Imperial desta manhã encerrar a guerra. Quero me desculpar por não corresponder à expectativa de vocês'."

"Todos ficaram perplexos, os corpos tensos. Por um momento reinou o silêncio, uma quietude, como se estivessem na reentrância de uma montanha. O silêncio foi subitamente quebrado por um longo lamento e (os oficiais) despertaram para o fato de que agora estavam diante da crua realidade de derrota. Hatanaka foi o primeiro a explodir em lágrimas.

"Não consegui me conter e perguntei: 'Por que mudou de opinião, ministro?'.

"Nunca esqueci sua expressão naquele momento. Depois de fechar os olhos alguns segundos tentando conter a emoção, respondeu firme: 'Não pude resistir aos desejos do Imperador, sobretudo quando, em lágrimas, me pediu para superar a dor. Não pude evitar, esqueci tudo e acatei sua decisão. Ademais, Sua Majestade disse acreditar que o sistema nacional seria preservado. Se vocês pensam em se revoltar, antes terão que matar Anami!'. Diante dessas palavras todos calaram e foram saindo silenciosamente da sala do ministro da Guerra."

Depois que Anami transmitiu a má notícia ao grupo de oficiais mais modernos, o chefe do departamento de Operações do exército irrompeu na sala do General Kawabe e sugeriu que algo precisava ser feito para assegurar a coordenação das ações dos principais chefes do exército. O objetivo era evitar algum movimento desagregador ou de resistência e mesmo um *coup*. O Vice-Chefe do Estado-Maior do Exército concordou de imediato, lembrando que naquele momento cinco desses chefes estavam reunidos no gabinete de Anami.

Kawabe "apertou" o General Wakamatsu, um burocrata vice-ministro da Guerra, que acabou concordando. Kawabe descreve como conseguiu a concordância do general:

> Entramos juntos na sala de espera do Ministério da Guerra, onde os generais estavam reunidos. Anami não estava presente, tinha se ausentado para comparecer a algum evento oficial. Falando em tom premeditado para atrair a atenção dos quatro generais, eu disse, "Quero aproveitar esta reunião para discutir assuntos relacionados com a necessidade de imediata coordenação de ideias entre os cinco chefes mais antigos do exército." O Marechal Hata voltou-se para mim e disse, "Isso é de máxima importância." Wakamatsu e eu estávamos sentados lado a lado. Por alguns segundos ninguém falou nada, de modo que novamente falei eu: "Nas circunstâncias atuais, acredito que a situação não comporte mais discussões ou considerações. Creio que, para todo o exército, o importante é obedecer lealmente à decisão imperial."
> O General Umezu fez um gesto concordando. O General Doihara, chefe do departamento de treinamento militar, murmurou "De acordo." Hata me encarou e disse claramente, "Concordo com você." O Marechal Sugiyama, comandante da Divisão Ocidental do Exército, nada disse e não deixou transparecer o que pensava, mas senti que não discordava. Eu disse a Wakamatsu, "Vamos deixar esta unanimidade de ideias registrada em um documento e cada general o assinará."
> Wakamatsu concordou imediatamente. Levantou-se, saiu do recinto e foi para uma sala ao lado. Passou-se algum tempo e ele não retornou, de

modo que saí e fui dar uma olhada. Vi que Wakamatsu e o Coronel Arao estavam tentando encontrar as frases mais apropriadas para o documento. Aproximei-me da mesa onde estavam trabalhando e sugeri que a declaração simplesmente afirmasse: "O exército agirá, até o fim, em obediência à decisão imperial."

O Coronel Arao escreveu essas palavras, a data e os nomes dos generais em uma folha única de papel. Wakamatsu pegou o papel e mostrou-o aos outros generais. Ninguém levantou qualquer objeção. Cada um assinou ou apôs seu selo. O ministro da Guerra Anami, que chegou justamente nesse momento, também assinou sem fazer pergunta.

Umezu voltou-se para Wakamatsu e para mim, e disse: "Os comandantes das unidades aéreas podem criar problemas, de modo que é melhor submeter este documento ao comandante da força aérea do Exército." Prontamente Wakamatsu levou o documento ao quartel-general da força aérea no prédio ao lado e conseguiu que o comandante, o General Kawabe (irmão de Torashito), também o assinasse.

Esta providência foi tomada para reafirmar a inquestionável lealdade ao Imperador em circunstâncias tão extraordinárias, sem mencionar a necessidade de assegurar uma medida autodisciplinadora capaz de evitar que ocorresse qualquer tipo de perturbação de ordem psicológica capaz de afetar os principais chefes da força. Foi uma medida de precaução para evitar o mínimo desvio no curso das ações de todo o Exército.

Mas estavam os chefes militares realmente em condições de controlar as tropas sob seu comando?

Os jovens tigres reuniam-se em pequenos grupos e se lamentavam. Discutiam planos, teorias, esquemas, fantasias e sugestões, racionais e irracionais. Circulou oficialmente a notícia de que o ministro da Guerra teria uma reunião com todos os chefes de seção às três da tarde, na sala de reuniões número 1. O Coronel Ida, por sua vez, não queria ouvir novamente as palavras ignóbeis de Anami. Para ele, muito mais importante era decidir como o Exército devia se conduzir em tal situação. "Na história, há muito pouca gente cuja atitude é admirada na posteridade, sobretudo se é derrotada", pensava ele. "Nesta emergência nacional sem precedentes, devemos proceder de forma que assegure ao Exército japonês um nobre fim."

Atitude tão madura, embora dolorosa, é admirável. A questão era como implementá-la. Depois de meditar sobre essas ideias em sua sala, Ida concluiu que os soldados japoneses deviam assumir sua responsabilidade pela derrota, "suicidando-nos em defesa da honra do Imperador e do estado japonês. Se todo o pessoal das colinas Ishigaya (quartel-general e Ministério da Guerra) se suicidasse fazendo o *harakiri*, a sinceridade deles certamente seria reconhecida no céu".

Para Ida, foi um momento de *satori*, a súbita e intensa iluminação, no sentido Zen. "Quando cheguei a essa conclusão", relata ele, "senti-me aliviado. Minha mente, perturbada desde 9 de agosto, de repente clareou e tomei a consciência de ter descoberto que a morte era gloriosa. Como derradeiro serviço que podia prestar, decidi submeter ao ministro da Guerra a ideia do suicídio de todo o corpo de oficiais."

Conforme decidira, o Coronel Ida deixou sua sala e foi circular entre os colegas oficiais, trocando opiniões e discutindo o caminho a seguir. O resultado o desiludiu. "Para minha tristeza", descobriu, "só 20% concordavam comigo. 10% defendiam passar à clandestinidade para elaborar um plano de longo prazo e 70% estavam indecisos. Aparentemente alguns oficiais, envolvidos na rotina de trabalho e vendo apenas o 'estado usual das coisas', mesmo nos derradeiros dias do glorioso Império Japonês, inicialmente me fizeram sentir alguma esperança, mas logo em um segundo momento, entristeci." Ida voltou para sua sala e lá permaneceu "pensando, ruminando e discutindo ideias."

Enquanto isso, as providências para execução do "Segundo Plano de Emprego da Tropa" agitavam alguns jovens tigres. Um novo adepto do plano era o Coronel Sato, chefe da seção de preparação de material bélico, que dois dias antes tentara interromper o planejamento do *coup* no gabinete de Anami. Agora, Sato exigia ação imediata. Hatanaka, Shizaki, Hosoda e Hara também estavam envolvidos com o golpe. Hatanaka ansioso por prosseguir. Dois dias antes, ele e seus colegas tinham se aproximado da Divisão de Guarda e feito contato com o comandante de seu 2º Regimento.

Entretanto, a decisão imperial e o pronunciamento de Anami tinham esfriado o entusiasmo de alguns conspiradores. Takeshita e Arao haviam recuado. Inaba discutiu com Hatanaka e tentou refutar a ideia do golpe. Tinha a certeza de que fracassaria, agora que Anami se recusava a acompanhar lances anti-paz. Inaba aconselhou os conspiradores a agir de acordo com o que mandasse o ministro da Guerra. Mas Hatanaka também estava certo de que os homens com quem fizera contato iriam em frente se recebessem luz verde. Tinha certeza de que poderia apelar para o patriotismo e o próprio interesse de Takeshita para envolver Anami no golpe, no momento propício.

Para Hatanaka, não havia retorno. Comprometeu-se totalmente com o golpe nas discussões com mais de uma dúzia de oficiais importantes. Seu *giri* – o dever de não admitir fracasso – o impulsionou como um foguete. Uma vez aceso, não há como apagá-lo. No Japão, onde a vergonha sempre foi e é uma força primordial, Hatanaka não podia simplesmente renegar o golpe. Nunca poderia olhar nos olhos de quem conhecia seu papel de líder do *coup*. Melhor morrer!

Sete quilômetros a oeste das colinas Ishigaya, os chefes do setor de ciência da Marinha estavam reunidos no Instituto Tecnológico Naval, no distrito Meguro de Tóquio. Finalmente, lá estavam para ouvir o relatório oficial do Professor Asada sobre a explosão que arrasara Hiroshima. O caminho percorrido pelo professor desde a cidade devastada até essa apresentação para a cúpula da marinha tinha sido indireto.

Depois de viajar de Hiroshima a Osaka (cerca de 350 km) em trem noturno dia 11 de agosto, Asada dirigiu-se ao quartel-general da Guarda da Marinha. Transmitiu aos oficiais o resultado de suas pesquisas e observações em Hiroshima e a inevitável conclusão: a cidade fora destruída por uma bomba atômica, tal como anunciara o inimigo. O pessoal da Marinha pressionou Asada para levar suas conclusões ao QG da força naval. Ele concordou.

O cientista retornou a seu laboratório na Universidade de Osaka e punha suas coisas em ordem quando recebeu um visitante, o Tenente Saito, da Academia Naval de Etajima. Saito era um antigo aluno de Asada que ia a Tóquio entregar o relatório de seu comandante no quartel-general. O comandante de Saito estudara a informação sobre a explosão em Hiroshima e chegara à conclusão de que se tratava de uma bomba com uma mistura de magnésio e oxigênio líquido. Em consequência, ele admitira, em outras palavras, que nada havia a temer e que não passava de mais uma bomba convencional.

Asada ficou estupefato. "Se esse relatório chegar ao quartel-general da Marinha antes do meu, vão acreditar no comandante da Academia. A Marinha não acreditará no relatório de um simples professor universitário." Concluiu que isso deveria ser evitado a qualquer custo, pois circulavam rumores, veiculados por programas em ondas curtas americanos, de que bombas atômicas seriam lançadas em Tóquio no dia 17 e em Osaka em 21 de agosto. E o presidente americano tinha prometido uma chuva dessas bombas sobre o Japão. Embora duvidasse haver essa fartura de bombas atômicas, Asada acreditava que os Estados Unidos poderiam ter cinco ou seis delas. Se fossem lançadas em cidades preparadas para sofrer apenas com bombas convencionais, a devastação e o massacre seriam impossíveis de calcular.

Tão logo os instrumentos científicos do professor confirmaram tratar-se de um engenho nuclear, ele fizera uso de instalações da Marinha para telegrafar a Tóquio informando sua conclusão e insistindo discretamente no término imediato da guerra. Agora, seu antigo aluno estava na iminência de entregar uma mensagem que estimularia o prosseguimento de uma resistência suicida. Asada revelou a Saito os resultados de sua investigação e mostrou-lhe as provas. Convenceu o jovem oficial da verdade sobre a bomba atômica e a necessidade urgente de revelar essa verdade ao quartel-general da Marinha antes que alguma outra teoria fosse apresentada e acatada. Afinal, uma vez acolhida, certa ou errada, a teoria seria preservada pela tendência autoprotetora dos militares.

Saito concordou em retardar sua viagem, permitindo que o professor chegasse antes ao quartel-general da Marinha e apresentasse seu relatório antes de ser conhecida pela cúpula naval a teoria do oxigênio líquido constante do relatório de Saito.

Novamente viajando durante a noite, Asada chegou a Tóquio na manhã de 14 de agosto. Pouco antes do meio-dia e perante uma plateia de almirantes, o professor descreveu a investigação que fizera, citou as evidências científicas que tinha recolhido com sua equipe da Marinha e informou que, sem dúvida alguma, se tratava de uma bomba atômica. Afirmou que não havia como enfrentar aquela arma.

Se pensava que suas informações levariam os chefes da Marinha a entrar em pânico e partir imediatamente para pedir a paz, Asada não podia estar mais enganado. Diante desse quadro, diz ele: "A conclusão das autoridades navais foi realmente terrível. Foi isolar todos os físicos japoneses nas cavernas do distrito de Nagano com a missão de produzirem bombas atômicas. Planejavam lançá-las nos EUA. A Marinha não cogitava se render."

Quando finalmente o Gabinete Suzuki reuniu-se à uma da tarde de 14 de agosto no prédio onde trabalhava o primeiro-ministro, o item inicial da agenda foi a decisão de aceitar formalmente os termos dos Aliados, conforme o "aconselhado" por Sua Majestade. Os documentos oficiais foram trazidos por Sakomizu e assinados pelos quinze ministros. O Japão aceitava oficialmente a declaração de Potsdam.

Nesse ponto, quando a decisão foi legalmente reconhecida pelo

Gabinete, o ministro do Exterior Togo telefonou a seu vice-ministro e o orientou a preparar uma nota de rendição a ser encaminhada aos Aliados. Outro memorando, incorporando pontos desejados pelos militares, fora redigido segundo orientação de Togo e passado aos comandantes do Exército e da Marinha para aprovação. Em seguida foi enviado aos Aliados. Os pontos principais eram:

1. Como o objetivo da ocupação é concretizar as metas da proclamação de Potsdam, o governo japonês espera que as quatro potências confiem na boa fé do Japão e facilitem a execução dessas obrigações pelo próprio Japão, a fim de evitar complicações.
Que seja dado aviso prévio da entrada de navios e tropas no Japão, para se fazerem os preparativos de recebê-los.
Os pontos de ocupação serão limitados a um número mínimo e escolhidos de tal forma que as cidades permaneçam desocupadas e a força de ocupação seja a menor possível em cada ponto.
2. Quanto ao desarmamento de 3.500.000 oficiais e soldados além-mar, sugere-se que isso seja feito sob o comando de Sua Majestade, o Imperador. As forças japonesas se desarmarão elas mesmas e entregarão suas armas por sua própria conta. Espera-se que a Convenção de Haia seja observada e seja respeitada a "honra do soldado", permitindo que possam, por exemplo, conservar suas espadas.
3. Como algumas tropas estão em lugares remotos, que seja concedido prazo razoável para a cessação de hostilidades.
4. Ou os Aliados tomam providências para transportar alimentos e suprimentos médicos para forças japonesas em locais distantes, assim como efetuar o transporte de feridos, ou cede ao Japão meios para fazê-lo.

Essa invulgar mensagem de vencido para vencedor era absolutamente lógica para os militares japoneses. Pareciam cegos ao fato de que a reserva de "boa fé" do Japão vinha sendo dissipada ao longo de quatorze anos, começando no incidente da Manchúria, e que o restante evaporou de vez no episódio de Pearl Harbor. Na categoria "boa-fé", o Japão estava em bancarrota. Mas o que o Japão realmente quis dizer na nota foi que temia alguma explosão de violência que fugisse ao controle quando começasse a ocupação e o desarmamento. A escolha infeliz das palavras não transmitiu isso.

Aos Aliados pareceu uma armadilha a solicitação de aviso prévio para a entrada no Japão dos navios da esquadra e das tropas. No entanto, todas as autoridades japonesas responsáveis eram absolutamente sinceras ao acreditarem que seriam indispensáveis proteção policial e preparativos adequados para prevenir desentendimentos quando chegassem as forças de ocupação.

Aos olhos dos desconfiados líderes aliados, a sugestão de menor número possível de locais de ocupação, com efetivos mínimos de tropa, e sua manutenção fora das cidades, também pareceu suspeita. Naturalmente, a nação derrotada gostaria de ter o menor efetivo possível de tropas estrangeiras em seu solo e preferiria mantê-las espremidas e desapercebidas em áreas rurais. Nação nenhuma gostaria de ter forças de ocupação em sua capital e nas principais cidades controlando o tráfego terrestre, marítimo, aéreo e as comunicações. Além disso, Togo e os militares tinham motivos válidos para querer reduzir as possibilidades de atrito e evitar demonstrações do poder militar aliado, que temiam poder incitar a populaça.

O ponto 2, das tropas além-mar se autodesarmando, parece cômico. Como alguém poderia propor seriamente que os Aliados assistissem pacientemente enquanto os japoneses, sem sofrerem supervisão cuidadosa, entregam suas armas ao seu próprio ritmo (provavelmente bem lento)? Alguns podem "esquecer" de entregar suas armas. Outros podem perdê-las num dia chuvoso. Além disso, é bom frisar mais uma vez que esse desarmamento "voluntário" alimentaria o mito de que, na verdade, a Marinha e o Exército japoneses não teriam travado a batalha final para a qual supostamente estavam preparados porque o Imperador os detivera e não porque tinham sido derrotados.

Realista como era, Togo sabia que seriam mínimas as chances de os Aliados aceitarem essa proposta. Incluiu-a porque assim exigiram os militares e porque reconhecia a natureza altamente sensível dessa questão. No Japão antigo, tradicionalmente os Samurais eram reconhecido pela espada que portavam. Só eles tinham o direito de portar armas, fato que os colocava clara e definitivamente no topo da estrutura social. Os sucessores dos Samurais, o Exército e a Marinha, mantiveram ciosamente o direito de portar armas, em particular as cobiçadas espadas. A tradição imperava por meio dessas lâminas de aço sagrado guardadas em vistosas bainhas de madeira.

O culto à espada remonta à nebulosa pré-história do Japão, quando a Deusa-Sol presenteou seu neto com uma espada. Um dos três tesouros sagrados no Japão foi e é a espada. As de ferro já eram usadas nas ilhas japonesas pelo menos seis séculos antes de Cristo. A fabricação de espadas sempre foi a mais nobre das atividades, praticada com fervor religioso.

Ao fazer o corte da lâmina, o ferreiro usava o quimono de um nobre da corte e pendurava a *shimenawa* (uma corda trançada de palha com pendentes de palha e papel, colocada tradicionalmente sobre a entrada da porta no Ano Novo) como símbolo de pureza e oração aos deuses, e se alheava do mundo para devotar-se à delicada e secreta tarefa. Era um ritual quase sagrado. O ferreiro que fabricava espadas devia ter caráter inatacável e ser totalmente dedicado a seu ofício. A espada era o símbolo da pureza, da justiça, e se acreditava que, se o demônio dominasse a mente do ferreiro enquanto a forjava, a lâmina e seu dono seriam afetados. Tal espada jamais serviria a um bom propósito.

Nos tempos antigos um samurai jurava sobre sua arma. O juramento era um compromisso tão sólido que só poderia ser rompido pela morte. A espada era, literalmente, uma arma sagrada, capaz de dominar o demônio e assegurar a justiça. A mais pura arte e habilidade estavam presentes nos 60 a 75 centímetros de aço da espada longa (*tachi* ou *daito*) ou da espada curta (*katana* ou *shoto*). As lâminas japonesas foram famosas em todo o Oriente durante séculos. Lá se desenvolveu, naturalmente, o gosto por tais obras de arte.

O uniforme de gala dos oficiais japoneses estava incompleto sem uma dessas armas. Além disso, para o *sine qua non* dos militares, o oficial japonês devia voluntariamente despender dez meses ou mais de seu salário ou, se necessário, hipotecar sua casa e terras, para pagar, ao longo de muitos anos, sua espada. Diante desses fortes laços econômicos, históricos e emocionais com sua espada, o militar, como Togo e os ministros do Gabinete sabiam, não se dispunha a abrir mão de sua espada sem lutar. Afinal, nos tempos de seus avós, a rebelião Satsuma contra o Imperador Meiji fora deflagrada pelo decreto de que os samurais não mais podiam portar espadas. Abrir mão de seu fuzil, de sua pistola, de sua metralhadora ou de seu morteiro, tudo bem. Mas de uma tradicional herança familiar? Muito difícil.

Assim, Togo incluiu a solicitação específica de que os soldados tivessem a honra respeitada e pudessem reter as espadas.

A "esperança" de Togo de que fosse aplicado o artigo 35 da Convenção de Haia serviu apenas para eriçar o pelo dos Aliados, pois a recusa flagrante e debochada dos comandantes japoneses de dispensar o tratamento assegurado pela Convenção aos prisioneiros de guerra aliados, invocado formal e repetidamente, sem resultado.

Assim sendo, o texto do item 3 parecia uma tentativa de permitir que os combates prosseguissem até os comandantes japoneses pudessem decidir interromper a luta. A probabilidade de ser aceito era mínima, mas, na verdade, foi uma admissão de que não havia ligação com muitas guarnições japonesas e, como vinha acontecendo com os militares em toda uma geração, elas estavam fora do controle das autoridades centrais.

    Do ponto de vista de Togo e dos ministros civis do Gabinete, estava óbvio que levaria tempo para convencer os comandantes das tropas de que a rendição era o desejo genuíno do Imperador e a legítima ordem das autoridades militares. Estava previsto serem enviados os irmãos de Hirohito para áreas remotas a fim de transmitir a palavra do Imperador, assegurando que a rendição era autêntica. Acreditava-se que isso seria necessário por causa dos problemas técnicos da transmissão via rádio e da conveniência de fazer chegar pessoalmente a verdade sobre a rendição por intermédio da mais alta autoridade disponível.

    Os chefes militares avaliavam de dois dias a várias semanas para levar a notícia à tropa, dependendo de quão distante e fanatizada a soldadesca. (Eventos posteriores mostraram que seus temores tinham fundamento. Em alguns postos isolados e em guarnições que tinham sido ultrapassadas, a ordem da rendição foi arrogantemente ignorada como embuste aliado e os combates se estenderam por semanas.)

    O item 4 de Togo foi um pedido direto de ação humanitária para salvar a vida de soldados japoneses. Também foi uma humilhante admissão de que o Japão, outrora a terceira maior esquadra do mundo, agora se via obrigado a implorar transporte para poder adotar medidas médicas de emergência, sem falar em necessidades normais.

    Os chefes do Exército e da Marinha aprovaram pressurosos a minuta de Togo. Os mais realistas temiam serem pequenas as chances de aprovação. Os menos pragmáticos achavam que respondia às mais urgentes questões de forma satisfatória, embora preferissem ter ampliado sua abrangência e aumentado o rol de solicitações, se Togo tivesse permitido.

    O ministro do Exterior devia saber que dificilmente seria aceito pelos Aliados. Talvez simplesmente estivesse adotando aqueles termos para satisfazer os militares. De qualquer forma, lançou sua flecha para o ar na manhã seguinte e ela caiu inesperadamente sobre o solo, não sabia onde. (O texto aprovado foi enviado por Togo no dia 15. Foi a última nota oficial do Japão Imperial para o inimigo. Essa nota teve um destino curioso. Sem dúvida, foi recebida pelos Aliados, mas aparentemente não provocou resposta. Talvez tenha sido considerada sem fundamento ou incrivelmente impertinente para ser respondida. Talvez tenha ficado perdida em meio à confusão. Seu destino é desconhecido e nos arquivos não se encontra a respectiva resposta.)

Os ministros do Gabinete tinham ouvido a exposição feita pelo presidente do Birô de Informações Shimomura sobre o plano de transmissão da voz do Imperador ao povo levando o decreto imperial diretamente aos seus súditos. Esses líderes do governo tremiam só em pensar no que o povo poderia fazer quando tomasse conhecimento da rendição. Os ministros eram unânimes em desejar que o Imperador falasse pelo rádio, pois era fundamental a palavra chegar ao público simultânea e rapidamente. Para tanto, o decreto precisava ser claro e partir inequivocamente do próprio Imperador. As palavras de qualquer ser humano que não fosse o Imperador não teriam crédito em meio a um povo que ainda acreditava que suas forças armadas estavam vencendo a guerra. De fato, esse povo desinformado consideraria a mensagem uma afronta à sua inteligência e isso daria origem imediata a distúrbios, a uma provável caçada humana ao infeliz portador da informação e a uma rebelião popular contra seu governo e todos os seus líderes. Haveria *uchikowashi* (literalmente "destruição") em todo o território, numa escala que faria as terríveis arruaças por causa da falta de alimentos nos séculos XVIII e XIX parecerem ritos de iniciação de calouros.

Assim, o Gabinete aprovou o plano para a transmissão. Enquanto isso, o Chamberlain Kato agia nas providências preliminares para a fala do Imperador a seu povo pelo rádio. Cerca de meio-dia, o Kato Chamberlain, guardião do palácio, telefonou ao Birô de Informações e pediu ao senhor Usaburo Kato, chefe de departamento do Birô, para vir ao palácio discutir a fala do Imperador, que ocorreria às 18h.

O Kato do Birô de Informações entrou no carro e se dirigiu ao palácio a fim de, com o Kato Chamberlain, organizar aquele evento sem precedentes. Dispondo apenas de um esboço dos fatos que deveriam acontecer, Kato do Birô de Informações chegou à conclusão de que o Imperador anunciaria sua abdicação, *à la* Edward VIII, da Inglaterra!

Voltando a sua sala no Birô, Kato chamou NHK, a companhia de radiodifusão japonesa, para colocá-la a par da situação. O presidente da companhia, o engenheiro-chefe e o chefe do escritório de notícias internas compareceram ao Birô de Informações e lá souberam do decreto imperial que seria expedido por Sua Majestade e que a eles caberia transmitir mediante prévia gravação. O grupo que cuidaria da gravação se apresentaria na Casa Civil do palácio às três da tarde.

Enquanto o Gabinete aprovava a transmissão, os preparativos começavam na Rádio Tóquio, que ficava no vetusto prédio escuro da rua Hibyia, a apenas um quarteirão do Parque Hibyia e da sede da Domei. Um engenheiro de nome Nagatomo recebeu ordem para preparar uma sessão de gravação externa às 03:00. Embora não soubesse onde seria essa gravação, Nagatomo desconfiou que era importante e até poderia envolver o Imperador. Assim, pediu o melhor microfone disponível na estação (Mazda tipo A) e se muniu de dois conjuntos de gravadores tipo K 14, além de equipamento de apoio e testou cada componente.

Nagatomo escolheu três colegas para o grupo de gravação e se apresentou pronto para cumprir a missão. Seu superior se opôs a um grupo tão numeroso, mas Nagatomo insistiu que precisava assegurar uma boa gravação. Se falhassem, disse, teriam de fazer *harakiri*. Foi uma manobra previdente para ter a certeza de que contava com ajudantes suficientes. E também para confirmar sua suspeita de que a gravação envolvia o Imperador. Os quatro engenheiros, sob a supervisão do senhor Takajiro Kondo, foram apanhados por carros da casa civil e seguiram Onashi, presidente da NHK, e Yabe, chefe do Birô. Todos tinham permissão para usar roupas comuns, em vez do traje formal que era usado como uma espécie de traje nacional, a jaqueta cáqui com distintivos cerimoniais.

Chegando ao palácio, foram conduzidos diretamente para o segundo piso do grande prédio da Casa Civil e levados ao salão de audiência do Imperador no conjunto de salas administrativas. O microfone foi instalado em uma dessas salas, e os gravadores, no salão de audiências. Um dos funcionários do palácio perguntou se o Imperador depois poderia ouvir a gravação, e os radialistas de repente descobriram que não tinham uma máquina para ouvir o que fora gravado.

Em um carro do ministério, Nagatomo partiu imediatamente para o lugar mais próximo em que poderia encontrar essa máquina, a sala secreta de transmissão que a NHK mantinha para situações de emergência no porão do prédio da Companhia de Seguros Dai Ichi, na moderna construção em frente ao fosso. O General Shizuichi Tanaka, comandante do Distrito Oriental do Exército, tinha seu quartel-general no sexto andar desse edifício. Provavelmente era um dos locais mais seguros em toda a cidade e fora escolhido pela NHK para suas instalações de emergência justamente por essa razão.

Enquanto o engenheiro da NHK se dirigia ao porão do prédio da Dai Ichi, um jovem e esbelto oficial com a insígnia do Ministério da Guerra no uniforme passava resolutamente pela entrada monumental do edifício. Dirigiu-se diretamente para os elevadores e subiu rumo ao gabinete do comandante do *Tobugun* (o Exército do Distrito Oriental) no sexto andar. As feições delicadas e os modos tranquilos disfarçavam a obstinação e o fanatismo do Major Hatanaka.

Ciente de que Takeshita, Inaba e Arao tinham abandonado os planos para o golpe, Hatanaka assumira as rédeas do movimento e agia por conta própria para impedir que a terra sagrada fosse dominada pelos infiéis. Estava decidido a executar o plano tal como fora concebido. Ou, se não fosse viável, recorrer a um *coup* tão próximo quanto possível do original. Já assegurara promessas de cooperação por parte de oficiais dos segundo e terceiros escalões da Divisão Imperial de Guarda. Seus amigos que trabalhavam com o General Umezu esperavam obter a adesão do quartel-general. Induziria Ida e Takeshita a convencer o ministro da Guerra e envolvê-lo na ação. Naquele momento, porém, Hatanaka tentava aliciar o *Tobugun*. Como esse comando controlava toda a área de Tóquio, o apoio do Exército do Distrito Oriental era vital.

Na antessala do comandante, Hatanaka disse ao oficial de dia que vinha falar com o General Tanaka. O oficial olhou a figura magra num uniforme amarrotado e perguntou a Hatanaka o assunto com o general. O major se recusou a revelar seu objetivo e disse que só falaria com o general. Houve uma altercação verbal, Hatanaka insistindo em não adiantar seu propósito, e o oficial não permitindo que falasse com Tanaka. O calor da discussão ultrapassou as paredes e o general surgiu à porta para saber o motivo da confusão.

Os olhos radiantes de Tanaka, o longo bigode pontudo (lembrança dos dias do Kaiser Wilhelm e do Imperador Taisho) e sua constante atitude sempre irritada o deixavam, na melhor hipótese, assustador. Sua voz cobria apenas dois tons, amável e tranquilo ou EXPLOSIVO e FURIOSO. Ao aparecer junto à porta após ser perturbado pela discussão, Tanaka era a verdadeira encarnação de um deus japonês da ira e da destruição. Usando o tom número dois, foi curto e grosso, berrando: "O que está acontecendo aqui?" Soube que o Major Hatanaka queria vê-lo para tratar de assunto que não queria revelar. Tanaka pôs as mãos nos quadris e rugiu: "Seu imbecil! Por que veio aqui? Eu sei o que você quer... Nem ouse abrir a boca... caia fora!"

Obviamente Tanaka fora prevenido, e Hatanaka nada mais pôde dizer. Empalideceu, inclinou-se rigidamente e saiu em silêncio. Não havia como tentar uma nova aproximação com o *Tobugun*, pensou. Era importante não desistir só por causa daquele insucesso temporário. Hatanaka voltou para Ichigaday, passando pelos quarteirões seguidos de cercas e fios que separavam ruas e calçadas das crateras de bombas e dos buracos abertos onde outrora ficavam os mais modernos prédios de escritórios do Japão. O próximo passo em seu plano era obter o apoio de seus colegas oficiais do Ministério da Guerra.

O ministro da Guerra Anami saiu da reunião do Gabinete às três da tarde e voltou para o Ministério da Guerra. Quando o general deixou a reunião do Gabinete, os trabalhos foram praticamente encerrados, pois nada se resolvia sem sua presença. Então, houve um recesso até ele voltar.

Às três e meia Anami reuniu todos os seus chefes de seção e diretores de escolas e outras instalações sob a jurisdição de seu ministério. "O Imperador decidiu", anunciou, "e todo o Exército deve agir em consonância com essa decisão. O Imperador está particularmente preocupado com os militares. Afirmou que, se necessário, emitiria um decreto especial dirigido ao Exército, para que todos seus leais soldados e súditos compreendessem sua decisão. Resta-nos um único caminho. O caminho a ser seguido pelo exército é obedecer aos desejos do Imperador e agir de acordo com sua vontade."

O general fez uma pausa, parecendo refletir um momento: "De agora em diante o Japão passará por muitas privações. Porém, mesmo que isso seja dormir nos campos e comer pedras, eu os conclamo a se empenharem ao máximo para que seja preservado o sistema nacional."

O General Yoshizumi falou em seguida, narrando o que acontecera na Conferência Imperial e recapitulando a linha de pensamento do Imperador ao manifestar sua decisão. Depois, o General Wakamatsu, falando em nome do pessoal do ministério, prometeu a cooperação de todos para que a decisão do Imperador fosse obedecida.

Anami foi para sua sala e pediu ao secretário duas folhas de papel em branco. O Coronel Hayashi as entregou ao ministro da Guerra, acreditando que finalmente Anami renunciaria. No entanto, Anami cuidadosamente pôs as folhas de papel de lado e disse a Hayashi para segui-lo. Partiu célere para a limusine e retornou à residência do premier para o prosseguimento da reunião do Gabinete. Nada mais foi dito sobre o destino das folhas de papel ou sobre renúncia.

À espera no estúdio de rádio improvisado no gabinete do Imperador no prédio da Casa Civil, a equipe de radialistas, acostumada a contar os segundos e a uma vida em que cada dia é uma sucessão de prazos a cumprir, começou a ficar nervosa. Sentados. Esperando. Checando os microfones, os toca-discos, as conexões, os amplificadores. Fumando, sentados e sempre esperando. Nenhuma informação sobre a gravação e tampouco indícios de que estava prestes a começar. Havia bons motivos para não informar o momento em que seria feita a gravação. Um deles é que o Gabinete ainda não recebera o texto do decreto que Sakomizu devia preparar até as quatro da tarde. Outro era a controvérsia sobre o que deveria e não deveria constar do decreto.

O Gabinete começava a examinar atentamente a minuta do decreto, e outra reunião acontecia a poucas centenas de metros de distância. O Professor Asada conversava com executivos do Ministério do Interior sobre a bomba atômica e meios de enfrentá-la. A conclusão a que chegaram os burocratas civis pareceu absolutamente incompreensível para o professor: "O povo japonês deve usar roupas brancas. O branco reflete a radiação. Um homem com roupa branca não sofrerá queimaduras se estiver à distância, mas se estiver exposto, seu corpo sofrerá queimaduras. Como não há disponibilidade de material branco, o povo será orientado para usar lençóis para fazer roupas. E a guerra continuará."

Enquanto isso, tanto o General Umezu quanto o General Anami tomavam providências para preservar a disciplina no exército. Se as palavras funcionassem, os dois manteriam os jovens tigres sob controle.
    Umezu, como Chefe do Estado-Maior, convocara uma reunião de todos os oficiais do quartel-general à 1h30 da tarde para explicar a decisão do Imperador na Conferência Imperial. "O exército", afirmara nessa ocasião, "não tem alternativa, a não ser obedecer fielmente à vontade do Imperador e cumprir sua decisão."
    À tardinha, uma nota conjunta Anami-Umezu, os dois principais che-

fes do Exército, foi transmitida via rádio a todos os comandantes operacionais diretamente subordinados ao Imperador. Parte do texto dizia:

> 1. Há negociações com o inimigo em que são apresentadas nossas condições no sentido de preservar o sistema nacional e manter a soberania do Imperador. Todavia, as imposições definidas pelo inimigo tornam extremamente difícil a aceitação dessas condições e, por esta razão, sustentamos que tais imposições são absolutamente inaceitáveis. Embora em diversas oportunidades tenhamos transmitido repetida e vigorosamente ao Trono esta opinião, Sua Majestade Imperial decidiu aceitar os termos da declaração de Potsdam...
> 2. A decisão imperial já foi difundida. Portanto, de acordo com a vontade imperial, é imperativo que todas as forças atuem para chegar a esse objetivo de forma a não desonrar suas gloriosas tradições e o esplêndido passado de serviços meritórios, deixando um exemplo marcante para as futuras gerações de nossa raça. É extremamente importante que cada soldado, sem exceção, evite qualquer comportamento mais precipitado e demonstre, em nossa terra e para terras estrangeiras, a inabalável reputação e a grandeza do Exército Imperial.

(Às quatro e meia da tarde o ministro da Marinha Yonai reuniu os principais membros de seu Estado-Maior e recomendou que tomassem as precauções possíveis para assegurar que a decisão do Imperador aceitando os termos de Potsdam fosse obedecida. Yonai também deu ordem aos comandos navais sediados no Japão para enviar seus subcomandantes ao quartel-general da Marinha a fim de receber mais instruções.)

Não obstante, nas colinas de Ichigaya a boataria chegara ao auge. Rumores circulavam, se propagavam e evaporavam, reaparecendo mais adiante, ampliados e rebuscados. Dizem que existe uma força-tarefa inimiga na baía de Tóquio com forças prontas para desembarcar! Espera-se a qualquer momento o desembarque de tropas americanas! Paraquedistas inimigos estão a caminho para se apoderar dos principais aeroportos!

Particularmente nos pequenos escalões os soldados deixavam seus postos para empacotar seus minguados pertences pessoais e tirar suas famílias do caminho da invasão. Outros simplesmente abandonavam seus postos e partiam para o interior. Até policiais da *Kempeitai* que faziam a segurança de Anami escaparam, deixando seu ídolo de ontem sem proteção.

Os que permaneceram em seus postos começaram a pegar os arquivos e juntá-los no pátio, em uma formidável operação de "jogue tudo no lixo e queime". Alguns preferiram apanhar suas garrafas de saquê e se "anestesiar". Outros, como Ida, refletiam sobre a possibilidade de se autoimolarem. Também houve quem preferisse ir até o fim. Um destes foi o tenente-coronel Oyadomari, chefe da seção de informações militares.

No G-2, departamento de inteligência do quartel-general do Exército, a equipe encarregada da tradução de jornais e transmissões de rádio em língua inglesa estava em polvorosa, assim como todos os outros órgãos sediados em Ichigaya. Os oficiais estavam em acesa discussão quando a porta se abriu e Oyadomari entrou, os olhos em fogo. Pendurada no cinto estava sua espada cerimonial, a *daito*, empunhável com as duas mãos. Não era habitual portá-la na área do quartel-general, exceto em ocasiões formais, pois a bainha da arma frequentemente esbarrava no batente de portas e em cadeiras.

Oyadomari puxou a espada e bradou para os tradutores: "Seus derrotistas desgraçados!" Os olhares se voltaram para ele, e as conversas silenciaram. Brandindo a lâmina longa e curva, agitou-a diante dos homens que lá estavam e rugiu: "É por causa de vocês que fomos derrotados! O tempo todo vocês anunciaram que nós seríamos vencidos. Agora isso aconteceu. Estão satisfeitos? Hein? Estão satisfeitos consigo mesmos? Hein?"

Um deles, o Tenente Sadao Otake, murmurou para o colega ao lado: "Não faça nada, não diga nada, ou ele vai nos cortar ao meio." A lâmina afiada da espada passeou vagarosamente pela sala ameaçando cada homem, um após outro. Enquanto gritava, Oyadomari pôs a ponta da espada a menos de uma polegada do nariz de cada oficial, um de cada vez.

As lágrimas corriam pelas faces do coronel enquanto ele despejava suas imprecações sobre os alvos imobilizados. Formavam um grupo de suspeitos, de acordo com a visão dos radicais. Muitos tradutores eram nisseis (nascidos fora do Japão, mas com pais japoneses) que tinham regressado ao país por uma ou outra razão e designados para servir nessa equipe devido às habilidades linguísticas. De forma nenhuma haviam se sentido ameaçados até a sorte da guerra se inverter contra o Japão. Porém, quando em suas traduções começaram a anunciar vitórias e relatórios sobre resultados do inimigo, os jingoístas que tinham acesso às informações ou aos boatos baseados em seus trabalhos começaram a levantar suspeitas sobre os oficiais da inteligência.

Oyadomari, oriundo de Okinawa, era um dos mais ardorosos patriotas, e ser derrotado na guerra após a perda de sua terra natal tinha sido demais para ele. "Cães malditos!"– prosseguiu, caminhando na direção da porta. "Vocês merecem morrer por nos enganarem..." Reembainhou a espada, mas os tradutores permaneciam aterrorizados. "Vão em frente se vangloriando de nossa derrota, traidores!" – vociferou enquanto saia chorando da sala.

A principal tarefa do Gabinete Suzuki na tarde de 14 de agosto era preparar a mensagem a ser passada às novas gerações pelo decreto imperial, encerrando a Guerra do Pacífico. Como comprovou Sakomizu, não era tarefa fácil, precisava ser redigida com as palavras formais da linguagem usada pela corte, chamada *kanbun*. Satisfazia a determinadas necessidades, tal como o latim no Ocidente. Visava a informar o Japão contemporâneo, mas, ao mesmo tempo, devia ser uma declaração dirigida a gerações passadas, com palavras que não fossem transitórias.

Como sabemos, o secretário do Gabinete trabalhava no texto do decreto desde a decisão do Imperador em 10 de agosto. Com a ajuda de Kihara do *Times do Japão* e de Takada, do Ministério da Grande Ásia Oriental, o decreto estava na forma prevista. Sakomizu tinha estudado *kanbun*, mas, tendo em vista a importância daquela mensagem, preventivamente resolveu submeter o texto a dois renomados acadêmicos, os professores Kawada e Yasuoka, que sugeriram mudanças e acrescentaram frases e expressões.

Sakomizu entregou cópias da minuta aos ministros do Gabinete e começou a discussão sobre as palavras e expressões usadas, a terminologia e até o ritmo da mensagem.

O primeiro obstáculo surgiu quando Anami, ministro da Guerra, leu a frase "a situação da guerra está piorando dia a dia." Insistiu que se eliminasse a frase. Era uma ofensa aos combatentes japoneses e não refletia com precisão a forte resistência e as ações ofensivas nas frentes na China e nas ilhas. Não, ele não toleraria uma frase como aquela.

Yonai se pronunciou, adotando posição contrária. "De forma nenhuma devemos alterar essa parte. Absolutamente não!"

Com a ajuda de outros ministros, o secretário do Gabinete propôs uma alternativa menos incisiva. A expressão proposta (que soa absolutamente falsa na versão final) foi: "A situação da guerra evoluiu de forma não necessariamenrte vantajosa para o Japão." Anami apoiou a sugestão. Yonai se opôs violentamente. Entretanto, o primeiro-ministro, ainda temendo que Anami renunciasse e derrubasse o Gabinete, apoiou o ministro da Guerra e concordou com a utilização da ambígua frase substituta.

Durante a discussão, o ministro da Agricultura, Ishigeru, assinalou a expressão *shinkio-ho-jite* e pediu sua exclusão. O significado da expressão é "os fiéis", no sentido de seguidores leais e fiéis ao Imperador. Ishigeru salientou que essa frase forneceria munição aos vencedores da guerra, que poderiam estar em busca de evidências de que o Imperador e religião eram a mesma coisa. Temia que pudessem usá-la como prova de que o Imperador era considerado um deus. A frase foi retirada.

Infelizmente, essa exclusão quebrou o ritmo da sentença. Como a metrificação é importante no *kanbun*, alguma coisa precisava ser feita. O problema foi superado com a inserção de algumas expressões estritamente poéticas, mas praticamente sem sentido. Retomou-se o ritmo clássico, mas sem influir no conteúdo do decreto.

Três ou quatro ministros se fixaram na palavra *gimei*, que precedia a expressão "suportar o insuportável." *Gimei* é um vocábulo antigo e peculiar que significa "é vontade do deus (neste caso, o Imperador) que isto ou aquilo seja feito." Porém, a palavra era tão ambígua que alguns sequer lhe deram importância. Outros insistiram em retirá-la porque também dava a ideia de deificação do Imperador. Foi mudada para *jiun*, de uso contemporâneo e muito mais passiva, que queria dizer "já foi decidido e é nossa missão fazer isto ou aquilo." Como surgia antes da frase "devemos suportar o insuportável", significava "nestas circunstâncias devemos..."

Mudança altamente significativa foi proposta pelo ministro da Guerra Anami. O general era francamente cético a propósito da ocupação aliada. Como já demonstrara diversas vezes, não confiava nos termos que os Aliados tinham usado na declaração de Potsdam e em notas posteriores. Portanto, insistiu em que o Imperador empregasse as palavras "podendo defender e manter a estrutura do Estado imperial..." Acreditava que desta forma diria aos japoneses e ao mundo que o Imperador mantivera intacto o sistema nacional e o que acontecesse depois seria obra e responsabilidade dos Aliados.

Na Casa Civil do palácio, um dos chamberlains ofereceu o jantar à impaciente equipe de radialistas. Comeram em dois turnos, na expectativa de serem chamados a qualquer momento. Mas não veio chamada. Nem informação ou pista. A razão foi o Gabinete só encerrar a sessão de discussões às oito e meia. Foi quando Sakomizu fez a revisão da versão final, finalmente aprovada.

Então, tendo nas mãos castigadas pelo tempo o fruto de seus quatro meses como Premier, o Barão Suzuki mais uma vez partiu para o palácio. Recebido prontamente por Hirohito na biblioteca, apresentou a Sua Majestade o esperado decreto, realmente impactante. Tinham se passado nove horas desde o Imperador determinar que fosse redigido, e agora ele identificava muitas de suas palavras no texto do decreto. Ficou satisfeito ao constatar que ressaltava seu interesse na paz e evitava recriminações. Sua ideia principal era o desejo de conseguir a paz para todas as gerações futuras no Japão e no mundo.

Não havia menção a vingança. Após a guerra sino-japonesa de 1804-1895, a pressão conjunta de três países obrigara o Japão a devolver a península Liaotung à China. Nessa época, o avô de Hirohito expedira um decreto imperial explicando sua posição e usando palavras que podiam ser facilmente interpretadas como um apelo à vingança pela decepção da derrota.

Sakomizu, que nada tinha de modesto, mais tarde falou a respeito de seu documento: "Foi muito difícil redigir esse decreto. Quando tive oportunidade para ler o édito mais tarde, fiquei admirado ao ver que conseguira arrumar tão bem as sentenças." Evitando a hipocrisia e o espírito de retaliação, é um notável documento.

Hirohito aprovou o texto e o assinou, acrescentando seu selo oficial. Ele e Suzuki conversaram por alguns momentos sobre os acertos para a transmissão pelo rádio, e o Almirante, esperando que o porto em que atracaria já estivesse à vista, voltou para a reunião do Gabinete com o decreto na mão.

Pouco antes da dez da noite as sirenes soaram, e o recesso de bombardeios do Japão terminou. Em 10 de agosto o Presidente Truman dera ordem para os B-29 permanecerem no solo, depois de tomar conhecimento da nota da Domei informando que o Japão aceitaria os termos de Potsdam. Entretanto, o Japão hesitou na resposta à nota de Byrnes, e o Presidente liberou o emprego dos B-29, tentando forçar o inimigo a se decidir. Agora os aviões sobrevoavam Tóquio enquanto o texto final do decreto estava na iminência de ser aprovado e expedido. Em toda a área as luzes foram apagadas ao primeiro soar da sirene. O blecaute entrou em efeito, permanecendo até ser ouvido o aviso de "tudo limpo."

Para ratificar o documento, faltava apenas a assinatura dos membros do Gabinete. Os quinze ministros apuseram seus selos. Em seguida, Anami aconselhou firmemente que a transmissão da mensagem pelo Imperador só fosse feita no dia seguinte. Para os que mediam forças com os militares e conheciam bem suas táticas de retardamento, a advertência soou como sinistra ameaça. A maioria dos líderes do governo sabia que as coisas estavam confusas em Ichigayadai, e quiçá fora de controle. Visaria o ministro da Guerra ganhar tempo para proteger alguma ação ameaçadora?

Anami argumentou com convicção que a transmissão antes do raiar do dia poderia provocar desordens civis ou alguma revolta inesperada no Exército. Shimomura sugeriu a divulgação ao meio-dia seguinte, e o Gabinete concordou.

Mas não foi tudo. Após a discussão dos aspectos técnicos, o ministro da Guerra apresentou outro obstáculo. Quis que a aceitação dos termos aliados fosse submetida ao Conselho Privado antes de sua difusão. Argumentou que a Rendição era da mesma natureza de um tratado entre estados soberanos.

O Conselho Privado fora criado à época do Imperador Meiji por um édito imperial que criou seis áreas de jurisdição, das quais a quarta era a que tratava de tratados e acordos internacionais. De acordo com esse édito, nenhuma lei ou decreto poderia ser emitido sem a aprovação do Conselho Privado. A tentativa de Suzuki de contornar a consulta ao Conselho Privado com a inclusão de seu presidente, o Barão Hiranuma, na Conferência Imperial, estava sendo questionada por Anami.

Mais uma vez surgiu a suspeita de que o ministro da Guerra pisava no freio para dar a alguns insatisfeitos tempo para pensarem melhor. Murase, o especialista no assunto, foi convocado. Como diretor da seção de legislação, Murase apresentou sua interpretação das prerrogativas do Conselho Privado, e o Gabinete chegou a um acordo. O decreto entraria em vigência com sua publicação na noite do dia 14, mas o Conselho Privado reveria toda a matéria na manhã de 15, apenas para efeitos formais.

Em seguida o texto foi entregue à impressora para publicação. Foi preparado como edição extra do *Diário Oficial* às onze da noite, e essa hora (vinte e três horas do dia 14 do oitavo mês do vigésimo ano do reino de Showa) passou a ser, para o Japão, o momento oficial do término da Guerra do Pacífico.

Encerrada a questão no Gabinete e enquanto os ministros permaneciam sentados em torno da mesa de reuniões conversando sobre os acontecimentos do dia, o General Anami, em seu uniforme formal, com condecorações, espada cerimonial, luvas e quepe sob o braço, dirigiu-se a Togo e diante dele tomou a posição de sentido. Com toda formalidade, o ministro da Guerra disse a seu persistente e agora vitorioso adversário: "Examinei o texto da nota para as potências aliadas preparada pelo ministério do Exterior e sou extremamente grato. Se soubesse que o assunto seria conduzido tão satisfatoriamente, não o teria questionado com tanta ênfase na Conferência Imperial."

Obstinado e impenetrável até o fim, Togo respondeu como se estivesse diante de um questionamento legal. "Embora resistisse à proposta desses pontos como condições para aceitação dos termos aliados, não me opus a apresentá-los como desejos do governo japonês."

Anami, ainda se portando da maneira mais formal possível, disse: "Sinto-me em débito com o senhor por tudo que fez."

"Senti Anami exageradamente delicado", anotou Togo. "Mas de qualquer modo, nos despedimos com sorrisos, trocando comentários de que foi bom estar tudo terminado."

Para Anami, ainda havia mais uma parada a fazer no *kantei*. Já eram onze horas, e a nota oficial já fora publicada. Sakomizu e Suzuki estavam sentados e sozinhos na sala do primeiro-ministro. Cansados, com os olhos marejados de lágrimas, mas contentes porque o pior já passara, lamentavam profundamente a guerra árdua e massacrante que infligira tão alto custo ao Japão. Houve uma batida na porta, e Anami entrou, espada e quepe sob o braço. Parou em frente a Suzuki, tomou a posição de sentido e disse: "Desde que a questão do término da guerra foi ventilada pela primeira vez, expus muitas razões para me opor à ideia. Temo ter criado problemas para o senhor e agora me desculpo, do fundo do coração. Minha verdadeira intenção sempre foi preservar o sistema nacional e isso é tudo. Não tive outro objetivo. Por favor, compreenda minha posição."

Os olhos de Anami transbordavam de lágrimas. Suzuki aproximou-se do general. Sem jeito pôs a mão no ombro de Anami e disse: "Compreendo bem. Estou certo, Anami, de que a casa imperial estará protegida porque o atual Imperador deseja ardentemente observar os ritos sagrados e seguir o que fizeram seus antepassados imperiais na primavera e no outono (em outras palavras, porque o Imperador é tão devoto)."

"Também acredito", disse Anami contendo-se, as lágrimas correndo pela face. Inclinou-se fazendo uma reverência, fez meia-volta e saiu silenciosamente da sala do primeiro-ministro. Sakomizu o acompanhou calado até a porta. Com um boa-noite superficial, Anami entrou em seu carro e partiu para seu gabinete no Ministério da Guerra. Sakomizu voltou para a sala de Suzuki, que estava junto à janela. O primeiro-ministro voltou-se suavemente para o secretário do Gabinete e disse: "Anami veio dizer adeus."

A odisseia do Professor Asada com sua preciosa carga de dados científicos sobre a bomba de Hiroshima ainda não acabara. Ele conseguira uma reunião para apresentar suas conclusões ao alto comando da Marinha. Foi no abrigo antiaéreo do Ministério da Marinha. Os chefes de departamentos e de seções compareceram à reunião para ouvir o que Asada tinha a dizer.

O professor deu uma olhada no teto e notou água pingando em vários pontos. Olhou para sua plateia de oficiais da cúpula da Marinha e viu que estavam tristes, calados. Alguns soluçavam. Foi quando soube que o Japão se rendera.

Elementos da Marinha aconselharam o professor Asada a passar a noite na Base Naval de Ookayama, em Tóquio. Insistiram para que saísse da cidade o mais rápido possível porque no dia 15 haveria um anúncio extremamente importante e a possibilidade de ocorrerem distúrbios em Tóquio. Poderiam atacar prédios do governo, do Exército e da Marinha e, portanto, era melhor sair da cidade.

Asada foi para a estação de Tóquio. A parede externa de tijolos ainda estava em pé, mas o teto e o aço retorcido no interior queimado se misturavam com os móveis revirados. Um único trem rodava, e sua partida estava marcada para as três e meia. O professor observou:

O trem estava superlotado. Havia gente deitada nas prateleiras de bagagem, pessoas com braços esticados e mãos se apoiando no teto para não caírem. O marinheiro que me acompanhou até a estação procurou um lugar vago em cada um dos vagões e finalmente encontrou um espaço livre no último. Descobri que estava reservado exclusivamente para a Marinha, de modo que acabei conseguindo embarcar. Em Ofuna (a onze milhas de Yokohama), um grande grupo de oficiais da Marinha embarcou no vagão em que eu estava. Estavam a caminho da Coreia. Vendo que eu estava naquele lugar, exigiram que eu saísse. Entretanto, um dos oficiais que estava a bordo desde o início da viagem apontou a luz de sua lanterna para as listas em suas ombreiras. Os que tinham embarcado em Ofuna eram tenentes, enquanto ele era capitão de corveta, de modo que os subalternos o saudaram e pararam de me incomodar. E eu pude permanecer no lugar.

Quando o trem se aproximou de Odawara (25 km a sudoeste de Tóquio), vi a cidade sob ataque aéreo e as chamas em diversas áreas. Era a noite de 14 de agosto.

Tóquio também estava em chamas, mas não consequentes de ataques aéreos. Eram incêndios ateados pelos próprios japoneses e se propagavam em quase toda a área escura onde ficavam prédios do governo. Aquelas chamas consumiam a história e o futuro do Japão Imperial.

Reflexos da luz de chamas dançavam no rosto do ministro da Guerra quando ele desceu de seu carro no ministério que comandava, nas colinas de Ichigaya. Pareciam as do parque de águas sulfúricas próximo de Beppu, no Mar Interior. Ou poderiam fazer parte do Inferno de Dante. Por todos os lados, as labaredas se erguiam no ar sufocante, queimando pilhas de livros, documentos, pastas e papéis – os arquivos do ministério e do quartel-general se transformando em cinzas. Essa cena surreal ocorria enquanto Anami entrava no prédio. Homens que ele conhecia corriam de um lado para outro, alguns com pacotes, outros com montes de documentos, alguns de mãos vazias, correndo para juntar mais papelada e jogá-la no fogo. Um alarme antiaéreo ainda estava em vigor, mas ninguém parecia notar.

Percebendo o quanto aquilo tudo era cansativo e inútil, Anami dirigiu-se a sua sala, acenando para os que lhe prestavam continência ou diziam alguma coisa. Distante de tudo, o ministro da Guerra começou a vasculhar as gavetas de sua mesa e perguntou ao Coronel Arao onde estava o General Yoshizumi.

Arao explicou que Yoshizumi tinha ido com a família passar a noite em Chiba e que o general não dormira nos cinco últimos dias. Anami deu um charuto a Arao. Logo em seguida, um grupo de jovens tigres ocupou a antessala do ministro. Já não era o mesmo. O espírito mudara. Agora havia uma espécie de espanto. Pareciam dominados por um pensamento: "Como as coisas acabaram dessa forma?"

Em vez de afrontas, indignação e juramentos unânimes rejeitando a paz, agora as opiniões eram conflitantes. Alguns falavam com Anami sobre suicídio. Outros insistiam que deviam ir para as montanhas e arrasar a terra. Uns poucos falavam com a velha chama, querendo prender os traidores do grupo pacifista. Naquela noite, porém, ninguém que olhasse para as fogueiras nos morros em Ichigaya lograria encontrar esperança naqueles homens. Não revelavam firmeza, mas desespero e culpa. Para ser exato, o próprio Anami muito irritado com seus próprios sentimentos. Não obstante, conseguiu lhes dizer: "Esta guerra terminou. Deixem que eu cuido do que resta."

Seu desânimo e suas palavras os castigaram, e o grupo saiu da sala do ministro. Anami recolheu seus pertences, guardou cuidadosamente sua espada cerimonial curta na refinada bainha de madeira de cerejeira e deixou o prédio. A louca confusão de queima de arquivos ainda estava em curso quando ele depositou o pacote no carro e partiu para sua residência oficial em Miyakezaka.

O Imperador estava ansioso para gravar o decreto imperial e querendo que a gravação fosse examinada pelos especialistas e preparada para divulgação ao meio-dia seguinte. Todavia, quando estava a ponto de deixar seus aposentos no *Gobunko* e ir para sua sala de trabalho nas dependências da Casa Civil, as sirenes antiaéreas soaram, anunciando desesperadamente que *teki-san* ("o sr. inimigo") voltava. Havia uma regra inviolável, segundo a qual o Imperador não podia se aventurar no lado de fora enquanto estivesse em vigor um alerta antiaéreo.

Hirohito esperou pacientemente por uma hora, mas finalmente voltou-se para Irie, da Casa Civil, e insistiu em se dirigir para onde queria. Achava que quanto mais cedo fizesse a gravação, mais cedo acabaria com o sofrimento de seu povo.

Em consequência, Irie chamou o carro. Em meio à escuridão total, foram juntos, ele e o Imperador, atravessando lentamente o terreno do palácio, rumo ao prédio da Casa Civil. Eram 11h25 da noite, e Hirohito envergava seu uniforme militar. Subiu impaciente para o segundo andar, querendo cumprir a tarefa.

O microfone de pé estava em frente a dois painéis com leões bordados. Junto à janela estavam Shinomura, ministro da Informação, Ishiwata, ministro da Casa Civil, e cinco funcionários, formando uma fila. Na sala vizinha o equipamento de gravação e também oito elementos da NHK e três do Birô de Informações.

Hirohito perguntou se era necessário testar. Houve uma rápida troca de ideias entre um dos funcionários e um engenheiro. Decidiram que o funcionário Toda da Casa Civil tinha voz semelhante à do Imperador. Pediram a ele para ler algumas linhas de um jornal, à guisa de teste.

Em seguida, tudo em ordem, Shimomura inclinou-se diante do Imperador, e Hirohito, com uma cópia do decreto na mão, leu a inédita mensagem para seus súditos. O tom de sua voz era alto, tenso e trêmulo, mas logo ocorreu uma nítida mudança, e o tom se tornou mais suave e relaxado. Tudo acabou em cerca de cinco minutos.

"Correu bem?" – perguntou o Imperador. Os engenheiros foram consultados, e Nagatomo considerou que tecnicamente estava bom, mas havia alguns pontos em que as palavras não estavam claras. A voz do Imperador estava um pouco trêmula, mas seria imprudente dizer isso a um deus. Hirohito disse a Shimomura: "Minha voz estava um pouco baixa, de modo que é melhor gravarmos novamente." Estava realmente preocupado com a entonação.

A segunda gravação correu bem, mas, quando terminou, o Imperador notou que tinha pulado uma conjunção e pediu uma nova tentativa. Desta vez tudo pareceu perfeito. Nagatomo examinou e considerou a gravação satisfatória. (Enquanto a sessão de gravação terminava, os B-29 despejavam suas bombas sobre Takasaki, cidade 100 km a noroeste de Tóquio.)

Com os dois equipamentos, foram preparadas duas gravações, uma original e uma reserva, de cada uma das tentativas. Depois da terceira leitura do decreto, o Imperador voltou para seu carro, antes que a última gravação pudesse ser ouvida novamente. Nagatomo achou que a qualidade era muito ruim e resolveu que o disco B seria usado para fins de reprodução, e o original A para a transmissão pelo rádio. Eram cinco minutos após meia-noite de 15 de agosto quando o Imperador voltou em sua limusine com cortinas de blecaute para o palácio.

As gravações foram cuidadosamente colocadas em latas de filmes, por sua vez postas em sacolas de algodão. Seguiu-se uma discussão entre os funcionários da Casa Civil e a equipe da estação de rádio sobre onde guardar as gravações até a hora da transmissão. Os primeiros sugeriram que o pessoal da NHK as levasse para a estação de rádio.

Os radialistas, mais perspicazes do que eles próprios imaginavam, se recusaram, alegando que os discos ficariam em perigo na estação. Sua obstinação provavelmente mudou o curso da história e salvou dezenas de milhares de vidas. Por fim, os chamberlains concordaram em ficar com os discos e os entregaram ao senhor Takei. Ficou acertado que o pessoal da rádio viria apanhá-los às onze da manhã. Takei entregou as gravações ao Chamberlain Tokugawa para que as guardasse. Este meticuloso aristocrata as levou para a sala de estar das damas de companhia da imperatriz e as escondeu nas prateleiras, num cofre coberto pelos livros.

Em seguida, Tokugawa foi à sala dos ajudantes-de-ordens, onde havia soldados permanentemente de plantão. Ouvira novamente as sirenes de ataque aéreo e perguntou a um sargento de serviço o que estava havendo. Soube que os alvos estavam além de Tóquio. O militar também informou que o Imperador se recolhera a seus aposentos cinquenta minutos depois da meia-noite. Tokugawa deixou os funcionários Toda e Mitsui e foi para a cama. Adormeceu por volta de uma e meia. O sono foi breve e, quando acordou, começou o pesadelo.

19
Os tigres atacam

MUITAS VEZES É IMPOSSÍVEL MEDIR A DISTÂNCIA entre um traidor e um patriota. O traidor de ontem frequentemente é o patriota de hoje. Nos EUA, por exemplo, aqueles que os conservadores ingleses viram como traidores em 1776 foram os patriotas de 1781 e vice-versa, pelo doloroso, sangrento e chocante processo de revolução. O patriotismo e a coragem dos vencedores foram avaliados desde então em função de seu sucesso. Se tivessem fracassado, por menor que fosse sua falha, a história os relegaria a posição secundária nos arquivos do império colonial inglês e os consideraria traidores, como realmente foram do ponto de vista dos ingleses.

A diferença entre a identificação de George Washington como herói em vez de traidor não foi questão de quilômetros, tempo, sangue, batalhas com o Congresso, inimigo ou outros fatores. Essa diferença só poderia ser devidamente avaliada por meio de um cuidadoso exame de inúmeros detalhes importantes, envolvendo desde George III, seu parlamento e suas forças armadas até as idiossincrasias de seus generais como também as estatísticas e arquivos sobre dados fundamentais mais facilmente acessíveis sobre fundamentos como material, dinheiro e potencial humano nos dois lados.

Ainda assim, o resultado seria inadequado. Mal poderia definir o momento exato em que aconteceu a transformação, a identificação precisa, pungente, preto no branco, do ponto de inflexão na Revolução Americana, quando as forças da colônia começaram a vencer, e as inglesas, a serem derrotadas. O Washington herói foi um produto da vitória.

Nosso propósito, aqui, não é igualar japoneses como Anami e Hatanaka a Washington e Hamilton, ou a América de 1781 ao Japão de 1945. É difícil raciocinar com um sistema de valores e costumes tão diferente para um ocidental – e mesmo para um japonês de uma geração posterior – como o que existia no Japão Imperial ao se aproximar do fim. É pedir demais comparar culturas, tempos e as pessoas envolvidas. Todavia, podemos considerar com empatia que os homens tidos como os obstinados obstáculos da vitória aliada eram patriotas. Seu patriotismo se manifestou na forma característica dos japoneses ao longo dos séculos, embora muito mais apropriada aos tempos feudais do que ao cenário mundial no século XX.

Depois de violentamente repelido pelo General Tanaka, comandante do Exército do Distrito Oriental na tarde de 14 de agosto, o major Hatanaka retornou apressadamente ao prédio do Ministério da Guerra. Reviu seu plano conspiratório com três outros jovens tigres: seu companheiro de trabalho tenente-coronel Jiro Shiizaki e dois oficiais do Estado-Maior da Divisão Imperial de Guarda, o Major Sadakichi Ishihara e o Major Hidemasa Koga (enteado do General Tojo, o premier anterior). Concordaram que ainda havia uma chance de empolgar o Exército e uni-lo numa batalha final contra o inimigo, caso se pudesse impedir o pronunciamento do Imperador pelo rádio.

Para isso era fundamental isolar o Imperador do mundo e impedir a transmissão radiofônica, pois se as palavras de Sua Majestade fossem transmitidas, equivaleriam a uma ordem imperial e seria impossível rebelar o Exército contra sua vontade. Portanto, Hatanaka e seus companheiros planejaram mobilizar a Divisão Imperial de Guarda durante a noite, apoderar-se do palácio imperial e de seu precioso morador, e assumir o comando das transmissões internas de rádio, ocupando a sede da companhia japonesa de radiodifusão, na Rádio de Tóquio.

Todos viam que as chances de dar errado eram altas, mas o prêmio era gigantesco. Se tivessem sucesso, o Japão que conheciam continuaria lutando em uma batalha final contra o inimigo até vencer ou sucumbir. Se fracassassem, a perda de suas vidas era um pequeno sacrifício, e a nação os reconheceria por seu heroísmo e os entronizaria numa galeria de honra. Haver oportunidade melhor para um patriota?

Por volta das quatro da tarde do dia 14, Hatanaka procurou o tenente-coronel Ida, que permanecia em sua sala desde concluir que suicídio prometia glória. Hatanaka sugeriu que fossem para o terraço do prédio do ministério para respirarem ar fresco e conversar. Uma vez no terraço, observando as ruínas da capital, o santuário Yasukuni, o terreno do palácio Akasaka e os muros de granito negro do próprio palácio imperial, Hatanaka perguntou a Ida qual era seu plano. Como alguém convertido recentemente à religião, o coronel, com sua cara de bebê, contou entusiasmado a Hatanaka sua ideia de um suicídio coletivo do ministro da Guerra e de todos os oficiais de Estado-Maior do quartel-general, como expiação pela derrota.

De olhos arregalados e surpreso, o major respondeu pensativamente: "*Harakiri* de todos os oficiais seria 'o mais belo fim do exército imperial,' como diz você. Talvez seja o melhor caminho, mas creio que é mais fácil falar do que fazer. Fico a especular se todos os oficiais terão, no último momento, determinação para executar o plano."

"Bastaria", replicou Ida, "dez ou vinte voluntários morrerem juntos, se não forem todos os oficiais do Estado-Maior." Hatanaka fez sim com a cabeça e continuou em silêncio. Em seguida, como se de repente encontrasse o próprio caminho, o major disse: "Não posso concordar com você porque sua proposta é impraticável. Mas não vou ficar sentado sem fazer nada. Devemos aceitar o decreto imperial da rendição em nome da preservação do sistema nacional? Ou rejeitar essa forma de encerrar a guerra e continuar lutando até o fim? O que é melhor? Só o futuro dirá, e a previsão do resultado está além da compreensão humana. Então, talvez seja melhor deixar o destino decidir. Eu prefiro seguir o melhor caminho que resta ao Japão, mesmo correndo o risco de ser considerado traidor, a defender o sistema nacional com 'ajuda exterior.'"

Os olhos de Hatanaka brilhavam arrebatados por sua reflexão, e ele prosseguiu de forma eloquente e convincente: "Não sabemos a decisão do destino, mas o julgamento dos céus dependerá do que fizermos. E como nossa ação, qualquer que seja, derivará de pura lealdade, não temos de nos envergonhar."

"Ida-san, creio que devemos acampar no palácio imperial, cortar todas as comunicações com o exterior e ajudar Sua Majestade no esforço final para resolver a situação. Acho isso mais correto que o suicídio de todos os oficiais. Contato com a Divisão Imperial de Guarda já foi feito. Todos os preparativos completados. O êxito da ação de uma minoria deve provocar o levante de todo o exército. Tenho certeza de que o sucesso será nosso se todo o exército se rebelar e agir. Ida-san, espero que tome parte nosso plano."

Mas Ida não era tão fácil de convencer: "Temo que não teremos força para levantar o exército, agora que o ministro da Guerra se pronunciou contra o golpe. Antes eu julgava possível tomar o poder, se o ministro da Guerra apoiasse, mas, agora, é inútil qualquer tentativa."

Hatanaka tinha uma resposta. "Afinal, o ministro é humano. Não é totalmente impossível convencê-lo. Esta noite é a última chance que resta, e não estaríamos cumprindo nosso dever se gastássemos inutilmente as horas que temos e os céus nos deram. Além disso, não se trata de uma coisa qualquer, mas da questão mais crucial que nosso país jamais enfrentou. Cada um deve se sacrificar e esforçar ao máximo em momento tão grave. Se não, o que a posteridade dirá de nós? Sem dúvida, devemos nos entregar de corpo e alma e deixar o resto com a Providência!"

Ida impressionou-se com o poder de persuasão de Hatanaka e caiu entre a lógica e a emoção. "Claro, os poderes humanos são limitados. A atual situação é, por si só, um problema além do julgamento humano. Está certo quem defende a paz e também está quem é a favor da resistência. Realmente não sei o que é melhor para o Japão. Por essa razão, não tentarei impedi-lo de levar seu plano a cabo. Só os deuses podem dizer se você vai ter sucesso ou fracassar. Se quer fazê-lo, vá em frente a qualquer custo. Quanto a mim, estou absolutamente consciente do caminho que devo tomar. No entanto, dependendo das circunstâncias, posso, quem sabe, corresponder à sua amizade, meu camarada de dez anos." Em outras palavras, o coronel não disse sim e não disse não.

"Compreendo seu ponto de vista, mas, quanto a mim, farei o melhor que puder e deixarei o resto com a Providência." E com estas palavras, Hatanaka saiu às pressas.

Ida foi jantar, tomar um banho e cedo para a cama. Às dez da noite foi acordado por Hatanaka e o tenente-coronel Shiizaki. Os dois, muito excitados, explicaram seu plano. "Praticamente já completamos o plano, mas precisamos de uma coisa: seu apoio para persuadir o General Mori, comandante da Divisão Imperial de Guarda. Venha conosco e o convença a se aliar a nós."

Diante disso, diz Ida, "Fiquei tão estimulado por eles que resolvi abandonar meu acalentado plano (de suicídio)." Antes de dar um passo mais grave, Ida disse aos amigos: "Bem, vou com vocês, mas nesta hora crítica devemos avaliar precisa e rapidamente se nossa tentativa tem chance de sucesso, porque na verdade a intenção não é provocar desordem popular assumindo posições extremas. Portanto, se sentirmos que fracassamos, devemos nos resignar e [cometer *harakiri*]." Todos acharam que a proposta era razoável.

Os tigres atacam

Como os três mosqueteiros ante probabilidades insuperáveis, os três partiram rumo ao QG da Divisão de Guarda. Lá encontraram os majores Koga e Ishihara, que já tinham preparado uma ordem da divisão dependente apenas da assinatura do comandante, o General Mori. Uma vez expedida, daria a partida no *coup*.

Mas sabiam que a cooperação de Mori não seria automática. Na verdade, poderia ser bem difícil. Hatanaka conhecia Mori desde seus dias na Academia, onde Mori fora instrutor. A carreira do general refletia sólido caráter. Tinha a reputação de força de vontade calma e incorruptível. Na Academia era chamado *Osho-san*, termo que significa mais ou menos "pai superior", ou "monge-chefe." Era monástico em sua devoção ao dever e em ajudar jovens que lhe parecessem sérios e merecedores de apoio. Fazia parte da elite do exército sem pertencer a panelinhas. Só militares de acentuado potencial de liderança eram escolhidos para servir na Academia. Isso era ainda mais verdadeiro na Escola de Estado-Maior do Exército, da qual Mori fez parte mais tarde. Sua escolha para comandante dos Guardas Imperiais era um sinal de distinção. Para oficiais e soldados dessa unidade eram selecionados os melhores. Afinal, sua missão era defender o Imperador-deus e a família imperial.

Ao chegarem à antessala de Mori, os conspiradores constataram que era gigantesca a tarefa que tinham pela frente. As sirenes do alarme antiaéreo começaram a soar. As fortalezas voadoras B-29 estavam de volta para calcinar ainda mais o Japão, talvez bombardeando a área em torno do palácio. A algumas centenas de metros estava a equipe de gravação fazendo os ajustes finais no equipamento, enquanto o Imperador se preparava para deixar seu escritório na biblioteca e ir para o prédio da Casa Civil. A somente um quilômetro de distância, Sakomizu entregava a versão final do decreto imperial, já aprovada, à gráfica para publicar como documento oficial da nação.

Com Koga e Ishihara, Hatanaka, Shiizaki e Ida esperavam sentados conversando na antessala do gabinete de Mori. O general recebia seu cunhado, o tenente-coronel Shiraishi, que chegara de Hiroshima pela manhã com o Marechal Hata. Com o passar do tempo os conspiradores foram ficando mais nervosos a propósito do golpe e com a espera para falar com Mori, que os atrasava em seus planos. Finalmente, vendo que a oportunidade escorria pelos dedos, Hatanaka, Shiizaki e Ida tomaram a iniciativa e irromperam na sala do general.

De trás de sua mesa Mori se levantou ríspido: "O que estão fazendo aqui desta vez?" O trio perdeu a língua por um momento, mas Hatanaka recuperou a voz e disse: "General, viemos pedir que empregue sua Divisão Imperial de Guarda em uma ação contra a rendição. Se os Guardas se rebelarem, temos a certeza de que o exército logo fará o mesmo."

"Estão a me pedir que empregue meus subordinados numa ação desautorizada?" – perguntou Mori friamente. "Como poderei fazer isso sem uma ordem do Distrito Oriental do Exército?"

Hatanaka olhou seu relógio. Passava de meia-noite. Puxou Ida para o lado. "Devo sair imediatamente porque tenho de fazer uma coisa absolutamente necessária. Por favor, cuide disto enquanto estou fora." Saiu e deixou Ida e Shiizaki continuarem a discussão.

Os dois conspiradores argumentaram pacientemente com Mori. "Inicialmente", relara Ida, "ele se opôs francamente a nossa ideia, mas por fim disse que, embora nos compreendesse, teria de ir ao santuário Meiji e rezar pedindo ajuda para se decidir." Levou quase uma hora até Mori chegar a este ponto. Para os conspiradores uma eternidade.

Nesse momento, Takeshita em casa, na cama, repetia noites anteriores rolando para um lado e outro, refletindo e maldizendo o destino, sem conseguir dormir. Logo depois de meia-noite chegou Hatanaka diretamente do gabinete do General Mori.

Relutante, Taheshita levantou e foi com Hatanaka para a varanda, onde se desfrutava uma vista magnífica da lua brilhante quase cheia. Era a época de apreciá-la. Na verdade, agosto é o mês de *tsukimizuki*, ver a lua. Quinze de agosto é, tradicionalmente, dia para se reunir com amigos, sentar calmamente saboreando chá ou saquê e olhar a lua subir no céu. Ficar observando inicialmente as silhuetas e depois a paisagem do interior transformada por aquela bola que parece feita de veludo era um passatempo ótimo para tempos mais tranquilos. Mas olhar a lua não era a finalidade do visitante de Takeshita.

"O ministro da Guerra já se pronunciou e diz que a guerra está terminada", lamentou Hatanaka. "Está tudo acabado. Mas você acha que isso é verdade?" Takeshita respondeu acreditar que sim, tudo estava realmente acabado.

Hatanaka não queria deixar a conversa com esse desfecho. Argumentou e suplicou a Takeshita para considerar as consequências para a nação, pensar na honra, na humilhação, no futuro do Japão. Disse ao coronel que tinham decidido levar o golpe adiante de qualquer modo e insistiu para que se juntasse a eles. Mas o ex-agitador afirmou não haver esperança. Para chegar ao sucesso, o *coup* precisava envolver todo o Exército, não apenas parte dele. E obviamente, acrescentou Takeshita, o Exército não vai aderir. "Não há como ter sucesso", prosseguiu, "e portanto desista da ideia... não há mais nada a fazer, é muito tarde."

"Muito bem", disse Hatanaka. "Compreendo. Mas vamos em frente de qualquer jeito. Os oficiais e os soldados do 2º Regimento de Guardas Imperiais já estão prontos para participar da revolta nos termos que tínhamos discutido previamente. A partir deste ponto, vamos por conta própria."

Uma coisa precisavam desesperadamente de Takeshita, porém; sua influência junto ao cunhado. "Por favor, use sua capacidade de persuasão para convencer o ministro da Guerra a assumir o comando da situação *após* o golpe", suplicou Hatanaka. Por fim, Takeshita prometeu "exortar" o ministro a isso se o *Tobugun*, o Distrito Oriental do Exército, se rebelasse simultaneamente. Hatanaka disse que a eclosão do *coup* estava programada para duas da madrugada e saiu da casa para a noite enluarada em meio ao súbito soar das sirenes de alarme antiaéreo, embarcou no carro de serviço e foi embora.

"Depois que ele saiu", diz Takashita., "passou-me pela cabeça que o General Anami poderia cometer suicídio e achei que precisava vê-lo."

Quando Hatanaka voltou à sala do general Mori acompanhado pelo Major Toga, já era uma e meia da madrugada. O estalar e as explosões distantes do bombardeio aéreo podiam ser ouvidos. No interior dos muros do palácio, a gravação terminara, e o Imperador se retirara para descansar. Tempo precioso perdido. Hatanaka sentiu que devia agir imediatamente, antes que tudo fosse água abaixo.

"Vossa Excelência", disse ao General Mori com toda formalidade, "já se acostumou com a ideia da humilhação da rendição que o Japão está enfrentando? O Imperador, com toda sua sabedoria, certamente continuaria a guerra, não fossem os conselhos que recebe de uns poucos conselheiros traidores que o cercam. As ordens que o senhor expedir para a divisão salvarão nosso país. Elas já foram redigidas pelo major Koga..."

Mori chamou o Coronel Mizutani, seu chefe de Estado-Maior, e lhe disse que tencionava ir ao santuário Meiji em busca de orientação para definir o melhor caminho a tomar. Mori perguntou ao coronel o que pensava do plano do *coup*. Mizutani respondeu que não o conhecia suficientemente. O general apontou para Ida e lhe deu ordem para transmitir a Mizutani detalhes do golpe planejado. Os dois saíram do gabinete de Mori, foram para a sala de Mizutani, e Ida expôs o plano, como lhe fora ordenado. Enquanto isso, Hatanaka estreitava progressivamente a margem de manobra do General.

"O Imperador refletiu e chegou a uma decisão para salvar a raça Yamato e nosso país", afirmou Mori. "Sou o comandante de sua guarda pessoal, a Divisão Imperial de Guarda, e é meu dever respeitar e cumprir sua vontade. Embora vocês estejam com pressa, não posso decidir questão tão importante em tão pouco tempo. Terei de meditar no santuário Meiji e consultar o comandante do Distrito Oriental do Exército".

"Já falamos com o comandante do *Tobugun*", atalhou Hatanaka. "Ele parece não entender nossas intenções".

"Se é assim, mais uma razão de discordar, para mim".

"Estamos pedindo sua própria decisão, senhor. Se expedir as ordens de que falamos, certamente o comandante do *Tobugun* as endossará".

Foi demais para a paciência de Mori, que se esgotou. "Não", berrou ele, "como já foi anunciada a decisão imperial, não agirei contra a vontade de Sua Majestade".

"Quer dizer, em nenhuma hipótese?", perguntou Hatanaka.

"Nunca", foi a resposta.

De acordo com Ida, nesse momento entrou no gabinete de Mori um oficial com a insígnia da força aérea, indagando: "Tudo acertado, Major Hatanaka?".

"Não, ainda não", foi a resposta.

"O dia vai nascer se demorar ainda mais." Voltou-se para o general. "Por que ainda hesita?"

"Quem é esse sujeito intrometido e arrogante?", trovejou Mori.

"Sou o Capitão Shigetaro Uehara, da Academia da Força Aérea. Estou aqui porque ouvi dizer que os Guardas Imperiais se rebelaram".

"De que você está falando?! Não é essa a vontade de Sua Majestade!"

Sem tirar os olhos do general, Uehara falou intencionalmente para Hatanaka: "Major, precisamos tomar as providências finais".

"Excelência", disse Hatanaka, "peço que reconsidere".

O general disparou: "Não importa quantas vezes me pedir, não vou mudar de opinião!".

"Não posso evitar", gritou Uehara, sacando a espada da bainha. "É melhor para o bem da nação".

O Capitão partiu para cima de Mori, e o coronel Shiraishi se pôs à frente do general, sacando sua espada e bradando: "Você quer matá-lo!" A lâmina da espada desceu sobre o peito de Shiraishi e o braço esquerdo do coronel pendeu inerte, enquanto, desequilibrado, ele se lançou loucamente com sua longa espada contra Uehara.

No mesmo instante, Mori se levantou, esbarrando na cadeira. "Imbecil! Que raio é isso?", gritou.

A espada de Uehara cortou novamente o ar e rasgou o lado direito da garganta e do peito de Shiraishi. Surgiu um esguicho vermelho quando o sangue jorrou dos ferimentos abertos. O corpo do coronel dobrou e caiu no chão, aos pés de Mori. Ao mesmo tempo, ecoou pela sala o som cortante dos tiros da pistola de Hatanaka. O General Mori pôs a mão no peito e caiu para a frente, sobre o corpo de Shiraishi.

(Foi um fim que Mori praticamente previu ao ser nomeado comandante da Divisão de Guarda em março de 1945. A declaração que então fez a seu meio-irmão, o Tenente-General Yamaka, foi profética: "Se realmente vier(...) uma rendição pacífica, provavelmente grupos de fanáticos não ficarão parados, sem reagir. Mesmo que recebam ordens do quartel-general para se renderem sem resistência, vão implorar ao Imperador para continuar a guerra. Estou totalmente consciente da grande importância do cargo de comandante dos Guardas Imperiais. Nem preciso dizer que minha principal missão é proteger o Imperador, mesmo com o sacrifício de minha vida. Sei bem as responsabilidades de um súdito perante um soberano e estou preparado para o pior, mesmo que seja minha morte.")

Uehara e Hatanaka fizeram continência aos oficiais mortos e saíram. Ida e Mizutani chegaram correndo, vindos da sala deste. Viram Hatanaka sair, pálido, abotoando o coldre. "Acabei com ele", admitiu, "por medo de perder tempo precioso". Atrás vinha Uehara, limpando e embainhando a espada num gesto óbvio.

Mizutami e Ida foram até a porta e viram a cena do massacre. Mesa, paredes e chão respingadas alagado de sangue. Os corpos dobrados jaziam onde tinham caído, um sobre o outro,

Hesitante, Mizutani disse: "Acho que temos de relatar ao QG do *Tobugun*". Hatanaka concordou e insistiu que Ida fosse com Mizutani "relatar" o fato. Ida sabia que o objetivo do major ao enviá-lo era obter a cooperação do *Tobugun* no golpe. Eram exatamente duas da madrugada. Ainda não soara o sinal "tudo limpo." Koga e Ishihara, que tinham providenciado cópias de um documento intitulado "Ordem 584 da Divisão", rodearam Hatanaka. A ordem dizia:

> 15 de agosto,........... (espaço para inserir a hora)
> Ordem da Divisão Imperial de Guarda
>
> A divisão acabará com a estratégia do inimigo e defenderá o Imperador para preservar nosso país.
> O comandante do 1º Regimento de Infantaria ocupará e defenderá o palácio. Uma companhia ocupará a estação de radiodifusão de Tóquio e bloqueará as transmissões.
> O comandante do 2º Regimento de Infantaria ocupará as áreas externas do palácio e impedirá a entrada de elementos estranhos.
> O 6º Regimento de Infantaria permanecerá na missão atual.
> O comandante do 7º Regimento de Infantaria ocupará o Portão Nijubashi (a ponte dupla) e bloqueará as entradas do palácio.
> Os comandantes da GK e da TK se deslocarão para a Rua Daikan e lá permanecerão.
> O comandante do 1º de Grupo de Artilharia permanecerá na atual posição.
> O comandante do 1º de Engenharia permanecerá na atual posição.
> O comandante da Unidade de Comunicações cortará todas as comunicações para o palácio, exceto a linha que liga a Divisão ao palácio.
> 10. O comandante do Batalhão Mecanizado defenderá o palácio com todos os seus meios.
> 11. O comandante da Divisão estará no quartel-general da Divisão.
>
> (assinado) Mori
> Comandante da Divisão

Enquanto Hatanaka, Shiizaki e Uehara se dirigiam rapidamente para a área do palácio, o Major Koga preenchia a lacuna destinada à hora – 02:00 – apanhava o selo de autenticação de Mori e apunha sua assinatura oficial nas falsas ordens, legitimando-as. Em seguida, despachou mensageiros para entregá-las aos diversos comandantes.

Na área do palácio, nesse momento, Hatanaka e seus companheiros chegavam ao posto de comando no portão Nijubashi. Os dois batalhões do 2º Regimento de Guardas guarneciam aquele ponto. Hatanaka disse ao comandante, Coronel Haga, que ele e Shiizuki tinham sido designados pelo quartel-general do Exército adidos à Divisão de Guarda e que uma ordem da Divisão, determinava que o palácio fosse isolado e defendido. Minutos depois um ajudante do quartel-general da divisão chegou e entregou a falsa ordem a Haga.

Imediatamente o Coronel agiu de acordo com a instrução recebida e expediu as ordens necessárias à sua tropa. Os maciços portões do palácio foram trancados, e todo o tráfego imediatamente interrompido. A guarda dos portões foi reforçada, e outros soldados foram distribuídos em torno da área do palácio, que ficou isolado.

Enfim, o *coup d'état* em pleno andamento.

20
O guardião do luto

Há relatos da China antiga sobre os costumes das tribos primitivas do Japão no século III D.C. Pelo que se sabe, nessa época, uma parcela significativa da terra era governada por uma mulher e os chineses a chamavam de "País da Rainha." Observadores chineses relataram um surpreendente costume dessa terra a respeito de um "guardião do luto" e descreveram sua função:

> Era um homem chamado "guardião do luto". Não podia pentear o cabelo, lavar-se, comer carne e nem se aproximar das mulheres. Quando trazia felicidade, todos lhe ofertavam valiosos presentes. Se alguém ficasse doente, porém, ou quando acontecia um desastre, atribuíam a culpa ao guardião do luto por não ter cumprido suas obrigações e o condenavam à morte.

Ao longo dos 1.600 anos depois desse relato, a vida e os costumes japoneses foram se tornando extremamente refinados. O povo não mais comia com as mãos em pratos grosseiros de madeira e passou a adotar o delicado ritual da cerimônia do chá. Em vez de matar mil criados de um governante morto em uma cerimônia de autoimolação, evoluíram para cerimônias que demonstravam simbolicamente o luto e não para uma autodestruição efetiva. Do tratamento rude do bode expiatório do século III, passaram a um complexo e sutil sistema de autoexpiação, no século XX.

Perto de Kyoto, a eterna capital do Japão, existe um templo budista Zen na encosta de uma colina arborizada. Nesse templo se penetra num mundo de silêncio, serenidade, eternidade. No seu pátio retangular, separado do mundo exterior por um muro de estuque, há um famoso jardim. Não é um jardim comum, é Ryoan-ji, em que todo o terreno é coberto por areia cercando cinco ilhas de líquen e pedras.

Com esses componentes simples e triviais, os mestres do *design* de 1499, data de construção do templo, conceberam uma obra de arte que impacta a consciência de forma tão segura e vigorosa quanto acender a luz num quarto escuro.

É uma obra-prima de cálculo, justaposição e controle de elementos. Nesse jardim, cada minúsculo grão de areia é reunido em cerradas fileiras cuidadosamente arrumadas e mantidas pelos monges. Como uma miniatura de campo de areia refinada, as fileiras correm paralelas à varanda do templo e ondulam em um ritmo monótono, até o ponto em que cortam as curvas concêntricas das fileiras de areia que circundam as cinco ilhas, como se as ondas subitamente se desfizessem. Em seguida, as fileiras retomam sua marcha repousante e imemorial até o fim do jardim.

Entretanto, são as pedras e suas posições relativas que dão a essa ousada configuração de elementos a tensão, o impacto e as qualidades sublimes que fazem do Ryoanji uma visão inesquecível. Adotando como tema Buda e suas duas esposas, os inspirados artistas que criaram o jardim colocaram pedras cuidadosamente selecionadas para serem vistas como vértices de triângulos entrelaçados, a fim de simbolizar esse triunvirato.

Nitidamente preocupados com o efeito geral, os desenhistas escolheram pedras que contrastavam em textura, contorno e massa. Uma pirâmide baixa e compacta de pedras à direita da entrada atrai a vista para a composição e a conduz para uma ilha com duas pequenas pedras à direita, à pequena distância, e, em seguida, para um grupo central de três outras. O olhar se desloca para o fundo e encontra, à esquerda, um longo e estreito feixe de pedras acinzentadas. Depois deriva mais para a esquerda e à meia distância encontra um punhado de pedras compactadas como se fosse uma muralha, mais alta do que o conjunto.

A composição desafia qualquer mente inquisidora. A insensível se sentirá aterrorizada. Em ambos os casos, ver o jardim leva à mesma pergunta: por quê? Para uns a composição é rica, com infinitas interpretações e significados. Para outros, o jardim é um enigma, um pesadelo de ambiguidade capaz de confundir o cérebro tão intensamente que qualquer esforço para ver mais além ultrapassa a compreensão.

Uma pessoa interessada, mas não iniciada, pode descobrir pontos de referência fácil no jardim, o mais provável é o grupo central de pedras. Um ocidental pode ver como uma figura de proporções monumentais, cabeça inclinada, envolta sob uma capa. Como um Atlas sustentando o universo. Embora a escultura seja da natureza, ela nos parece familiar: podemos ver nela os homens de Goya cobertos por mantos, ou as esculturas de Giovanni Pisano, ou ainda o Balzac de Rodin. Na base da grande escultura estão duas pedras compactas, como se fossem criados zelosos encantados.

Essa pedra, o pilar, aquela base, tudo é fundamental. Em torno delas giram e se revolvem as ondas congeladas, a concepção, a inspiração e o movimento do desenho. Sem as pedras, que asseguram o equilíbrio, a composição se desmancha pela força centrífuga, como um catavento.

Muitos acreditam que o ministro de Guerra Anami desempenhou esse papel em 1945, nos últimos dias do império japonês.

Pouco antes da meia-noite, enquanto o Major Hatanaka se reunia com seus colegas no QG dos Guardas, o ministro da Guerra dirigiu pela última vez os quatro quarteirões entre o gabinete do primeiro-ministro e sua residência oficial em Miyakezaka. Satisfeito consigo mesmo por ter cumprido seu dever ao falar com Togo e Suzuki. Agora estava tudo claro entre eles. E contente por já ter feito a desagradável tarefa de preparar os documentos formais – decreto, ordens às tropas. Mas pensar na transmissão radiofônica do Imperador à nação e no mundo no dia, ao meio-dia, era demais.

Anami foi para casa, tranquilo no hábito simplificado de sempre. Ao chegar, pegou sua espada curta, levou-a para o quarto e foi diretamente ao usual banho quente. Em seguida, o paramédico que o atendia perguntou se Anami queria a injeção da vitamina "restauradora", de costume, contra a fadiga. Ele disse que sim. Se foi a injeção, o Zen, o tiro ao alvo com flechas ou simples satisfação interior, o fato é que naqueles dias penosos Anami esteve relaxado, descansado e perfeitamente saudável, ao contrário de seu cunhado Takeshita, vinte anos mais moço.

O Coronel andava extenuado de tanta preocupação. Não conseguia dormir, perdera peso, andava nervoso e irritado. Takeshita era figura familiar na casa de Anami. Cerca de 1h da madrugada, quando ele saltou de um carro em frente à casa do ministro da Guerra, os guardas da *kempei* fizeram continência e a empregada o recebeu preocupada. Gostaram de ver Takeshita, pois lhes parecia que Sua Excelência pensava em suicídio.

("Desde que se tornou ministro da Guerra", relata Takeshita, "achei que intimamente já decidira suicidar-se no fim de sua missão. Ao que parece, Anami sabia muito bem não haver esperança de vitória na guerra, e que aquele conflito não se concluiria sem acontecimentos muito extraordinários. Após 9 de agosto, subitamente, o ambiente ficou propício ao suicídio. A partir do dia 10 sua intenção se tornou tão evidente que chamei a atenção do Coronel Hayashi, seu secretário, para o fato.")

Takeshita conhecia bem a casa. Tirou os sapatos e entrou. Encontrou Anami em seu quarto, nos fundos da casa. Era um quarto japonês tradicional, com piso de tatame e almofadas de palha, um nicho *tokonoma* com pintura em pergaminho, vaso, flores, uma cômoda de madeira, descanso para a espada e um cabide para quimono. A cama estava arrumada, com os *futons* no chão. Anami estava sentado fora do grande mosquiteiro pendurado no teto.

Caneta na mão, o ministro levantou o olhar com ar beligerante e falou em tom acusatório: "Que veio fazer aqui?". Quando o cunhado se aproximou, Anami enrolou o documento que escrevia e o pôs em uma prateleira. Olhou Takeshita e disse serenamente: "Estou pensando em fazer *seppuku* esta noite, conforme planejei".

"Tudo bem que queira cometer suicídio, mas não precisa ser esta noite, não acha?", atalhou o coronel.

Claramente aliviado pela atitude de aprovação de Takeshita, o ministro da Guerra prosseguiu: "Para dizer a verdade, inicialmente pensei que você iria criar problemas tentando me impedir. Fico satisfeito por saber que aprova. E estou contente por tê-lo aqui comigo – você pode me ajudar".

Anami tinha a seu lado uma pequena bandeja de madeira com uma garrafa de saquê e um pedaço de queijo num prato. Chamou a empregada e pediu dois copos. Ela olhou para a garrafa de saquê e para Anami. "Xícaras de saquê?", perguntou ela.

"Não", disse Anami rindo, "copos de cerveja, não xícaras de saquê." Ela logo voltou com os copos.

Enchendo dois terços dos copos com saquê, Anami ofereceu um deles ao cunhado. "Decidi que vai ser esta noite", explicou com naturalidade, "porque dia catorze é o aniversário da morte de meu pai. Dia vinte também está bom porque é o aniversário da morte de meu segundo filho. Além disso, não suportaria ouvir o Imperador falando pelo rádio amanhã, de modo que é melhor liquidar tudo esta noite."

O guardião do luto

Os dois começaram a beber com vontade.

No prédio da Casa Civil, a cinquenta metros do portão do palácio, as gravações do Imperador estavam em segurança. Os chamberlains, camaristas-reais, o chefe dos ajudantes-de-ordens e o Lord do Selo Privado já dormiam. O pessoal da NHK e do Birô de Informações arrumava o equipamento nos carros. O Imperador já se retirara havia uma hora e estava em seus aposentos no prédio da biblioteca imperial a uns quatrocentos metros de distância, provavelmente dormindo.

Às duas da madrugada, o presidente do Birô de Informações, Shimomura, e o presidente da Companhia de Rádio, Ohashi, viram que já não eram necessários e foram para seus carros. O ataque aéreo agora parecia estar a muitas milhas a oeste de Tóquio, embora o sinal de "tudo limpo" ainda não tivesse soado. Os dois entraram nos carros, que avançaram lentamente, faróis apagados, atravessando a escuridão do brando verão. Ao chegarem ao portão Sakashita, estava trancado. Enquanto esperavam que abrisse, surgiram da escuridão soldados com baionetas armadas e subiram nos estribos dos veículos, mandando os motoristas seguirem para o corpo da guarda do portão Nijubashi. Lá chegando, para sua surpresa, Shimomura e Ohashi receberam ordem para descer do carro e, sob a ameaça das baionetas, caminhar para o corpo da guarda. Ficaram mais atemorizados quando lhes foi dito para permanecerem calados. Foram revistados e seus carros, minuciosamente examinados. Nesse instante concluíram que a busca tinha como objetivo encontrar a mensagem do Imperador. Foram trancados em um quarto do alojamento da guarda, com sentinelas na porta.

Minutos depois juntaram-se a eles no confinamento os engenheiros da NHK e o especialistas do Birô de Informações que estavam em outros veículos. Ao todo eram dezoito os detidos. Foram recomendados a não falarem uns com os outros. Guardas com baionetas armadas providenciavam para que a recomendação fosse obedecida. Na cabeça de Shimomura uma pergunta se sobrepunha às demais: "Que acontecerá agora com a transmissão do Imperador? Irá ao ar como programado, ou será destruída por esses rebeldes?".

No lado de fora, na área do palácio, pelotões estavam desdobrados em pontos-chave – pontes, portões, cruzamentos de estradas, entrada dos prédios – em torno da grande construção da casa civil, a biblioteca, a garagem e outras instalações, além do próprio terreno do palácio.

No centro nervoso do palácio às escuras, o prédio da Casa Civil, Hatanaka, Shiizaki e Uehara comandavam grupos de soldados do Coronel Haga que tentavam encontrar a gravação do Imperador. Cortaram fios telefônicos, interrompendo comunicações com o mundo exterior. Juntaram os principais membros do corpo de auxiliares do palácio, inclusive os camaristas e o General Hasunuma, e os interrogaram asperamente sobre a localização da gravação feita pelo Imperador.

Um oficial chegou ao portão Nijubashi e rompeu o silêncio imposto aos civis detidos. "Qual é de vocês o encarregado do projeto de transmitir a gravação?" disparou.

O Sr. Yabe, chefe da programação para o público interno, assumiu. O oficial lhe disse para segui-lo e, escoltado por guardas armados, foi levado para o posto de comando do regimento. Lá, um major dava missões para diversos oficiais. Quando terminou, voltou-se para Yabe:

"Ao que sei, foi você quem gravou um pronunciamento do Imperador. As gravações ficaram boas?"

"Sim, muito boas, tudo correu bem."

"O que fez com as gravações?"

"Pedi ao pessoal da Casa Civil imperial para guardá-las."

O major voltou-se para dois oficiais e mandou encontrarem a gravação levando Yabe de guia. Alertou-os: cuidado com os discos.

Um dos oficiais, comandante de batalhão, reuniu quatro outros oficiais, quarenta soldados e levaram Yabe para o prédio da Casa Civil. O destacamento fez alto na ampla encosta de acesso, e o comandante deu ordem para os soldados carregarem os fuzis. Yabe ficara espantado com o tamanho da escolta e agora duplamente espantado com aquela "determinação". Foi levado para o interior do prédio e notou soldados com lanternas descendo e subindo escadas, indo e vindo pelos corredores e saguões. Podia ouvir o ruído de móveis quebrados e vidros se espatifando em aposentos próximos e distantes.

Perguntado sobre a sessão de gravações, Yabe descreveu o processo. Quando chegaram à pergunta principal: "Onde estão as gravações agora?", Yabe disse: "Realmente não sei, dei a um chamberlains".

Foi como dizer a um alcoólatra que a chave da adega fora entregue a um dos monges do mosteiro. Havia dúzias de camaristas. *Qual*

O guardião do luto

Chamberlain? Yabe disse que não sabia seu nome (e camaristas são todos iguais, não é verdade?) Os soldados começaram a se irritar com a história e, como Yabe não lembrava os nomes, colocaram os camaristas diante dele, um a um. E um a um o radialista continuou dizendo que não era o homem. Exasperados, os oficiais mandaram Yabe de volta para a casa da guarda, para se juntar aos outros detentos.

Entrementes, a busca continuou. Os soldados reviraram os aposentos de Fujita, camarista chefe, abriram as gavetas de sua mesa e forçaram a porta do cofre. Como uma onda de gafanhotos invadiram copa e cozinha, depósito de móveis, dispensas, escritórios e dormitórios, gabinetes e armários, arrombando e destruindo tudo que encontravam no caminho.

Enquanto isso, no isolamento do quarto do General Anami na residência oficial do ministro da Guerra, a sessão de beber saquê foi interrompida pouco depois das duas da madrugada pelo som de tiros vindos da direção do palácio. Lembrando de Hatanaka e da revolta, Takeshita falou com o ministro da Guerra sobre o *coup* planejado pelo major e por Shiizaki. Mencionou que o 2º Regimento de Guardas participava do levante e que o plano contava com a rebelião de toda a Divisão. Estranhamente, Anami pareceu não ligar. Não fez menção de ir ao telefone a fim de dar ordem para que o golpe fosse esmagado. Permaneceu sentado no tatami e continuou bebendo. "Mesmo que a Divisão de Guarda se rebele, a 12ª Região do Exército, de Tanaka, provavelmente não aderirá ao golpe. Ela não aderindo, não há com que se preocupar. A tentativa fracassará". Falava absolutamente calmo, sem qualquer sinal de emoção. "De qualquer modo, meu suicídio também servirá como reparação disso."

Anami continuou bebendo copos de vinho de arroz. Takeshita o preveniu. "Se beber demais, pode fracassar em sua tentativa".

Anami balançou a cabeça. "Bebendo bastante saquê a circulação do sangue fica acelerada e o sangramento aumenta. A morte é mais rápida. Além disso, ninguém que chegou ao quinto grau em *kendo* precisa se preocupar!", disse rindo.

"Estava escrevendo alguma coisa?"

"Sim, meu testamento". Anami apanhou na cômoda um rolo de papel e o entregou ao amigo. Estava dirigido ao Imperador sob a forma de *waka*, poema com trinta e uma sílabas:

Tendo desfrutado irrestrita benevolência
Do Imperador
Não posso encontrar palavras para expressar minha gratidão
Em minha hora final.
> (a) Korechika

Takeshita reconheceu nesse poema o mesmo *waka* que Anami escrevera quando foi enviado para a frente chinesa anos antes.

O general apanhou seu pincel e escreveu noutra folha:

Confiante na preservação do Império de nossa
Terra protegida por Deus...

O telefone tocou e Takeshita foi atender. "O General Mori, comandante da Divisão de Guarda, foi assassinado pelos rebeldes." Takeshita passou a informação ao cunhado, mas nem mesmo essa notícia foi capaz de abalar Anami. "Meu suicídio", comentou, "também servirá de expiação por esse assassinato".

Nos aposentos do Imperador no *Gobunko*, seus auxiliares diretos e os empregados estavam acordados e alertas. Por volta das três horas um oficial do Exército apareceu na porta da biblioteca e exigiu do comandante da guarda que seus cinco soldados entregassem suas armas. O comandante da guarda, preocupado, transmitiu ao chamberlain Irie, o pedido do oficial. Irie, a senhora Hoshina (chefe das damas de companhia da Imperatriz) e outros auxiliares, perturbados por aquela exigência ameaçadora, trocaram ideias sobre uma resposta.

Decidiram dizer ao oficial que os guardas do palácio portavam armas – sabres – por conta da autoridade conferida ao Diretor do Birô de Guarda do palácio e que qualquer ordem para desarmá-los teria de ser dele. O comandante da guarda transmitiu esta informação e todos prenderam a respiração enquanto o oficial do exército pensava. Aceitou a explicação e se retirou. Foram ouvidos sussurros por trás dele, o que indicava que o homem não estava sozinho.

Extremamente apreensivos, os auxiliares, sem fazer ruído, fecharam todas as cortinas de aço das portas e janelas, para bloquear alguma possível tentativa de entrada à força. Seguiu-se exaltada e inconclusiva discussão sobre onde esconder o Imperador se os rebeldes viessem buscá-lo. Resolveram não acordar Sua Majestade – ainda.

O guardião do luto

Nessa noite de 14 de agosto, do Distrito Oriental do Exército no sexto andar do prédio Dai Ichi não dava para ver a ação rebelde. O primeiro sinal de que algo acontecia foi percebido quando um dos oficiais do Estado-Maior de Tanaka telefonou ao QG da Divisão de Guarda para tratar de assunto de menor importância, pouco depois das duas horas. Koga, oficial do Estado-Maior da divisão, atendeu. Quem telefonou se surpreendeu ao ouvir o Major Koga chorando e implorando ao oficial do Distrito que o *Tobugun* se rebelasse em protesto contra a rendição.

Minutos depois, o Coronel Mizutani e o tenente-coronel Ida chegaram do QG da Divisão Imperial de Guarda. Pálido e ofegante, Mizutani foi diretamente ao chefe do Estado-Maior da divisão e com ele acordou o General Tanaka.

Ao mesmo tempo, Ida foi com dois oficiais do *Tobugun*, o Coronel Fuwa e o tenente-coronel Itagaki, para o gabinete agora vago do chefe do Estado-Maior. Lá chegando, Ida defendeu, arrebatado, o levante para impedir a rendição. Expôs inúmeros argumentos em favor do golpe, desde a honra sagrada à defesa da estrutura nacional. Não obstante, ao terminar a peroração percebeu que seu entusiasmo e sua eloquência não tinham sido suficientes. Os oficiais do *Tobugun* não apenas rejeitaram a ideia, como responderam com um sonoro "não." Sabendo reconhecer que estava malhando em ferro frio, decidiu não insistir. Em vez disso, voltou para o palácio, onde informou Hatanaka sobre seu fracasso.

Entrementes, Mizutani, relatando os acontecimentos das últimas duas horas a seu general comandante, desmaiou.

Nesse momento, os legionários de Hatanaka estavam atacando simultaneamente em três pontos fora de Tóquio para impedir a transmissão da fala do Imperador. Um pequeno grupo de soldados tomou as estação de rádio da NHK em Hatogaya, Koshigaya e Niigo. Ocuparam os estúdios, impedindo a transmissão em dois deles. No terceiro, membros da equipe da estação disseram aos soldados que de qualquer modo a transmissão seria impossível porque estavam sem energia elétrica. Intencionalmente não mencionaram que dispunham de seus próprios geradores. (De qualquer maneira, os rebeldes acreditaram na declaração e ficaram esperando, sem nada fazer, por quase doze horas.)

O tenente-coronel Ida, tendo fracassado totalmente em sua missão de conseguir a adesão do *Tobugun* ao golpe, chegou ao palácio para dizer a Hatanaka que estava abandonando o barco. Encontrou Hatanaka no posto de comando do 2º Regimento de Guardas. Ida confessou seu fracasso e disse ao Major que não havia a mínima esperança de sucesso para o golpe, agora que o Distrito Oriental do exército se negava a aderir. "Resigne-se ao destino", aconselhou Ida, "e providencie para que as tropas sejam retiradas antes que algo mais grave aconteça. Vou procurar o ministro da Guerra e lhe expor toda a situação".

Hatanaka, envolvido demais para pensar em voltar atrás, ficou em silêncio, olhando Ida se afastar rumo à casa de Anami em Miyakezaka.

Anami e Takeshita a essa hora continuavam bebendo saquê. O ministro da Guerra pediu ao cunhado para dar destino a suas mensagens de despedida e realizar algumas tarefas finais. Tinha palavras que desejava chegassem à família, a parentes, amigos e colegas do exército. Takeshita as anotou e mais tarde as fez chegar fielmente aos destinatários, de acordo com o desejo de Anami. Todas, menos uma, intencionalmente ignorada por seu cunhado. Era uma firme determinação a Takeshita: "Mate Yonai!".

O ministro da Guerra começou os preparativos para o suicídio. Ficou a conversar enquanto vestia uma camisa nova imaculadamente branca. Tinha sido um presente do Imperador quando ele fora seu ajudante-de-ordens, explicou. Apanhou sua espada. "Caso eu falhe na tentativa, poderias fazer o favor de completar o serviço?", pediu ao cunhado. "Mas sei que não vou falhar. Tenho duas espadas curtas para *harakiri*. Como sou militar, tecnicamente o correto seria cometer *seppuku* com uma espada militar. Mas não sou covarde, embora prefira usar a espada curta." (A espada oficial do militar naquela época era longa, de lâmina curva, muito difícil de manejar em um cerimonial de *harakiri*. Portanto, Anami preferia usar a espada curta, com quarenta centímetros de comprimento.) "A outra dou para você como derradeira lembrança."

Eram quase três horas da madrugada quando as sirenes deram o sinal de "tudo limpo" e o vice-ministro da Casa Civil Imperial acordou dois dos chamberlains e lhes disse que o prédio estava cercado por tropas. Os três desceram as escadas para a sala onde ficavam os ajudantes-de-ordens do Exército e da Marinha e informaram a um deles, o Vice-Almirante Nakamura, que o Ministério tinha sido ocupado. A sala do chamberlain Tokugawa, que escondera as preciosas gravações, era ali perto, de modo que foram acordá-lo e alertá-lo sobre a perigosa situação.

Tokugawa entrou no corredor com sua lanterna e lá estava quando apareceu Ishiwata, ministro da Casa Civil, na companhia de seu secretário e de alguns funcionários do ministério. Prevendo que Ishiwata (um dos que eram próximos ao trono) seria o alvo principal dos rebeldes, Tokugawa correu para a sala dos chamberlains e orientou o homem de serviço a abrir o abrigo antiaéreo, chamado "sala do cofre", localizado no porão. Em seguida, rapidamente conduziu Ishiwata para lá. O caminho os obrigou a passar por tantas salas que somente um guia experiente poderia encontrá-lo. Acertaram entre eles que cinco batidas na porta significariam "tudo seguro" e Ishiwata só abriria se ouvisse o sinal combinado.

Em outro setor do grande prédio, Kido, o Lord do Selo Privado do Imperador, cochilava. No limiar da consciência, notou que o rádio emudecera. Na verdade, era uma caixa de som ligada a uma fonte central, sintonizada dia e noite na estação japonesa de radiodifusão, em Tóquio. Mas, em algum momento após meia-noite, silenciara. Alguma coisa em sua mente lhe disse que aquilo não era normal, mas estava cansado demais para combater o sono e investigar.

Às 03h20, quando o chamberlain Toda entrou silenciosamente no quarto de ele e sussurrou que parte da Divisão Imperial de Guarda começara uma rebelião, Kido despertou instantaneamente. Os cabelos da nuca se eriçaram. A expectativa de vida de Selos Privados não era muito grande. Nos últimos anos, eles tinham atraído assassinos. Kido se vestiu rapidamente, enquanto Toda lhe dizia que o prédio estava isolado do mundo exterior – sem telefones, telégrafo, comunicações via rádio, nenhuma forma de romper o cordão de soldados que os isolava. Acrescia que a Biblioteca Imperial também estava cercada e, portanto, era impossível chegar a seu precioso ocupante, o Imperador.

Sendo ele a mais óbvia lebre no que lhe pareceu uma séria caçada mortífera de "cães e lebres", Kido viu que precisava se esconder em algum lugar e rapidamente. Toda teve uma ideia brilhante. Que tal na sala do médico da corte, fingindo ser o médico de serviço naquela noite? Kido correu para a enfermaria, mas, quando chegou lá, começou a ter pressentimentos. Não se sentiu bem sob aquele disfarce e achou que ficaria muito vulnerável. Além disso, lembrou-se de documentos que não podiam cair nas mãos dos rebeldes.

Enquanto isso, Toda se juntara novamente a Tokugawa e o informara sobre o astucioso ardil. Tokugawa propôs com firmeza – suficiente para Toda sair correndo para cumprir essa tarefa – que Kido também fosse levado para a sala do cofre. Afinal, Toda encontrou Kido na escada, justamente quando o Lord do Selo Privado voltava a seu quarto para livrar-se de certos documentos valiosos. Kido apanhou os documentos, partiu apressado para o *benjo*, rasgou-os em pequenos pedaços e puxou a descarga. Em seguida, seguiu Toda pelo labirinto de cômodos até a sala do cofre. Quando lá encontrou o ministro da Casa Civil, Kido disse a Tokugawa, prevendo o futuro: "Não sabemos quando seremos descobertos e mortos, mas a história já mudou seu curso. Mesmo que sejamos mortos agora, isso não importa, pois a guerra está chegando ao fim". Tokugawa trancou a porta e os dois fugitivos rezaram para não haver cães farejadores no meio da caça.

Já eram 03h40 quando o tenente-coronel Ida chegou à residência do ministro da Guerra. A pedido de Anami, foi conduzido ao interior da casa. Ida encontrou o general enfaixando seu abdome com o tradicional pano branco, se preparando para seu harakiri. Anami levantou o olhar, encarou Ida e disse: "Decidi cometer suicídio. Que acha?".

Ida respondeu solene, "Creio que será uma boa coisa. Vou me juntar ao senhor na morte!". O ministro da Guerra, subitamente áspero, repreendeu duramente Ida: "Sobreviva a mim e sirva a seu país!". Então os dois então se abraçaram e choraram. (Takeshita afirma que Hatanaka e Ida eram os preferidos do ministro da Guerra e que a ordem que deu para Ida traduzia seu afeto por ele.)

"O ministro sorriu", lembra Ida, "e me ofereceu um drinque. Enquanto bebíamos várias xícaras de saquê, nós três conversamos, às vezes em lágrimas, às vezes nos lamentando o caminho tomado pelo Exército no passado".

"Naquele momento, achei não valer a pena contar ao ministro as circunstâncias do golpe, porque entendia o estado mental em que estava... sua determinação para se matar. O ministro salientou que, por mais dolorosa que fosse a situação, não devíamos morrer inutilmente, para que pudéssemos sobreviver e nos dedicarmos à recuperação nacional. Eu disse adeus e caminhei na direção da porta da frente. Todavia, não encontrei carro nenhum e fiquei esperando, desesperado, imaginando o suicídio do ministro da Guerra Anami".

O guardião do luto

No interior da área do palácio, quando Tokugawa retornou a seu quarto no prédio da Casa Civil, Toda o procurou e relatou, esbaforido, que tentara chegar ao *Gobunko* para alertar os empregados do Imperador para a perigosa situação. Chegara perto da biblioteca, mas fora detido por soldados que o impediram de chegar ao prédio e ordenaram que voltasse. Eram 03h50. Tokugawa sugeriu que tentasse novamente pelo atalho que passava pelo fosso de Dokan. No portão Kaintei estavam as habituais sentinelas, além de alguns oficiais do Exército novos na cena. Os chamberlains foram chamados. Detido e revistado minuciosamente, Tokugawa insistiu que tinham assuntos a resolver na biblioteca com o pessoal que cuidava dos aposentos do Imperador. O tom firme e os modos aristocratas funcionaram e eles conseguiram passar.

Tokugawa e Toda chegaram à porta do *Gobunko* e, reconhecidos de imediato, entraram rapidamente. Relataram a Irie e à senhora Toshina a ocupação do prédio da Casa Civil pelos rebeldes, seu total isolamento e a busca sala por sala que estava em curso em busca das gravações, de Kido e de Ishiwata. Mencionaram também que o Chamberlain Mitsui tinha sido espancado pelos soldados. Isso provocou em todos um calafrio de medo.

Às quatro e dez, regressando dos aposentos do Imperador para o prédio da Casa Civil, Tokugawa e Toda passaram pelo caminho ao longo do parque *Momijiyama* – a Colina do Bordo Ácer – e do fosso. Chegaram a um ponto de onde podiam ver o prédio e notaram posições de metralhadora na entrada, além de oficiais e soldados. Quando lá chegaram, foram barrados por oficiais, mas depois de algumas palavras autorizados a entrar.

Foram diretamente para a sala de serviço dos ajudantes-de-ordens e informaram o contato com o *Gobunko*. Mas, quando Toda perguntou como estava a situação na casa civil, os ajudantes-de-ordens pediram que ele e Tokugawa se retirassem. Temiam que sua conversa fosse ouvida pelos rebeldes. Um soldado armado com fuzil e baioneta patrulhava o corredor e a sala de entrada, mas não incomodou os chamberlains.

Minutos mais tarde, Tokugawa estava no corredor olhando o interior da sala dos ajudantes-de-ordens. Um oficial rebelde exaltado, acompanhado por um grupo de homens, o abordou. Tokugawa lhe disse que os revoltosos estavam fazendo uma coisa deplorável. O oficial puxou a espada e a brandiu sob o nariz de Tokugawa, enquanto ordenava a seus homens para deter o Chamberlain. Tokugawa foi agredido por um segundo-tenente, depois por um capitão e, por fim, por outros oficiais.

Um oficial de olhos arregalados se aproximou gritando "Retalhem em pedaços!" Calmamente, Tokugawa replicou: "De que serve me esquartejarem?" Como não surgiu resposta adequada, o retalhamento foi evitado e Tokugawa, poupado. O Chamberlain praticamente berrou ao protestar, para que o interrogatório fosse ouvido pelos ajudantes-de-ordens na outra sala, logo atrás de onde estava. Acreditava que sua voz e a do nervoso oficial de espada em punho seriam ouvidas, mas não houve reação dos ajudantes.

Enquanto era interrogado e molestado para informar onde estavam o Lord do Selo Privado e as gravações, oficiais e soldados transitavam constantemente pelo corredor. Em determinado momento passou um guarda do palácio. Tokugawa o chamou e deu ordem para relatar o apuro em que estavam. Os rebeldes detiveram o guarda, mas Tokugawa insistiu que o guarda tinha deveres a cumprir e lhe fosse permitido prosseguir. Por causa dessas observações, foi esbofeteado por um sargento, mas o guarda foi liberado. Após interrogar Tokugawa infrutiferamente por meia hora, o oficial também o liberou.

O Chamberlain entrou imediatamente na sala dos ajudantes-de-ordens e perguntou a um deles as medidas que estavam sendo tomadas contra o levante. Eles não sabiam. Também estavam isolados do mundo exterior. Porém, um deles, Nakamura, puxou Tokugawa para o lado e com ele falou furtivamente. Nakamura descobrira que os rebeldes tinham esquecido uma ligação importante. Tinham cortado todas as linhas, menos uma. Era o telefone por fio direto com o Ministério da Marinha. Com todo cuidado e sigilo, e sem chamar a atenção dos revoltosos, Nakamura conseguiu relatar a situação para a Marinha. Afinal, havia um vislumbre de esperança.

Enquanto os Regimentos de Guarda do Imperador, escolhidos a dedo, revistavam o prédio da Casa Civil Imperial e consolidavam o controle da Casa de Transmissão de Rádio, outros revoltosos atacavam em duas regiões de Tóquio bastante separadas. Seus alvos eram o primeiro-ministro Suzuki, Kido, o Lord do Selo Privado, e Hiranuma, presidente do Conselho Privado.

O guardião do luto

Dois caminhões e um carro foram para o alvo 1, em Nagata-cho, residência oficial do primeiro-ministro, por volta de quatro e meia. Um bando de mais de quarenta soldados e estudantes, armados com metralhadoras, pistolas, revólveres e espadas saltou dos veículos. Irrompendo pelo portão, abriram fogo com as metralhadoras, atingindo toda a frente da casa.

No quarto da frente do segundo andar, Sakomizu, secretário do Gabinete, dormia profundamente. O barulho das rajadas penetrou em sua consciência antes mesmo de abrir os olhos, e começou a ferver de raiva. "Que pessoal teimoso – já nos rendemos e continuam a nos metralhar!" – pensou furioso.

Nesse momento a voz apavorada de seu irmão cortou o atordoamento e o despertou totalmente. "Irmão! Eles vieram! Eles vieram!" O irmão mais novo de Sakomizu tinha passado a noite no quarto ao lado.

"O que é? Quem veio?" perguntou Sakomizu, tentando vestir a calça. O irmão informou que a rua à frente do portão estava cheia de homens armados, alguns deles em uniformes militares. Sakomizu olhou pela janela e viu três metralhadoras em posição no portão da frente. Sintomaticamente, apontavam *para* o *kantei*, não *do kantei*. A rajada de uma das armas arrancou lascas do reboco da fachada da casa. Um dos projéteis bateu perto da janela onde Sakomizu estivera, logo depois de ele mergulhar para dentro do quarto.

Seu pensamento o remeteu ao Incidente de 26 de fevereiro, em 1936. Ele estivera lá como secretário particular de seu sogro, o Almirante Okada, primeiro-ministro na época. Tropas haviam cercado o prédio e o vasculhado à procura do Premier, só se retirando depois de despejar uma saraivada de balas no cunhado de Okada achando, equivocadamente, que matavam o primeiro-ministro.

Sakomizu agradeceu aos deuses pelo Barão Suzuki ter resolvido passar a noite em sua casa em Koishikawa. Pelo menos por enquanto estava em segurança. O secretário do Gabinete vestiu apressadamente a camisa, apanhou o paletó e telefonou para a casa de Suzuki a fim de alertá-lo para um possível ataque. Em seguida chamou seu auxiliar, o chefe da seção de assuntos gerais, descreveu a situação e disse que ia tentar fugir do prédio. O auxiliar recomendou cuidado, temendo que seu chefe fosse detido.

"Se eu ficar, certamente me pegam, e se me pegarem, certamente me matam. Seria morte de cão, um fim sem sentido." Sakomizu orientou seu colega para, não importando o que dissessem os atacantes, não oferecer resistência.

Com o irmão e um policial, desceu para o subterrâneo e percorreu o corredor sob o solo que conduzia até a rua atrás da residência. Lembrando que em 1936 as tropas tinham cercado a casa e posto guardas em cada porta, Sakomizu pediu ao irmão e ao policial para prestarem atenção antes de pisar no lado de fora. Tudo limpo, sinalizaram eles.

Partiram na direção do portão, tentando escapar. Não estava trancado, mas não abria. Olhando em volta, perceberam que restos de ferro calcinado e enferrujado, consequentes de ataques aéreos, tinham sido empilhados ao longo da parede e junto ao portão, impedindo que abrisse. Forçaram o portão e conseguiram mover a pilha de metal o suficiente para uma pessoa se esgueirar pela abertura. O policial foi na frente. Ao pisarem no ferro, provocaram um grande ruído de metais. Não havia tempo para parar. Sakomizu e seu irmão passaram pela abertura e fugiram do acordeon metálico, ganhando a rua. Seguindo o irmão, Sakomizu e o policial correram o mais rápido que puderam pela avenida, rumo ao prédio do Escritório de Patentes. A rua estava deserta. Chegaram a uma esquina, correram para o quarteirão seguinte sem serem interceptados e logo estavam em segurança na sede da polícia metropolitana, falando com o Comissário de Polícia.

Nesse momento, os rebeldes já tinham dominado a guarda na residência oficial do primeiro-ministro e descoberto que Suzuki não estava lá. Furiosos, derramaram gasolina na varanda e na entrada, e atearam fogo. Novamente embarcaram em seus veículos e partiram. Enquanto desapareciam de vista, os empregados da casa combatiam as chamas e em pouco tempo conseguiram apagá-las. Os danos foram mínimos.

A 5 km de distância, no outro lado do palácio imperial e além da colina Ichigaya, fica o bairro Koishikawa, onde, na casa do primeiro-ministro, estava em curso uma comédia de erros causada pelo pânico.

O telefonema de Sakomizu tinha tirado os moradores da cama. Enquanto o Capitão Takeo, do quartel-general da 3ª Divisão do Exército, em Yokohama, comandava seu grupo de assassinos pelas ruas irregulares cheias de curvas e estradas esburacadas que levavam da residência oficial do premier à sua casa particular. Nesse local imperava a confusão. Na casa estavam o Almirante com sua esposa, seu irmão,

O guardião do luto

o senhor Sato (da assessoria pessoal de Suzuki) com a esposa, dois funcionários, uma empregada, um motorista e um policial.

De repente a casa se transformou no palco de uma cena de variedades, gente em quimono correndo para lá e para cá, entrando e saindo de portas e corredores, a agitar os braços, se equilibrando, gritando e grunhindo, empurrando uns aos outros. No meio dessa confusão, Suzuki ergueu os braços para interromper a correria: "Por favor, calma, acalmem-se todos", implorou. "Eu me safei durante a guerra sino-japonesa, na guerra russo-japonesa e no incidente de 26 de fevereiro. Já que estão comigo, por favor relaxem, acalmem-se." Sua intervenção logrou sustar a desordem. Todos se vestiram rapidamente e correram para os carros.

Ao embarcarem no *Kakoka* nº 1, a limusine oficial, a senhora Suzuki notou que não tinham trazido o fraque do almirante, indispensável para as reuniões do Gabinete e comparecer à corte. O senhor Sato lembrou-se de uma pasta com documentos importantes e correu para pegá-la. Por fim, todos embarcaram no carro. Então surgiu o problema de dar a partida.

Normalmente, todas as noites o motorista voltava a frente do carro para a descida da colina antes de desligar o motor, para na manhã seguinte poder dar a partida rapidamente descendo a encosta. Mas não tinha feito isso na noite anterior. Agora, com seis pessoas, o carro estava com a frente voltada para a subida. Porém, era tudo muito contra mão, não conseguia subir. Tiveram de apelar para quinze homens do destacamento de polícia que protegia Suzuki para empurrar o carro até o topo. A velha limusine ganhou velocidade na descida e o motor pegou.

Justamente quando os guardas voltavam do topo da colina, os assassinos surgiram diante da casa de Suzuki. Com metralhadoras engatilhadas, saltaram dos caminhões e dos carros, e prenderam os guardas. Alguns, de espada na mão, entraram na casa, procurando o premier. Vasculharam o local de cima abaixo, intimidando os empregados da casa.

Enquanto os rebeldes ocupavam sua casa, o Barão Suzuki se dirigia para a residência de sua irmã a cerca de dois quilômetros e a meio caminho do distrito de Hongo, em Tóquio. Enquanto descarregavam o carro, um dos funcionários telefonou para a casa do premier informando que tinham chegado em segurança. Quando atenderam na outra ponta da linha, o funcionário deixou escapar "Estamos em Hongo." A voz na outra ponta perguntou: "Você é Kantaro Suzuki?" Apavorado e temendo ter aberto o jogo, o funcionário procurou rapidamente Suzuki e lhe disse que agora os assassinos sabiam onde ele estava.

Em consequência, carregaram novamente o carro e se amontoaram em seu interior, rumo à casa de Takao, o irmão de Suzuki, no distrito de Shibashi. Lá chegando, resolveram não telefonar.

Os revoltosos, não encontrando o premier e querendo dar vazão à sua frustração, tiraram os empregados de Suzuki da casa, derramaram gasolina e atearam fogo, que se espalhou com facilidade.

De volta a seus caminhões, embarcaram e partiram rumo a outro destino, outro alvo mais ao norte, no parque Yodobashi. Desta vez estavam atrás do escalpo do presidente do Conselho Privado, Barão Hiranuma.

Às três da madrugada, quando soou o sinal "tudo limpo", o ultranacionalista líder de direita finalmente saiu do abrigo antiaéreo da família e foi para a cama. Às 05h30, soou novo alarme antiaéreo e Setsuko, a sobrinha-neta do venerando líder, com cuja família Hiranuma morava, deu uma olhada no céu e resolveu não ir para o abrigo. Subitamente ouviu ruídos e o som de motores e vozes nas proximidades. Quando olhou pela janela, Setsuko ficou apavorada. Em frente ao portão da propriedade, um grupo de soldados e homens armados estava desembarcado de caminhões. Alguns já estavam entrando, enquanto outros apontavam suas armas para os guardas.

Os policiais, mãos sobre as cabeças, ouviam o falatório de um capitão uniformizado do exército, o mesmo Capitão Sasaki, que viera da casa de Suzuki: "Não sabem o que esse inútil Hiranuma é? Não sabem? Vou lhes dizer! Ele é um traidor, um líder notório do grupo favorável a ingleses e americanos, trabalhando para destruir nossa terra sagrada. Vocês estão defendendo um ultratraidor! Que coisa infame! Deviam se envergonhar!"

Setsuko lembrou que uns dias antes um dos guardas dissera que podia acontecer algum incidente. Na véspera, aviões do exército japonês tinham realizado voos rasantes e ameaçadores sobre o local. Um guarda chegou a pensar que iriam ser bombardeados, mas nada acontecera. Agora, alguns rebeldes, carregando latas de gasolina, corriam em direção à casa. A mulher juntou seus filhos, acordou a babá e lhe disse para sair com as crianças. Em seguida, partiu para o quarto de Hiranuma. Ele não estava lá.

Chamas e fumaça se espalhavam pela casa e uma voz gritava: "Não conseguimos encontrá-lo." Setsuko correu para fora enquanto outro rebelde respondia "Não importa, em um minuto ele também estará queimado." Ela esperava e acreditava que o barão, de alguma forma, tivesse conseguido escapar. Os policiais ainda estavam imobilizados e com mãos sobre a cabeça, e Setsuko correu para o jardim da propriedade vizinha. As crianças lá estavam e um policial que protegia a sede da Sociedade de Imortalidade, cochichou para ela que Hiranuma, seu presidente, lá estava escondido. Fugira pela única saída que os revoltosos não tinham vigiado, o portão entre os dois jardins.

A casa foi reduzida a cinzas, e o bando, satisfeito porque dessa vez conseguira atear o fogo, embarcou de novo em seus carros e mais uma vez se foi.

Enquanto Kido permanecia trancado na sala do cofre no prédio da Casa Civil ao amanhecer, um bando de civis fanáticos aliados a Hatanaka chegava à casa do Lord do Selo Privado em Akasaka. Cercaram a casa e, armados de espadas, granadas e revólveres, invadiram o local esperando encontrar Kido e matá-lo. Os policiais de serviço reagiram e conseguiram repelir os atacantes. Na *melée*, um dos guardas foi ferido por um golpe de espada.

(Na manhã seguinte, os mesmos superpatriotas tentaram mais uma vez achar Kido. Desta vez foram à casa de seu irmão, suspeitando que o Lord do Selo Privado estivesse lá. Sua sobrinha atendeu à porta e lhe foi entregue uma bandeja cerimonial com um objeto semelhante a uma pequena espada, para que fosse entregue ao tio. Significava "convidar" Kido a cometer *harakiri*, ou o bando o liquidaria. Quando lhes disseram que Kido não estava, os assassinos se foram calmamente.)

A luz do amanhecer começava a clarear o negrume da casa do ministro da Guerra. O General Anami acabara de vestir seu uniforme de gala, a túnica com todas as condecorações, quando lhe veio à mente outro pensamento. Desabotoou a túnica e a tirou. Em seguida, dobrou-a cuidadosamente, cruzando as mangas nas costas da túnica. Colocou-a suavemente na alcova *tokonoma* e pôs, presa entre as mangas e a túnica, a fotografia de seu filho falecido. "Depois do *seppuku*", disse Anami a Takeshita, "por favor, ponha a túnica sobre meu corpo."

Seu cunhado assentiu e notou a forma como Anami colocara a foto de seu filho morto. Enquanto fazia essa observação, lembrou que o General Nogi, herói nacional da guerra russo-japonesa, tinha feito *harakiri* à maneira dos antigos servidores reais, quando o Imperador Meiji foi sepultado. Nogi, que enviara os dois filhos para a batalha e sacrificara ambos, foi encontrado com as fotos dos dois filhos mortos nas mãos. Lágrimas brotaram dos olhos de Takeshita, comovido.

A criada informou que o General Okido, chefe da *Kempeitai*, estava na sala de visitas. "Vá vê-lo", disse Anami a Takeshita. Para um homem que cumpria um ritual preparando seu próprio suicídio, era difícil receber qualquer visitante, e Anami não tencionava mudar de roupa e deixar seu quarto no estágio a que já chegara.

Takeshita dirigiu-se à sala de visitas onde, duas semanas antes, ele, Arao, Inaba, Hatanaka e Ida, alimentando firme esperança, tinham apresentado seu plano a Anami. Okido lá estava, com inúmeras informações sobre o *coup*, o massacre de Mori e Shiraishi, e a tentativa de impedir a fala do Imperador pelo rádio. O golpe agora estava sendo esmagado, afirmou, pelo General Tanaka e o *Tobugun*. Apreensivo e confuso diante das emoções causadas pelas novidades, Takeshita procurou se livrar do chefe *kempei* o mais rápido possível.

Enquanto Takeshita ouvia o relato do General Okido, o Coronel Hayashi, que ouvia da sala ao lado, rapidamente atravessou a casa para os aposentos do ministro, levando a notícia sobre o levante da Divisão Imperial de Guarda. Chegando à entrada do quarto de Anami, se deteve bruscamente. O ministro da Guerra não estava em condições de tomar providência alguma para reprimir a revolta. O coronel se afastou, voltou para a sala de visitas e disse a Takeshita que Anami estava cometendo *harakiri*.

A prática do *harakiri* florescera durante o período medieval no Japão. Era a forma aceitável de um aristocrata evitar ser capturado e humilhado nas mãos de um inimigo. Era um privilégio das classes altas. A forma de praticá-lo foi consolidada no século XV. Sabe-se que, a partir de então e ao longo de séculos, cerca de 1.500 japoneses cometeram *seppuku*.

Havia dois tipos – voluntário e obrigatório. O *harakiri* voluntário, mais recente, era a saída para homens que tinham débitos a pagar, estavam protestando contra atos de autoridades ou do governo, ou que desejavam manifestar lealdade a um superior falecido.

O *harakiri* obrigatório foi abolido em1868, mas por muitos séculos foi um modo conveniente de despachar um servidor público ou nobre culpado de ato ilegal. O transgressor recebia do governante uma carta primorosamente escrita, dando a entender que sua morte era bem-vinda. Para assegurar que ele percebesse a intenção da carta, uma adaga enfeitada com alguma joia acompanhava a mensagem.

Cumprindo essa "ordem", o condenado construía um estrado com cerca de dez centímetros de altura que era colocado em um templo ou no terreno de seu castelo, coberto por um tapete vermelho. Com seu subordinado imediato, ou seu assistente, o culpado, vestido com traje cerimonial da corte, sentava no tapete. Seus amigos e outros servidores, sentados, formavam um semicírculo em torno dele e a adaga lhe era entregue com as reverências do ritual. O condenado confessava publicamente sua culpa, apanhava a arma e fazia um corte no ventre, da esquerda para a direita e depois para cima.

Era responsabilidade de seu subordinado imediato garantir que o suicida não sobrevivesse e tampouco fraquejasse. Suas ações variavam, dependendo do indivíduo e da situação. Muitas vezes esperavam até o corte no abdome se completar e, em seguida, usando a grande espada para dois punhos, decapitavam o suicida com um único rápido golpe. O governante recebia a adaga manchada de sangue como prova de que o transgressor não existia mais.

Em alguns casos, uma bandeja com um leque era oferecida ao suicida. Quando se inclinava para a frente a fim de apanhar o leque, seu subordinado aproveitava para baixar o *tachi*, cortando-lhe a cabeça. Esse método prático tinha inúmeras vantagens (uma delas, obviamente, era a rapidez), inclusive a certeza e a ausência de dor.

Ao entrarem no quarto de Anami, Hayashi e Takeshita o encontraram sentado com as pernas cruzadas, exatamente na posição recomendada. Não estava sobre o tapete de tatami do quarto, mas na varanda que o cercava, além das portas corrediças. Pela etiqueta do *seppuku*, isso tinha grande significação. Usualmente o *harakiri* era cometido dentro da casa. Entretanto, normalmente um pecador se suicidava do lado de fora. Se o pecador tivesse nobres motivos para pecar ou se as autoridades vissem com bons olhos seu caso, ele poderia ser autorizado a se separar da terra sentado num tapete de palha, ou num estrado baixo.

Na verdade, a varanda de uma casa japonesa tradicional consiste em um estreito piso de madeira em torno dos quartos com tatami, se estendendo até alguns pés do jardim. Cortinas de madeira separavam a varanda do jardim de Anami, para assegurar privacidade e proteção. Só eram usadas à noite e ficavam abertas durante o dia. Naquele momento, quando começava a amanhecer, ainda estavam fechadas.

O jardim era constantemente patrulhado por sentinelas que protegiam o ministro da Guerra. Por causa disso Anami se negou a ir ao jardim. Entendendo que era um pecador com motivo nobre para pecar, tinha resolvido fazer o *harakiri* na varanda. Tecnicamente fazia parte do jardim e, na opinião do general, se aproximava da posição do pecador fora da casa, mas separado do terreno.

Anami fora colhido em uma rede intricada. Naquele momento expiava seus pecados por ação e omissão, assumindo a culpa pelo fracasso do Exército em vencer a guerra, por sua incapacidade para cumprir a vontade de Sua Majestade e por se opor a seus desejos, como também pela obstinada desobediência do Exército desde o incidente da Manchúria em 1931. Também adotava a culpa pela tentativa de golpe, embora não soubesse com certeza se ele teria ou não sucesso. Desculpava-se com seus oficiais e subordinados por ter fracassado, não concretizando as façanhas impossíveis que dele esperavam, desde vencer a guerra até assumir o poder como Shogun.

Para os jovens tigres, em particular, seu suicídio era uma fuga ao papel de Saigo que lhe tinham reservado. Ademais, o cerimonial do suicídio de Anami era sua forma de tentar assumir a responsabilidade pela irresponsabilidade deles.

No momento da decisão, o ministro da Guerra simplesmente não quis assumir a liderança do golpe. Constatou, talvez com mais clareza do que os conspiradores podiam dar valor, que sua participação o tornaria um traidor. Além disso, a maldição também se aplicaria a sua família, seus filhos e filhas e seus descendentes. O próprio nome Anami seria execrado. Para quem servira ao Imperador devotada e lealmente nos mais altos cargos que um militar poderia almejar, isso seria demais.

As palavras que lhe povoavam a mente, seu *haragei*, voltaram a persegui-lo e aumentaram o peso de consciência. Afinal, conseguira recuperar em parte a crença do povo em seu Exército, diante das duras críticas sofridas por não ter feito todo possível na defesa de Okinawa.

O guardião do luto

O ministro da Guerra estava voltado para o palácio, a espada curta firmemente segura por sua poderosa mão direita. Estava justamente completando o penoso corte no ventre, o *kappuku*, quando seu cunhado voltou. A técnica consiste em cravar a espada na parede abdominal logo abaixo da costela inferior esquerda, deslizar a lâmina de esquerda para a direta passando pelo estômago e virá-la abruptamente para cima em ângulo reto.

Quando Takeshita acorreu ao seu cotovelo, o ministro da Guerra apalpava o lado direito de seu pescoço com os dedos da mão esquerda, tentando localizar a artéria carótida. Sempre soldado, Takeshita fez um resumo do relatório apresentado pelo General Okido sobre o golpe e perguntou: "Posso auxiliá-lo?"

"Não", suspirou Anami, e rasgou o lado direito da garganta com a espada, sem precisar de ajuda. Então desfaleceu, o corpo caindo na direção do palácio. Um repentino jato de sangue espalhou uma mancha vermelha no piso de madeira envernizada da varanda.

Enquanto Tokugawa e outros Camaristas sofriam seus calvários particulares e o prédio da Casa Civil continuava cercado, os rebeldes agiam em outra parte da capital. No dia 14, a agitação era intensa na Rádio Tóquio, na sede da NHK e na Companhia Japonesa de Radiodifusão. Corria o rumor de que o Imperador planejava fazer um pronunciamento pelo rádio dia 14 ou dia 15. Todos que tinham ouvido falar a respeito e não precisavam voltar para casa passaram o dia e entraram pela noite circulando na sede da estação de rádio do Japão. Alguns acabaram desistindo e foram para casa, mas outros tantos lá permaneceram, convencidos de que Sua Majestade viria durante a noite se a ocasião fosse realmente importante. Queriam testemunhar o acontecimento histórico. Quando os primeiros revoltosos chegaram, encontraram japoneses dormindo nos espaçosos saguões, em sofás, cadeiras estofadas e até em escritórios e sobre mesas.

O prédio da NHK fora inaugurado em 1939. Era um modelo de modernidade. Estúdios, mobiliário, palcos, equipamento, conjunto de instalações e os serviços nos setores artístico e de informação o tornavam fantástico exemplo de Japão moderno. Em 1945, a transformação sofrida pela NHK podia ser comparada, talvez, à gueixa que se transforma em prostituta. Transmitia propaganda e exortações, notícias distorcidas e pouco entretenimento, a não ser os que redundavam em propaganda. O divertimento principal consistia em programas musicais. Tudo mais era melancólico. Até o exterior do edifício era cinzento. A falta de energia elétrica reduzira o número de pessoas que ouviam rádio, sobretudo durante o dia. Todavia, a incerteza quanto à circulação dos jornais, tornou a programação da NHK cada vez mais o cimento agregador da nação.

Depois de cercarem o prédio, os rebeldes invadiram e prenderam todos os funcionários, estivessem ou não trabalhando, fossem da área interna ou da internacional, e os trancaram no estúdio 1, grande espaço para apresentações sinfônicas e teatrais. Eram quatro da madrugada quando houve a ocupação, mas só às cinco a operação prosseguiu.

Na casa da guarda em Nijubashi, um oficial rebelde entrou e separou um dos engenheiros da NHK que estava entre os prisioneiros. Ordenou que se mantivesse calado e subisse no carro que esperava. Passaram vagarosamente pelo portão e pela praça do palácio, foram na direção da avenida Hibiya-dori e prosseguiram pelo parque, até o prédio da NHK.

Uma vez no interior do prédio, os rebeldes partiram para a sala do chefe da programação, no andar de cima. O engenheiro foi detido e trancado junto com os demais já confinados.

Nesse instante, um jovem empregado da NHK conseguiu escapar por uma entrada lateral do edifício e correr para o hotel Dai Ichi, a dois quarteirões de distância. Lá estavam os chefes de departamentos da NHK. A notícia da ocupação da estação gerou entre eles uma discussão sobre o que fazer. Concluíram que o mais importante era entrar em ligação com o presidente da companhia, que, supunham, tinha decidido passar a noite no palácio após a gravação. Não faziam a menor ideia de que o palácio também estava ocupado e, em consequência, enviaram um mensageiro para o palácio a fim de informar o executivo da NHK. Porém, o mensageiro foi detido no palácio e a nota que levava nunca chegou ao conhecimento do pessoal da estação de rádio, que continuava trancado na casa da guarda.

Às cinco horas, o Major Hatanaka e dois soldados invadiram o estúdio 12, no segundo andar da Rádio Tóquio. O major levava um papel com um "manifesto" e deu ordem ao engenheiro para preparar uma transmissão. Enquanto conversavam, uma declaração do exército era transmitida. O engenheiro disse a Hatanaka que, enquanto essa transmissão estivesse em curso, nenhuma outra poderia ser realizada. O major ficou furioso e saiu do estúdio, muito agitado. O engenheiro, temendo o que poderia acontecer em seguida, fugiu.

Hatanaka foi à sala da redação insistir para ser posto no ar. Sua exigência foi recusada pelo chefe de redação, apoiado pelos outros presentes. Hatanaka voltou ao estúdio 12 e encontrou um locutor de nome Tateno. O major sacou a pistola, brandiu-a para Tateno e exigiu que o pobre o deixasse falar pelo rádio. Astuciosamente, Tateno disse: "Precisamos consultar o QG do Exército, já que sua declaração está no ar, e, se sua transmissão se destina a alcançar todo o país, precisamos previamente fazer um contato técnico com todas as estações locais." Tateno apenas ganhava tempo. Hatanaka repeliu violentamente a ideia e exigiu que fosse ligado o microfone, para ler seu manifesto.

Enquanto isso, o engenheiro de controle recebeu ordem para cortar a linha entre o estúdio e o transmissor. Assim, mesmo que Hatanaka e companheiros tomassem o estúdio, a linha estaria morta. Mas ele e os outros rebeldes não faziam ideia de que a linha fora cortada. Perderam tempo precioso ligando várias vezes para o QG do Distrito Oriental do Exército pedindo permissão para transmitir. Embora subindo de escalão, a resposta sempre era não. Hatanaka agitou inutilmente seu manifesto, que começava: "Nosso exército, defendendo o palácio...." Fora, as sirenes de alarme antiaéreo soavam. *Teki-san* estava de volta com sua carga mortífera.

No quarto do ministro da Guerra, o Coronel Hayashi estava ao lado de Takeshita vendo a camisa branca de Anami ensopada de sangue como um mata-borrão. Testemunhavam o fim de sua agonia, enquanto as aeronaves dos porta-aviões da Marinha dos Estados Unidos sobrevoavam a capital.

Como prometera, Takeshita foi ao *tokonoma*, apanhou a túnica do general e a pôs sobre os ombros de Anami. No *tatami*, próximo a seu corpo, colocou um rolo de pergaminho dado a Anami pelo Príncipe Kanin, quando ele fora Chefe do Estado-Maior do Exército. Ao lado do pergaminho, pôs cuidadosamente os dois testamentos deixados por Anami. O segundo dizia:

> Confiante em que nossa terra protegida pelos deuses jamais perecerá, com minha morte me desculpo respeitosamente perante o Imperador pelo grande crime.
>
> (a) Ministro da Guerra Korechika Anami

No espasmo da morte, o General Anami estremeceu e desabou para a frente, espalhando seu sangue e manchando os dois testamentos.

Subitamente o telefone interrompeu o fascínio mórbido dos auxiliares de Anami. Quebrou a hipnótica tensão, e Takeshita indicou a Hayashi que atendesse. Aproximou-se do corpo de Anami e encostou o ouvido à boca do general. Ouviu um ronco áspero, uma respiração sacrificada, mas teve certeza de que Anami não sobreviveria. Tudo indicava que o ministro não atingira a carótida. Takeshita pegou a mão de Anami que ainda segurava a espada. Fechou sua mão sobre a de Anami e enterrou a lâmina no pescoço do cunhado, de modo – assim pensava – a cortar a artéria.

Ao telefone o vice-ministro da Guerra Wakamatsu queria falar com Takeshita. O coronel foi ao telefone, disse a Wakamatsu que Anami acabara de fazer *seppuku* e tudo estava terminado. Wakamatsu insistiu para Takeshita apresentar-se no Ministério da Guerra.

Diante da insistência de Wakamatsu, Takeshita deixou o ministro da Guerra aos cuidados do tenente-coronel Kobayashi, e foi para o Ministério. Kobayashi chamou o serviço médico do Ministério, que veio com três enfermeiros. Anami ainda respirava. Eram oito da manhã quando parou de respirar e viver. A autópsia revela que morreu pela hemorragia da veia cervical, e não da artéria carótida, que estava intacta. O corpo do guerreiro foi limpo, purificado e colocado no prédio do Ministério da Guerra com um pequeno altar ao lado.

Takeshita apresentou-se ao General Wakamatsu assim que chegou ao Ministério. O General Yoshizumi lá estava, e conversava com Wakamatsu sobre o fim de Anami e seus motivos para cometer suicídio. O levante dos guardas imperiais ainda dominava a ideia de que fora o fato que levara Anami a acabar com a vida por um sentimento de culpa e vergonha. Takeshita sentiu-se intimamente magoado.

"O que acha que Anami quis dizer", perguntou Wakamatsu, "em seu testamento, quando diz que dava sua vida como expiação por um grande crime?"

"Não acredito que haja alguma conexão entre o incidente no palácio e o suicídio de Anami", retrucou Takeshita. "Desde os incidentes da Manchúria e da China, e da guerra da Grande Ásia Oriental, Anami – como líder do exército – alimentou a ideia de pagar pelo que aconteceu com o Exército no passado e acontece no presente. Assim, representando todo o Exército, ele se desculpou perante o

O guardião do luto

Imperador. Já resolvera suicidar-se antes do incidente e, mesmo depois de tomar conhecimento da rebelião, acreditava que seria abafada antes que ficasse mais grave. O suicídio estava em seu pensamento desde quando assumiu o cargo de ministro da Guerra. Além disso, a verdade é que, ao ter o cuidado de não mencionar a si mesmo em sua mensagem de ontem à tarde (usando o pronome *vocês* em vez de *nós*): 'Vocês, oficiais, mesmo que tenham de dormir no chão e comer pedras....' mostrou que já decidira se suicidar."

Os dois mais idosos não pareceram convencidos pelos argumentos de Takeshita. O General Wakamatsu insistira para que o coronel se apresentasse imediatamente a ele querendo impedir que Takeshita recorresse a algum ato impensado. Wakamatsu considerou, inclusive, a possibilidade de ele se juntar aos conspiradores em sua audaciosa tentativa de golpe. Melhor ficar atento a esse homem, sobretudo agora que seu cunhado não estava a seu lado para controlá-lo.

Sem o "balancim" diferencial ninguém sabia o que poderia acontecer na máquina militar. Talvez, como no jardim Ryoan-ji, pudesse despedaçar-se em todas as direções pela força centrífuga da rotação, agora que não mais existia a figura equilibradora que a mantinha estável.

21
Tanaka

―◆―

Do edifício da Companhia de Seguros Dai Ichi enxergava-se além da Hibiya-dori, a larga avenida com linhas de bonde que separa a praça do palácio do mundo comercial e bancário de Tóquio. Além da Hibiya-dori fica o fosso musgoso e, mais adiante, a praça imperial com suas árvores, o parque e o campo de paradas, as baixas muralhas de pedras negras que margeiam o fosso interior e, além de suas águas esverdeadas, os parapeitos das paredes do palácio cercando sua extensa área.

Na praça há dois portões maciços com quase cinco metros de altura e mais de seis de largura. Cada um é coberto por um pequeno telhado em estilo antigo, e o acesso aos portões se dá por meio de pontes sobre o fosso interior. Antigamente eram pontes elevadiças, hoje permanecem estendidas para o tráfego de automóveis. O primeiro deles é o portão Seimon, o mais próximo da Nijubashi, a ponte dupla. O seguinte é o portão Sakashita, mais perto do prédio da Casa Civil Imperial. A maior parte do tráfego flui pelos portões Seimon e Sakashita.

Por volta das 02h30 da madrugada do dia 15, o comandante do 7º Regimento Imperial de Guarda chegou ao quartel-general do *Tobugun*. Tinha em suas mãos um relatório e a "Ordem 584 da Divisão." Empregara sua tropa como lhe fora ordenado, mas resolvera verificar a validade dessa ordem, que estava anexa ao seu relatório escrito.

Imediatamente o chefe do Estado-Maior do *Tobugun*, General Takashima, tentou telefonar a cada um dos regimentos. Mas só logrou completar a ligação com o 2º Regimento. Conseguiu transmitir parte de sua mensagem a um oficial do Estado-Maior do regimento, informando que a ordem era espúria e devia ser ignorada.

O Coronel Fuwa e o tenente-coronel Itagaki, oficiais do *Tobugun*, partiram imediatamente para o quartel-general da Divisão de Guarda para investigar o relatório sobre a morte do General Mori. Lá chegando encontraram o prédio totalmente às escuras. Quando estavam na iminência de entrar no gabinete do General Mori, que já conheciam de visita anterior, surgiu da escuridão um guarda armado que os deteve. Não aceitou suas identificações e se recusou a permitir que entrassem. Eles pediram ao guarda para chamar seu comandante e subitamente apareceu das sombras o Major Ishihara. Havia apenas dois dias fora designado para servir na Divisão de Guarda e se mostrava muito inseguro.

O Major Ishihara permitiu que Fuwa e Itagaki entrassem na sala e vissem os corpos do Coronel Shiraishi e do General Mori. Em seguida os acompanhou até outra sala. Lá o major se mostrou tão inquieto e nervoso que Fuwa teve a certeza de que estava a ponto de sacar a espada e usá-la contra eles, caso houvesse um simples gesto que pudesse ser interpretado como provocação. Ishihara disse que removeria os corpos, daria a eles o destino apropriado e em seguida iria para o palácio.

O telefone tocou. O Coronel Fuwa recebeu ordem para retornar imediatamente ao quartel-general do *Tobugun*. De volta ao prédio da Dai Ichi, apresentou-se ao General Tanaka. Confirmou que Mori estava morto e que o golpe passara para a segunda fase, a execução do plano. O General Tanaka declarou solenemente: "Vou ao palácio...", mas seu chefe de Estado-Maior o deteve. "Logo vai amanhecer. Excelência, espere alguns minutos, por favor. É muito difícil controlar homens no escuro."

"É, é verdade", Tanaka concordou e sentou-se. Ficou ponderando o que devia fazer em seguida. Como comandante do Distrito Oriental do Exército, Tanaka tinha sob seu comando tropas suficientes para esmagar a Divisão de Guarda em um combate, se necessário fosse. Porém, naquele momento o general rejeitava o emprego abrupto da força. O palácio era um local muito sensível, e o Imperador muito valioso para ficar em perigo por causa de uma batalha cerrada. Além disso, na situação crítica que o Japão então vivia, a última coisa que alguém em sã consciência poderia desejar era um confronto que soldados japoneses armados resolvessem a tiro.

Não! Precisava dominar a revolta por outros meios. Felizmente, conhecia alguns oficiais da Divisão de Guarda. Muitos tinham sido seus subordinados numa ou outra ocasião. Tentaria falar com eles e chamá-los à razão, em vez de usar a força das armas.

O General Tanaka era um anacronismo, produto direto dos tempos da nobreza no Japão, quando os verdadeiros homens eram samurais e os samurais eram os senhores da criação. Mas ele tinha uma camada sobreposta de paternalismo eduardiano que complicava seu caráter.

Na juventude, Tanaka se formara em Oxford. Comandou as tropas japonesas na parada da vitória realizada em Londres após a Primeira Guerra Mundial, montando uma égua castanha. Portava orgulhosamente a bandeira, mas seu bigode ao estilo Hindenburg chamou mais a atenção do que a bandeira do sol nascente. Mais tarde foi adido militar em Washington. Sua experiência em duas democracias serviu como uma sentença de morte num exército que tentava imitar fascistas e nazis, usando seu poder político para levar o país a celebrar alianças com personalidades em ascensão em estados ditatoriais. Como quase todos os oficias japoneses com experiência junto a americanos e ingleses na década de trinta, Tanaka sentiu-se posto num corner, enquanto postos-chave eram atribuídos aos que tinham experiência junto a alemães e russos.

Pró-americano, Tanaka ficou decididamente infeliz com o envolvimento do exército na política e se opôs à sua adesão ao Tratado do Eixo. Estava em casa, de cama, em 8 de dezembro de 1941, quando seu filho mais novo surgiu com a notícia da guerra. A cabeça de Tanaka estava sob o *futon* quando o filho disse entusiasmado: "Pai, o Japão teve uma grande vitória ao atacar Pearl Harbor." O general virou para o lado, ainda escondido na colcha.

"Declaração de guerra!" – prosseguiu o filho. "Já ouviu o noticiário extra? Sobre a grande vitória em Pearl Harbor?" Qual uma tartaruga, Tanaka esticou a cabeça para fora do *futon* e disparou: "O Japão fez uma bobagem. Você acha que o Japão vence os Estados Unidos? Receio que não. Que acontecerá com o Japão?" E voltou a cobrir a cabeça com as cobertas.

Tanaka tinha a reputação de soldado duro e servira em funções de responsabilidade que exigiam a perseverança que o caracterizava. Comandara a *Kempeitai* duas vezes. Portanto, sabia agir com punho de ferro. Graças a seu passado, foi comandar as forças japonesas nas Filipinas em 1944, quando a nação subjugada revelou intranquilidade sob a "benevolente" política de prosperidade coletiva na Ásia oriental. A malária obrigou Tanaka a voltar ao Japão para se tratar, mais tarde designado para seu atual comando, no qual o rugido e o bigode ficaram igualmente famosos.

No pouco tempo que lhe restava antes do amanhecer, o General Tanaka mais uma vez tentou localizar o Coronel Watanabe, comandante do 1º Regimento Imperial de Guarda, mas o telefone continuava mudo. Tanaka levantou-se e chamou seu assistente, o Coronel Tsukamoto. "Vou ao palácio, prepare o carro e apanhe minha pistola. Temo que possa acontecer alguma coisa grave com o Imperador."

"Ainda está escuro, general", retrucou Tsukamoto, "e os soldados revoltosos podem não ver a bandeirola de comandante no carro." Impaciente, Tanaka ficou andando de um lado para outro na sala. Pouco depois, embora ainda não tivesse clareado muito, Tanaka mais uma vez chamou Tsukamoto e pediu a pistola. Mais uma vez o assistente tentou impedi-lo, dizendo que era seu dever defender Tanaka e, portanto, o general não precisaria da arma. O general insistiu e Tsukamoto hesitou. Finalmente, e com firmeza, Tanaka exigiu sua arma e deu ordem: "Está na hora de irmos, Tsukamoto." Era um pouco mais de 4h.

Tanaka, Tsukamoto e Fuwa embarcaram num carro de serviço e quatro homens da polícia militar os seguiram noutra viatura. O general orientou o motorista a evitar o portão Sakashita e ir diretamente para o posto de comando do 1º Regimento. Seu comandante, Watanabe, já servira sob o comando de Tanaka e, portanto, era um ponto conveniente para começar, mesmo que o regimento estivesse metido na rebelião.

Ao passarem pelo portão a luz da manhã começava a romper a escuridão da noite. Sob o céu acinzentado, conseguiram ver soldados em uniforme de combate saindo pelo portão.

Chegando ao posto de comando do regimento, Tanaka viu o comandante, Coronel Watanabe, sair do prédio armado e acabando de apertar o barbicacho e fixar o capacete de aço. "Watanabe, ainda bem que cheguei a tempo. A ordem que você recebeu é falsa. Chame seus soldados de volta e vamos conversar em seu posto de comando."

Watanabe cumpriu a ordem e seu simples comando retirou, de uma só vez, 1.000 soldados do golpe. Ao retornar a sua sala, estava acompanhado pelo Major Ishihara, o mesmo oficial agitado do quartel-general da Guarda Imperial, um dos conspiradores ligado a Hatanaka. Essa circunstância foi relatada ao General Tanaka, que explodiu diante de Ishihara: "Esse é um dos responsáveis pela ordem falsa! Prendam-no." Deu ordem para chamarem os *Kempeitai* para levar Ishihara, enquanto continuava a repreender rudemente o major por causa do incidente. Fuwa, sentado ao lado de Ishihara, esperava que a qualquer instante o homem reagisse violentamente e se preparou para subjugá-lo, se fosse preciso. Mas o major sentou em silêncio, embora amuado, até a chegada de um oficial *kempeitai* que veio buscá-lo.

Com a situação estabilizada no 1º Regimento, Tanaka voltou a telefonar para o Coronel Haga, comandante do 2º Regimento. Dessa vez conseguiu falar com ele e se referiu à falsa ordem, determinando que Haga o encontrasse no portão Inui. Tanaka e seu assistente entraram no carro e partiram para o Inuimon. As pesadas portas, com seus batentes, dobradiças e saliências de ferro, foram rapidamente fechadas. Embora a situação parecesse tranquila, havia perigo no ar. Quando o carro parou na frente do portão, dois guardas se aproximaram. O motorista disse que se tratava do comandante do *Tobugun* e eles apresentaram armas. O Coronel Tsukamoto, assistente de Tanaka, desconfiou de traição. As coisas, pensou, estavam tranquilas demais. Talvez estivessem esperando o general aparecer em pessoa para o deter. Tsukamoto deu ordem para abrirem o portão.

As gigantescas portas rangeram e se abriram lentamente. Tanaka e Tsukamoto mal puderam ver junto ao corpo da guarda as figuras do Coronel Haga e de outros militares. O general saltou do carro e passou pelo portão, de bigode balançando. O general sabia que o 2º Regimento estava desfalcado de oficiais e várias de suas companhias eram comandadas por jovens capitães e tenentes, os quais, era de se esperar, poderiam ser facilmente aliciados pelos rebeldes. Conversando com Haga, Tanaka soube que esse oficial já informara o Major Hatanaka que o 2º Regimento em nenhuma circunstância obedeceria às ordens dos rebeldes.

Tanaka determinou que Haga fizesse sua tropa retornar às atividades normais, e o coronel imediatamente despachou mensageiros com ordens para se retirarem dos terrenos do palácio e voltarem para suas posições da rotina.

Levando consigo o comandante de um dos batalhões de Haga, Tanaka partiu, de imediato, para o posto de comando da guarda do palácio, perto das pontes Nijubashi, onde o general se viu face-a-face com os líderes da rebelião: Hatanaka, Shiizaki, Koga e Uehara. Tanaka os deixou paralisados com um rugido e determinou que reunissem os soldados junto ao portão, enquanto o dia clareava. Em seguida, disparou uma arenga que foi da deusa-Mãe da nação até o Imperador, com ênfase na descrição do quanto fora doloroso para Sua Majestade decidir pôr fim à guerra. Descreveu com detalhes como a conspiração tinha fracassado completamente e conclamou os rebeldes a reconhecerem seu erro e desistirem voluntariamente.

Exigindo que limpassem a mancha que tinham deixado na honra do Exército ao desobedecerem à vontade do Imperador, o general fez chegarem às lágrimas os mesmos homens que minutos antes queriam eliminar o grupo favorável à paz e levar o país a uma autodestruição. Tanaka deixou bem claro que a única forma aceitável de expiarem suas culpas era com suas vidas, com um "verdadeiro espírito *bushido*" (código de honra do samurai, que incluía lealdade, veracidade, sinceridade e disposição para morrer pela honra). Como os revoltosos acenaram concordando e indicando que adotariam esse procedimento honroso, Tanaka não os prendeu e os deixou partir, para que pudessem cometer o *harakiri*.

Já então, Tanaka teve a certeza de que a situação nos portões estava sob controle. Nesse instante chegou um carro de serviço do Exército que foi parado pelas sentinelas. O Coronel Tsukamoto foi verificar do que tratava e dele saltaram três oficiais do Ministério da Guerra, o Coronel Arao e os Tenente-Coronéis Shimanuki e Ida. O General Tanaka se aproximou e examinou detidamente o trio.

Mais tarde o Coronel Ida lembrou que Tanaka lhes disse que "embora a situação no palácio já esteja tranquila, a ponto de tudo parecer sob controle, ninguém que não for da Divisão Imperial de Guarda será autorizado a entrar."

A descrição do Coronel Tsukamoto é mais pitoresca: "Do carro saltaram três oficiais da seção de assuntos militares, um deles coberto de sangue, revelando que estivera presente na morte do General Mori. 'General,' disseram, 'viemos comandar a Divisão de Guarda!'"

"O bigode Hindenburg do general pareceu se mover um pouco, e ele berrou: 'Não! Ninguém, a não ser quem serve na Divisão de Guarda, passará daqui. Voltem imediatamente!' Eles voltaram calados, mas foi realmente um momento de arrepiar os cabelos. Se eles tivessem chegado ao portão antes do general, a situação teria caminhado para grande infelicidade."

"Fechem os portões e não deixem ninguém entrar", ordenou Tanaka. Então, finalmente os dezoito prisioneiros que estavam na casa da guarda do portão Nijubashi puderam ser libertados. Pouco depois de a área do palácio ficar totalmente iluminada pelo sol da manhã, eles ouviram a movimentação no lado de fora do corpo da guarda, indicando que tinha ocorrido uma mudança na situação. Tontos de sono, os prisioneiros foram libertados por volta das sete da manhã.

Nesse meio tempo, Tanaka embarcara novamente em seu carro e se dirigira para as dependências do Imperador, a fim de verificar se Sua Majestade estava em segurança e relatar a situação.

No interior do prédio da Casa Civil cercado correra a notícia, através do telefone secreto do ajudante Nakamura, de que logo depois das quatro horas o General Tanaka acabara com a rebelião. O Chamberlain Tobugawa, que visitara Nakamura cerca de cinco e quinze, sentiu-se aliviado e voltou para seus aposentos por volta das cinco e meia. Reparou, ao deixar o quarto do ajudante, que não havia mais sentinela no corredor. Pelo menos era uma mudança para melhor.

Por volta das seis da manhã, Tokugawa descobriu que havia outro telefone para rua na sala dos ajudantes-de-ordens no abrigo antiaéreo, sob o *Gobunko*. O Chamberlain Mitsui foi à biblioteca e lá chegando viu que o Gran Chamberlain e o mordomo-chefe de Sua Majestade acabavam de chegar, vindos de seus quartos. Usaram o telefone e souberam que Tanaka já estava nos terrenos do palácio e dominara a rebelião.

Os empregados decidiram que já era hora de acordar o Imperador. Eram seis e quarenta, vinte minutos antes de sua hora habitual de levantar. (O Imperador adotara essa prática de nunca aparecer antes das sete em consideração ao pessoal da corte e aos empregados, ou eles se veriam na obrigação de estar a postos a noite inteira, para o caso de ele aparecer.)

Não há relatos sobre a reação do Imperador, sua aparência, alguma mudança de fisionomia (se houve) ou de suas palavras diante da informação de que "seus" guardas imperiais tinham se rebelado e ocupado a área do palácio, se apossado do prédio da Casa Civil e procurado implacavelmente o Lord do Selo Privado, o chefe da seção e a gravação de sua mensagem. O Imperador e seu Lord do Selo Privado Kido tinham discutido a possibilidade de um *coup* ou de uma manobra do Exército. Tinham avaliado os riscos. Já amanhecera um novo dia, mas era o tipo de dia que Hirohito temera. O temor não se referia a ele, ia muito além. Era com a sobrevivência de seus súditos. Não conseguia esquecer a rebelião quase vitoriosa de 26 de fevereiro de 1936. Seguiria o rumo certo a nave do estado desta vez? Ainda mais importante, será que as negociações de paz iriam por água abaixo?

Hirohito determinou que o General Hasunuma comparecesse imediatamente à sua presença. O Chamberlain Mitsui saiu disparado para trazê-lo.

Quando o General Tanaka atravessou a área do palácio para verificar se tudo estava bem com o Imperador e prestar seus respeitos ao soberano, seu carro quase atropelou um chamberlain que corria pela estrada do *Gobunko*. Era Mitsui, na pressa de localizar o General Hasunuma.

Numa *vignette* reminiscente do encontro de Stanley com Livingstone na África, Tanaka saltou de seu carro e cumprimentou o funcionário, que, um tanto apreensivo, retribuiu o cumprimento. O General retirou do bolso interno um grande cartão de visitas e, com um gesto pomposo, o entregou ao surpreso Camarista. Em rápida sucessão, inquiriu sobre a saúde de Sua Majestade, declarou que a revolta fora dominada e perguntou onde poderia encontrar o ajudante General Hasunuma.

Como Mitsui também ia à procura do General Hasunuma, Tanaka o convidou para entrar no carro e se dirigiram diretamente para o prédio do Ministério da Casa Civil. Lá, um enorme grupo de soldados retirava caixotes de munição e metralhadoras de suas posições com a mesma rapidez com que as tinham instalado poucas horas antes.

O Chamberlain conduziu Tanaka até as dependências onde Hasunuma fora mantido incomunicável pelos insurgentes. Acompanhado pelo chefe dos ajudantes-de-ordens, Tanaka partiu celeremente para a biblioteca imperial, a fim de se apresentar ao Imperador. Todavia, o Chamberlain na porta do *Gobunko*, olhando em meio à neblina e vendo dois soldados caminharem resolutamente para os aposentos do Imperador, bateu a porta e a trancou. Mesmo depois de olhar atentamente para Hasunuma, cujo rosto deveria lhe ser familiar, e para Tanaka, cujo bigode era famoso, o empregado míope continuou vendo apenas dois soldados rebeldes. Por fim, os dois generais foram identificados e recebidos por Sua Majestade. Tanaka relatou os eventos ocorridos durante a noite e as medidas adotadas, recebendo os agradecimentos do soberano.

Às 07h47, ao sair da presença do Imperador, Tanaka reuniu os chamberlains, os empregados e os mordomos na biblioteca imperial e fez um inspirado sermão exaltando que "o bem sempre vencerá".

Enquanto o General Tanaka ia assegurar a Hirohito que a revolta terminara, na Rádio Tóquio os rebeldes ocupantes de toda área do prédio subitamente baixaram suas armas, embainharam as baionetas e voltaram para os regimentos. Quando se retiraram, um pequeno contingente de policiais militares assumiu a vigilância da estação.

A questão mais importante foi a reparação da linha telefônica cortada. Foi restaurada por meio de uma emenda provisória, e a NHK voltou ao ar às 07h21 da manhã. A voz do locutor Tateno alcançou toda a nação: "Temos agora uma comunicação especial. O Imperador, com sua graça, promulgará uma importante resposta. (Pausa) Ao meio-dia o Imperador fará pessoalmente um pronunciamento. É um ato extremamente humano de Sua Majestade. Pede-se que todo o povo ouça respeitosamente o Imperador. (Pausa) Todos os distritos disporão de energia elétrica, inclusive os que não a recebem durante o dia. Pedimos especialmente que repartições, escritórios de negócios, fábricas, estações ferroviárias, agências do correio utilizem os receptores disponíveis, para que todos os cidadãos possam ouvir o pronunciamento do Imperador. A graciosa declaração de Sua Majestade irá ao ar ao meio-dia. Em algumas regiões os jornais serão distribuídos após uma hora da tarde."

Agora a atenção da nação se voltava para o inédito e misterioso acontecimento.

Entrementes, o General Tanaka, acompanhado pelo General Hasunuma, conduzia uma minuciosa inspeção no grande prédio do Ministério da Casa Civil. Certificou-se de que as gravações estavam seguras, as linhas telefônicas restauradas, os aprisionados pelos rebeldes tinham sido libertados, os soldados tinham deixado tudo em ordem e se retirado.

Às oito horas da manhã, o Chamberlain Mitsui teve a certeza de que a paz e a ordem estavam realmente restauradas. Dirigiu-se para a sala do cofre e bateu lentamente cinco vezes na porta, o sinal de "tudo limpo." Não obstante, Kido e Ishiwata estavam compreensivelmente nervosos ao se aproximarem da porta e finalmente a destrancarem. Mitsui fez um breve resumo da angustiante história vivida naquela noite. Kido soube por um de seus assistentes que os revoltosos o tinham procurado seis vezes em seu gabinete, fazendo todo tipo de ameaças para que seus auxiliares revelassem onde ele se escondia.

Enquanto o Lord do Selo Privado deixava seu cárcere, o General Tanaka atravessava a praça do palácio, cruzava a avenida Hibyia-dori e se dirigia para seu gabinete no edifício da Dai Ichi. Eram oito horas quando entrou em sua sala, devolveu a pistola a Tsukamoto, tirou o quepe e a túnica, e voltou ao seu expediente.

Nesse momento, Kido e Ishiwata se dirigiam celeremente para a biblioteca a fim de cumprimentar o Imperador e saber o que deviam fazer a partir daquele instante. Hirohito parecia sereno e, como antes, determinado a cumprir os eventos programados para aquele dia: a reunião do Conselho Privado e a transmissão do decreto pelo rádio. O Lord do Selo Privado sentiu um desafogo. Conhecia bem seu deus. Mesmo assim, foi um alívio ver que continuava inabalável, mesmo depois dos acontecimentos da noite.

22
O Grou Sagrado

O PERIGO DE UM GOLPE MILITAR TENDO DIMINUÍDO, os auxiliares do Imperador-deus trataram de alguns problemas na transmissão de seu pronunciamento pelo rádio. Ainda precisavam levar as gravações do Ministério da Casa Civil para os estúdios da emissora. Parecia perfeitamente possível alguns dissidentes estarem à espreita, prontos para saltar sobre as gravações e destruí-las. Os acontecimentos daquela noite tinham já demonstrado essa realidade e, para homens desesperados, os discos valiam muito mais do que o próprio peso em sangue.

Três funcionários da casa civil se reuniram às 8h30 da manhã para discutir o assunto. O sr. Takei e os chamberlains Mitsui e Okabe viram que era preciso algum estratagema para evitar qualquer interferência na entrega das gravações. Os discos, pois, foram retirados do cofre oculto no escritório da Imperatriz e as duas latas preparadas para o transporte.

Uma limusine do Ministério da Casa Civil parou na porta do prédio, e o sr. Takei surgiu segurando uma bandeja oficial com a insígnia do Imperador. Na bandeja, um fino tecido bordado cobria a lata que continha as gravações. Com o toque exato de ostentação, Takei embarcou e passou, em marcha lenta, pelo portão Sakashita, atravessou a praça imperial e se dirigiu para a avenida Hibiya-dori, rumo ao edifício Dai Ichi, onde desceu da vistosa limusine. Mais uma vez com todos os toques de formalidade e pompa que caracterizavam as "missões altamente importantes". Takei subiu o pequeno lance de escada, passando entre as colunas de granito de mais de 12 metros de altura, e entrou no moderno interior. Como se a bandeja e a limusine não fossem suficientes, ele se identificou e pediu para ser conduzido ao subsolo. Chegou sem incidentes e entregou a preciosa lata com as gravações a um membro da NHK que trabalhava no estúdio secreto. Aliviado, Takei refez seus passos, entrou novamente na limusine e voltou para o palácio.

Simultaneamente, um carro da Polícia Metropolitana chegara ao edifício Dai Ichi vindo da Casa Civil. Parou na entrada do prédio, e um homem em roupas simples de trabalhador saltou do carro e entrou com uma sacola de lanche. Foi levado diretamente à sede da companhia, e dois policiais o acompanharam até o andar da diretoria. A sacola de lanche foi entregue a Ohashi, presidente da NHK, pelo "trabalhador", o Chamberlain Okabe. A sacola continha uma lata de filmes na qual estavam a gravação boa do decreto e as outras gravações iniciais menos aceitáveis. A gravação trazida por Takei era a reserva, a de qualidade inferior. O Ministério da Casa Civil entregara, pois, as gravações aos encarregados finais de colocá-las no ar. Agora era problema destes fazê-las chegar ao povo.

Havia uma formalidade mais a cumprir naquele dia: a reunião do Conselho Privado que daria oficialmente aprovação à medida tomada a favor da paz. A reunião fora marcada para as dez da manhã no palácio, mas o levante dos rebeldes causara tanto dano que a rearrumação e a limpeza ainda não estavam prontas.

Às onze horas, finalmente, os treze Conselheiros Privados e o presidente do Conselho, Barão Hiranuma, desceram a úmida escada que levava ao abrigo antiaéreo sob o Jardim Fukiage. Entraram na histórica sala onde o Imperador já emitira sua decisão em duas oportunidades e sentaram-se nas mesmas duas fileiras de mesas ocupadas pelos participantes da Conferência Imperial de vinte e quatro horas antes. Embora não integrando o Conselho, também estavam presentes o premier Suzuki, o ministro do Exterior Togo e o diretor do Birô de Legislação.

Mais uma vez o Imperador entrou acompanhado pelo chefe dos ajudantes-de-ordens. Tomou seu lugar à mesa diante da cortina dourada, e a reunião começou oficialmente. O Barão Hiranuma leu a mensagem do Imperador para o Conselho:

> Dei ordem ao governo para que informasse às Potências Aliadas que aceitamos a Declaração de Potsdam. (...). Embora essa decisão devesse ser tomada com o assessoramento dos Conselheiros Privados, pedi o aconselhamento apenas ao presidente do Conselho por se tratar de questão urgente. Espero que aprovem minha iniciativa.

Quando a reunião seguia seu curso e já avançara bem, e o Barão Hiranuma pedira a Togo para recapitular a triste sequência de eventos ocorridos até aquele momento, a hora da transmissão da fala do Imperador chegou. Hirohito levantou-se e deixou a sala ante os conselheiros em reverência tradicional. A reunião entrou em recesso para que todos pudessem ouvir as palavras do Imperador.

No país inteiro, súditos leais estavam colados aos rádios que nem limalhas aos ímãs. Quota extra de energia elétrica fora cedida para assegurar a transmissão mais ampla possível. Trens parariam nas estações mais próximas para que os passageiros pudessem escutar a voz do Imperador, jamais ouvida antes. Há uma lenda japonesa segundo a qual se pode ouvir o Grou Sagrado, embora invisível acima das nuvens. O grou, simbólico do Imperador, agora seria ouvido de forma jamais sonhada. Mas de que tratava a mensagem? Circulavam rumores e conjeturas de todo tipo.

Em Tóquio, não muito longe da colina Ichigaya, o padre Joseph Roggendorf, da Universidade Católica de Santa Sofia, perguntou a estudantes e amigos o que esperavam ouvir do Imperador. A maioria achou que Sua Majestade anunciaria que o Japão lançara uma bomba atômica em Washington. Também foi muito mencionada uma nova e até mais rigorosa mobilização de toda a nação contra os russos. Houve quem achasse que o Imperador comunicaria que o inimigo tinha, finalmente, desembarcado em território japonês. Ninguém – nem uma só pessoa – esperava que o Imperador fosse anunciar o fim da guerra.

Em todo o país muitos achavam que seria uma declaração de guerra à Rússia. Não, garantiam outros, seria uma exortação para lutarem até o último homem. Ou será que Hirohito abdicava? Ou seria a fusão do Exército com a Marinha, tão anunciada e nunca concretizada?

Nos escritórios do governo, todos os funcionários estavam reunidos em auditórios ou amontoados em torno dos rádios. Nos mercados do interior, os agricultores e as populações locais estavam reunidos havia horas, depois de caminharem quilômetros para ouvir as palavras históricas e a voz do Grou Sagrado.

Então, chegou na Rádio Tóquio uma comunicação do Birô de Informações recomendando que a transmissão se fizesse do estúdio secreto no segundo subsolo do edifício da Companhia de Seguros Dai Ichi. Porém, Arakawa, engenheiro-chefe da NHK, foi contra a ideia, já que estavam bem protegidos. O prédio da NHK agora contava com uma guarda, havia gravações de reserva nos estúdios da Dai Ichi para o caso de alguma necessidade, e a situação era tranquila e segura.

Ficou decidido que o grande evento aconteceria no estúdio 8, pois muita gente desejava estar presente à ocasião. Gente de destaque do Birô de Informações, do Ministério da Casa Civil, da NHK – além de todo funcionário da Rádio Tóquio com prestígio suficiente – acorreram ao estúdio. As portas estavam cuidadosamente vigiadas por policiais militares que inspecionavam minuciosamente quem entrava. E a sala de controle também ficou cheia de integrantes da NHK que desejavam participar do momento histórico.

Às 11h45 o sinal de alerta-estúdio acendeu, e o senhor Ohashi, presidente da NHK, retirou do cofre uma simples e bonita caixa de madeira em cujo interior estava a lata que continha as gravações, embrulhada por um fino tecido de seda bordada. Fazendo uma respeitosa reverência, Ohashi a entregou ao chefe do departamento que cuidava do noticiário, que retribuiu a reverência e a entregou a um dos radialistas (especialmente designado para ter essa honra) com uma nova troca de reverências. As gravações foram levadas com toda cerimônia para a sala de controle e, quando o radialista as deu na mão do engenheiro, mais uma vez com reverências, houve uma súbita agitação no estúdio.

Um tenente do Exército estava de pé e gritava: "... se esse programa significa o fim da guerra... vou abater vocês todos com minha espada!" Partiu para a sala de controle, espada na mão, mas justamente quando se dirigia para a porta do estúdio, o oficial de Estado-Maior Suzuki o agarrou, imobilizando seus braços. O tenente foi desarmado e entregue aos policiais militares.

Os engenheiros abriram o pacote, retiraram os discos e testaram a extremamente importante terceira gravação. Foi considerada satisfatória e o sinal "atenção" foi aceso no estúdio, e o trabalho da nação inteira cessou. Ao meio-dia, o locutor anunciou o hino nacional, o *"Kimigayo."* Ao fim dos últimos acordes, o locutor, em introdução formal, anunciou à nação que agora falaria o Imperador.

O que se ouviu em seguida – sons históricos, memoráveis, inéditos – foi uma surpresa para todos, um choque para a maioria e incompreensível para muitos. A voz ligeiramente metálica do Imperador se ouviu em tom alto e ritmo incomum. A mensagem não fora escrita para ser imediatamente compreendida, mas para ficar na história. As-

O Grou Sagrado

sim, expressões dúbias deixaram intrigadas milhares de pessoas que prestavam atenção ao Grou Sagrado, atentas tal qual Moisés ouviu o Sermão da Montanha.

"Aos nossos bons e leais súditos", começou o Imperador. "Depois de refletir profundamente sobre a tendência geral que se observa no mundo e sobre as reais condições prevalecentes hoje em Nosso Império, decidimos solver a presente situação recorrendo a uma medida extraordinária. Determinamos ao Nosso Governo que comunicasse aos Estados Unidos, à Inglaterra, à China e à União Soviética que Nosso Império aceita as disposições de sua Declaração Conjunta."

País afora, quem ligou esse pronunciamento aos termos de Potsdam, começou a chorar. Mas a maioria dos compatriotas ainda não se dava bem conta do que Sua Majestade estava dizendo. Hirohito prosseguiu, e suas frases-chaves contaram a história:

"A guerra já dura quase quatro anos. Malgrado o melhor de si que todos deram ... a situação da guerra evolveu não necessariamente a favor do Japão, e a tendência geral do mundo voltou-se contra os interesses do país. Além do mais, o inimigo começou a empregar uma nova bomba terrivelmente cruel, cujo poder de destruição é realmente incalculável, cobrando a vida de muitos inocentes. Se continuássemos lutando, resultaria não apenas um colapso final e a obliteração da nação japonesa, mas levaria também à total extinção da civilização humana. Sendo essa a realidade, como vamos salvar os milhões de Nossos súditos? Ou explicar-nos perante os venerados espíritos sacrossantos de Nossos Antepassados Imperiais?"

"... Pensar naqueles que ... tombaram nos campos de batalha, que morreram nos seus postos ... ou ... encontraram morte prematura, ... em todas as famílias enlutadas ... dói em Nosso coração noite e dia. ... Os feridos vítimas da guerra ... objetos de Nossa profunda solicitude. A privação e o sofrimento a que Nossa Nação será submetida daqui por diante serão certamente grandes. ... No entanto, está de acordo com o ditame do tempo e do destino que Tenhamos resolvido abrir o caminho de uma grande paz para todas as gerações vindouras, suportando o insuportável e tolerando o intolerável."

Em seguida, Hirohito reanima seu povo e faz uma advertência: "Conseguindo preservar e manter a estrutura do Estado Imperial, Nós estaremos sempre convosco, bons e leais súditos, confiando em vossa sinceridade e integridade. Evitai o mais estritamente manifestações de emoção que possam gerar complicações desnecessárias, bem como contendas entre irmãos e atritos que criem confusão, capazes de vos levar a perder a confiança no mundo. ... Cultivai os caminhos da retidão, fortalecei a nobreza de espírito e trabalhai resolutamente para que possais assegurar a glória inerente ao Estado Imperial e manter a paz e o progresso no mundo."

Kazuo Kawai, editor do *Nippon Times*, descreve a reação à transmissão da fala do Imperador:

> A reação dos ouvintes foi praticamente uniforme em toda a nação. Em quase todos os grupos houve alguém – geralmente uma mulher – que irrompesse em soluços e choro. Os homens, que se contorciam tentando conter as lágrimas, logo também caíram no pranto. Em poucos minutos quase todos choravam abertamente como se uma onda de emoção tivesse engolfado o povo. Uma súbita histeria coletiva em escala nacional, mas estranhamente discreta, silenciosa, comedida. Nunca tantos japoneses tinham simultaneamente passado por semelhante experiência emocional. Nunca a nação estivera espiritualmente tão unida quanto nessa reação à voz do Imperador.

No Ministério do Interior e em outros órgãos importantes do governo, os funcionários estavam reunidos nos auditórios, ouvindo atentamente as palavras do Imperador. Quando a transmissão começou, muitos pensaram que ele estaria encorajando a nação a preparar-se para lutar "na batalha decisiva no território nacional." Até se passarem um ou dois minutos, reinou um silêncio mortal. Então, quando notaram que o assunto era a rendição, os ouvintes começaram a soluçar e o pranto se espalhou.

No trem em que saía de Tóquio, o Professor Asada, como os demais passageiros, voltou toda a sua atenção para a transmissão. Contudo, havia muita estática. Muitos que ouviam a mensagem gritavam *"Banzai!"*, achando que se tratava de uma declaração de guerra à Rússia. Quando o trem entrou na estação de Nagoya pouco depois do término da transmissão, os passageiros ficaram surpresos ao ouvir crianças gritando na plataforma: "O Japão perdeu, o Japão perdeu!". Foi quando os os viajantes souberam o real significado da mensagem do Imperador. Os hurras transformaram-se em lágrimas.

Nas fábricas bélicas, onde o trabalho se interrompera para que todos pudessem ouvir as palavras do Imperador, ocorreu a mesma mistura de interpretações e reações. Em momento nenhum Sua Majestade usou a palavra rendição. Porem, à medida que o pronunciamento chegava às sentenças finais, soluços e choro começaram a brotar incontrolavelmente entre os ouvintes. Eram lágrimas tanto de alívio quanto de pesar. Ali estava o fim de quatorze anos de guerra. O que viesse pela frente dificilmente seria mais penoso. Tão logo a transmissão terminou, as fábricas em todo o país pararam. Naquele momento ninguém sabia se a paralisação seria permanente ou não. Os cartazes patrióticos nas cercas e nos muros exortavam FABRIQUEM AVIÕES!, mas agora não eram mais necessários. Milhões de trabalhadores que tinham emprego assegurado em um instante estavam desempregados. Nas fábricas não houve *Banzais*.

No QG do Exército Imperial do Japão, os chefes militares decidiram enfrentar juntos a humilhação da notícia da rendição. Ordens tinham sido expedidas no dia 14. Todos os oficiais deveriam se apresentar em uniforme formal "tipo-A": o uniforme de gala completo, com condecorações, luvas brancas e espada cerimonial do samurai.

Ao meio-dia, fileiras de oficiais no maltratado auditório ficaram voltados para uma plataforma de madeira de onde um alto-falante derramava a voz de seu Imperador. No palco estava também a cúpula do Exército, inclusive o Chefe do Estado-Maior, General Umezu e os marechais-de-campo, generais de altos postos e altos comandos. Levou algum tempo para que as palavras do Imperador fossem assimiladas, mas, quando isso aconteceu, as luvas brancas logo se molharam de lágrimas. Quando Sua Majestade pronunciou as palavras "que Tenhamos resolvido abrir o caminho de uma grande paz para todas as gerações vindouras, suportando o insuportável e tolerando o intolerável", quase todos os oficiais, inclusive os austeros chefes no palco, soluçavam.

O sonho de vitória estava destruído. A perspectiva de sobrevivência era tênue. Aqueles homens sabiam perfeitamente bem as consequências de derrota e ocupação por sua experiência de vencedores e ocupantes das Filipinas, Índias Orientais Holandesas, Malásia, Birmânia, Indochina, Manchúria, Coreia e províncias e cidades chinesas. Para muitos, o pensamento de ocupação pelos Aliados equiparava-se exatamente ao que ocorrera quando os japoneses haviam conquistado territórios. Para os que naquele momento se lembraram de Nanquim, o futuro imediato prometia ser realmente tão terrível quanto a pior experiência vivida por um ser humano.

Naquela cidade chinesa, durante os primeiros dois meses de sua ocupação, as tropas japonesas vitoriosas realizaram uma orgia sem limites de bebedeiras, saques, assassinatos e rapina. Literalmente, dezenas de milhares de mulheres foram estupradas e cerca de 200 mil infelizes civis – homens, mulheres e crianças – foram massacrados simplesmente por tentar interromper os saques, ou ficaram no caminho dos soldados, ou de alguma maneira tiveram a infelicidade de contrariar os vitoriosos japoneses. Os vencedores empregaram com tanta fúria baionetas e balas que por semanas as ruas das cidades ficaram tomadas por carcaças humanas e pelo cheiro de morte e de restos humanos.

Para o 2º Tenente Sadao Otake, nissei americano surpreendido no Japão quando eclodiu a guerra e convocado para servir como tradutor na 6ª seção do G-2, Informações, do Exército, a declaração de Hirohito confirmou suas previsões. Encontrando-se no meio das fileiras de surpresos e chorosos chefes do Exército Imperial Japonês e ouvindo o pronunciamento do Imperador sobre o fracasso de suas leais tropas, o tenente Otake sentiu certa indignação diante daqueles homens outrora poderosos, agora em prantos. "Que diabo estiveram fazendo nos últimos dez anos?" – disse a si mesmo.

Os fantasmas de Bataan e Khota Baru, de Mukden, Nanquim, Shangai, Tientsin, Balikpapan, Hong-Kong – locais de atrocidade japonesa em massa contra civis desarmados e prisioneiros de guerra impotentes, ocuparam o pensamento de alguns oficiais. A lista dos lugares que tinham sofrido a fúria incontrolável dos soldados japoneses de ocupação era quase um catálogo dos locais conquistados. Não surpreende haver fanáticos no Exército querendo lutar até o fim. Nenhum desses militares desejava ver o próprio Japão submetido ao mesmo tratamento que tinham imposto àquelas populações vencidas.

Depois que as derradeiras palavras do Imperador ecoaram pelo auditório, os oficiais foram dispensados. Alguns voltaram para seus locais de trabalho para cumprir a missão enorme de informar as tropas além-mar e planejar a rendição. Muitos foram embora.

O Tenente Otake, depois de dar uma olhada no que havia em sua mesa na seção de pesquisa e análise, deixou Ichigaya mais cedo e atravessou a cidade, voltando para casa. Esperou muito tempo pelo bonde. Havia poucos em circulação e só apareciam nas horas de fim de trabalho, quando eram mais frequentes. Naquele instante, início da tarde, eram muito poucos. Finalmente apareceu um bonde e ele embarcou. Estava quase vazio, e Otake se sentiu desconfortávelmente conspícuo em seu uniforme de gala, com luvas brancas e longa espada curva. Uma mulher de meia idade, ruidosa em seus tamancos, olhou para ele. Sua *mompei* (calça larga) mostrava que era uma operária. Ela o puxou pela manga. "Por que perdemos a guerra? Por que perdemos? Perdi meu filho na guerra. Por que não continuamos a lutar? O que há com vocês?" Otake pôde apenas lhe dizer que tinha sido uma decisão do Imperador, porque não restava esperança.

Em casa, nos arredores de Tóquio, o jovem tenente encontrou seu pai. O velho, como milhares de outros cidadãos, agora tinha duas famílias: em Tóquio, a filha na universidade e Otake no quartel-general; no interior, a esposa e a enteada, morando com seu irmão. Via-se obrigado a viajar frequentemente entre as duas, trazendo alimentos para os que estavam na cidade e levando bens da família para os que estavam na zona rural poderem comerciar. Acabara de regressar do interior no único trem que vinha diariamente para a cidade. Havia seis meses fazia essas viagens, em condições cada vez mais difíceis. Precisava ter um bilhete comprado previamente e que só podia ser comprado com autorização das autoridades militares. Quem tinha parentes no corpo de oficiais levava evidente vantagem.

Cansado das desgastantes viagens, o velho, da cadeira em que se acomodara depois de pôr no chão o saco de batatas-secas, levantou o olhar e disse: "Não posso acreditar. Não é possível termos perdido a guerra."

Sadao, em uniforme de gala à sua frente, tentou fazer o pai compreender. "É verdade, pai. Não ouviu a mensagem do Imperador no rádio hoje?"

"Não, acabo de chegar do interior, de trem."

"Bem, o programa foi ao ar ao meio-dia. É verdade!"

"Ahhh, mentira sua! Você sempre disse que nós perderíamos a guerra. Não devia dizer essas coisas."

"Mas, pai, nós *de fato perdemos* a guerra."

O pai de Otake começou a chorar. Paralisado, as lágrimas a correr incontrolavelmente pelo rosto. Embora a visão de centenas de seus colegas oficiais chorando não o tivesse afetado tanto, ver o pai em lágrimas despertou em Otake um incontornável sentimento de perda. O jovem tenente descobriu que também estava chorando.

Antes da transmissão da mensagem do Imperador, o Padre Flaujac, diretor da Instituição Católica de Betânia para pacientes com tuberculose, certificou-se de que os alto-falantes funcionavam. Eram os mesmos que quatro anos antes tinham anunciado "a grande vitória em Pearl Harbor." Agora, tocavam a sombria mensagem imperial para uma audiência vencida, desmoralizada. "Depois da transmissão das palavras de Sua Majestade", anotou o Padre Flaujac, "houve uma explosão de soluços em todos que assistiam, mulheres e homens ... sim, terminou em humilhação, o primeiro sentimento que aflorou ... estava terminada ... a guerra. O peso que suportavam diariamente fora descarregado ... a espada de Dâmocles todos os dias sobre nossas cabeças fora retirada e a ameaça da bomba atômica desaparecera. Acabou! O povo deu um suspiro de alívio e não se dispunha a fazer *harakiri*."

Pouco depois da transmissão das palavras de Hirohito, centenas de cidadãos encheram a praça em frente ao palácio. Ajoelhados, voltavam-se para o invisível Grou Sagrado em algum lugar no interior daquelas muralhas eternas. Jovens e velhos, homens e mulheres, civis e militares, choravam todos. Alguns incontrolavelmente, a testa encostada na pedra do pavimento. Outros, como hipnotizados, olhar no infinito além da ponte Kijubashi, lágrimas a correr pelo rosto. Havia os fanáticos, para quem aço afiado era a única saída. Alguns fizeram *harakiri* na própria praça cercados pela massa de gente soluçando a chorar. A maioria se retirou para a área arborizada que cercava a praça e, em relativa privacidade, atendeu aos seus sentimentos de *giri* a si mesmos com uma lâmina ou uma pistola. Entres estes o Major Hatanaka e o tenente-coronel Shiizaki. O major Koga voltou ao escritório do General Mori a fim de admitir seu fracasso e sua culpa, e lá se matou com uma bala. Dois dias mais tarde, o Capitão Uehara se suicidou na Academia da Força Aérea.

Se houve algum dia uma "sessão pato manco" de qualquer órgão deliberativo, foi essa nova reunião do Conselho Privado depois do anúncio da derrota pelo Imperador. Tecnicamente, cabia ao Conselho de "personagens com significativos serviços prestados ao estado", oferecer ao Imperador "valioso assessoramento."

Fugindo à regra de nomeação para o Conselho, um dos conselheiros era o General Barão Shigeru Honjo, de setenta anos, que no comando do Exército de Kwantung, em 1931, causara o Incidente da Manchúria. Teve sucesso na criação de Manchuko, o estado fantoche japonês. O General Honjo foi nomeado Conselheiro Privado quando passou para a reserva do Exército em 1936, como reconhecimento pelos relevantes serviços que prestara, de acordo com as coisas daquela época.

Com um presidente, um vice-presidente e até vinte e cinco conselheiros vitalícios nomeados pelo Imperador, o Conselho Privado estava moribundo havia meses. Todavia, naquele momento crítico, pessoas de cabeça fria consideraram prudente fazer o que o General Anami exigira e tomaram todas as providências necessárias para legalizar a rendição. Assim procedendo, evitariam alegações posteriores de fraude ou dolo.

Assim, o Barão Hiranuma convocou os conselheiros e o premier Suzuki delegou a Togo, ministro do Exterior, a missão de fazer um resumo da situação para os quatorze presentes. Togo frisou os pontos principais e pacientemente focalizou a história da manobra soviética contra o Japão, a rejeição aos termos da declaração de Potsdam, as duas bombas atômicas e a ofensiva russa. Relatou a participação do Imperador na Conferência Imperial de 10 de agosto e na da manhã de 14 do mesmo mês.

Em seguida (como se naquele estágio ainda fosse possível fazer alguma coisa), o General Honjo e os demais conselheiros começaram a ruminar as disposições da declaração de Potsdam e a nota dos Aliados. Condenaram a ocupação, a ideia de votação para escolher a forma de governo da nação e, horrorizados, a possibilidade de ver o comunismo legalizado. Ficaram indignados com a subordinação do Imperador ao Comandante Supremo das Potências Aliadas e reclamaram em altos brados que a economia do Japão se arruinaria pagando reparações de guerra.

Suzuki, Hiranuma e Togo a tudo suportaram, até o ponto em que viram a inutilidade de ficarem discutindo aquelas questões. Togo a tudo aguentou com firmeza, respondendo friamente cada pergunta, não importa quão fora de propósito. Um conselheiro, pelo menos, o Sr. Fukai viu a realidade da situação. Contrastando com o ressentimento e os resmungos dos colegas, Fukai disse: "Para chegar a uma decisão, devemos comparar o prosseguimento da guerra com a ...

aceitação imediata da declaração de Potsdam. Estou muito satisfeito com a decisão do Imperador e a esclarecida liderança do Premier, do ministro do Exterior e dos demais que aprovaram a decisão." Esse razoável comentário se transformou no consenso da reunião.

O Conselho Privado aprovou a decisão do Imperador, e Hiranuma, seu presidente, encerrou a sessão à 1h30 da tarde.

Às duas horas, o velho marinheiro convocou a última reunião do Gabinete Suzuki. De aparência emaciada, exausto, e no fraque que apanhara em meio ao perigo da manhã daquele dia, Kantaro Suzuki recorreu a Togo – que agora parecia frágil, ensimesmado. Ainda de comportamento frio e imperturbável como nos dias mais agitados das negociações, Togo fez o relato: "Nossas reivindicações foram apresentadas aos Estados Unidos no início desta manhã, até agora não recebemos resposta. Mas também de manhã recebemos por intermédio da embaixada japonesa na Suíça a proposta americana sobre a forma de encerrarmos as hostilidades."

Yonai, ministro da Marinha, falou a seguir. Informou que todas as bases da Marinha já estavam notificadas, em obediência à determinação Imperial e por ordens da própria Marinha, para cessarem fogo às dez e meia. Yonai se preocupava com o tempo para que as ordens chegassem a todos os escalões. "As potências aliadas estabeleceram em seus comunicados que o cessar fogo deve entrar em vigor em vinte e quatro horas. Todavia, temos de considerar os pequenos escalões e o tempo necessário para alcançá-los." Achava que levaria dois dias para notificar todas as unidades baseadas no Japão e seis para as que estão na Manchúria, na China e nos mares do sul. Seriam necessários doze dias para as ordens chegarem às tropas isoladas na Nova Guiné e nas Filipinas. Julgava que essas informações deviam ser transmitidas aos Aliados a fim de evitar possíveis desentendimentos ou incidentes sérios.

Nesse ponto, Suzuki tomou a palavra. Erguendo ao máximo as grossas sobrancelhas, mencionou a última ligação que recebera de Anami na noite anterior. "O ministro da Guerra Anami concordava totalmente com as políticas do Gabinete. Se ele tivesse apresentado sua renúncia, este Gabinete teria caído em seguida. Graças a ele não ter renunciado, o gabinete Suzuki pôde atingir seu objetivo principal, o término da guerra. Serei sempre grato por essa atitude do ministro da Guerra. O General Anami foi realmente pessoa leal e ativa, um raro soldado, ministro admirável e eu lamento profundamente sua morte."

O elogio de Anami feito por Suzuki deixou os ministros um tanto melancólicos, mas havia trabalho a ser feito.

Talvez um dos atos mais populares do governo Suzuki tenha sido o último que aprovou. O Gabinete decidiu que os bens estocados para as forças militares seriam distribuídos imediatamente aos civis carentes, já que não havia mais a ameaça de invasão. Assim, alimentos, roupas, cobertores e outros bens urgentemente necessários foram distribuídos à população. Mais tarde, Suzuki comentou que essa iniciativa ajudou a acalmar os ânimos e foi um verdadeiro "sucesso."

O premier chegou ao tópico final de sua agenda, a renúncia. O velho estadista considerava necessário traçar uma linha nítida que separasse os períodos de guerra e de paz com uma mudança de governo. Sua missão estava encerrada. Agora seria possível fazer o que vinte e quatro horas antes seria considerado um ato de irresponsabilidade criminosa. Agora o Gabinete podia renunciar – na verdade, *devia* renunciar – afirmou Suzuki. Ele, como Premier, e os ministros de seu Gabinete eram culpados de ter perturbado a consciência do Imperador ao transferir para Sua Majestade a responsabilidade que o próprio Gabinete deveria ter assumido – optar pela paz.

"Foi decidido cessar fogo. Sinto-me envergonhado só em pensar que em duas oportunidades incomodei Sua Majestade em busca de sua augusta decisão. Portanto, apresentarei minha renúncia. Com o fim da guerra, o Gabinete deve ser mudado, mas não estou certo quanto ao momento exato em que isso deva acontecer. Não me parece haver momento melhor do agora. Nesse sentido, é realmente lamentável que o ministro da Guerra não esteja conosco hoje."

Para o povo japonês, acostumado com a queda de um governo somente quando uma política equivocada ou uma divisão no governo tornavam impossível sua permanência, talvez tenham restado dúvidas a respeito dessa renúncia. Tais incertezas poderiam estar ligadas à decisão de terminar a guerra. Todavia, prevendo essa possibilidade, os editores dos jornais explicaram cuidadosamente a seus leitores que "a renúncia não significa crítica política à linha e aos métodos do Gabinete Suzuki nem decorria da perda da confiança do povo. Não implica oposição de nenhuma origem à decisão de encerrar a guerra (...) renúncia é simplesmente uma questão moral". E a questão moral fora a ação de Suzuki de envolver o Imperador na máquina do governo, um ato imperdoável!

Assim, Suzuki levou sua importante e não desejada missão a um fim digno. Foi recebido em audiência por Sua Majestade e deu oficialmente sua demissão. O Imperador, cujo prestígio e poder tinham chegado a um moderno pináculo pelas ações do Almirante, agradeceu-lhe nos seguintes termos: "Você fez muito bem, Suzuki." E repetiu pausadamente, para o caso de o premier não ter ouvido direito. Para o modesto e simples velho estadista, soou como uma bênção. O Imperador pediu a Suzuki para permanecer no cargo até ser escolhido seu sucessor. E essa escolha era província de Kido.

A fim de escolher o novo primeiro-ministro, o Marquês Kido pediu ao Imperador permissão para consultar apenas o presidente do Conselho Privado, em vez de adotar o processo de ouvir a opinião de cada um dos estadistas mais antigos que integravam o Conselho. Hirohito autorizou, tendo em vista a pressa que as circunstâncias impunham.

Às quatro e meia, o veterano cavalo-de-batalha Hiranuma encontrou-se com Kido e os dois conversaram longamente. Por fim, decidiram indicar o Príncipe Higashikuni (tio postiço de Hirohito), tendo o Príncipe Konoye como seu assessor direto. Esse Gabinete principesco teoricamente teria poderes diferentes de qualquer governo anterior.

Em primeiro lugar, pela primeira vez a família real teria o encargo do governo – via Higashikuni. O novo premier não estaria sujeito a reprovações e, com certeza, não correria riscos. Suzuki e cidadãos comuns estariam expostos à possibilidade de ataques com tiros, facas e bombas, como formas extremas de demonstrar desacordo. Porém, usar a força contra um membro da família imperial? Muito difícil. Sangue azul era o escudo mais impenetrável que se podia achar.

Segundo, a experiência e o prestígio ainda considerável do Príncipe Konoye seriam valiosíssimos para o novo governo.

Kido esteve com o Imperador às seis e meia, transmitiu a conclusão a que ele e Hiranuma tinham chegado e recomendou formalmente os dois príncipes para chefiar o novo governo. Sua Majestade aprovou a indicação e Kido saiu para as providências necessárias.

Àquela altura, milhares de pessoas (houve quem estimasse centenas de milhares) estavam na praça imperial junto à ponte Nijubashi para o palácio. Com lágrimas, com reverências e com *harakiri*, desculpavam-se com o Imperador por terem fracassado, pela ineficiência e pela imperdoável indignidade da derrota japonesa. Multidão em ordem e conformada, as pessoas quase em transe; tão comedidas, embora tão empolgadas. Lágrimas e sangue correram durante todo o entardecer e noite adentro.

O impacto das palavras do Imperador sobre suas leais forças armadas foi, em muitos casos, traumático. O tenente-coronel Masataka Ida não era o único oficial completamente desorientado. Suas ações após a transmissão da voz do Imperador não foram mais radicais do que a de centenas de seus companheiros. Às duas da tarde começou a redigir seu testamento, convencido de que sua ideia inicial – o suicídio em massa de todos os oficiais – era a melhor. Às cinco horas, foi para casa para um derradeiro jantar com a mulher. Lá chegando, vestiu um uniforme novo e disse para a sempre obediente esposa que no dia seguinte ela devia procurar a polícia no quartel-general e reclamar seu corpo. Estava decidido, absolutamente decidido, a pedir desculpas ao Imperador e acompanhar Hatanaka e Anami na morte.

Ida chegou ao prédio do Ministério da Guerra às oito e meia e entrou na sala onde os corpos de seus antigos companheiros estavam sendo velados. Ida cumpriu o ritual, bateu palmas para chamar os espíritos e meditou à frente de cada um dos caixões.

Embora sinceramente desejasse velar os restos de amigos, o objetivo principal de Ida era, como disse à esposa, suicidar-se. Passou quatro horas andando pelo edifício do Ministério, nas proximidades de onde estavam os corpos dos oficiais mortos. Esperava que todos fossem dormir para poder entrar na sala do ministro da Guerra e lá se suicidar. Porém, toda vez que via uma oportunidade, era surpreendido pela chegada de um certo Major Sakai. O major parecia estar rondando. Irritado, Ida finalmente perguntou ao major por que o estava vigiando. Sakai disse que recebera ordem para mantê-lo sob vigilância. "Se quer cometer suicídio, antes terá de me matar." Suicídio era uma coisa, assassinato era outra. Ida viu que Sakai era tenaz e determinado. Não o abandonaria para que pudesse cometer suicídio. Finalmente, Ida desistiu e passou o resto da noite conversando com Sakai.

Na manhã seguinte, a mulher e o pai de Ida procuraram a polícia militar pelos seus restos mortais, conforme orientados. Não estavam no necrotério e os policiais não tinham informação alguma de mortos que correspondessem à descrição de Ida. Só no fim do dia Ida, muito envergonhado, apareceu em casa, depois de concluir que, como dissera Anami, da morte pode surgir a vida. Em seu caso, a vida de Ida emanando da morte de seus amigos.

As palavras que puseram um ponto final naquele dia climático foram as do exausto timoneiro que conduzira o Japão a seu destino. O Almirante Barão Kantaro Suzuki, primeiro-ministro, falou à nação na mesma noite, às 07h40. Sakomizu e seus colaboradores tinham preparado um pronunciamento sobre o decreto do Imperador.

"A partir do momento em que pararmos de nos lamentar", disse Suzuki a seus compatriotas, "devemos nos adaptar ao que houver de novo e esquecer o passado. Afastemos ideias egoístas, mantenhamos e preservemos a imortalidade do povo de nossa nação. Para isso, precisamos começar a construir um novo Japão fortalecendo um novo espírito por meio de autogoverno, poder criativo e trabalho. O povo deve, especialmente, se empenhar em progredir no campo científico, cuja falta foi nossa grande deficiência na recente guerra."

Foi um pronunciamento típico de Suzuki, cheio de generalidades e exortações. Apenas na sentença final se pôde notar um sentido prático, em meio a tanto sermão inexpressivo. O velho marinheiro não usou de *haragei*. Realmente sentia o que afirmou, mas quem acreditaria nele – se é que alguém? Poucas horas antes, Suzuki falara confiantemente em derrotar o inimigo. E agora, líder dos vencidos, falava em "imortalidade do povo." O que quis dizer com isso?

Na verdade, Suzuki tentava, em sua forma ambígua de dizer as coisas, tranquilizar os concidadãos, aquietá-los e levá-los a aceitar estoica e pacificamente a inevitabilidade da derrota. Como de hábito, a reação a suas palavras foi mista. Apesar das advertências do Grou Sagrado, não poucas pessoas reagiram violentamente. Contrariando as expectativas, muita gente chegou a ameaçar o novo Premier, o Príncipe Higashikuni. Embora a guerra estivesse terminando, ainda não havia paz dentro do Japão.

23
Hitobashira

———◆———

EM AGOSTO DE 1945, a agência de serviços estratégicos (OSS) dos Estados Unidos expediu um memorando secreto intitulado "Pesquisa e Análise" abordando possíveis reações japonesas à rendição. O documento dizia:

> Tem-se notado com frequência que diante de uma situação nova ou inesperada os japoneses mostram um grau de incerteza anormal para a maioria dos ocidentais. Seu comportamento pode variar desde apatia emocional extrema e paralisia física até violência incontrolável dirigida em especial contra suas pessoas ou contra quase qualquer objeto à sua volta. O fato de se renderem apresenta tal situação nova, a qual, mais do que qualquer outra, os japoneses foram ensinados a evitar.

À medida que os eventos foram ocorrendo no Japão, essa percepção se revelou correta, mesmo quando o memorando era escrito e distribuído a líderes do governo americano.

O General Douglas MacArthur, Comandante Supremo das Forças Aliadas, apenas dois meses após o histórico pronunciamento de Hirohito pelo rádio, anunciou orgulhosamente que a ocupação do Japão fora realizada sem um só tiro ser disparado ou ser derramada uma só gota de sangue aliado. Era verdade! Façanha espetacular. MacArthur tinha razão para vangloriar-se, pois se aventurara numa jogada histórica de tirar o fôlego: desembarcou com uma força simbólica no aeroporto de Atsugi, vizinho a Tóquio, no coração de um país com quase quatro milhões de homens armados – só no território nacional, sem contar tropas além-mar.

MacArthur avaliara corretamente as cartas que tinha na mão e venceu a parada brilhantemente. Não houve incidentes nem atentados ao vencedor ou sua tropa. Mas o fato de não terem acorrido se deveu principalmente à vigorosa liderança do Imperador e ao esforço do governo e dos chefes militares em controlar o povo japonês. Foi longe de fácil. Sob a superfície, a nação estava perto da ebulição, ainda que parecesse plácida à observação comum. Tudo indica que bastaria um toque de calor para fazê-la ferver – um pequeno aumento de temperatura nos pontos críticos.

Com a imensa responsabilidade pela rendição pacífica de uma nação de oitenta milhões de almas, o Imperador viveu em ânsias com a possibilidade de a paz e a ordem serem abaladas e ocorrerem incidentes militares que disparassem novas hostilidades.

O primeiro assunto era com as forças armadas: absolutamente necessário que depusessem as armas e obedecessem às ordens. Daí, em 16 de agosto Hirohito enviou três príncipes imperiais para levar a palavra às tropas além-mar.

Radiogramas ou mensagens escritas não funcionariam. Seria fácil aos radicais abatê-las como manobra dos "traidores que rodeavam o Trono." Só palavras de parentes próximos do Imperador convenceriam os céticos de que o próprio Hirohito, por livre vontade, tomara a fatídica decisão. Então, o Príncipe Takeda voou para os QGs dos exércitos do Kwantung e da Coreia; o Príncipe Kan'in foi para os QGs do Exército do Sul e da Esquadra da 10ª Região; o Príncipe Asaka foi enviado à Força Expedicionária na China e à Esquadra Regional da China. Tiveram êxito, com pequenos senões.

Para alcançar isso e mostrar interesse por seus leais soldados e marinheiros, o Imperador expediu no dia seguinte um édito Imperial especial às forças armadas – uma ordem de cessar fogo. Manifestava admiração pela lealdade e bravura das forças imperiais e, significativamente, não mencionava a bomba atômica, mas especificava o ataque soviético como um motivo para terminar a guerra:

> A União Soviética agora entrou na guerra e, em vista da situação aqui e no exterior, sentimos que o prolongamento da luta só serviria para favorecer o demônio, e poderia, enfim, resultar no abalo das sólidas fundações que sustentam nosso Império. Portanto, embora continuasse elevado o espírito de luta do Exército e da Marinha Imperiais, decidimos negociar uma paz (...) com o fim de preservar nossa gloriosa organização política. (...)

O Exército e a Marinha expediram a seus oficiais e soldados instruções complementares à mensagem especial do Imperador. O Comandante Geral da Marinha tentou dirimir as dúvidas de seus subordinados:

Quero deixar claro que estou absolutamente convencido de que Sua Majestade tomou a recente decisão imperial por sua livre vontade. Em consequência, se algum subordinado meu tem alguma suspeita quanto às circunstâncias que causaram o pronunciamento (...), se ele faz prevalecer suas opiniões pessoais ou alguma outra opinião tendenciosa, ou ainda, se está desorientado pelos rumores que circulam e age temerária e cegamente, isso só servirá para lhe causar problemas desnecessários. Ou se, por exemplo, pretende estimular o descontentamento popular alimentando suposições irresponsáveis, estará tornando mais difícil enfrentar a situação atual e favorecendo somente o inimigo, e de forma nenhuma em obediência à vontade de Sua Majestade. Mais uma vez, conclamo todos os oficiais e soldados sob o Comando Geral da Marinha a renovar sua convicção de combatentes que permanecem leais a Sua Majestade na grave crise que vivemos presentemente. Peço a todos os oficiais em cargo de comando que compreendam meu propósito e exortem seus subordinados em todos os escalões a cumprir estas recomendações, a fim de que ninguém cometa imprudências.

Os comandos tanto do Exército, quanto da Marinha, mostravam apreensão quanto à forma como as tropas receberiam a notícia da rendição. O Exército no dia 18, e a Marinha no dia seguinte, expediram ordens destinadas a atenuar o impacto:

> Pessoal militar e civis que trabalham com as forças armadas e ficarão sob o controle de tropas inimigas após a promulgação do Decreto Imperial não serão considerados prisioneiros de guerra. Nem será considerado rendição depor as armas ou qualquer outro ato por ordem de superiores japoneses determinado por diretrizes do inimigo.

Com o termo *rendição* não existindo no vocabulário militar, as autoridades militares criaram sua própria definição da palavra. Escolheram uma que a tornava digerível, evitando reconhecê-la como rendição!

Embora Suzuki se dirigisse à nação pedindo calma e cooperação, e, depois dele, o ministro do Interior, os chefes do Birô de Informações, da Sociedade Política do Grande Japão e outras personalidades de destaque fizessem o mesmo, continuaram a eclodir violentos incidentes. Tais protestos variaram desde o apedrejamento da família de Sakomizu em seu refúgio no interior, logo após a transmissão radiofônica do Imperador, até ações em larga escala envolvendo centenas de homens.

Num dos esporádicos incidentes ocorridos, houve o de um sargento exigir que seu comandante, ignorando a ordem do Imperador, jurasse combater em solo japonês as tropas americanas quando desembarcassem. O comandante recusou, o sargento puxou-lhe a espada e o matou a sangue frio.

Houve alguns exemplos isolados de ataques de aviões japoneses a posições e navios aliados, principalmente nas ilhas. Muitos pilotos *kamikazes* acharam que não deviam sobreviver sob o peso da vergonha. Tinham obrigação com o espírito dos que tinham morrido em missões suicidas.

No dia 17, o Lord do Selo Privado Kido teve uma chamada urgente da Corte pedindo que comparecesse imediatamente. Lá chegando, tomou conhecimento de que um contingente de 200 (outra informação falava em 400) soldados da Divisão de Comunicações da Força Aérea, baseada na cidade próxima de Mito, vieram para Tóquio de trem, desembarcaram, foram ao parque Ueno no coração da cidade e ocuparam o Museu Imperial de Arte.

Ante essa notícia, Kido ligou-se com o ministro do Interior e outras autoridades. O Exército se moveu para reprimir a rebelião. Soldados da Divisão de Guarda e da 12ª Região foram cuidar dos recalcitrantes. Houve dois dias de ameaças e tentativas de convencimento recíprocas, além de choques armados para desalojá-los (durante esses choques o Major Ishibara, um dos que conspiraram ao lado de Hatanaka e que comandava uma unidade leal ao Imperador, foi morto pelo fogo dos rebeldes). Finalmente concordaram em voltar para Mito e para lá retornaram de trem no dia 19. Obviamente, os oficiais que os comandavam cometeram *harakiri*, como expiação pela desordem causada.

Os incidentes de forma nenhuma se limitaram a pessoal de uniforme. Os assassinos que tentaram liquidar Kido na manhã dos dias 15 e 16 ocuparam o cume do monte Atago, a cerca de um quilômetro do palácio imperial. Desse ponto, onde em 1603 fora construído um santuário para proteger o castelo Edo (hoje palácio imperial), podiam ver a baía de Tóquio e o monte Fuji. Todos esses detalhes eram importantes para a obscura filosofia dos assassinos que lá se refugiaram. Eram membros de uma sociedade de fanáticos, a "Sociedade Honre o Imperador – Expulse os Bárbaros", em resumo, a *Son-Jo*.

Armados de granadas, pistolas e espadas, repeliram a polícia desde o dia 18 até 21, afirmando que a ordem de paz era, na verdade, uma conspiração de políticos. A polícia e amigos imploraram dias seguidos para que desistissem e se dispersassem, mas, depois de escreverem, cada um deles, testamentos e poemas, deram-se as mãos e puxaram ao mesmo tempo os pinos das granadas, explodindo-se no que imaginavam ser um comovente protesto contra a rendição.

Houve levantes nas províncias também. Em Matsue, distrito de Shimane, extremo oeste de Honshu, civis lançaram um ataque contra diversas instituições locais. Tendo à testa um grupo de jovens em torno de vinte anos, cerca de quarenta extremistas atacaram o correio, a prefeitura, a usina elétrica, a redação do jornal e a estação de rádio. Tentaram incendiar escritórios e conseguiram tirar do ar a estação de rádio por mais de três horas. O bando incluía dez mulheres e carregava fuzis e explosivos, revelando que o exército (só quem dispunha desse tipo de armas) apoiara e tacitamente aprovara a ação.

Um dos distúrbios talvez mais graves ocorreu tão logo o novo primeiro-ministro assumiu. O Príncipe Naruhiko Higashikuni passou a ser o sucessor de Suzuki e simultaneamente ministro da Guerra às 11h 45 da manhã de 17 de agosto. O Príncipe Konoye foi nomeado vice-primeiro-ministro e, como se previa, era o poder real no novo Gabinete. Afinal, já tinha sido primeiro-ministro, embora tivesse deixado a lembrança de ser complacente com extremistas, fossem ou não militares.

Higashikuni, com o posto de general no Exército, tinha a confiança dos militares; como Príncipe Imperial e tio da Imperatriz, tinha a confiança da Corte e do público. Era uma genuína figura de proa, atrás da qual, pela teoria de Kido, todas as facções se uniriam.

Nove anos antes, no tempo da famosa revolta "26-2", houve o informe de que Higashikuni esteve em seu palácio bêbado. Respondendo a alguém que fora chamá-lo naquele momento crítico, teria dito: "Os jovens oficiais que se aliaram aos insurgentes sempre foram muito respeitosos com o Príncipe Higashikuni. Podem procurar o Príncipe para convencê-lo. Caso em que vosmecês devem recebê-los com a maior hospitalidade."

Essa atitude oportunista resultou no envio imediato de uma guarda protetora-preventiva de tropas leais. Trinta homens e dois carros de combate foram ao palácio de Higashikuni desencorajar "demonstrações de respeito." Ninguém apareceu.

Claro que Hirohito não soubera desse particular incidente quando, dois dias mais tarde, em 28 de fevereiro de 1936, comentou atos recentes de príncipes de sangue: "Takamatsu é o de melhor conduta; Chichibu está melhor do que no Incidente de 15 de maio (1931); (...) Higashikuni tem bom senso".

A escolha de Higashikuni para premier em 1945 revela a visão de Kido e a mecânica do processo de seleção para o posto. Também joga luz sobre a situação naquele momento crítico:

> Em 13 de agosto de 1945 um mensageiro imperial veio me entregar uma mensagem (é Higashikuni quem relata) alertando-me que sucederei o premier Suzuki, que pedirá demissão em breve. Declinei do convite. Sabia não estar em condições de assumir o cargo de primeiro-ministro. No dia seguinte, o Imperador novamente enviou um mensageiro, pressionando-me para assumir o cargo. Mais uma vez recusei e disse: "Oponho-me à minha nomeação para o cargo". Disse-o porque meu pai já tivera amarga experiência no passado (...).
> Então, no dia 15, o Imperador pediu-me para ir ao palácio. Fui(...). Lá o Imperador me determinou, em termos definitivos, que assumisse o cargo de Premier. Disse ele: "Não há quem aceite assumir o encargo e mesmo que houvesse, não conseguíamos encontrar essa pessoa. Logo as tropas americanas estarão em solo japonês(...). Fui alertado de que, se o Japão não se manifestar, (...) os Aliados acharão que se trata de uma tática de retardamento na conclusão da guerra, caso em que os americanos lançarão uma ofensiva em vez de desembarcar pacificamente no Japão." O Imperador estava preocupadíssimo a respeito. Pediu insistentemente que eu, como primeiro-ministro, conduzisse negociações pacíficas com o General MacArthur. Então, decidi atender ao pedido, declarando que, em tais condições, se tratava de um dever.
> O Imperador parecia muito desgastado pela guerra. Tão magro e alquebrado que me deu pena vê-lo.

Hirohito atribuiu ao novo premier a missão de "respeitar plenamente a Constituição e empenhar-se ao máximo para impor disciplina no Exército e manter Lei e Ordem em todo o país".

A experiência vivida pelo Príncipe nas primeiras quarenta e oito horas após assumir o cargo foi de arrepiar os cabelos, não só para ele, para todos os confiantes em que seu título aquietaria a resistência à rendição. Instalado na residência oficial do Premier, teve visitantes.

"Depois que organizei meu Gabinete, um grupo de oficiais do Exército armados de pistolas e espadas me procurou dizendo que se opunham ao fim da guerra. (O Príncipe também acumulava cargo de ministro da Guerra). Pediram-me para recuar na questão da rendição. Respondi que não podia. Um deles (...) me disse que todos os militares (não sei o que quis dizer com isso), especialmente os mais jovens, eram contra o fim da guerra (...). Estavam planejando conclamar todas as forças de Tóquio e das vizinhanças a se reunirem à noite na praça do palácio em frente à ponte Nijubashi e me pediram para estar presente (...). Se eu não concordasse, me matariam. Disseram que entrariam no palácio e recomendariam (rejeitar a rendição) ao Imperador e, caso ele não concordasse, o mandariam de volta (*sic*) e recomeçariam a guerra."

O centro da agitação era, como tantas vezes antes, o Exército, onde os oficiais mais modernos ainda não estavam convencidos de que a organização nacional sobreviveria à ocupação. Tinham fixado o dia 20 de agosto para o lançamento do *coup* e enviado caminhões do Exército e outros para o interior recrutar e reunir forças rebeldes e levá-las para Tóquio. A concentração seria em frente ao palácio imperial e atacariam à meia-noite. Era o objetivo que a delegação de oficiais revelou a Higashikuni no encontro.

O príncipe, no entanto, rejeitou o plano "em termos ribombantes" como descreveu. "Repreendi os oficiais com voz firme e os adverti que não deviam afirmar tais coisas". Aparentemente, a tática que empregou, reforçada por seu *status*, teve êxito. "Disseram que compreendiam a situação e me pediram para anunciar os motivos para o término da guerra a cada meia hora, até meia-noite. Rapidamente redigi uma minuta do que pretendia falar e assim procedi".

O pronunciamento de Higashikuni foi ao ar de hora em hora a partir das seis horas. Em grande parte, manifestava meras boas intenções: "No que diz respeito à preservação da organização nacional, tenho um plano específico e positivo, de modo que todos devem portar-se com a maior calma, mantendo uma atitude desapaixonada, controlada". Como não deu "porquês", e "motivos" em sua declaração, milhares de pessoas que a escutaram ficaram confusos. (Durante esse período, os censores providenciavam para que incidentes e distúrbios não fossem publicados nos jornais ou disseminados pelo rádio.)

Os descontentes a quem o pronunciamento era dirigido tomaram conhecimento. Em vez de uma grande concentração dos insatisfeitos e perigosos militares do Exército à meia-noite na praça, apareceram apenas grupos esparsos de radicais, sem coordenação e coesão. O aguardado golpe malogrou em toda parte, sem nenhuma ação violenta.

No dia seguinte, os militares que tinham visitado Higashikuni voltaram a procurá-lo. "Os mesmos oficiais voltaram para me dizer que as tropas reunidas na praça tinham sido dispersadas, e me pediram que ficasse tranquilo pois todos os seus planos, como o da ocupação do palácio, estavam abandonados."

Embora a tentativa de *Putsch* falhasse, distúrbios isolados continuaram em muitas partes do país. A situação era, no mínimo, tensa. O povo japonês estava quase em pânico. Boatos varriam Tóquio como ondas. Um deles anunciava uma tropa chinesa a desembarcar em Osaka. Outro informava que mais de 50 mil soldados americanos desembarcados em Yokohama avançavam que nem gafanhotos pelo país, saqueando, estuprando e roubando sem piedade. Outro rumor, anunciando americanos na baía Sagami (bem próxima à baía de Tóquio), estava mais próximo da realidade. Mas era a esquadra que se reunia para as cerimônias da rendição, não para operações de desembarque.

Quem podia abandonava as cidades como um rebanho. Na zona rural reinava a consternação. O rádio e os jornais tentavam tranquilizar a população, mas algumas dessas tentativas foram ridículas. (O artigo de um jornal aconselhou as mulheres: "Quando sentir que corre o risco de estupro, comporte-se com toda dignidade. Não ceda. Peça socorro". Desnecessário dizer que todas as mulheres, de adolescentes a idosas, que puderam, fugiram para as montanhas.)

Em alguns distritos, pessoas perderam a cabeça. Kanagawa, província vizinha a Tóquio, fica entra as baías de Sagami e Tóquio. Engloba Yokohama e muitas pequenas localidades suburbanas, onde moram trabalhadores que vão diariamente para a capital. Nesse distrito, os funcionários da prefeitura recomendaram que crianças e mulheres fossem enviadas para as grandes cidades, como Yokohama e Kamakura. A recomendação foi entendida pelas associações locais como diretriz oficial. A orientação teve circulação tão ampla e efetiva que os cidadãos, pensando que se tratava de uma evacuação obrigatória, encheram ruas e estradas. Esse espetáculo abalou as autoridades, tirou-as da letargia e as levou a recomendar que prefeitos locais tranquilizassem as pessoas aterrorizadas e as convencessem a voltar para casa.

Foi difícil levar aquela gente à razão, justamente quando eram vítimas fáceis de rumores desencontrados e viviam assustadas por mensagens supostamente autênticas, como panfletos distribuídos por grupos reacionários.

Partindo de aeroportos espalhados pelo país, radicais espalharam folhetos insistindo na recusa à rendição. Alguns chegaram a mencionar um "governo de resistência". Militares do Exército e da Marinha, e também membros de organizações de âmbito nacional, apegavam-se ao sistema que conheciam, e temiam o "vazio" a se abater sobre eles.

O Exército agiu rapidamente e reteve no solo a maioria dos aviões. No dia 14, o General Yoshizumi mandou que todos os aviões militares fossem desarmados e tivessem removidos os tanques de combustível. De modo geral as ordens foram obedecidas.

Na Marinha, não. O 302º Grupo de Aviação do aeródromo de Atsugi, base secreta construída para defesa de Tóquio e treinamento dos pilotos *kamikazes*, recusou-se a aceitar a derrota. Seu comandante, o Capitão Yasuna Kozono, liderou um grupo de fanáticos num voo rasante sobre Atsugi e Tóquio, ameaçando as cidades próximas e lançando panfletos que afirmavam ser falsa a decisão de rendição. Usaram a velha conversa de que não era o Imperador, mas "traidores ao redor do trono" que queriam desistir.

A última fornada de 2 mil homens acabara de completar o treinamento de *kamikaze* em Atsugi quando a guerra acabou. Estavam tão exaltados e determinados a esmagar o inimigo que, liderados por Kozono, vangloriavam-se de que torpedeariam a esquadra aliada na baía de Tóquio e explodiriam seu navio-capitânia, o encouraçado *Missouri*.

Kozono era um dos mais competentes pilotos da Marinha, responsável pela preservação do alto nível de aviões e aviadores em Atsugi, quando a deterioração desses ítens era geral no país. O fato de o Capitão Kozono rejeitar a derrota foi um dos estranhos interlúdios daqueles tempos de incerteza. Recusou-se a cumprir a ordem de manter seus pilotos no solo. Ignorou a ordem do ministro da Marinha e não atendia ao telefone as chamadas de seus superiores.

A base de Atsugi era vital, o aeródromo militar mais próximo da capital. MacArthur já avisara que devia estar pronto como aeroporto para sua chegada e que era sua escolha pessoal como ponto de desembarque da vanguarda das forças de ocupação.

Mas Kozono continuava irredutível. Nem mesmo a ameaça de emprego da força de fuzileiros navais da Base Naval de Yokosuka, bem próxima, o demoveu. Foi nesse momento que o quartel-general da Marinha conseguiu que o Príncipe Takamatsu, muito amigo de Kozono, tentasse conversar com ele por telefone. O problema era conseguir que o capitão falasse com o príncipe. Para tanto, o Capitão Oi, colega de quarto de Kozono na Academia Naval, foi enviado a falar com ele. Ouvindo do oficial do turno diurno em Atsugi que o Capitão Kozono enlouquecera, o Capitão Oi, embora receoso, pediu ao subcomandante para ver seu superior. Levado ao quarto de Kozono, Oi o viu deitado, com dois oficiais médicos a seu lado. Sedado, Kozono balbuciava incoerências sobre Amaterasu, a Deusa-Sol.

Oi convenceu o subcomandante a ir ao telefone e conversar com o Príncipe Takamatsu, que confirmou a decisão do Imperador sobre a rendição. Naquele momento, no início do crepúsculo, os jovens oficiais de Atsugi estavam reunidos fora da base, perto de um lago. Insistiam no prosseguimento da guerra. O subcomandante se dirigiu a eles e afirmou que deviam desistir porque a guerra estava terminada por ordem direta do próprio Imperador. Oi regressou ao Ministério da Marinha acreditando que agora Atsugi estava tranquila e que a questão estava encerrada.

No dia seguinte descobriu que fracassara em sua missão. Os jovens oficiais levantaram voo para Yokohama e outros aeródromos militares. Kozono foi enviado para um hospital (mais tarde foi julgado por uma corte marcial e condenado à prisão por longo tempo).

Outro resistente naval foi o Comandante Minoru Genda. A ele cabia o planejamento e a autorização para a decolagem do "circo de Genda". os bombardeiros e aviões de caça do esquadrão especial que atacou Pearl Harbor. Famoso no Japão pelo impressionante sucesso de seu ataque, no fim da guerra, o circo de Genda era uma das poucas unidades de aviões de combate que tinham sobrevivido. Baseada em Kyushu, os pilotos de Genda tinham a missão de abater aviões americanos que sobrevoassem aquela ilha. Era missão impossível. Seu efetivo estava amplamente superado pelo dos aviões americanos na proporção de cem para um, não dispunha de combustível suficiente e tampouco de pilotos treinados. Ademais, seus aviões não tinham condições de alcançar os bombardeiros inimigos que voavam a grande altura.

Por volta do dia 12, Genda teve notícia de estar próxima a aceitação dos termos de Potsdam. Não pôde crer! Voou para a base em Kyushu e viu que era verdade. Tentou convencer alguns oficiais a prosseguir lutando, mas foi repelido. Voou de volta para a base em Omura.

No dia 17, Genda determinou a seus homens só obedecerem às ordens dele e foi para o QG da aviação da Marinha em Yokosuka saber se a decisão partira do próprio Imperador ou de seus conselheiros.

Quando aterrissou em Yokosuka viu que reinava a desordem. Havia uma dissensão entre os pilotos *kamikazes* e os oficiais aos quais eram subordinados. Os extremistas de Atsugi tinham voado para a base naval e conquistado apoio para seu movimento de resistência. Centenas de membros do Corpo Especial de Ataque lá estavam, em treinamento para pilotar minissubmarinos suicidas que transportavam bombas e seriam empregados contra a esperada esquadra de invasão. Alguns desses *kamikazes* ainda estavam indecisos.

Genda resolveu discutir a questão em Tóquio e procurou o Almirante Tomioka, comandante de operações navais, que confirmou ser verdade que o Imperador desejava o fim da guerra. Genda voltou para Yokosuka e disse aos jovens insurgentes que a decisão realmente partira do Imperador. Em seguida voou para os aeródromos da Marinha em Shikoku e Kyushu, para retransmitir a mensagem, acrescentando a ela o impacto de seu considerável prestígio. Reuniu-se com os homens de seu esquadrão e lhes transmitiu a amarga verdade. Assim, seus subordinados aceitaram serenamente o fim das hostilidades e mais tarde, quando os radicais de Atsugi voaram para lá tentando aliciá-los para continuar lutando contra o inimigo, a disciplina imposta por Genda prevaleceu.

Os incidentes em Atsugi tiveram um efeito realmente desestabilizador sobre os líderes do governo e o Imperador. Supunha-se a Marinha disciplinada e que Yonai contava com a lealdade dos oficiais comandantes em todos os níveis. Ele e Anami tinham garantido ao Imperador que providenciariam para seus subordinados aceitarem a rendição. Anami, obviamente, se fora, mas o Exército estava se conduzindo de forma razoável para conter os extremistas, levando em conta o número desses radicais e as posições de destaque que havia muitos anos ocupavam dentro da força terrestre. Na Marinha, Yonai ainda era o ministro (Higashikuni manteve Yonai em seu Gabinete) e, embora soubesse que havia radicais no setor Onishi-*kamikazes*, achava que os oficiais comandantes eram homens maduros, sensatos, leais a ele e ao Imperador. Os eventos em Atsugi não contrariaram isso, mas demonstraram o potencial de estragos que poderiam ser causados por um reduto de resistência, se durasse e se propagasse.

Para evitar disseminar-se a infecção tentada pelos aviadores de Atsugi por meio dos apelos que faziam em aeródromos por todo o país, o Imperador enviou o comandante naval Príncipe Takamatsu, seu irmão, e o Vice-Almirante Príncipe Kuni aos comandos navais em todo o território nacional. Seu objetivo era simples, reiterar com firmeza aos comandantes e à tropa a absoluta necessidade de obedecer à decisão do Imperador concernente à rendição.

Uma segunda providência de Hirohito foi um reconhecimento a mais da deterioração da disciplina e da presciência de Anami, Umezu, Toyoda e Togo quando mandaram uma nota aos Aliados relatando a situação delicada que vivia o Japão, nota que para os leitores Aliados pareceu um insulto, uma impertinência. O Imperador expediu mais uma nota especial inequivocamente explícita às forças armadas em 25 de agosto:

> A nossos leais soldados e marinheiros por ocasião da desmobilização do Exército e da Marinha Imperiais:
> Após a devida análise da situação, decidimos entregar as armas e cancelar preparativos militares. Estamos tomados de emoção ao pensarmos nos princípios observados por nossos Avós Imperiais e na lealdade por tanto tempo demonstrada por nossos valentes militares. Em especial, manifestamos nosso imenso pesar por tantos que tombaram na batalha ou morreram de doenças.
> Na desmobilização, é nosso ardente desejo que o planejamento seja executado rápida e sistematicamente, sob supervisão metódica, para que possamos dar demonstração legítima da excelência do Exército e da Marinha Imperiais.
> Conclamo-vos, membros das forças armadas, a obedecer Nossa vontade imperial. Retornem a suas ocupações civis como súditos bons e leais, saibam enfrentar os sofrimentos e as dificuldades que encontrarão, e apliquem toda sua energia na missão de reconstrução do pós-guerra.

Felizmente, quando a nota foi expedida a situação melhorava muito, depois que os Príncipes Takamatsu e Kuni foram chamados de volta. Mas havia focos isolados de resistência. Os fanáticos pilotos *kamikazes* de Atsugi continuaram rebelados até pouco antes da chegada de MacArthur (inicialmente marcada para 26 de agosto). Na verdade, na noite de 23 de agosto os oficiais de Atsugi se reuniram em um jantar de despedida. A festa foi realizada em um dos pavilhões do quartel. Porém, como relata Kato em *The Lost War*, no auge das comemorações um grupo de integrantes da unidade, cadetes e sargentos, irrompeu na festa para protestar contra a ordem de desmobilização prevista para entrar em vigor no dia seguinte. Os manifestantes insistiam na continuação da resistência a fim de evitar a ocupação. Tentativas de restaurar a ordem resultaram numa desordem com janelas e móveis quebrados, tiros disparados, espadas empunhadas, vários mortos e muitos feridos. A briga se espalhou. Pavilhões foram danificados, como também instalações da base. Em determinado momento, a batalha ficou tão séria que foi chamada a Polícia Militar do Exército, mas os choques acabaram e os participantes fugiram antes que os policiais chegassem.

No dia seguinte, todos os *kamikazes* da Marinha foram transferidos e realizada às pressas a limpeza do sangue e dos destroços, sob a recomendação de estar tudo limpo para a chegada de MacArthur, que aconteceria apenas dois dias depois. A base foi posta sob a vigilância do Corpo de Meninos, entidade que congregava jovens de quinze a dezoito anos. A partir de então, não houve mais incidentes em Atsugi.

Uma indicação da queda da disciplina é o número de cortes marciais naquela época. Yonai anunciou oficialmente que, de meados de agosto a meados de outubro, os tribunais da Marinha examinaram 2.540 casos de má conduta. Os acusados haviam, esclareceu Yonai, "se aproveitado da confusão que reinou após o término da guerra."

No auge da rebelião em Atsugi, o Japão recebeu ordem para enviar a Manilha um grupo de representantes para receber instruções iniciais dos Aliados, com o objetivo de efetivar a rendição. Dois aviões lotados seguiram uma rota secreta em aeronaves especialmente destinadas a esse fim. Quando apenas um deles retornou no horário previsto, temeu-se o outro abatido por rebeldes da aviação do Exército ou da Marinha que tivessem tomado conhecimento da missão. Mas soube-se mais tarde que o avião fora forçado a pousar por problema num motor, e que todos a bordo estavam em segurança. Prosseguiu viagem com um dia de atraso.

Os radicais foram um problema assustador. Sakomizu conta que, em 17 de agosto, deixou pela última vez a residência oficial do Premier. Saiu e foi a pé pelos destroços do distrito de Marunouchi, outrora os prédios mais modernos do Japão, e por Ginza, distrito comercial, então em cinzas. Espantou-se ao ver num poste o cartaz que dizia: *Matem os Badoglios japoneses – Suzuki, Kido, Togo e Sakomizu.*

O ex-secretário do Gabinete estava na casa do sogro, Almirante Okada, contrariando a opinião da delegacia de polícia local. "Disseram que proteger Okada era encargo demasiado para eles e não podiam se responsabilizar por mais uma pessoa que estava na lista negra. Pediram-me que fosse para outro lugar", conta Sakomizu. "A polícia metropolitana exigiu que eu e Suzuki não saíssemos e não

permanecêssemos no mesmo local mais de três noites seguidas."
   Suzuki recebeu cartas e telefonemas exigindo que fizesse *harakiri*, como forma de pagar por sua culpa na derrota do país. Encarou a situação com serenidade, mas os ataques o alertaram para sua vulnerabilidade, e ele se mudou sete vezes para evitar os assassinos.

Tudo foi prelúdio ao desembarque das tropas aliadas de ocupação. Alto preço se pagou pelo sucesso de MacArhtur conseguir desembarcar sua tropa vitoriosa sem um só tiro. Preço pago em vidas pelos vencidos. Além de centenas de civis e oficiais da Marinha, mais de mil oficiais do Exército japonês, do ministro da Guerra até o nível de companhia, mataram-se e confiaram a alma ao santuário Yasukuni.
   Nada havia no mundo posterior à rendição que permitisse alimentar esperanças. Nada, nem planos ou símbolos em que se pudesse confiar, a não ser o Imperador. Então, muitos preferiram resistência e morte sob o Imperador e pela forma de vida que conheciam, a viver com o Imperador uma existência que, sabiam bem, seria dolorosa. Que poderia ser pior do que ser condenado a viver em uma sociedade em que "igualdade", e não "cada qual em seu lugar", seria o princípio básico? Hierarquia era o leito de rocha da sociedade japonesa.
   Em poucos lugares no mundo são tão bem definidas e respeitadas as relações entre famílias, vizinhos, patrões, empregados, operários, militares, entre as diversas categorias. "No Japão, o que se considera *righteousness*, 'integridade, decência, honradez, retidão,'" escreve Ruth Benedict em seu clássico *The Chrysanthemum and the Sword*, "depende do reconhecimento da posição de cada um na grande rede de deveres recíprocos que envolve seus antepassados e seus contemporâneos." Já nos Estados Unidos, hierarquia, "posição" e "o próprio lugar" eram (como todos os japoneses percebiam com uma atitude beirando o desprezo) praticamente não existentes. Impor "igualdade" no Japão inutilizaria a cola que mantém a sociedade unida. O que restaria? Caos. E nenhum japonês correto estaria disposto a tolerar isso.
   Para um japonês, nada existe tão detestável e difícil de suportar quanto uma situação desestruturada. Do nascimento ao mundo do espírito, cada japonês sabe exatamente sua posição na família, na comunidade, na nação. Agora, com a rendição e a ocupação, todos ficariam desorientados. Só restaria a Estrela Polar, o Imperador. Tudo

mais seria abolido, transformado, ou estaria à mercê dos vencedores. Obviamente o futuro das forças armadas estava em dúvida. A indústria seria fechada. O governo deveria mudar – as instituições familiares seriam erradicadas ou drasticamente modificadas. E os costumes, os hábitos sociais, a religião? Os vitoriosos imporiam ao Japão seu próprio sistema de valores? Acabariam com o estado Shinto como os chefes inimigos tantas vezes defenderam?

Controlando a máquina do governo, os tribunais e os procedimentos para imposição da lei, os vencedores jogariam fora a tradicional forma de vida dada pelos deuses e as substituiriam pela sua própria? Seria o fim da família japonesa – poderiam até emancipar as mulheres! Poderiam controlar a educação e converter os jovens japoneses a desprezarem os pais. Em vez de monarquistas, democratas falando inglês. E havia outro grande enigma a ser temido. Que papel teriam os soviéticos nisso tudo? Claro que, no mínimo, os vermelhos estimulariam um forte e desagregador movimento comunista no Japão, e mais provavelmente tentariam assumir o governo por meio de maquinações e manobras.

Em meio a essa confusão, muitos viram o suicídio como única saída racional. Muitos o adotaram, o mais extremo recurso aberto a um ser humano como expressão de culpa e protesto, e não como forma agressiva de atacar a sociedade como acontece no Ocidente. Não se tratava de um ritual exigido pelo Imperador, pelo governo ou pelo sistema militar. Ao contrário do caso clássico do Ocidente, onde o oficial é deixado a sós com uma garrafa de conhaque e um revólver, não houve pressão externa sobre os oficiais japoneses.

Muitos reagiram à derrota tal como outros tinham feito por ocasião do tratado naval de Londres em 1932, que provocou violentas reações no Japão. Naquela época, como em 1945, muitos se mataram como derradeiro ato de protesto contra decisão que não podiam modificar e não podiam suportar. Agora, com o fim da guerra, muitos japoneses, com o mesmo espírito de tempos passados, assumiram a responsabilidade pelo fracasso de seus subordinados (como fez Anami) e, em última análise, deles próprios, em seus deveres perante o Imperador. Claro que alguns repudiavam tanto a ideia de se verem presos como réus de crimes de guerra que preferiram a morte à desonra. (Um deles foi o Príncipe Fumimaro Konoye, primeiro-ministro antes da guerra e amigo íntimo de Kido. Notificado em dezembro de 1945 pelas autoridades da ocupação que seria processado como criminoso de guerra, Konoye preferiu o suicídio ao julgamento.)

No início deste século, um japonês que pedisse um empréstimo empenhava seu *giri*, o próprio nome, ao prometer pagar o que devia. Se não pagasse até o dia de Ano Novo, dia tradicional de limpar dívidas, muitas vezes *harakiri* era a saída socialmente aceitável para o devedor. Ainda hoje, no Japão o dia de Ano Novo não passa sem que ocorram alguns suicídios por esse motivo. Em 1945, os oficiais que tinham se comprometido a conquistar a vitória para o Imperador "limparam seus nomes" por meio do tradicional gesto samurai.

Alguns tranformaram sua autodestruição em produções teatrais. O Vice-Almirante Onishi, Vice-Chefe do Estado-Maior da Armada e "pai" dos *kamikazes*, matou-se na manhã de 16 de agosto. O evento foi cuidadosamente planejado e ele teve a precaução de convocar amigos de destaque e influentes antes de puxar o gatilho em seu gabinete no Ministério da Marinha. Onishi também providenciou para seu testamento ficar disponível à publicação.

Em emotiva mensagem homenageando a memória das unidades especiais de ataque, Onishi expressou sua "profunda gratidão por terem lutado tão bem." Desculpou-se pelo suicídio perante os espíritos de seus subordinados que tinham morrido e suas inconsoláveis famílias. Aos jovens da nação disse: "Como nossa precipitação em morrer ajudou apenas o inimigo, ficarei feliz se com essa lição vocês aprenderem a obedecer Sua Majestade, a ser prudentes e saber enfrentar as provações. Mesmo sofrendo humilhações, não abandonem o orgulho de ser japoneses. Vocês são a flor de nossa nação. Mesmo na paz, devem manter o espírito que guiou as unidades especiais de ataque e fazer o melhor que puderem para o bem do povo japonês e para a paz da humanidade."

A agitação daqueles dias dificultou a realização de um funeral de herói como certamente desejara Onishi. Mesmo ele, pouca esperança deve ter tido de que a Marinha esquecesse tudo e o homenageasse. Na verdade, não só o "enrolaram" sem tomar conhecimento dele, como o enrolaram numa mortalha de lençol curto. Seus adoradores ofenderam-se ao ver o glamoroso astro naval num caixão tão pequeno (assim contaram) que seus pés saíam fora! A ofensa foi ainda maior quando sua viagem só de ida foi feita sem qualquer ritual num caminhão, em vez do carro funerário e cortejo.

Contraste com o fim de Onishi, foi o de um de seus subordinados que decidiu por uma forma mais prosaica de morrer. Embora o QG da Marinha tivesse ordenado no dia 14 todas as operações *kamikazes* suspensas, o oficial comandante da 5ª Esquadrilha de Aviação, baseada em Kyushu, ouviu o pronunciamento do Imperador e decidiu desafiar a Marinha e deus. O Almirante Matome Ugaki preferiu um derradeiro ataque ao inimigo como forma de manifestar sua rebeldia. Com dez outros *kamikazes*, decolou do aeródromo do distrito de Oita poucas horas após a declaração do Imperador. Os onze aviões *tokko* rumaram a Okinawa, declaradamente para atacar navios inimigos. Nenhum voltou. Ugaki julgara seu dever enviar pilotos *kamikazes* atacar o inimigo e conveniente morrer como seus subordinados.

Outro tipo de finale foi o do Marechal Sugiyama, que ocupara os mais altos cargos do Exército e fora ministro da Guerra antes de Anami. A morte de Sugiyama foi cuidadosamente preparada para produzir o máximo efeito simbólico. No dia em que suas tropas foram desmobilizadas, o Marechal se matou com uma bala. Sua esposa, como previamente combinado, juntou-se a ele na morte, adotando o mesmo ritual da adaga na frente do altar budista de sua casa. Dessa forma, foi mais uma vez lembrado o clássico suicídio conjunto do General Nogi, herói da guerra russo-japonesa, e de sua esposa após o funeral do Imperador Meiji.

O General Tanaka, herói do incidente de 15 de agosto, preferiu outro caminho. Sempre se orgulhou de possuir autocrítica e era muito escrupuloso a respeito de coisas fora de seu controle. Também nesse aspecto, fazia lembrar o passado. Tinha, por exemplo, dado sua demissão quando acometido de malária nas Filipinas. Foi dispensado por motivo de saúde, mas a demissão recusada.

Em 19 de março de 1945, Tanaka foi nomeado para comandar tropas na área de Tóquio. Menos de um mês depois, o santuário Meiji foi atingido por uma bomba incendiária e reduzido a cinzas. Tanaka, sentindo-se culpado por esse sacrilégio, imediatamente apresentou sua renúncia ao ministro da Guerra. Anami se negou a aceitá-la.

Em 25 de maio, os setores ocidental, central e norte de Tóquio tinham sido reduzidos a escombros pelo bombardeio inimigo. Nesse dia, o fogo resultante de um ataque aéreo se espalhara devido à ventania e transformara Tóquio numa fornalha. Embora a área do palácio tivesse sido intencionalmente poupada durante toda a guerra pelos bombardeiros aliados, naquele dia as chamas espalhadas pelo vento atingiram árvores e prédios nas vizinhanças do palácio. Sempre corajoso, Tanaka correu para a região e assumiu o comando dos que combatiam o incêndio. Salvar pavilhões de madeira, papel e vidro, já muito ressecados, foi impossível. No dia seguinte Tanaka mais uma vez deu sua demissão. E mais uma vez ela foi rejeitada pelo ministro da Guerra. Após o incidente de 15 de agosto, o general se desculpou por sua falta, mais uma vez apresentando sua demissão. Desta vez foi o Imperador que a recusou.

Tanaka ficou remoendo sobre as datas para seu suicídio e limitou sua escolha a quatro dias. Disse a um de seus subordinados para não cometer suicídio e se livrar do estandarte da unidade. Os estandartes, afirmou Tanaka, eram uma fonte constante de problemas. Se as bandeiras dos regimentos tivessem de ser incineradas, o comandante da unidade e o porta-bandeira deveriam cometer *harakiri* na mesma cerimônia em que fossem incineradas. Se fosse no nível divisão, o comandante deveria assumir essa responsabilidade. Concluiu que seria melhor conduzir essa cerimônia no quartel-general do Distrito Oriental do Exército.

"De qualquer modo", afirmou, "farei o melhor que puder para dar fim aos estandartes quando as forças americanas desembarcarem. Se o Ministério da Guerra assumisse a responsabilidade pela destruição de todos juntos em algum lugar, meus homens não teriam que se preocupar com eles. Como comandante do *Tobugun*, minha obrigação é apenas morrer, mas me responsabilizando por tudo. Meus subordinados não precisam fazer *harakiri*. Vou escrever em meu testamento: 'Estou cometendo suicídio em nome de meus oficiais e soldados.'"

Em 24 de agosto, Tanaka, o extintor de incêndios, correu para apagar outra fonte de problema. Cadetes, chefiados por um capitão, ocuparam a estação transmissora na cidade de Kawaguchi, no distrito de Saitama, não muito longe. Tanaka foi sozinho falar com os manifestantes. As pontas de seu bigode, que parecia um guidão de bicicleta, ondeavam e ele esperava a qualquer momento receber um tiro. Conversou longamente com eles, tal como fizera com os guardas imperiais até reconhecerem que estavam errados e desistirem.

Naquela noite, em seu quarto no prédio Dai Ichi, Tanaka se recolheu às dez horas. Seu assistente, o Coronel Tsukamoto, no quarto ao lado, ouviu o general arrumando as coisas e, em seguida sua voz: "Obrigado por toda a atenção que sempre me dedicou, Tsukamoto!"

Hitobashira

O coronel correu para a porta, ouviu um tiro e a abriu. O general estava sentado por trás de sua mesa, sobre a qual colocara cuidadosamente uma estátua de Meiji, seus testamentos dirigidos à família e a seus oficiais, um documento com palavras que o Imperador lhe dirigira em 15 de agosto, um *sutra* com ensinamentos budistas, cigarros presenteados pelo Imperador, sua espada, o quepe, as luvas... e a dentadura.

Curiosamente, o *Asahi* publicou no mês seguinte a notícia sobre a morte do General: Tanaka "cometeu suicídio com um tiro no coração, assumindo toda a responsabilidade pela destruição de um setor do palácio imperial pelo fogo, por não ter sido capaz de protegê-lo das bombas lançadas pelos Estados Unidos."

As palavras de Tanaka aos comandantes de seus regimentos foram: "Sou muito grato a todos os regimentos por manterem a disciplina depois do comando Imperial de rendição. Cumpri meu dever de comandante de Distrito do Exército. Decidi acabar com minha vida como forma de pedir perdão a Sua Majestade em nome de todos vocês, oficiais e soldados. Espero, do fundo do coração, que tenham cuidado, evitem atos precipitados e se dediquem ao reerguimento pacífico de nossa pátria."

Tanaka, Onishi, Anami e Sugiyama estavam entre os membros da cúpula das forças armadas que terminaram suas vidas com o fim do Japão Imperial. São apenas uma pequena parcela dos que preferiram morrer. O sangue dos suicidas correu pelo solo da praça imperial em frente ao palácio por vários dias depois do pronunciamento do Imperador.

Todos eles foram *hitobashiras*. Nos velhos tempos, antes da construção de um grande prédio havia um sacrifício humano para aplacar o espírito do local e reforçar a resistência da construção, que repousaria nos ombros dos *hitobashiras*.

Os suicídios no momento final da Guerra do Pacífico, preço do longo e amargo conflito, podiam ser considerados *hitobashiras*, sacrifícios humanos para sustentar a nova estrutura que surgiria no país. O que viesse depois repousaria em seus ombros.

24
Sobreviventes

Qual foi o destino dos homens que decidiram "suportar o insuportável" e baixaram a cortina do Japão Imperial?

Ao renunciar ao cargo de primeiro-ministro, o Almirante Barão Kantaro Suzuki, dedicado defensor de uma postura passiva de não governo, acreditava ter satisfeito os desejos do Imperador. Tudo que queria para si mesmo era simplesmente paz e silêncio. Impossível! Seu passado o perseguia. Durante meses e até sua morte, foi atacado por maldições e exigências de extremistas para que cometesse suicídio e expiasse a culpa por seu "grande crime".

O velho voltou para a pequena cidade onde fora criado, Sekiyado, no distrito de Chiba, ao norte de Tóquio. Pelo acesso difícil, Suzuki pensou que lá desfrutaria de privacidade. Estava enganado. O local era cheio de membros da família, amigos de infância e seus descendentes. Logo constatou que sua casa se transformara em ponto de peregrinação para amigos e conhecidos de Tóquio, para jornalistas querendo preparar um artigo sobre "como exatamente aconteceu" e para oficiais americanos que desejavam conhecê-lo.

Até mudar-se para as províncias, estivera protegido em diversas localidades e quando em trânsito (mudava-se com frequência para evitar tentativas de assassinato, como já vimos). Em Sekiyado, pelo menos se sentia seguro. Sem reclamar e sempre amável, jogava cartas, caminhava bastante e treinava caligrafia em pequenas folhas de papel que dava a quem o visitava.

O pai de Suzuki morrera de câncer no estômago, e o velho marinheiro estava convencido de que algo como essa doença também daria fim a seus dias. Em 16 de abril de 1949, aos oitenta e um anos, Suzuki morreu murmurando: "Paz eterna, paz eterna." Causa da morte: câncer no fígado. Para ficar gravada em seu túmulo escolheu a palavra "Humildade." Suzuki dorme no templo Jisoji de sua cidade natal.

O ministro do Exterior Shigenori Togo, homem determinado e compulsivo, recebeu do Príncipe Higashikuni pedido para que permanecesse à frente dos assuntos do exterior em seu Gabinete. Togo declinou – respeitosamente, claro. Seus motivos foram válidos e nada sentimentais: a renúncia de Suzuki se aplicava também a ele. Além disso, embora estivesse bem consciente a respeito de sua participação nos trágicos eventos do fim de 1941, admitia a possibilidade de ser acusado por crimes de guerra, fato que, inevitavelmente, criaria embaraços ao Gabinete. Assim, Togo passou as rédeas do Ministério do Exterior a seu sucessor Mamoru Shigemitsu, dirigiu umas poucas palavras a seus colegas do *Gaimusho* e do Ministério da Grande Ásia Oriental, e deu adeus à vida pública para sempre.

Como previra, Togo foi julgado por seu passado pelo Tribunal Militar Internacional para o Extremo Oriente, mais conhecido como o julgamento japonês ou de Tóquio pelos crimes de guerra. O tribunal funcionou dois anos e meio, de 3 de maio de 1946 a 12 de novembro de 1948. Togo foi acusado de conspiração, promover guerra de agressão e responsabilidade por atrocidades. Foi absolvido na acusação de atrocidades e condenado por "crimes contra a paz" durante o período de ministro do Exterior, de outubro de 1941 a setembro de 1942. Segundo o tribunal, naquele período ele teve papel importante no projeto japonês de promover uma guerra de agressão. Quando saiu a sentença, Togo foi o único dos acusados que recebeu pena que não fosse a prisão perpétua. Foi condenado a vinte anos de prisão, a contar da data da denúncia. O tempo de prisão não fez diferença. A saúde estava abalada. Desde que foi preso até a morte, passou metade do tempo em hospitais.

Basta olhar as fotos de Togo em seu livro *The Cause of Japan* para ver o quanto ele se desgastou nos agitados meses de 1945. Do diplomata seguro e elegante em sua sala no *Gaimusho* em 1942, à silhueta exausta ao sol junto à janela em setembro de 1945, parece haver uma distância que em homens maduros corresponderia a trinta anos ou mais, a diferença entre o vigor masculino e a senilidade encostada.

Numa foto de setembro de 1945 vemos Togo (ou é uma mulher?) sentado em uma cadeira, cabelo branco e ralo, usando um daqueles óculos redondos de aros finos. Suas bochechas estão inchadas. Olhos e lábios também. Seu peito parece encovado e o pescoço comprido, a cabeça projetada para a frente, em busca do sol. As mãos, fechadas. Descansando. Esperando. A centelha se extinguiu. O fim é inevitável.

Sobreviventes

Na prisão de Sugamo, Togo, embora sem dispor de material de referência, dedicou-se diligentemente a registrar os tempos e os acontecimentos de que participara. A mulher e a filha podiam visitá-lo no hospital duas vezes por mês, por meia hora cada vez. Foi na visita de meados de julho em 1950 que Togo lhes entregou um pacote de agendas cheias de sua escrita, pedindo que comentassem. Foi seu último encontro com elas. Morreu em 23 de julho de 1950, aos sessenta e sete anos.

As palavras que encerram seu livro soam como epitáfio: "Está bem vívida diante de meus olhos a cena da Conferência Imperial em que o Imperador se decidiu pela rendição, e volta à mente o que senti naquele momento: como o futuro do Japão é eterno, é uma bênção inestimável ver chegar ao fim esta que foi a mais terrível das guerras, encerrando a agonia de nosso país e poupando milhões de vidas. Assim, está cumprida a missão de minha vida, não importa o que o futuro me reserve."

O General Yoshijiro Umezu, obscuro e rígido arquétipo do militar burocrata, de um dia para outro se transformou no mais reconhecido, se não o mais famoso, soldado japonês do mundo. Embora de nome desconhecido ou ignorado por todos que viram as fotos da cerimônia de rendição no convés do *USS Missouri* em 2 de setembro de 1945, sua figura ficou indelével. Ele aparece em pé, usando uma túnica amarrotada, botas e culote de cavalaria, peito decorado com passadeiras correspondentes a condecorações e um boné de campanha na cabeça.

Quando chegou o grande momento, Umezu deu um passo à frente e apôs seu nome no documento da rendição, na condição de representante do Quartel-General Imperial. Para cumprir essa odiosa tarefa usou uma caneta emprestada em vez do pincel. A caminho do "Poderoso *Mo*", viu que a sua não funcionava. Foi a foto de Umezu, no nadir de sua carreira, que circulou pelo mundo inteiro e provou que, finalmente, os fanáticos militares japoneses tinham admitido a derrota.

Poucos poderiam ressentir mais que Umezu missão tão desprezível. Para atestar que o Exército realmente aceitava a derrota, um representante da força terrestre teria de endossar o documento e não, como ele sugeriu, o mais antigo disponível: Yonai, da Marinha.

Quando, pela primeira vez, recebeu a notícia de que fora designado para assinar em nome das forças armadas, Umezu rebelou-se e declarou que, se recebesse essa ordem, cometeria *harakiri* no local.

Porém, como tantas outras afirmações que fez, esta foi mais uma apenas para efeito popular, logo esquecida quando o Imperador lhe "pediu" para assumir o detestável encargo. Foi não apenas uma tarefa desagradável, mas também perigosa. Ele e outros representantes no ato da rendição se dirigiram em segredo – e rapidamente, a fim de escapar de assassinatos – para o cais em Yokohama, onde se reuniram para a viagem até o US *Mo*, local da assinatura.

Mais tarde Umezu presidiu as cerimônias que extinguiram o Exército Imperial Japonês e foi um dos "peixes grandes" que caíram na rede dos julgamentos por crimes de guerra. Fora um dos mais destacados oficiais do país e desempenhara a maioria dos mais altos cargos no Exército: Chefe do Estado-Maior, comandante do Exército de Kwantung, vice-ministro da Guerra, chefe do departamento de assuntos gerais do quartel-general e chefe da seção de assuntos do exército no Ministério da Guerra.

O tribunal dos crimes de guerra considerou Umezu culpado por conspiração por uma guerra de agressão como responsável (para citar apenas três exemplos) pelo planejamento e a aprovação das operações contra a China em 1937, pela elaboração dos planos para execução da política nacional do Exército em 1936 e pelo plano de mobilização industrial de 1937, que foram, como concluiu o tribunal, as causas principais da Guerra do Pacífico. Umezu foi condenado à prisão perpétua. Em 8 de janeiro de 1949, aos sessenta e sete anos, morreu de câncer na prisão de Sugamo. Deixou uma filha e um filho.

Ao contrário de Togo, o Almirante Mitsumasa Yonai, o "elefante branco", permaneceu no gabinete Higashikuni como ministro da Marinha, único remanescente do Gabinete Suzuki. Esse fato foi muito significativo. Sinalizou a aprovação oficial da política de Yonai e reconheceu sua mão firme no leme. Mostrara firmeza nos instantes críticos e também tinha sido considerado uma figura confiável no Japão emergente.

Yonai presidiu a liquidação da Marinha Imperial, tarefa desagradável a qualquer marinheiro de carreira. As palavras que dirigiu aos camaradas navais naquele desanimador fim de 1945, foram, como de hábito, sinceras: "Desde o início da guerra, a Marinha – particularmente – esforçou-se ao máximo para se manter leal ao Imperador e combateu muito bem. Lamentavelmente, porém, não pudemos atender os desejos de Sua Majestade. ... Não apenas me sinto responsável por esse fracasso ante o Imperador, mas também perante toda a nação. ..."

É digno de nota o fato de Yonai, diante da derrota, não se sentir na obrigação de cometer *harakiri* em nome da Marinha. Igualmente curioso é o fato de não ter sido acusado de crimes de guerra pelos Aliados. Seu passado estava limpo. Como ele próprio comentou: "Penso até hoje que o plano básico de guerra, interpretado à luz de iniciativas tão ambiciosas, não era apropriado, considerando a situação e o poder de combate do país. Creio que de forma alguma deveríamos tê-lo adotado, e acredito firmemente que, se naquela época fosse primeiro-ministro, a guerra não teria acontecido."

Apesar do encargo que Anami, em seu "leito de morte", delegou ao cunhado Coronel Takeshita, de matar Yonai, o Almirante sobreviveu. Não foi atacado nem pelos radicais desesperados da coloração Onishi, na Marinha, nem pelos fanáticos do Exército, como Takeshita e seus colegas. Havia algo extraordinário num homem que era uma torre entre seus pares – física, moralmente e em coerência. O comportamento direto e vigoroso desse homem, fosse enfrentando a onda jingoísta militar, fosse afastando copos de vinho nos banquetese e pondo à sua frente uma boa dose de uísque (bebendo-a toda antes do fim da refeição) foi suficiente para fazer os assassinos pensarem duas vezes.

Ao fim de sua vida pública e com a desativação da Marinha japonesa, Yonai voltou sua atenção para Hokkaido, a subdesenvolvida ilha japonesa mais ao norte. Ao lado de outros concentrou seus esforços nos planos para construir uma "nova" terra. Todavia, em 20 de abril de 1948, morreu de pneumonia aos sessenta e oito anos, deixando esposa, três filhas, dois filhos e muitos netos.

O Almirante Soemu Toyoda, Chefe do Estado-Maior da Armada no Gabinete Suzuki, foi escolhido por Yonai para ajudá-lo a dar fim à guerra. Muitas vezes, sobretudo nas reuniões dos Seis Grandes e nas duas Conferências Imperiais, Toyoda agiu como se lá estivesse para alongar a guerra, e não para encerrá-la. Não obstante, Yonai tolerava a posição de Toyoda, frontalmente oposta à sua vontade. Por quê?

É no mínimo difícil definir o quanto a declaração ou o ato de um japonês é um *haragei* (conceito japonês de comunicação interpessoal) e o quanto pode ser tomado ao pé da letra. Nos dois aspectos

Toyoda foi mal interpretado por seus companheiros: "Alguns podem me criticar dizendo que fui covarde e indeciso", comentou o almirante. "Na verdade, o ministro da Marinha parecia insatisfeito diante de minhas inesperadas atitudes. Mas não me importam as críticas a meu respeito. Acho que na época não havia outra linha de ação a seguir."

Toyoda nos apresenta uma opinião invulgarmente sincera segundo seu *haragei*:

> Eu sentia que se houvesse um conflito entre o Exército e a Marinha, a guerra não acabaria bem. Achava que, para impedir que o Exército se revoltasse, era preciso a Marinha manter uma atitude que fosse bem vista pelo Exército e convencer essa força argumentando que, se a Marinha estava fazendo uma grande concessão ao concordar com a paz, o Exército poderia aliar-se a nós nessa iniciativa.
>
> Desde que, aparentemente, assumi uma posição contrária à do ministro da Marinha, pode parecer que quebrei a promessa que fiz a ele quando assumi a Chefia do Estado-Maior, mas não creio que isso tenha acontecido. Na época e nas condições de então, eu concordava inteiramente com a opinião do ministro da Marinha a propósito do fim da guerra. Contudo, como Yonai deixou absolutamente clara sua posição, senti que, se seguisse seus passos, o Exército poderia se sentir abandonado e não se podia prever que atitude tomaria.
>
> Por outro lado, mesmo mostrando simpatia pela posição do Exército, eu não temia que a facção favorável à paz fosse ultrapassada pelos falcões que prefeririam a guerra. Como o próprio Imperador deixara claro seu desejo de paz, minha posição (contrária) de forma alguma ameaçaria a paz. Convicto disso, agi de certa forma cooperando com Anami e Umezu, embora haja quem diga que exagerei nesse caminho tortuoso.

Toyoda, o monótono almirante sem esquadra, pensava de uma forma complexa e sagaz, tal como acabaram constatando Yonai e os Seis Grandes. Após a guerra, ele também escreveu um livro para explicar cuidadosamente suas atitudes desde o ponto de vista da Marinha e justificar seus próprios atos. Eis um exemplo típico da forma de sua abordagem a respeito da responsabilidade pelo término da guerra:

> Sinto agora, como senti na época, que o país poderia ter evitado a guerra se tivesse tentado com mais vigor (...). Nosso país devia ter impedido a guerra (...). Precisávamos de estadistas fortes e inteligentes que soubessem liderar (...).
>
> Conservo na mente uma grande dúvida, se o governo que dirigia a nação no começo da guerra deveria ser responsabilizado sozinho pela forma como a guerra

teve início. Fico imaginando se não deveríamos ter recuado, inclusive no incidente da Manchúria (...). Sempre tive a convicção de que nada de útil poderia resultar da junção dos poderes político e militar nas mesmas mãos, e não se trata de fenômeno recente. Remonta à era Meiji.

Por ter sido comandante-em-chefe da esquadra combinada desde o começo de 1944 até se tornar Chefe do Estado-Maior em 1945, Toyoda foi julgado pelo tribunal de Tóquio sob acusação de atrocidades cometidas pelo pessoal da Marinha japonesa. Foi único líder do Japão absolvido de todas as acusações. Por ocasião da rendição, presenteou o Almirante Nimitz da marinha americana com sua espada de samurai. Após a assinatura do Tratado de Paz, em 1952, Nimitz devolveu a espada a Toyoda num gesto de boa vontade.

Toyoda sobreviveu a todos os outros membros do grupo dos Seis Grandes. Sucumbiu a um ataque do coração em 1957, aos setenta e dois anos.

Dos nomes que planejaram o golpe de Estado e esperavam que o ministro da Guerra Anami se transformasse no novo Shogun do Japão, quatro ainda estão aí bem vivos e ativos no momento em que escrevo (1967).

O tenente-coronel Masataka Ida, guerreiro hesitante que ficou a andar de um lado para outro na noite de 14 para 15 de agosto, alternando sua decisão, ora querendo cometer suicídio, ora preferindo o golpe mais adiante, contra o golpe e logo depois novamente querendo se suicidar, para, por fim, terminar por resolver continuar vivendo, foi submetido a corte marcial por sua participação no *coup*. Ida convenceu o tribunal de que, sabendo que o Distrito Oriental do Exército, sob o comando do General Tanaka, não participaria da conspiração, tinha sinceramente tentado reparar seu erro ao tentar persuadir Hatanaka a desistir.

Hoje em dia, depois de mudar seu nome para Iwata, o antigo agitador é um modelo de decência e obediência. Em um dia comum, pode ser encontrado vestindo terno cinzento de lã com riscas e gravata de listras em seu escritório na maior agência de publicidade do Japão, onde é o chefe do departamento de assuntos gerais. De meia idade, parece estar em boa situação, e realmente está. O cabelo desaparece rapidamente de sua cabeça redonda. Seus olhos astutos estão sempre em movimento. O queixo está cedendo lentamente e fazendo uma curva que vai dos lábios à garganta. Homem de fala tranquila, que fuma cigarros nervosamente e é o protótipo do homem de negócios de segundo escalão do Japão, de acordo com o crachá da companhia na lapela de seu paletó.

(Convém recordar que o ex-*Kempeitai* Coronel Makoto Tsukamoto, antes da histórica Conferência Imperial, relatou detalhadamente para o comandante da *Kempeitai* os planos de Ida para o golpe. Atualmente Tsukamoto é um dos companheiros de trabalho de Ida-Iwata na agência de publicidade em Tóquio.)

O Coronel Okikatsu Arao, que, como oficial mais antigo do grupo original do golpe, tinha sido seu chefe formal, também se adaptou aos "horrores" de um Japão que mudou drasticamente. Como Ida-Iwata, sepultou o passado. Imagem fiel de um próspero homem de negócios, veste-se conservadoramente, mas bem. É diretor de uma grande agência de automóveis em um importante distrito de Tóquio. Seus negócios crescem, e ele prospera junto com ele.

É reservado quando se trata da situação do Japão no fim da Segunda Guerra Mundial. Não obstante, lembra-se bem de muitos eventos daquele agitado período, mas sua memória é seletiva. Nada recorda da noite de 13 de agosto, quando esteve com o ministro da Guerra Anami para apresentar o esboço do *coup*. Tampouco se lembra do encontro à meia-noite com Anami no Ministério da Guerra na mesma noite. Recorda, porém, ter sido chamado pelo Príncipe Mikasa na noite anterior e sua participação nos preliminares do acordo assinado pelos principais chefes militares na tarde do dia 14.

O rosto de Arao é uma máscara – grande, ovalado, inexpressivo, pele irregular e pálida. O cabelo negro é áspero e ralo, com manchas grisalhas. Somente os olhos estão sempre ativos, observando, sempre atentos. Pode ter aperfeiçoado essa opacidade no Exército, mas soube aplicá-la muito bem no ramo de negócios com automóveis, para seu visível benefício.

O ex-coronel ainda alimenta grande respeito pelo ministro da Guerra Anami. "Foi a grandeza de Anami", afirma categoricamente, "que permitiu ao Exército japonês enfrentar o fim da guerra sem incidentes". Arao não percebe que grande ironia está embutida nesse testemunho, ou de fato pretende levar seu interlocutor a acreditar que esse homem não poderia desempenhar um papel que pudesse estar na contra-mão do desígnio dos feitos de Anami.

Sobreviventes

O tenente-coronel Masao Inaba foi, com Takeshita, um dos que participaram do planejamento inicial do golpe. Abandonou a conspiração na manhã de 14 de agosto, quando soube que o General Umezu tinha apontado com o polegar para baixo.

Ativo e enérgico, Inaba poderia ter passado com facilidade do tempo de guerra para o de paz. Demonstrara competência ao chefiar a seção de orçamento do Ministério da Guerra e preparar os discursos para o ministro. Seria lícito esperar que encontrasse uma empresa moderna onde sua habilidade pudesse ser aproveitada. Não obstante, até hoje está imerso na Segunda Guerra Mundial.

Não se trata, contudo, de uma fuga à realidade, mas de interesse profissional. É funcionário civil da Seção de História da Guerra das Forças Terrestres de Autodefesa, e trabalha na elaboração da história japonesa na Segunda Guerra Mundial. Pode ser encontrado no segundo piso de uma das construções antigas no velho complexo do quartel-general Imperial na colina de Ichigaya. Nesse local, de suéter e paletó, estuda os eventos de vinte anos atrás como se tivessem acontecido ontem. Inquietos e ainda agitados, os olhos de Inaba se movimentam enquanto ele discute o choque de personalidades e políticas no *grand finale* da Guerra do Pacífico. Não se furta a lançar algumas dúvidas sobre seus contemporâneos. Ressalta que ainda está vivo um dos participantes do grupo envolvido no assassinato do General Mori. Questiona a versão desse sobrevivente sobre a morte de Mori, quando assegura que no momento do tiro não estava na sala. Implica afirmar que o sobrevivente é um dos assassinos, que mais tarde jogou a culpa sobre um companheiro falecido.

Afável e interessado, Inaba fica andando de um lado para o outro entre a empoeirada sala de recepção e os desarrumados salões onde estão guardadas pilhas de documentos e de material impresso. Anami continua sendo um de seus heróis. Inaba contesta a teoria de que o ministro da Guerra cometeu *harakiri* para desaparecer imediatamente depois de assinar o decreto imperial, temendo uma rebelião dos jovens tigres e, se continuasse vivendo, que o forçassem a chefiá-la. Não, afirma Inaba: "Anami podia confiar que seus homens sem dúvida alguma acatariam suas ordens. Se isso fosse para ele uma preocupação, tudo que tinha a fazer era manifestar claramente sua posição, o que ele não vacilaria em fazer". Um visitante fica tentado a perguntar a Inaba se eles teriam obedecido a Anami como o fizeram Hatanaka e

Ida, os dedicados discípulos do ministro da Guerra.

O tenente-coronel Masahiko Takeshita, cujas palavras magoaram seu cunhado Anami e que com sua mão executou o golpe final quando testemunhou o *harakiri* do ministro da Guerra, continuou no Exército. Hoje em dia, mais pesado, cara redonda, parece mais controlado. É um alegre e extrovertido anfitrião, mesmo quando submetido a um interrogatório sobre Anami e o fim da guerra.
Para ele, esse período é um livro aberto e por ele se interessa profissional e pessoalmente por causa de sua proximidade com o centro dos acontecimentos naquela época. Tem escrito sobre Anami e feito palestras para turmas de candidatos a oficial nas Forças Terrestres de Autodefesa, quando fala sobre o finado ministro da Guerra.
Takeshita, filho de um general do Exército e cunhado do ministro da Guerra, hoje também é general das forças de autodefesa. É comandante da Escola de Comando e Estado-Maior, situada no histórico local do quartel-general Imperial na colina de Ichigaya. Ainda mora ao lado de sua irmã, viúva de Anami, na região de Mitaka, subúrbio de Tóquio.

Recentemente, o ex-tenente-coronel Ida-Iwata disse a repórteres que, olhando para o passado, está, mais do que nunca, convencido de que, não fossem o ataque soviético e as bombas atômicas em Hiroshima e Nagasaki, os militares japoneses poderiam ter chegado à vitória. Afirma estar igualmente convicto de que a atitude que tomou não estava errada.
Para um observador ocidental, é desconcertante constatar que os homens que desobedeceram ao Imperador, ao ministro da Guerra, ao Chefe do Estado-Maior e a seus oficiais superiores ao planejar e participar de um *coup* ainda estejam vivos e em liberdade. Estão não somente vivos, mas também prosperando em posições de confiança e importância.
A resposta para essa aparentemente incompreensível lassidão das autoridades responsáveis do Japão é relativamente simples. Para os japoneses, a motivação ainda é mais importante do que a culpa tecnicamente legal para a desobediência a uma autoridade, não importa o quão perigosa e inconveniente. "É um problema típico de arroubo da mocidade", diz um japonês. "Afinal, suas intenções visavam ao bem

do país", afirma um segundo. "Como fracassaram e os danos que causaram são relativamente pequenos, por que nos preocuparmos com eles? Os tempos mudaram", comenta um terceiro. Opiniões típicas.

O Japão foi em frente. Os conspiradores de outrora também foram em frente com o tempo. Na vida frenética do dia a dia no país mais próspero e desenvolvido da Ásia, mergulharam na obscuridade, sem chamar atenção. Daqueles que disputaram o poder nos derradeiros e críticos dias do Império, muitos foram se encontrar com os antepassados. Os que ainda vivem são o ex-secretário do Gabinete e o último Lord do Selo Privado do Imperador.

Hisatune Sakomizu, o braço direito do premier Suzuki, superou bem as experiências vividas no tempo de guerra. Um homem com sua inteligência, experiência, energia e habilidade política estava destinado a um futuro brilhante. As excelentes ligações que mantinha por intermédio de seu sogro, o Almirante Okada, ajudavam.

Na ultima reunião do Gabinete, o premier Suzuki, como de hábito, nomeou para a Câmara dos Nobres homens que, segundo seu julgamento, tinham prestado serviços relevantes à nação. Foram cinco. Um deles foi Shigemitsu, e Sakomizu foi outro. Os membros do Gabinete aprovaram por unanimidade. Entretanto, uma sinecura sem poder não era o que desejava o jovem burocrata. Renunciou à Câmara dos Pares, concorreu a uma vaga na Diet e a conquistou. Em 1967 ainda está nessa posição, e quem visita a Diet pode vê-lo com os familiares cabelos fartos e despenteados, as sobrancelhas arqueadas.

Sakomizu teve papel importante na história do Japão e quis mostrar que merecia o que recebeu ao escrever sobre sua participação. Talvez tenha sido o primeiro a trazer à luz a "história secreta" do fim da guerra. Foi sob a forma de artigos em um jornal logo após a guerra, depois condensada em livro. A seguir, publicou inúmeros artigos sobre a questão sob diversos aspectos, que sempre interessaram aos japoneses. Seu último trabalho foi *The prime minister under atack*, livro publicado em 1965 abordando a velha questão sob outro ângulo. Por anos, Sakomizu tem feito palestras tão frequentes sobre a forma como a guerra chegou ao fim (nunca negligenciando seu próprio papel) que elas acabam sendo repetitivas. Na verdade, alguns de seus concidadãos comentam causticamente que Sakomizu "continua acabando a guerra à sua maneira." Ele parece estar no apogeu da vida, gozando boa saúde e ainda contribuindo com fantástica energia e talento para o progresso pacífico do Japão.

E Kido? Talvez um mais complexos e controvertidos dos japoneses, o Marquês Koichi Kido, dono de um nome honrado, pessoa conhecida e o mais próximo confidente do Imperador, completou cinco anos como Lord do Selo Privado da corte imperial. (Em um dos primeiros atos após a ocupação, os Aliados suprimiram seu cargo. Em outro, aboliram os títulos de nobreza. Kido não apenas ficou sem emprego, mas também, da noite para o dia, passou a ser um cidadão comum.) As divergências de opinião sobre sua atuação no cumprimento de seus deveres como Lord do Selo Privado são gigantescas.

Hirohito, por exemplo, demonstrou sua gratidão em 27 de agosto de 1945. Kido recebeu uma chamada de Ishiwata, o ministro da Casa Civil Imperial, seu "companheiro de cela" durante e tentativa de golpe duas semanas antes. Tratava-se de uma convocação oficial. Ishiwata fora encarregado de notificá-lo da decisão do Imperador de lhe conceder recompensas pelos serviços prestados. O fruto que caiu do céu: 20 mil ienes, uma caixa de alimentos enlatados e um barril de fino saquê. Embora seu diário não diga como ele reagiu, podemos imaginar o Lord do Selo Privado "cheio de admiração e excitação" diante dessa notícia, uma reação quase inevitável à iniciativa imperial.

A reação de Kido às acusações por crimes de guerra que os vencedores lhe atribuíram foi bem diferente. Sustentavam que ele usara sua influência para favorecer os esforços do grupo de militares que preferiam a guerra. As acusações foram muitas – cinquenta e quatro, na verdade – quatro mais do que as que pesaram sobre Tojo. Entretanto, o fato mais importante foi o Lord do Selo Privado ter sido inocentado de toda responsabilidade por crimes de guerra, embora por outras razões fosse condenado à prisão perpétua.

Pena muito severa para um inimigo vencido? Convém ponderar:

> Konoye e Kido (...) não incensavam os militares, mas se aliaram a eles. Os militares usavam-nos como intermediários para enganar o povo (...). Os pontos fracos de Kido eram os seguintes: não discutia os assuntos com gente competente; não era do tipo capaz de discutir nas reuniões e agir rapidamente; intrometia-se muito no governo, em comparação com o Lord do Selo Privado que o precedeu, sobretudo na gestão de pessoal; praticamente isolava o Imperador do povo; ao concordar com a composição do gabinete de Tojo, não agiu de forma confiável (...). Kido transformou-se no

único assessor do Imperador. Devia ter aberto caminho para que estadistas notáveis tivessem fácil acesso ao Imperador. (até os irmãos do Imperador dispunham de muito poucas oportunidades para conversas privadas com Sua Majestade)... Kido encurralava o Imperador. Concentrou muito poder em sua própria pessoa (...). Devia, desde o começo, ter questionado o gabinete de Tojo (em vez disso, apoiou Tojo e recomendou ao Imperador que o nomeasse primeiro-ministro porque "Tojo controlava os militares").

A fonte? Kainan Shimomura, ministro da Informação e contemporâneo de Kido, famoso ex-editor do jornal *Asahi*, em seu livro *Uma história secreta do fim da guerra*.

Em seu julgamento por crimes de guerra, Kido resumiu sua extensa argumentação com esta declaração:

> Tenho a íntima satisfação de ter sido útil para poupar vinte milhões de meus inocentes compatriotas da devastação causada pela guerra e também evitar que os americanos sofressem dezenas de milhões de baixas, caso o Japão resolvesse continuar lutando até o amargo fim (...) É meu único consolo, ver que, ao fim da guerra e inspirado pelas augustas virtudes do Imperador, pude levar adiante minhas arrojadas iniciativas, fui bem sucedido ao impedir que o território nacional japonês se transformasse em campo de batalha, e poupei as vidas de centenas de milhões de pessoas.

Não se pode negar que o pequeno e determinado cão de guarda desempenhou um papel-chave. Dizer que a guerra só terminou graças à sua atuação é outra coisa. De qualquer modo, ele foi posto fora de circulação, trancado na prisão em Sugamo a cumprir normalmente sua sentença de prisão perpétua até o próprio Japão se ver livre da ocupação, e voltar a ser um país livre e independente. Em 1956 Kido deixou a prisão de Sugamo.

Desde então leva uma vida tranquila, longe dos holofotes. Visita com frequência seus amigos e parece ativo e saudável, embora frágil para um homem com setenta e tantos anos. Os inúmeros cadernos de seu diário (com mais de 5.900 registros e milhares de páginas), cobrindo o período de 1931 a 1945, recentemente foram publicados no Japão e estão gerando mais controvérsias sobre o papel desempenhado.

Com o desembarque das forças aliadas no Japão, aumentou muito a apreensão dos líderes japoneses quanto ao destino do Imperador. Era evidente que os vencedores prenderiam japoneses proeminentes para julgá-los por crimes de guerra. Receberia o Imperador tratamento tão ignominioso?

Não era segredo que russos, australianos e chineses defendiam esse tratamento. Nos Estados Unidos, os que advogavam uma paz "dura" exigiam o julgamento de Hirohito ou seu exílio na China. O General MacArthur lembra, em seu livro *Reminiscences*, que "percebendo as trágicas consequências que adviriam (...) alertei que precisaria pelo menos de um milhão de reforços se fosse dispensado esse tratamento ao Imperador. Acreditava que, se fosse acusado, ele seria condenado e talvez enforcado como criminoso de guerra, e um governo militar teria de ser instituído em todo o Japão, provavelmente começando uma guerra de guerrilhas".

Assim, quando, algumas semanas depois, o Imperador informou que desejava um encontro com o Comandante Supremo das Potências Aliadas, MacArthur pensou que seria para "defender sua causa e evitar seu indiciamento como criminoso de guerra". Não podia estar mais enganado.

Tudo que cercou a visita de Hirohito a MacArthur foi inédito. *Ele* saiu do palácio. *Ele* foi de carro ao encontro de MacArthur na Embaixada Americana. De cartola, calça listrada, colarinho duro de pontas viradas e fraque (pela primeira vez, em muitos anos, em trajes civis e em público) apresentou-se ao vencedor. Tinha com ele o grand chamberlain do palácio, seu intérprete e seu médico. Semanas de insônia e o crônico desconforto que o Imperador sentia em aparecer em público o deixaram visivelmente trêmulo. Se MacArthur achou que o Imperador-deus tremia de medo, percebeu quase instantaneamente, ao acender o cigarro de Sua Majestade, que estava errado em cento e oitenta graus.

As palavras de Hirohito dessa vez não foram recomendadas por Kido ou Togo. Segundo MacArthur, o que disse foi: "Venho, General MacArthur, me oferecer para ser julgado pelos países que o senhor representa, assumindo toda a responsabilidade por todas as decisões políticas e militares adotadas por meu povo na condução da guerra." Essa declaração desconcertou o comandante aliado.

Ali estava o Imperador-deus assumindo toda a culpa por tudo que acontecera na guerra. Como tantos súditos seus que tinham dado suas vidas por terem fracassado diante dele, agora oferecia a própria vida pelos súditos que tinham sobrevivido e pela memória dos que tinham se sacrificado por ele. Na Conferência Imperial dissera sofrer ao pensar na possibilidade de aqueles que o tinham servido com tanta lealdade serem aprisionados pelos vitoriosos e julgados como criminosos de guerra. Não podia evitar que os Aliados exercessem seu poder, mas podia se oferecer no lugar deles, e assim fez. Ato digno de um deus.

"Essa corajosa assunção de responsabilidade que envolvia a morte", escreveu MacArthur, "uma responsabilidade que os fatos de que tenho pleno conhecimento claramente desmentiam, emocionou-me até a medula."

O Imperador não foi indiciado como criminoso de guerra.

No dia de Ano Novo de 1946, Hirohito, de acordo com a tradição, apresentou o poema com que anualmente participava do concurso nacional de poesia. Não agradou ao Comandante Supremo das Potências Aliadas – MacArthur, pois, em termos gerais, referia-se ao QG da ocupação:

> *Embora cobertos de neve*
> *Os pinheiros continuam verdes*
> *O povo também*
> *Deveria ficar como os pinheiros*

Seria uma forma velada de conclamar o povo a resistir à ocupação? De forma nenhuma! Hirohito era realista e tinha uma visão de futuro que lhe permitia avaliar o quanto o impacto da ocupação, embora conduzida de forma benevolente, seria profundo sobre a nação. Recomendava que o caráter japonês não fosse abandonado ou desvirtuado pela presença de influência estrangeira.

Todavia, como não poderia deixar de acontecer, ele também sofreu essa influência. Novamente, como após a Primeira Guerra Mundial, os ventos de *de-mok-ra-sie* varreram o país (como Togo previra). O Imperador, ditando o ritmo, levou seu povo a aceitá-la. Percorreu a nação, visitando minas de carvão e fábricas, escolas e hospitais, projetos diversos. Teve encontros com a imprensa e o povo, embora inicialmente isso tenha sido muito penoso, mas logo se acostumou.

Naquele mesmo dia de Ano Novo ele satisfez os desejos das forças de ocupação e expediu um decreto imperial que abalou os tradicionais princípios japoneses e destruiu um dos pilares fundamentais da estrutura do Japão imperial. O pronunciamento dizia:

> Estamos ao lado do povo e queremos sempre compartilhar seus momentos

alegres e tristes. Os laços que nos unem sempre repousarão em confiança mútua e amizade. Não dependem de lendas e mitos. Não se fundamentam na falsa concepção de que o Imperador é divino e o povo japonês é superior a outras raças, destinado a governar o mundo. (A versão japonesa do pronunciamento apresenta as palavras "o Tenno não é um deus vivo.")

Assim, renunciou à sua divindade e aos fundamentos do *Hakko Ichiu* (Domínio japonês do mundo). Deu as costas à divindade. Rejeitou o destino manifesto e a superioridade racial.

Suas incertezas quanto ao reconhecimento público de que não era um deus não vinha da pretensão de o ser, mas da confusão que o declarado pudesse gerar. Alguém com seu conhecimento de biologia já teria abandonado havia tempo o conceito de divindade do Imperador.

Sua Majestade acompanhou com muito interesse o noticiário da imprensa e as reações que se seguiram a seu pronunciamento. Temia fortes reações negativas. No exterior, a reação foi quase universalmente favorável, havendo comentários de que suas palavras tinham neutralizado várias fontes de desconfiança no Japão e, se fossem naturalmente acatadas no país, estariam superadas algumas das rancorosas crenças decorrentes das aventuras expansionistas do Japão no passado. O Imperador ficou satisfeito com essas notícias e tranquilo com a iniciativa que tomara. Assim também se sentiu o Comandante Supremo das Potências Aliadas.

Hirohito não se transformou num governante mais ativo como consequência de suas "decisões" imperiais em 1945. Sua natureza era contra essa postura, a Constituição Meiji era contra, seus conselheiros também se opunham, e a ocupação a tornou impossível. Em novembro de 1946 foi promulgada a nova Constituição Japonesa. Ela desbancou o documento Meiji e construiu uma cerca em torno do Imperador, limitando seus poderes. O parágrafo-chave, o dispositivo que revolucionou a relação entre o Imperador e seu povo estabelece:

Capítulo 1. O Imperador.
Artigo 1. O Imperador é o símbolo do Estado e da unidade do povo. Sua posição deriva da vontade do povo, que detém o poder soberano.

Dispositivo sem dúvida muito distante da Constituição Meiji, que afirmava: "O Imperador é sagrado e inviolável." Porém, correspon-

Sobreviventes

deu à realidade do século XX. Hirohito expediu um decreto imperial oficializando a nova Constituição. Declarou: "Fico satisfeito ao constatar que foram lançados os alicerces para a construção de um novo Japão, por desejo do povo japonês. Por este documento, sanciono e promulgo as emendas à Constituição Imperial Japonesa. ..." Com esse passo, o Japão desafogou-se de muitos importantes componentes feudais institucionalizados na antiga Constituição. Com apurado senso de realidade, o novo documento simbolizou a metamorfose daquele Japão feudal.

Nos anos mais recentes, com o noivado e casamento do Príncipe-Herdeiro Akihito com uma plebeia, o foco do interesse público se transferiu do Imperador para seu filho desportista e simpático, para a família do Príncipe e para suas viagens. Porém, o Imperador continua chefe da família imperial japonesa. Em cerimônias oficiais, como a abertura da Dieta e os rituais do santuário Yasukuni, ele aparece e cumpre seus deveres oficiais. Continua interessado em biologia marinha, e em 1965 publicou outro livro, desta vez sobre os moluscos do Oceano Pacífico.

O Imperador não tem comentado sua visão do Japão contemporâneo – um país próspero, emancipado, com cidadãos bem alimentados, saudáveis e ativos. Certamente não deve se arrepender de sua firmeza naqueles fatídicos dias de agosto de 1945.

Por um transitório momento na história, as circunstâncias fizeram de Hirohito um poderoso Imperador-deus, e para aquele momento ele agiu decisivamente como um Imperador-deus deve agir, mas como é raro um Imperador-deus fazer.

Por Hiroito ter sido, naquele momento, de fato um verdadeiro Imperador e deus, hoje em dia o Japão existe.

Bibliografia

Arquivos e documentos

- CINCPAC (Comandante-em Chefe da Marinha dos Estados Unidos, Pacífico) *Report of Surrender and Occupation of Japan*, A16-3/FF12, 11 de fevereiro, 1946.
- Comando Supremo das Potências Aliadas, relatório da Seção de Assuntos de Governo, *Political Reorientation of Japan*, Sept 1945 to Sept 1948, volumes 1 e 2. Washington, D.C., Superintendência de Documentos, Seção de Publicações do Governo dos EUA, 1948.
- EUA, OSS, Agência de Assuntos Estratégicos, Divisão de Pesquisas e Análises:
  - *Japão: Inverno 1944-1945.*
  - *Análise da Derrota Japonesa.*
  - *Japão, Visões Políticas Conflitantes.*
  - *Arma Secreta do Japão.*
  - *Reações Japonesas à Rendição.*
  - *Situação Alimentar.*
  - *Distribuição de Alimentos Durante a Guerra.*
  - *O Imperador Japonês e a Guerra.*
  - *A crise no Japão.*
  - *Grupos Rivais no Exército Japonês.*
- Exército dos Estados Unidos, Quartel-General Geral, Comando Supremo das Potências Aliadas, Seção de Contrainteligência. *The Brocade Banner: The Story of Japanese Nationalism.*
- Exército dos Estados Unidos, Dep de História Militar.
  - *Interrogations of Japanese Officials on World War II*, dois volumes.
- Monografia Japonesa no 119: *Outline of Operations prior to Termination of War and Activities Connected with Cessation of Hostilities.*
  - Documentos Diversos
  - Depoimentos de Autoridades Japonesas sobre a 2ª Guerra Mundial, 4 volumes.
- Japão, Forças de Autodefesa, Divisão de História, Tóquio. Publications, Records and Documents Relating to Events of August 1945.
- Levantamento de Bombardeios Estratégicos dos Estados Unidos (Pacífico).

- *Interrogatório de Autoridades Japonesas*, 2 volumes, Washington, D.C., de Publicações do Governo dos EUA, 1946.
- *Efeito dos Bombardeios Estratégicos sobre o Moral Japonês*, 1947.
- *O Esforço Japonês para Terminar a Guerra*, 1946.
- *Efeito dos Ataques Aéreos sobre a Economia Urbana do Japão*, 1946.
- *Efeito dos Bombardeios sobre os Serviços Médicos e de Saúde no Japão*, 1946.
- *Efeito dos Bombardeios Estratégicos sobre o Moral Japonês*. 1946.
- *Economia de Guerra no Japão*, 1946.
- *Padrão de Vida dos Japoneses Durante a Guerra*, 1946.
- *Relatório Sintético*, 1946
- *Efeito dos Bombardeios Estratégicos sobre a Economia de Guerra do Japão*, 1946.
- *Campanhas da Guerra do Pacífico*, 1946.
- *Reports of General MacArthur*, volume 1, com suplemento. Superintendência de Documentos, Washington, D.C., Seção de Publicações do Governo dos EUA, 1966.
- Tribunal Internacional Militar para o Extremo Oriente.

Análises de evidência documental

- Provas.
- Julgamento.
- Documentos diversos, acusação e defesa.
- Transcrição de processos.

Livros, artigos, documentários

- Beasley, Wm. G. *The Modern History of Japan*, Nova York, Praeger, 1963.
- Benedict, Ruth. *The Chrysanthemum and the Sword*, Boston, Houghton Mifflin Company, 1946.
- Borton, Hugh. *Japan's Modern Century*, Nova York, Ronald, 1955.
- Butow, Robert J.C.
    - *Japan's Decision to Surrender*, Stanford, Stanford University Press, 1954.
    - *Tojo and the Coming of War*, Princeton, N.J., Princeton University

Bibliografia

Press, 1961.
- Byas, Hugh, *Government by Assassination*. Nova York, Alfred A. Knopf Inc., 1942.
- Byrnes, James F., *Speaking Frankly*, Nova York, Harper & Brothers, 1947.
- Cohen, Jerome B., *Japan's Economy in War and Reconstruction*, Minneapolis University of Minnesota Press, 1949.
- Colegrove, Kenneth W., *Militarism in Japan*, Boston, World Peace Foundation, 1936.
- Churchill Winston S., *The Second World War*, 6 volumes, Boston, Houghton Mifflin Company, 1948-1953.
- Craigie, Sir Robert, *Behind the Japanese Mask*, Londres, Hutchinson & Co. Ltd., 1945.
- Craven, W.F. e J.L. Cate (editores). *The Army Air Forces in World War II*, volume 5. Chicago, University of Chicago Press, 1953.
- Emissora JOTX-TV, canal 12, Tóquio, série *History of Showa, The Emperor's Re-cording*, 1965.
- Feis, Herbert
    - *The Road to Pearl Harbor*, Princeton, Princeton University Press, 1950.
    - *Japan Subdued: The Atomic Bomb and the End of War in Pacific*, Princeton University Press, 1961.
- Fleisher, Wilfrid
    - *Our Enemy Japan*. Washington, The Infantry Journal, 1942.
    - *Volcanic Isle*, Garden City, N.Y. Doubleday, Doran, 1941.
- Foreign Affairs Association, *Japan's Yearbook dos anos de guerra*, Tóquio.
- *Fortune*, editores de, "Japan and the Japanese." Washington, The Infantry Journal, 1944.
- Gaimusho. Shusen Shiroku (Arquivo Histórico do Término da Guerra). Tóquio, Shimbun Gekkansha, 1952.
- Gayn, Mark, *Japan Diary*. Nova York, William Sloane Associates, 1948.
    - General Douglas MacArthur's *Historical Report on Allied Operations in the Southwest Pacific Area*, 8 Dec 1941-2 to Sept 1945, volume II. Quartel-General do Comandante Supremo das Potências Aliadas, (manuscritos na Divisão de História da Guerra, Departamento do Exército, Washington, D.C.)
- Gibney, Frank, *Five Gentlemen of Japan* Nova York, Farrar, Strauss & Young,Inc., 1953.
- Giovannitti, Len e Fred Freed, *The Decision to Drop the Bomb*, Nova York,

Coward McCann, Inc., 1965.
- Grew, Joseph C., *Ten Years in Japan*. Nova York, Simon and Schuster, Inc., 1944.
- Hattori Takushiro. *A Complete History of the Greater East Asia War*. Tóquio, Masu Shobo, 1953.
- Hayashi Saburo
    - *Kogun*: *The Japanese Army in the Pacific War*. Quantico, Virgínia, Marine Corps Association, 1959.
    - "General Anami at the End of the War." Revista Sekai, Tóquio, agosto de 1951.
- Hayashi Shigeru (ed.). *Nihon Shusen Shi*. Tóquio, Yomiuri Shimbun, 1962.
- Japan Broadcasting Co. (eds.), *History of Broadcasting in Japan*, volume I. Tóquio, 1965.
- Kase, Toshikazu
    - Journey to the Missouri. New Haven, Yale University Press, 1950.
    - The Moment of Destiny in Japan's Diplomacy. Tóquio, Japan Economic Newspaper Co., 1965.
- Kato, Masuo
    - The Lost War, Nova York, Alfred A. Knopf, Inc., 1946.
- Kawai, Kazuo
    - *Japan's American Interlude*. Chicago, University of Chicago Press, 1960.
    - "Militarist Activity Between Japan's Two Surrender Decisions." Pacific Historical Review, volume XXII, no 4, novembro de 1953.
    - "Mokusatsu: Japan's Response to the Potsdam Declaration." Pacific Historical Review, volume XIX, nº 4, novembro de 1950.
- Kido, Koichi
    - *Extracts from the Diary of Marquis Kido*, Feb, 3, 1931 – Aug, 9, 1945. University of California Photographic Service, 1948.
    - Depoimento para o Tribunal Militar Internacional para o Extremo Oriente, documento nº 0002.
- Kihensan Iinkai. *Biography of Kantaro Suzuki*. Tóquio, Totsuban Co., 1959.
- Kodama, Yoshio. *I Was Defeated (Japan)*. Booth & Fukuda, 1951.
- Konoye, Príncipe Fumimaro.
    - *Lost Politics*. Tóquio, *Asahi Shimbun*, 1946.
    - *Memoirs, with Appended Papers*, Tóquio. 5250ª Companhia Técnica de Inteligência do Comando Supremo das Potências Aliadas, 1946.

Bibliografia

- *Memoirs of Prince Fumimaro Konoye*. Asahi Shimbun, 20 a 30 de dezembro de 1945, tradução de Okuyama Service, 195(?).
- Kurzman, Dan. *Kishi and Japan*. Nova York, I. Obolensky, 1960.
- Lory, Hillis. *Japan's Military Masters*. Washington, The Infantry Journal, 1943.
- MacArthur, Douglas. *Reminiscences*. Nova York, McGraw-Hill Book Co., 1964.
- Maraini, Fosco. *Meeting with Japan*. Nova York, The Viking Press Inc., 1960.
- Matsuoko, Yoko. *Daughter of the Pacific War*. Nova York, Harper & Brothers, 1952.
- Millis, Walter. *The Forrestal Diaries*, Nova York, The Viking Press Inc., 1951.
- Mori, Motojiro. "Togo, Shigenori: a Tragic Character." Revista Kaizo. Tóquio, fevereiro de 1951.
- Morison, Samuel E.
    - *History of United States Naval Operations in World War II*. Boston, Little, Brown and Company, 1948.
    - "Why Japan Surrendered." The Atlantic Monthly, outubro de 1960.
- Morris, Ivan I. *The World of the Shining Prince*. Nova York, Alfred A. Knopf, Inc., 1964.
- National Broadcasting Co. Nova York, Livro Branco, NBC. *The Surrender of Japan*. Transmissão em 19 de setembro de 1965.
- Nishida, Kazuo. *Storied Cities of Japan*. Tóquio, John Weatherhill, 1963.
- Nitobe, Inazo. *Bushido: The Soul of Japan*. Nova York, G.P. Putnam's Sons, 1905.
- Niwa, Fumio. "Japan is Defeated." *Salon*, agosto, setembro e outubro de 1949.
- Ohya, Soichi (compilador). *The Longest Day in Japan*. Tóquio, Bungei Shunju, 1965.
- Okada Keisuke. *Kaiko-roku (Memórias)*. Tóquio, Mainichi Shimbun-sha, 1950.
- Price, Willard
    - *Key to Japan*. Nova York, The John Day Company, Inc., 1946.
    - *Japan and the Son of Heaven*, Nova York, Dueel, Sloan & Pearce, 1945.
- Reischauer, Edwin O.

- *Japan, Past and Present*. Nova York, Alfred A. Knopf, Inc., 1964.
- *The United States and Japan*. Cambridge, Harvard University Press, 1957.
- Roth, Andrew. *Dilemma in Japan*. Boston, Little, Brown & Company, 1945.
- Russell (Lord Russell of Liverpool). *The Knights of Bushido*. Londres, Cassell & Co., Ltd, 1958.
- Sakomizu, Hisatsune
  - *Secret History of the End of the War*. Tóquio, Jikyoku Geppo, 1946.
  - *The Prime Minister Under Attack*. Tóquio, Kobun-Sha, 1965.
- Sakonji, Masazo. "Mitsumasa Yonai and Korechika Anami." Revista Maru, Tóquio, setembro de 1949.
- Sansom, Sir George
  - *Japan: A Short Cultural History*. Nova York, Appleton-Century-Crofts, Inc., 1962.
  - *The Western World and Japan*. Nova York, Alfred A. Knopf, Inc., 1950.
- Sherwood, Robert E. *Roosevelt and Hopkins*. Nova York, Harper & Brothers, 1948.
- Edição brasileira Roosevelt e Hopkins, Robert Sherwood, Nova Fronteira, UnB, UniverCidade, Rio de Janeiro, 1998.
- Shiba, Kimpei. *I Cover Japan*. Tóquio, Serviço de Notícias de Tóquio, 1954.
- Shigemitsu Mamoru. *Japan and Her Destiny*. Nova York, E.P. Dutton & Co.Inc., 1958.
- Shimomura, Hiroshi (Kainan)
  - *A Secret History of the War's End*. Tóquio, Kodan-Sha Ltd., 1950.
  - *The August 15th Incident*. Tóquio.
- Stimson. Henry L. e McGeorge Bundy. *On Active Service*, Nova York, Harper & Brothers, 1948.
- Storry, Richard. *The Double Patriots*. Boston, Houghton Mifflin Company, 1957.
- Suzuki, Bunshiro. *Miscellanies, Still and Active*. Tóquio, 1947.
- Takagi, Yasaka. *Toward International Understanding*. Tóquio, Kenkyusha, 1954.
- Terasaki, Gwen. *Bridge to the Sun*. Chapel Hill, University of North Carolina Press, 1957.

- Togo, Shigenori. *The Cause of Japan*. Nova York, Simon and Schuster, Inc., 1956.
- Tollischus, Otto D. *Through Japanese Eyes*. Cornwall, N.Y., Reynal & Hitchcock. Inc., 1945.
- Tomomatsu, Entai. "Japanese Fatalism and Self-immolation." Contemporary Affairs, Tóquio, dezembro de 1940. *Tokyo Record*. Nova York, Reynal & Hitchcock, Inc., 1943.
- Truman, Harry S. Decision: The Conflicts of Harry S. Truman, série de televisão: "Dialogues with the Future, parte II", 20 de agosto de 1965.
- Tsukamoto, Kiyoshi. *A Kogun Saigo No Hi*. Tóquio, Koyo-Sha, 1953.
- United States Air Force. *Mission Accomplished: Interrogations of Japanese Industrial, Military and Civil Leaders of World War II*. Washington, D. C., Seção de Publicações do governo, 1946.
- Whitney, Courtney. *MacArthur: His Rendezvous with History*. Nova York, Alfred A. Knopf, Inc., 1956.
- Yoshida, Shigeru. *Kaiso Juen*. Tóquio, Shinako-Sha, 1957.
- Young, A. Morgan, *Imperial Japan, 1926-1938*. Londres, George Allen & Unwin, Ltd., 1938.
- Zacharias, Cap Ellis M., *Secret Missions*. Nova York, G.P. Putnam's Sons, 1946.

Jornais e revistas dos anos de guerra

- *Asahi Shimbun, Present-Day Nippon*.
- *Asahi Shimbun*.
- *Bungei Shunju*.
- *Chuo Koron*.
- *Herald Tribune*, edições em Nova York e Paris.
- *Mainichi Shimbun*, Tóquio
- *Osaka Mainichi: Nippon Today and Tomorrow, 1939-1941*.
- *Osaka Manichi*: números publicados em 1945.
- *Nippon Times*, Tóquio.
- *Stars & Stripes*, Forças Armadas Extremo Oriente.
- *The New York Times*.
- *The Times*, Londres, Inglaterra.

Entrevistas

As seguintes entrevistas pessoais foram realizadas pelo autor em Tóquio, em 1965:

- Ida/Iwata, Masataka
- Tokugawa, Yoshihiro
- Takagi, Sokichi
- Takagi Yasaka
- Suzuki, Hajime
- Nakajima, Leslie
- Umezu, Yoshikazu
- Otake, Sadao
- Sugita, Ichiji
- Ogawa, Masaru

- Niino Hiroshi
- Ishii, Ken
- Tsukamoto Makoto
- Roggendorf, Padre Joseph
- Oi, Atsushi
- Anami, Sra. Korechika
- Takeshita, Masahiko
- Arao, Okikatsu
- Inaba, Masao
- Danno, Nobuo

- Arisue Seizo
- Hayashi Saburo
- Hata, Ikuhiko
- Matsutani, Makoto
- Hasegawa, Saiji
- Abe, Genki
- Genda, Minoru
- Ikeda, Sumihisa
- Nishiura, Susumu
- Higashiuchi, Yosh

As transcrições das seguintes entrevistas, realizadas em 1965, foram gentilmente postas à disposição do autor pela National Broadcasting Company:

- Arisue, Seizo
- Abe, Genki
- Dooman, Eugene
- Kido, Koichi

- Sakomizu, Hisatsune
- Hayashi, Saburo
- McCloy, John J.
- Matsumoto, Shunichi

- Higashikuni, Naruhiko
- Wachi, Tsunezo
- Asada, Tsunesaburo
- Sato, Naotake

Entrevistas, interrogatórios e depoimentos coletados por três importantes agências proporcionaram material de valor sem paralelo em nenhuma outra guerra na história. As entrevistas e os depoimentos foram colhidos pela Seção de História Militar do General MacArthur e são apresentados em dois volumes inéditos de "Interrogatórios de Autoridades Japonesas na Segunda Guerra Mundial" e quatro volumes igualmente inéditos de "Depoimentos das Autoridades Japonesas na 2ª Guerra Mundial."

A segunda mais importante fonte é o bloco de "Interrogatórios de Autoridades Japonesas" preparado pelo Levantamento de Bombardeios Estratégicos dos Estados Unidos logo após a rendição do Japão.

Bibliografia

A terceira relevante fonte é a copiosa literatura sobre os julgamentos conduzidos em Tóquio pelo Tribunal Militar Internacional para o Extremo Oriente. Essa maratona legal se estendeu por mais de dois anos e incluiu os testemunhos de quase todas as figuras de destaque na vida política e militar do Japão.

Dessas inestimáveis fontes foram extraídas as palavras dos homens que comandaram o Japão Imperial em seus derradeiros dias.

Referências

Capítulo 1

As descrições e citações se baseiam principalmente em depoimentos, interrogatórios e entrevistas com Okikatsu Arao, Saburo Hayashi, Masataka Ida, Iwata, Masao Inaba e Masahiko Takeshita. As fontes primárias escritas incluem livros de *Gaimusho*, Kido, Sakomizu, Shimomura e Togo, que constam da bibliografia.

Capítulo 2

As fontes primárias sobre ações relatadas e depoimentos citados são testemunhos, interrogatórios e entrevistas com Zenshiro Hoshina, Torashiro Kawabe, Ida, Sumihisa Ikeda e Inaba. As fontes primárias escritas foram os livros de *Gaimusho*, Kase e Morison.

Capítulo 3

Os atos relatados e as citações são quase todas de Koichi Kido, Matsudaira, Keisuke Okada, Naotake Sato, Kantaro Suzuki e Kenzo Tange. Fontes escritas foram Kido, Okada, a troca de correspondência Sato-Togo e a biografia oficial de Suzuki.

Capítulo 4

A estrutura básica do capítulo repousa em depoimentos, testemunhos e entrevistas de, entre outros, Eugene Dooman, Arao, Kawabe, Kido, Hoshina, Matsudaira, Shunichi Matsumoto, Mamoru Shigemitsu, Ikeda, Ichiji Sugita, Soemu Toyoda, Yoshikazu Umezu, Takeshita, Togo, senhor e senhora Fumihiko Togo, Mitsumasa Yonai, Masao Yoshizumi. Além dos acima mencionados, foram utilizados trechos indispensáveis de trabalhos escritos de Hayashi e Grew.

Capítulo 5

Os principais interrogatórios, entrevistas e depoimentos são com Togo, Toyoda e Sakomizu. Os livros de Sakomizu e Shimomura foram de valor inestimável para este capítulo.

Capítulo 6

Depoimentos de Kido, Kiichiro Hiranuma, Ikeda, Sakomizu, Sakonji, Shimomura, Toyoda e Masao Yoshizumi foram muito importantes para este capítulo. As fontes escritas em grande parte já foram mencionadas, além do diário de Kido e dos livros de Sakomizu, Shimomura e "Japan is defeated", de Niwa, em *Salon*.

Capítulo 7

Mais uma vez, foram fundamentais as entrevistas e os testemunhos de Ikeda, Hiranuma, Sakomizu e Toyoda.

Capítulo 8

Os livros mais utilizados como fontes de consulta foram os de Byas, Beasley, Fleisher, editores de *Fortune*, Lory, Morris e Sansom.

Capítulo 9

Foram muito importantes os depoimentos de Kido, Kiyoshi Hasegawa, Ikeda, Matsudaira, Sakomizu, Sakonji, Kase e Togo. O material escrito inclui o diário e o depoimento de Kido, além de livros de Kase, Sakomizu, Shimomura e Togo.

Capítulo 10

As fontes principais foram entrevistas e depoimentos de Dooman, Kase, Matsudaira, Shigemitsu, Makoto Matsutani, Togo, Toyoda e Yonai. Igualmente importantes foram os livros de Butow, Kase, Morison e artigos do *Nippon Times* e do *Asahi Shimbun*.

Capítulo 11

Novamente, as fontes primárias foram Seiji Hasegawa, Hiranuma, Kido, Sakomizu, Shigemitsu, Shimomura, Togo, Toyoda e Yoshizumi. As fontes escritas foram a troca de mensagens entre Togo e Sato, livros de Butow, Byrnes, Churchill, Sakomizu, Shimomura e Togo.

Capítulo 12

Depoimentos e interrogatórios de Seizo Arisue, Tsunesaburo Asada, Genki Abe, Kawabe, Kido, Dooman, Nishina, Sakomizu, Shimomura e Togo foram fundamentais para este capítulo, tanto quanto os livros de Hayashi, Sakomizu, Shimomura e Togo, além do diário de Kido e artigos do *Nippon Times* e do *Asahi Shimbun*.

Capítulo 13

Neste capítulo as fontes principais foram os depoimentos de Arao, Asada, Kido, Ida, Inaba, Matsumoto, Seiji Hasegawa, Sakomizu, Shimomura, Togo e Yoshizumi. Fontes escritas essenciais foram o diário de Kido, os trabalhos de Sakomizu, Shimomura e Togo, e artigos do *Nippon Times*.

Capítulo 14

Os depoimentos de Seiji Hasegawa, Hayashi, Ida, Inaba, Kawabe e Takeshita foram básicos para este capítulo. Também foram utilizados livros de Hayashi, Lory, Nitobe, Byas, Sanson e Reischauer.

Capítulo 15

Baseia-se em indispensáveis citações de Seiji Hasegawa, Hiranuma, Hoshina, Kase, Ida, Hasunuma, Hayashi, Kido, Ikeda, Matsutani, Togo e Toyoda. Os livros utilizados foram os de Hayashi, Kase, Sakomizu e Togo.

Capítulo 16

As principais fontes foram depoimentos de Hayashi, Kido, Ikeda, Matsumoto, Sakomizu, Togo, Toyoda e Makoto Tsukamoto. As fontes escritas foram o diário de Kido e os livros de Sakomizu e Togo.

Capítulo 17

Foram fundamentais os testemunhos das seguintes pessoas: Arao, Asada, Hayashi, Kido, Ida, Inaba, Sakomizu, Shimomura, Takeshita, Toyoda e Yoshizumi. Os livros consultados foram os de Hayashi, Sakomizu, Shimomura e a biografia de Suzuki.

Capítulo 18

Fontes orais de suma importância foram Arao, Asada, Ida, Inaba, Irie, Hoshina, Kawabe, Atsushi Oi, Sadao Otake, Togo, Yoshihiro Tokugawa e Susumu Nishiura. Livros muito úteis foram os da NHK, de Shimomura e a biografa de Suzuki.

Capítulo 19

Foram fundamentais os depoimentos de Ida, Inaba, Takeshita e Yamaoka, assim como os livros de Sakomizu e Shimomura.

Capítulo 20

As principais fontes orais foram Hasunuma, Ida, Sukemasa Irie, Sotaro Ishiwata, Tokugawa e Tsukamoto. As fontes escritas foram livros da NHK, de Sakomizu, de Shimomura e de Tsukamoto.

Capítulo 21

Os testemunhos e depoimentos utilizados neste capítulo foram basicamente os de Asada, Padre Flaujac, Ida, Kido, Otake, Togo e Tsukamoto. Também foram consultados livros de Kase, Kawai, Sakomizu e Shimomura, além do livro da NHK.

Capítulo 22

O material principal provém de depoimentos de Hayashi, Higashikuni, Kido, Matsudaira, Otake, Sakomizu e Yoshizumi. Livros importantes para este capítulo foram os de Benedict, Hayashi, Kato e Kodama.

Capítulo 23

Foram de suma importância os depoimentos de Dooman, Arao, Inaba, Kido, Togo, Toyoda, Tsukamoto, Umezu, Yonai, Yoshizumi, Sakomizu e Shimomura. O material escrito incluiu livros de Hayashi, MacArthur, Sakomizu e Shimomura.

Capítulo 24

Para este capítulo foram fundamentais entrevistas e citações de Hayashi, Ida, Irie, Kido, Shimomura, Sakomizu, Takeshita e Tokugawa. Os importantes livros consultados foram os da NHK, os de Sakomizu e Shimomura, e as biografias de Tanaka (por Tsukamoto) e de Suzuki.

Índice

Abe (ministro do Interior), 68, 115-116, 176, 216
  a favor da rendição, 187
  nas Conferências Imperiais, 272
Academia Militar, 46, 210
Academia Naval, 25,55
Adachi (repórter da agência Domei), 215
Akihito, Príncipe-Herdeiro, 415
Alemanha,
  Pacto Anticomintern, 38, 42
  relações com os japoneses, 38
  rendição da, 136, 141
Aliadas (Nações), resposta à aceitação da Declaração de Potsdam pelos japoneses, 221-240
  aceitação da Declaração, 263-283
  atraso na, 241-261
  AssPress, publicação pela, 221-222
  dificuldades de tradução, 222-223, 235-236
  mensagens aceitando os termos de Potsdam, 116-117
  reação de Hirohito, 226-228, 238-239
  reação do gabinete, 227-228, 232-236
  reação do Foreign Office, 225-226, 236
  tentativas de bloquear envio, 117
  transmissão radiofônica da, 247
Aliados, 112, 117
  condições ao fim da guerra, 203
  disciplina, 42
  consequências da rendição, 291-292
  elite, 317 (vide também código Samurai)
  informado da aceitação dos termos de Potsdam, 177
  lealdade ao Imperador, 298-300
  interferência na política, 101-102
  oposição à rendição, 182-200, 217-218, 368-371, 379-380
  reação à nota dos Aliados, 239
  reação ao bombardeio atômico, 169-171, 175-176
  resistência após a rendição, 379-380, 384-385
  fundos especiais, 41-42
  ameaça de revolta, 116, 243, 245, 249-251, 256-257

as "panelinhas", 26
(vide também forças armadas)
Allenby, Marechal-de-Campo, 96
Alta, Sr., 192
Amaterasu Omikami, a Deusa Sol, 152, 209
  Hirohito, descendente da, 89-90, 211
Anami, General Korechika (ministro da Guerra),
  2-12, 203-206, 239, 318-319
  ajudante-de-ordens de Hirohito, 37
  amizade com General Umezu, 47-52
  assinou a concordância dos generais, 287
  ameaça de assassinato, 4
  aparência, 45
  audiência com Hirohito, 213-214
  auto-disciplina, 45-46
  carreira militar, 45-52
  concordância com os termos, 115
  defende a batalha decisiva no território nacional, 67-38, 79, 154, 242-243, 276-277
  despedindo-se de Togo e Suzuki, 305-307
  e os jovens tigres, 2-12, 1206, 285-286, 309, 405-406
  elogio de Suzuki, 373-375
  em contradição com o General Umezu, 450-51
  encarrega Takeshita de matar Yonai, 333-403
  envolvimento no "golpe", 2-12, 213, 229-230, 256-257, 259, 261-266, 345
  informa aos oficiais do exército os termos da rendição, 183-184, 204, 285-286
  informado sobre o levante de 15 de agosto, 330-332
  mediação soviética, 142-143
  membro do SCG, 44-51, 246-249
  minuta da declaração de rendição, 186-190
  mudanças no decreto imperial, 302-303
  na Conferência Imperial, 75, 79, 86, 272-273 "Instruções à Tropa" 188-195, 200, 203-204,213
  na reunião do gabinete para discutir a resposta aliada, 252-254
  na reunião do SCG para responder aos Aliados, 246-249
  nomeado ministro da Guerra, 27-28, 48-52

posição à nota dos Aliados, 232-233, 238, 241-243
oposição à decisão do Imperador, 108, 241-243
oposição à Declaração de Potsdam, 57, 64-69, 73-74, 166
ordem às tropas, 389
pede ao Exército para obedecer à vontade do Imperador, 298
planos de suicídio, 65-66, 326-337, 342-351
planos para fazê-lo ditador militar, 4-5
proclamação que fez, 188-195, 199, 203-204, 213
reação às iniciativas de paz, 67-69, 156, 175, 241-243
relações com o Coronel Takeshita, 204-205, 213, 277, 326-336, 343-351
respeito dos oficiais jovens pelo, 405-406
reuniões com, 150-155, 241-243
tenta manter a disciplina no exército, 298-300
últimos dias de, 326-351
vida familiar, 239
Ando, seção de assuntos políticos, 223
Araki, General Sadao, 208-209
Arao, Cel. Okikatsu (Koko) (chefe da seção de assuntos do exército), 229-230, 308-309, 358
afasta-se dos conspiradores do golpe, 288, 297
participação no golpe, 3, 229, 263-265, 405
redigiu a minuta da concordância dos generais, 287
redigiu as "Instruções à Tropa", 190-191
tentativas de aliciar o General Anami para o golpe, 5, 7, 10-11
Arco e flecha, 45,203, 259
Arima, Capitão, 201-202, 223-224
Arisue, General Seizo, chefe da G2 (Informações Exército) 125, 171, 173
"Arma secreta", 147
Asada, Professor, 367-368
investigação do bombardeio atômico, 174, 199-200
relatórios para a marinha, 200, 289-290, 299, 307-308
Asahi, jornais, 123, 138, 166, 188, 253-254
Asaka, Príncipe, 380

Ásia Oriental, política de prosperidade coletiva, 355
Assassinatos, pelo governo, 208-209
Associação de Apoio ao Governo Imperial,120
Associated Press, 199, 223
Assuntos militares, seção de, 3, 4, 21, 49, 112, 130, 180, 183, 185, 210, 211, 252, 256, 263, 358
conspiradores, 229-230
Assuntos militares, seção do Ministério da Guerra, 47
Ataques aéreos, 14, 44, 149, 158, 305, 308, 310, 317, 329
abrigos contra, 74-75
ausência de contra-ataques japoneses, 82, 84
bombardeiros B-29, 146, 182-183, 186
bombas incendiárias, 170
efeitos dos, 144
folhetos de propaganda, 170, 266-267
sobre Tóquio, 182-183, 186
Ataques suicidas, 186, 273
(*vide* também unidades *kamikazes*)
Atsugi, base aérea, 186, 379
resistência após a rendição, 387, 391
Atsuta, santuário, 169

Bagge, Widar, 138-139
Banco para o Acordo Internacional, 138
Batalha decisiva no território nacional, ceticismo de Toyoda, 55-56
crença de Anami na, 67-68, 79, 154, 242-243, 276-277
crença de Onishi na, 260
declínio na produção de guerra, 68, 109-110, 144-145
moral do povo, 68, 110
oposição de Yonai, 68
planos para a, 132-133
relatório do Almirante Hasegawa, 109-110
Benedict, Ruth, 392
Berlim-Tóquio, Pacto Anticomintern, 38
Birmânia, 129
Bloqueio do Japão, 14
Bombardeio atômico, 57-59, 63, 82, 88, 168, 183, 198, 264
confirmação científica, 199-200
confirmação do, 289-290
consequências para a rendição japonesa, 57-59, 63, 79, 82, 408

Índice

investigações do, 172-174
reação dos japoneses, 170-175
bonsai, 95
Bushido, espírito de, 358
Byas, Hugh, 53, 209
Byrnes, James, 162, 199
  nota respondendo aceitação pelos japoneses, 221-230
  (Ver também resposta dos Aliados à aceitação da Declaração de Potsdam)

Cairo, Declaração do, 79, 119, 163
Camaristas, *vide* Chamberlains
Caminho imperial, 4, 87, 101, 209, 211
Carta do Atlântico, 232
Casa Civil Imperial, ministério da, 93
  prédio ocupado pelos rebeldes, 329-330, 334-338
  cerco levantado, 358
Censura de notícias, 120, 123
Chá, cerimônia do, 93, 314
Chamberlains, os camaristas, 303, 311, 361
Changchu, Manchúria, 17
Changkufeng, Manchúria, 19, 102
Chiang Kai-shek, 119, 134, 140
China, guarnição do exército, 40, 47
China, incidente da, 42, 101-102, 210, 212
China guerra de 1894 a 1895, 29, 267, 295
Chineses e japoneses, relações, 153, 308
Chuang-tzu, 33
Churchill, Winston, 119, 157, 161
Código japonês quebrado pelos EUA, 15, 160
Comando Geral da Marinha, 54
Conferências Imperiais, 77-105
  "comparecimento de comandantes", 267
  conduzida no abrigo antiaéreo, 74-75, 77
  convocada por Hirohito, 73, 77-89, 261,
  de setembro de 1941, 98-99, 103-104
  de 10 de agosto de 1945, 70-77, 87-89, 107, 249-250, 274
  de 14 de agosto, 269-276, 272-275, 282
  decisão submetida a Hirohito, 87-89
  discussão dos termos de Potsdam, 75, 77-79
  fracasso do Gabinete necessidade do SCG, 69-70
  oposição do General Anami aos termos da rendição, 184
  Política Fundamental aprovada pela, 147-146
  membros presentes, 75
  pedido para realização da, 70-71
  presença do Barão Hiranuma, 204
  propostas apresentadas na, 78
  reação à fala do Imperador, 107-108, 110
Conferência Naval de Londres, 29
Conselhos familiares imperiais, 238-239, 267
Conselho Privado, 75-76, 305
  aprovação das iniciativas para a paz, 363-364, 372-373
  Barão Hiranuma, presidente do, 271, 305, 363-364, 372-373,376
  ratificação dos termos da rendição, 305
Constituição de 1946, adoção da nova, 414-415
Meiji Restauração de 1868, 6, 95, 98,401
Coreia, 68, 138
  ocupação japonesa, 19, 160
Corpo de Serviços Voluntários, 146, 151
Corte marcial, casos após a rendição, 391
Costumes nos funerais, 105
Costumes sociais, 105, 392-393
Coup d'état, 72, 256-257, 311-323
  assassinato do General Mori e do Coronel Shiraishi, 319-321
  conspiradores, 229-232, 239, 263-265, 405-409
  falsas ordens expedidas, 322,323, 353, 357
  data marcada para, 230-231
  tentativa de bloqueio da transmissão da fala do Imperador, 325-351
  tentativas de conquistar o apoio de Anami, 2-12, 213, 229-230, 251, 256-257, 259, 261-266, 345-346
  Hatanaka assume o controle, 288-289, 236-351
  lei marcial, 10, 256, 263-265
  motivação dos líderes, 273-274, 395-396
  ordens a serem expedidas, 263, 322, 323
  planos para, 2-12, 211-213, 230-231, 263, 278
  repressão ao, 343, 353-362
  rumores de, 244, 256-257
Criminosos de guerra, 59, 62, 79, 110, 394
  Kido, 410-411
  Togo, 400
  Toyoda, 405
  julgamento dos, 163

General Umezu, 401-410

Decisão Imperial, 87-89, 249-250
　buscando apoio à, 186-187, 214-215, 259
　oposição à, 108, 241-243
Decretos imperiais, 120
　aprovados pelo gabinete, 299, 302, 304
　assinado por Hirohito, 304
　declarando guerra em 1941, 100
　redigidos por Sakomizu, 302-304
　　transmissão de, Hirohito, 295-299, 304-305, 309-311
　preparação de, 269-270
Desarmamento, 79, 104, 163, 186, 233-234, 248-249
　culto da espada, 293-294
　termos do inimigo, 59, 61-62
Deusa do Sol Amaterasu, 152, 209
　Hirohito descende da, 89-90, 211
Dieta, parlamento japonês, 31, 98, 409, 415
　sessões de emergência, 105-151, 153
Distrito Ocidental do Exército, 174, 264
Distrito Oriental do Exército, 5, 7, 12, 213, 297, 318-311
　General Tanaka no comando do, 353-362
　planos para o golpe, 263, 265
　recusa de se aliar à revolta, 333-334
Divisão Imperial de Guarda, 7, 12, 47, 213, 230, 239, 257, 283, 382
　preparativos para o golpe, 26, 265, 314-323
　rebelião da, 327-351
　rebelião dominada pelo General Tanaka, 353-362
Doihara, General, 286
Domei, agência oficial de notícias, 14, 192-193, 198-199, 216-217
　comunicado de "ofensiva geral", 254-256
　reação dos militares, 201-202
　resposta dos Aliados à aceitação japonesa, 221-223
　transmissão radiofônica da oferta de rendição, 247, 283, 306
Dooman, Eugene, 162
Dragão Negro, sociedade, 208
Dulles, Allen, 136-138

Educacional, sistema, 123
Eixo, pacto, 38-40, 102-103, 141

Escola de Estado-Maior do Exército, 46, 210
　extremistas, 41, 48, 53, 228, 369
　reflexos da rendição na tropa, 283, 298, 300
Escola de Guerra do Exército, 47
Escola de Guerra Naval, 52, 54
Esquadra da Área da China, 381
Espadas, significado para os japoneses, 292, 293
Estados Unidos
　agência de serviços estratégicos, 136, 379
　código japonês quebrado pelos, 15, 160
　forças-tarefa, 83
　revolta, temor de, 116, 243, 245, 205-252
　reunião dos embaixadores japoneses com Cordell Hull, 37
Etajima, Academia Naval, 289
Exército, tentativa de interceptar as mensagens de rendição, 180-200
　acreditava estar vencendo a guerra, 197, 295
　atitude diante da aceitação dos termos dos tentativas de usar Hirohito, 99-102
Exército Coreano, 381
Exército Expedicionário na China, 380
　reação às notícias sobre rendição, 218-219
Extremistas no Exército e na Marinha, 33, 53, 228
　rebelião em fevereiro de 1936, 48
　incidente de 26 de fevereiro, 41

Fairbanks Jr., Douglas, 168
Família, vida no Japão, 32
Fanatismo, 53, 369 (vide também extremistas)
Filipinas, campanha das, 21, 87, 355
　batalha decisiva nas, 132
　perda das, 54-55, 133
Flaujac, Padre, 372
Flores, arranjo de, 93
Forças Armadas, tentativas de usar Hirohito, 99-102, 120
"panelinhas", 26, 149, 162, 166
　reflexos da rendição na tropa, 283, 298-300
　extremistas, 33, 41, 48, 53, 228, 369
　memorando com os pontos desejados pelos Aliados, 291-295
　plano para se apoderar do governo, 211-213
　reação das tropas além-mar, 218-219
　reação à decisão imperial de terminar a guerra, 202

Índice

Forças Especiais, unidades de, 109
 (*vide* também unidades *kamikazes*)
Forças Terrestres de Autodefesa, 407-408
Formosa, 88, 138
Forrestal, James V., 199
Fujimura, Comandante Voshiro, 135-137
Fujita, chefe dos Camaristas, 331
Fukai, Sr., 372-373
Fukuda, (ministro das Finanças), 235-236
Fuwa, Cel., 333, 353-354, 356-357

Gabinete, o ministério, 3, 12, 17, 36, 77
 aceitação dos termos dos Aliados, 291-311
 discussão dos termos de Potsdam, 64, 67-76, 78, 111-112, 115-116, 226
 endossa o documento sobre Política Fundamental, 147
 decreto imperial aprovado pelo, 299, 305-306
 do Almirante Suzuki, 24-28, 373
 informado sobre o bombardeio atômico, 175
 renúncia, 375-376
 reunião de 14 de agosto, 291-295, 302-304
 reunião para discutir a resposta dos Aliados, 226, 232-235, 244-246, 249, 252-255, 257-258
 última reunião do gabinete Suzuki, 373
Gaimusho (Ministério do Exterior), 36, 100, 179, 180, 195, 221, 400
 reação à resposta dos Aliados, 225, 233-234, 236
Gekokujo (dirigido pelos subalternos), 190, 209
Genda, Cap Minoru, 388-389
Generais, concordância na lealdade ao Imperador, 286-287
Genro (estadistas mais idosos), 98
Giri, efeitos nas atitudes dos japoneses, 210
Gobunko, biblioteca do Imperador, 72, 268, 282, 309, 332, 337, 360
Go-Tsuchi, Imperador, 92
Governo japonês, 98
 fontes de poder, 98
Grande Ásia Oriental, Ministério da, 400
 Grande Japão, Sociedade Política do, 381
Gravações da fala do Imperador, 361
 escondidas por Tokugawa, 335
 problema de entregá-las na Rádio Tóquio, 363-365
 rebeldes em busca das, 318, 336-339, 351-354

Grew, Joseph, 53, 163
Grou Sagrado, lenda do, 365
Grupo nº 20 para estudar o término da guerra, 126-127, 141
Guadalcanal, 88, 119
Guam, 54
"Guardião do Luto", 325
Gyokusai (Armagedom japonês), 10, 88

Haga, Coronel., 323, 330, 334, 357
Hakku Ichiu, lema, 41
Haniwa (bonecos de barro), sepultados com os restos mortais da realeza, 105
Hara, Coronel., 212, 265-266, 288
Haragei (do estômago), 32, 146, 403
Harakiri, 288, 334, 343-346
 de devedores, 394
 kappuku, 346
 de oficiais e soldados após a rendição, 372, 392-397
 tipos de, 344
Harris, Townsend, 6
Hasegawa, Almirante Kiyoshi, 109-110
 inspeção de preparativos de guerra, 109-110, 135
Hasegawa, Saiji, 193-199, 216-217, 221
 transmissão da proclamação de Anami, 193-196, 217
 transmissão da tentativa de oferta de rendição, 193-199
 editor internacional da Domei, 193-195, 216-217, 221
 tradução da nota de Byrnes, 223-224, 235-236
Hasunuma, General, 109, 112, 216, 330, 360-361
 na Conferência Imperial, 77-78, 272, 276
 Reação à resposta dos Aliados, 224-225
Hata, Marechal, 174, 256, 264, 286, 318
Hatanaka, Maj Kenji, 3-4, 39
 relações de Anami com, 229, 336, 343
 fim da rebelião, 357-358
 consequência do anúncio da rendição sobre o, 285-289
 em busca das gravações da fala do Imperador, 329-338
 fracasso na tentativa de obter apoio do Tobugun ao golpe, 297-298
 harakiri cometido por, 372
 influência do Prof. Hiraizumi sobre o, 4, 211

"Instruções à Tropa" transmissão, 191-192, 196
líder do golpe, 263-265, 314-323, 327-351
participante do golpe, 211, 229-230, 288, 357-358
Hayashi, Coronel Saburo, 5, 8-12
  secretário do General Anami, 8-12, 45, 49-50, 65-66, 203, 205, 210, 229, 238-239, 276-277, 299, 328, 343, 349
Herald Tribune, 255
Higashikuni, Príncipe, 103, 216, 376, 383-391, 400, 402
  escolhido para Premier, 384
Hiraizumi, Professor, 4, 210-211
  influência de suas teorias sobre os oficiais jovens 4, 210-211
  mitologia e ultranacionalismo, 4
Hiranuma, Barão Kiichiro, 23, 25, 80, 130
  carreira, 80
  a favor da rendição, 186
  na Conferência Imperial, 75-76, 80-85, 204, 268-271
  membro do *jushin*, 23, 25, 128-130
  primeiro-ministro, 123
    presidente do Conselho, 271, 305, 363-365, 372-373, 376
  reação à reposta dos Aliados, 227-228, 235, 237
  rebeldes o procuram, 339, 342-343
Hirohito, Imperador do Japão
  aparência, 90-92
  apoio à decisão imperial, 267
  assessores de, 121-122, 211
  assume a responsabilidade pela guerra, 413
  atitude em relação à guerra com os EUA em 1941, 98-99
  chefe da religião Shinto, 99-100
  convocação do conselho de família, 238-239, 267
  descendência de, 89-92, 100
  decisão de terminar a guerra, 36, 134, 156-157, 193
    divindade de, 90-105, 210-211 renúncia à, 414-415
  experiências no Ocidente, 94, 96-97
  favorável à aceitação da resposta dos Aliados, 224-227, 238
  grande viagem pela Europa, 96
  limitações constitucionais e tradicionais, 121
  reação dos ouvintes, 367-368
  rebeldes procuram as gravações da fala, 329-338
  reuniões com Kido em 14 de agosto, 260, 282
  reação militar à, 183-200, 202
  rendimentos, 93
  convoca a Conferência Imperial, 74, 78-90, 268, 272-275, 282
  discurso na, 107-108
  decisão (*vide* Decisão Imperial)
  decreto imperial em 1941 declarando guerra, 100
  decreto imperial assinado por, 304
    informado sobre o bombardeio atômico. 174, 176
  informado sobre a revolta da Guarda Imperial, 359-361
  interessado em biologia marinha, 94, 415
  planos de Kido para a rendição, 114-115, 150-154
  manipulado pelos militares, 99-102, 120
  reunião com oficiais do Exército e da Marinha, 246-247, 251-252
  reunião com Toyoda e Umezu, 246-247
  mensagem para as tropas, 282-283
  manobras para a paz, 135, 155-157
  mensagem para os soviéticos, 158-159
  ordem especial para cessar fogo, 380-381, 390
  texto, 377-379
  tratamento pelos Aliados, 411-415
  transmissão de sua fala anunciando a rendição, 215-216, 295-299, 304-305, 309-311, 363-366
  respeito do povo por, 93
  soberania de, 84
  visita ao General MacArthur, 412-413
  tratamento pelos Aliados, 411-415
  transmissão de sua fala anunciando a rendição, 215-216, 295-299, 304-305, 309-311, 363-366
  vida pessoal, 90, 94-95
Hirose, Tenente-Coronel, 5, 229-230
Hiroshima, bombardeio de, 15, 17, 57, 170
  confirmação da radioatividade, 199-200, 289-290, 307
  primeiro anúncio do, 171-175

Índice

Hirota, Koki, 23, 128, 143, 161, 163
Hirota-Malik, conversações, 156-157
Hisatoni (vice-ministro de Informações),190
Hitler, Adolf, 48, 52
Hitobashiras, sacrifícios de sangue, 397
Ho Ying-ch'in, General (comandante chinês), 40-41
Hokkaido, 403
Honjo, General Baron Shigeru, 372
Hoshina, Sra., 332, 337
Hoshina, Vice-Alm. Zenshiro, 21, 75, 167 227-228, 271
Hosoda, Coronel, 212, 265-266, 288
Hull, Cordell, 38, 182

Ichigaya, colinas de (QG das Forças Armadas do Japão), 4, 173, 288, 300
Ida, tenente-coronel Masataka, 4, 75, 240, 256-257, 285, 287-288, 314-322, 358
  adota o nome Iwata, 405-406, 408
  participante do golpe, 263-265, 405-406
  reação ao decreto do Imperador, 377
  tentativa de aliciar o Tobugun para se aliar ao golpe, 333-334
Ikeda, Ten-Gen Sumihisa, 17, 43, 254, 271-272
  na Conferência Imperial, 75, 80
Ilhas Gilbert, 88, 120
Imortalidade, Sociedade da, 342
Imperador (*vide* Hirohito, Imperador)
Imperador-Deus, 90-105, 210-211, 414-415
Imperial, sistema, 11, 39, 67, 88-89, 127, 129, 138, 215, 227, 248, 393
  Insistência em sua preservação, 59, 63, 79, 198
  reação nas nações aliadas, 232, 236
Inaba, tenente-coronel Masao, 3, 24
  golpe tramado por, 210-213, 229, 263-265
  redigiu "Instruções às Tropas", 190-191
  retirou-se do golpe, 288-289, 297, 407
  relações com General Anami, 3, 50, 203, 205
Incidente de 26 de fevereiro, 29, 41, 211, 339, 383
Influências ocidentais no Japão, 96-97
Informações, Birô de, 181, 186-189, 193-196, 214-215, 217, 295-296, 310, 329, 381
Instituto de Pesquisa Científica, 173

Instituto de Tecnologia da Marinha, 289
"Instruções às Tropas", 189-191
  expedição de, 191-192
Inukai, Ki (premier), 101-102
Irie, guardião do palácio, 319, 332, 337
Irkutsk, Sibéria, 19
Ishigeru (ministro da Agricultura), 303
Ishihara, Maj Sadakichi, 314, 317, 322, 354, 356-357, 382
Ishiwata, ministro da Casa Civil, 216, 228, 283, 310, 335, 410
  procurado pelos rebeldes, 335, 361-362
Itagaki, Tenente-Coronel, 333, 353-354
Itália, rendição da, 141
Ito, Príncipe, 24
Iwata (*vide* Ida, Tenente Coronel Masataka)
Iwo Jima, queda de, 23, 31-32

Jacobsson, banqueiro sueco, 138
Japan Broadcasting Corp., 171, 215, 296-297, 310, 314, 329, 333-334, 346-347
  cerco levantado, 361
  ocupação das estações pelos rebeldes, 333-334, 338, 346-350
Japão, missão, 209
Japoneses, destino dos, 101
Japoneses, efeito da rendição sobre, 281
Jimmu, Imperador, 13, 211
Jornais e rádio,
  proclamação de Anami, 189-197
  anúncio da derrota, 116
  anúncio da Declaração de Potsdam, 165-168
  censura, 120, 123
  comunicado da "ofensiva geral" 254-255
  controlada pelo governo, 116
  declaração de Shimomura sobre a rendição, 186-197
  traduções das transmissões dos Aliados, 301-302
Jovens tigres, 12, 65, 205-210
  golpe planejado pelos, 1-13, 211-213
  fanatismo, 12, 205-210
  gekokujo (dirigido pelos subalternos), 209, 204, 285-289
  reunião com o General Anami, 2-12, 204, 285-286, 308-309
  integrantes dos, 3-4
  tomam conhecimento da rendição, 183-184
Julho, decreto de, 14
Jushin (estadistas senior, ex-Premiers), 23-

24, 29, 54, 128-129, 135,
Hirohito explica sua decisão ao, 186
reunião de Kido com, 186-187
sugestões para terminar a guerra,128-129

Kamikaze (vento divino), unidades de, 21, 55, 186, 260, 394-395
oposição à rendição, 382, 387-391
Kanin, Príncipe, 216, 349, 380
Kase, Shunichi, 137-138
Kase, Toshikazu, 50, 112-113, 116-117, 127
Kato, chamberlain, 295-296, 391
Kato, Usaboro, 295-296
Katori, encouraçado japonês, 96
Kawabe, General Torashiro, 18, 49-50, 172, 218-219, 285-286
Kawai, Kazuo, 367
Kawamura, visconde, 95
Kempeitai (polícia militar), 4, 12, 120, 123, 134, 172, 239, 251, 343, 355
  planos para o golpe, 263, 265
  fama, 244-245
Kendo, torneios de esgrima, 9, 45
Kido, Marquês Koichi (Lord do Selo Privado do Imperador), 23-25, 33-35, 49, 71, 77, 103, 282-283
  ameaças à sua vida, 382-383
  apoio da política de guerra, 123-124
  conselheiro e assessor do Imperador,122, 124, 174
  consultas com os "Seis Grandes", 150-156
  discussões com Hirohito sobre os termos de paz, 114-115, 150-155
  funções de, 122-124
  informou Hirohito sobre o bombardeio atômico, 174
  informado sobre a rebelião da Guarda Imperial, 335-336
  inciativas em prol da paz, 148-149
  julgado como criminoso de guerra, 410-411
  opinião sobre o fim da guerra, 128
  passado e carreira, 123-124
  plano para a rendição, 149-150
  primeiros-ministros indicados por, 122, 376
  procurado pelos rebeldes, 339, 342, 361-362
  reação à resposta dos Aliados, 226, 228, 235, 237-238
  recebe cópia de panfleto de propaganda, 257, 282
  respeitado por Hirohito, 410-411
  reunião com o General Anami, 241-243
  reuniões com líderes para tratar da decisão imperial, 186-187, 214-215, 267, 282
Kihara, repórter do *Asahi*, 268-270, 302
Koan (problema zen), 51
Kobayashi, Dr., 258-259, 347
Kodo (o caminho imperial), 87, 101
Koga, Maj. Hidemasa, 314, 317, 319-322, 333
  fim da rebelião, 357-358
  harakiri cometido por, 372
Koiso, General Kuniaki, 26, 54, 130, 187
  nomeado primeiro-ministro, 130-131
Komei, Imperador, 93
Kondo, Takajiro, 296
Konoye, Príncipe Fumimaro, 16, 23-25, 42, 128, 199, 283, 376, 383, 394, 410
  a favor da rendição, 187
  enviado especial à URSS, 158-159, 177
  plano para ser ir à Suíça, 126, 137-138
  primeiro-ministro, 122, 124
Kozono, Cap Yasuna, 387-388
Kuni, Princesa Nagako, 94
Kuni, Vice-Alm Príncipe, 390
Kuomintang, 40, 133, 140
Kure, base naval, 199-200
Kurilas, ilhas, 18
Kwantung, Exército, 44, 100-103, 190, 372, 70
  na Manchúria, 17-20
  Tojo, chefe de Estado-Maior, 42-43
  Umezu designado comandante, 43
Kwantung, Península, 19

Lao-Tse, 32
Leahy, Alm. William D., 199
Lei marcial, 10, 256, 263-265
Leyte, queda de, 119
  invadida por MacArthur, 132
Liberalismo, 96
London Times, 236
Lord do Selo Privado (*vide* Kido, Marquês Koichi)
Lozovsky, vice-comissário soviético para assuntos do exterior, 160-161, 169
Luzon, batalha decisiva, 133

Índice

MacArthur, General Douglas, visitado por Hirohito, 412-413
  ocupação do Japão, 379-380, 387, 392
Machimura, chefe da polícia de Tóquio, 216, 271-272, 283
Makino, Conde, 267
Malik, Jacob, 143
  conversas com Hirota sobre negociações de paz, 156-157
  reunião com Togo, 181-182
Manchukuo, estado-títere japonês, 19, 40, 43, 79, 100-101, 102, 372
Manchúria, 68, 138, 157, 160
  ocupação japonesa, 19-20, 48, 210
  exército Kwantung, 17-20
  invasão soviética, 14-18, 182, 203
  realizações de Umezu, 44
Manchúria, incidente, 40-41, 100-102, 238, 372, 405
Manila, capital das Filipinas, 391
  queda de, 133
Mansão da Nuvem Violeta, 208
Marco Polo, ponte, 102
Marianas, 129
Marinha, situação antes da rendição, 83
  rivalidade com o Exército, 129
  informada da aceitação dos termos de Potsdam, 185-186
  ameaça de revolta, 251
  oposição à rendição, 381
  reação à nota dos Aliados, 239
  reação ao bombardeio atômico, 170-171, 175-176, reação à transmissão radiofônica da rendição, 201-202
  resistência após a rendição, 381, 387-391
  Corpo de Operações Especiais, 21, 52, 55
  vulnerabilidades, 109, 129, 147-148
Marshall, General George C., 199
Matsudaira, Marquês Yasumasa, 126
Matsudaira, Tsuneo, 134
Matsui, Sr., 125
Matsumoto, Shunichi (vice-ministro do Exterior), 116-117, 179-181, 195, 202-203, 222-223, 225, 233-234, 236-237
Matsuoka, Yosuke, 39, 253
Matsutani, Coronel Makoto, 126-127
Matsuzaka (ministro da Justiça), 233
Meiji, Imperador, 93, 95, 99, 111, 275, 278, 293, 304-305
Meiji, restauração de 1868, 6, 13, 97-98, 206, 214
Midway, derrota japonesa, 88, 119
Mikasa, Príncipe, 199, 216, 238, 252, 282
Minami, Coronel Kiyoshi, 211-212
Minami, General, 101
Ministério do Exterior (*vide Gaimusho*)
Ministério da Guerra, 20
  consequências da rendição no, 285-289
  administração militar, escritório de, 48
  assuntos militares, escritório de, 3, 21, 49, 112, 130, 180, 183, 185, 210, 211, 252, 256, 263, 358
  assuntos militares, seção de, 47
  reação à nota dos Aliados, 239
  (*vide* também forças armadas)
Missouri, USS, 44, 387
Mitsui, chamberlain, 311, 337, 359-361, 363
Mizutani, Coronel, 320-321, 333
Mobilização, programa de, 109, 144, 151, 153
Modernização do Japão, 98
mokusatsu, palavra usada no recebimento da Declaração de Potsdam, 165-168
Molotov, V. M., ministro do Exterior soviético, 43, 81, 160-161
  anuncia o ataque soviético ao Japão, 169
  último encontro com Sato, 177
Monarquia constitucional, 96-97
Mongólia, 43
  avanços japoneses na, 19
Mongólia Exterior, 43
Mongólia Interior, 19
Mori, Tenente-General Takeshi, 12, 230, 257, 265
  tentativas de conseguir apoio ao golpe, 316-320
  morto pelos rebeldes, 332, 354, 358
Murase (diretor da seção de legislação), 271, 305

Nacionalismo e ultranacionalismo, 4, 52
Nações Aliadas, diferenças a respeito de informações prematuras sobre rendição japonesa, 1-2, 10
  proposta japonesa de rendição, 199
  sistema imperial, 236
  memorando com pontos propostos pelos

militares, enviado para, 291-295
mensagens aceitando os termos, 116-117
panfletos de propaganda, 266-267
termos de rendição enviados para, 10, 179, 182-184
Nagano, Almirante de Esquadra, 267
Nagasaki, bombardeio de, 58-59, 65, 115, 171, 215
Nagatomo (engenheiro da rádio), 296-297, 310
Nakamura, Vice-Almirante, 344-345, 349, 359
Nanquin, ocupação pelos japoneses, 101, 369
Nanshu, Saigo, 143
New York Times, 53, 255
NHK (*vide* Japan Broadcasting Company)
Nihon, Universidade, 85
Nimitz, Almirante Chester A., 405
Nintoku, Imperador, 104-105
Nippon Times, 196
Nishina, Dr. Yoshio, 172-174
Nogi, Gen, 95, 343, 395
Nomonhan, guerra, 48
Nova Guiné, 45, 48

O que se conversava e ouvia no Japão, 32
Ocupação do Japão, 59-62, 79, 163, 227, 247-248, 292-293, 303
  medo dos japoneses da, 392-393
  de Nanquin pelos japoneses, 101, 369
  pacífica e sem derramamento de sangue, 379-380, 387, 392
Odan, Dr., 172
Oe, Akira, 234, 236
Oficial Gazette, 306
Ohashi (presidente da Japanese Broadcasting Corporation), 296, 329, 363, 366
Oi, Cap., 388
Okabe, Chamberlain do palácio, 363-364
Okada, Alm. Keisuke, 23, 26-27, 35-36, 74, 275, 339, 392
  a favor da rendição, 187
  membro do *jushin,* 128
Okamoto, Tenente-General Seigo, 138
Okamoto, Suemasa (embaixador na Suécia), 139-140, 236-237
Okamura, General, 219
Okazaki (chefe de informações), 221

Okido, Tenente-General Sanji, 12, 244-245, 256-257, 265, 343
Okinawa, 12; 48, 55, 134, 142, 155, 302
  desembarques aliados, 23, 31-32
Onishi, Vice-Almirante Takajiro (vice-chefe do Estado-Maior da Marinha), 21, 136, 186, 227, 260-261
  "pai" dos *kamikazes,* 260, 394
  suicídio do, 394-395
Ookayama, base naval, 307
Opium, renda proveniente da droga, 44
Organizações políticas, 124, 208
Osaka, Universidade, 289
Oshima, General, 38
Ota, Saburo (ministro da Educação), 72, 115-116, 198, 275
Otake, Tenente Sadao, 369-372
Oyadomari, Tenente-Coronel, 191, 301-302

Pacífico, Guerra do, ponto final, 298
Pacto de Neutralidade Japão-URSS, 16, 23, 38-39, 134, 182
Palácio Imperial, 353-354
  abrigos antiaéreos, 74-75
  danos de bombardeios, 396-397
  jardins *Fukiage,* 72, 75
  portões, 353
  Gobunko, 72, 268, 282, 309, 332, 337
Paz, facção favorável à, 7-9, 113, 135, 144, 263, 278
  ataques à, 244-245
  Kido, líder pró-paz, pró-rendição, 241
  planos para destruí-lo, 250
  Sakomizu, pró-paz 245-247
Paz, negociações de, 10, 119-140
  tentativas de mediação dos soviéticos, 16, 20, 81, 128, 132, 141-163, 182, 187
  conversas Comandante Fujimura e Allen Dulles, 135-137
  primeiras iniciativas nos círculos do governo, 115-116
  Hirohito, desejo de, 116-117, 152-153
  conversações Hirota-Malik, 139
  estudos sigilosos sobre paz, 130
  objetivos de Suzuki, 31
  e os termos para rendição incondicional, 15-16, 119-120
  (*vide* também Rendição do Japão)
Pearl Harbor, 37, 87, 182, 372, 389

Índice

Perdas em navios mercantes, 135, 145
Perry, Comodoro, 6
Pétain, Marechal, 96
Pin, Miao, 133-134
Plebiscitos, 248
Poder militar, 108-109
  relatório de Sakomizu sobre, 148-145
  vulnerabilidades, 147-148
Poder militar japonês, 144, 292-293
Poesia, *waka* (poema com trinta e uma sílabas), 46, 332
Polícia, autoridade, 120
  (*vide* também *Kempeitai*)
Política de guerra, 132
"Política Fundamental sobre a Conduta da Guerra a Ser Seguida Doravante", 143-145, 147-148
Port Arthur, 18-19, 40, 95
Potsdam, Conferência de, 16, 158, 161-162
Potsdam, Declaração de, 162
  a questão de informar o povo japonês, 165
  anúncio na imprensa japonesa, 165-168
  condições mínimas para o Japão, 155
  Conferência Imperial para tratar da, 75
  dificuldades para tradução, 165-168
  discussão dos termos pelo SCG, 57-66
  grupo do governo a favor da assinatura, 5, 10
  mensagem aceitando os termos, 116-117, 285-311
  oposição à assinatura, 5, 9-11, 166
  reflexos do ataque soviético ao Japão, 20
  reação dos Aliados à rejeição japonesa, 168-169
  reunião do Gabinete para discutir os termos, 67-76
  texto, 162
  uso da palavra *mokusatsu*, 165-168
Primeira Guerra Mundial, 96-97
Primeiros-ministros, 98
  propostos pelo Lord do Selo Privado, 122, 376
Produção de guerra, 9, 11, 109, 144-145
  declínio, 135
Propaganda, panfletos de, 266-267, 282

Quartel-General Imperial (GHQ), 4, 20, 68, 71, 134
  comunicado da "ofensiva geral", 254-255
  efeito da rendição no, 285-289

Rádio Tóquio, 314, 319
  tentativa de ocupação da, 346-347
  gravações entregues na, 363-364, 365-366
Rádio, transmissões pelo,
  da discussão da resposta dos Aliados no Gabinete japonês, 247
  da mensagem da rendição, 190-195
  dos países Aliados, 261, 301-302
  do Decreto Imperial, 295-299, 304-305, 309-311, 363-366
  monitorando transmissões do exterior, 247, 255, 301-302
  pelo primeiro-ministro Suzuki, 378
  rebeldes tentam impedir, 329-331, 333-338, 346-350, 363-366
  tentativa de bloqueio pelo exército, 180-181
  da mensagem da rendição no além-mar, 193, 198-199
  traduções dos Aliados, 301-302
Rangun, 54
Rendição do Japão
  consequências do bombardeio atômico e do ataque russo, 215
  enviada para Suíça e Suécia, 179, 182-184, 197, 198
  fala do Imperador pelo rádio, 210-216, 295-299, 304-305, 309-311, 363-366
  informações prematuras sobre, 1-2, 10
  plano de Kido para, 149-156
  memorando com os pontos desejados pelos militares, 291-295
  mensagens enviadas aceitando os termos, 116-117
  obstáculos às negociações, 31
  povo e exército acreditavam que estavam vencendo a guerra, 197
  problemas para informar o povo e o exército, 187-190, 197, 373
  resposta dos Aliados à aceitação pelo Japão da Declaração de Potsdam, 221-240
  transmissão da proclamação de Anami anunciando a rendição, 187-197
  textos a serem transmitidos para o povo japonês, 187-197
  tentativas do exército de impedir o envio, 180-181, 189-197
  transmissão para além-mar, 193, 198-199
Rendição incondicional, 79
  reação do Japão aos termos, 119-120
Resistência após a rendição, 379-397

em Tóquio, 381-383, 386
no exército, 380-381, 385-386
na marinha, 381, 387-391
harakiri de oficiais e soldados, 392-397
rebelião na base aérea de Atsugi, 387-391
Revolução após a rendição, medo de, 68, 83, 199, 283
Revolução russa, 19
Roggendorf, padre Joseph, 365
Roma-Berlim-Tóquio, Eixo, 38, 102-103, 141
Roosevelt, Franklin D., 119, 157
Roosevelt Theodore, 19
Rússia, relações com o Japão, 18-19
 (*vide* também União Soviética)
Rússia-Alemanha, Pacto de Não Agressão, 52
Rússia-Japão, guerra de 1904, 18-19, 29, 95
Ryoan-ji, jardim, 326-327

Saigo, Takamori, 7-8
Saipan, 129
 queda de, 54-55, 119, 131
Saito, Tenente., 289-290
Sakai, Major, 377
Sakalina, 18-19
Sakalina, Exército Expedicionário de, 47
Sakomizu, Hisatsune (secretário do Gabinete), 17, 27, 30, 33, 127, 135, 192, 196, 202-203, 221-223, 252-253, 306-307
 ameaças à sua vida, 381-382, 391-392
 convoca a Conferência Imperial, 69-74, 261
 decreto imperial, redigido por, 268-270, 302-304
 e a inclusão do Barão Hiranuma na Conferência Imperial, 204
 escapa dos rebeldes, 340
 secretário do Gabinete, 58, 259-261
 membro do parlamento, 409
 membro do grupo a favor da paz, 245-247
 na Conferência Imperial, 75-76, 107-108, 112
 relatório sobre o esforço de guerra do Japão, 135, 144-145
 resposta à Declaração de Potsdam que redigiu, 166-168
 trabalhos que escreveu, 409-410
Salomão, Ilhas, 88, 120
Samurai, código, 51, 88, 205-206, 292-293

Sasaki, Capitão Takeo, 340-342
Sato, Coronel Hiroo, 5, 230
Sato, Naotake (embaixador em Moscou), 15-16, 81, 156, 159-160, 288
 entrevista com Molotov, 177
 pressionado por Togo para obter uma resposta, 169-170
Sato, Sr., 341
SCG (*vide* Supremo Conselho de Guerra)
Seis Grandes, 35-56
 discussão de medidas para a paz, 154-156
Seppuku, método de suicídio, 334, 343-345
Shibusawa (chefe da seção de Tratados), 223
Shigemitsu, Mamoru (ministro do Exterior, 35, 50, 71, 267, 400, 409
 e a discussão do bombardeio atômico, 176
 suas iniciativas em favor da paz, 128, 139
Shiizaki, Ten-Cel. Jiro, 4, 28, 208, 288, 314, 316-318, 330-331
 comete *harakiri*, 372
 fim da rebelião, 357-358
 participante do golpe, 263-265
Shikwan Gakko (Academia Militar japonesa), 207
Shimanuki, Tenente-Coronel, 358
Shimomura, Dr. Hiroshi (Kainan), 295, 305, 310, 329, 411
 redação documento de rendição, 187-197
 editor dos jornais *Asahi*, 188
 membro do Gabinete Suzuki, 116, 187-190
 ministro de Informações, 116
 presidente da Junta de Informações, 166, 187-190, 214-215
 declaração em jornais japoneses, 190-197
 ponto final, 298
 (*vide* também Declaração de Potsdam)
Shimpetai, grupo de fanáticos, 53
Shinto, religião, 88
 o Imperador chefe da, 99-100
Shiraishi, Coronel, 317-321, 354
Shogun, dever do, 278
Shogunato, derrubada do, 6
Shokyu, Guerra Civil, 210
Showa (Paz Iluminada), nome do reino, 97, 101
Showa, restauração, 208, 211
Sibéria, tropas japonesas na, 19, 44
Singapura, 54, 87

Índice

tomada de, 125
Sino-Japonesa, guerra (1894-95), 24, 275, 304
Sistema nacional, 212, 215, 227, 233, 237, 274, 304
   continuação do sistema Imperial, 11
   preservação do, 184-185, 187
   (*vide* também sistema Imperial)
Situação alimentar, 83, 135, 145, 149
Sociedade do Lobo Branco, 208
Sofia, Universidade em Tóquio, 260
Son-Jo, sociedade, 382
Stahmer, Herr (embaixador alemão), 141
Stalin, Iosef, 16, 52, 143, 157, 160-161
Stimson, Henry L., 162, 199
Suécia, sinais de rendição japonesa, 138-139, 157
   informação sobre a reação dos Aliados, 236
   mensagens sobre a rendição enviadas para, 116, 179, 182-184, 197-198
Sugiyama, Marechal, 27-28, 42, 267, 286, 395
Suíça, iniciativas japonesas rumo à paz, 135-137
   negociação da paz japonesa, 116, 179, 82-184, 197-198,373
Suicídios, 273, 309, 314-315
   demonstração de culpa e protesto, 393-394
   harakiri, 288, 334, 343-346
   Hitobashiras, 397
   após a rendição, 393-397
   de soldados e oficiais, 288, 314-315
Supremo Conselho de Guerra (SCG), 2-3, 17, 35-56
   concentração de poder, 36
   discussão dos termos de Potsdam, 56-66, 78
   reunião sobre a política fundamental na conduta da guerra, 143-145
   reunião na manhã de 9 de agosto, 1945, 55-66
   reunião para tratar da resposta dos Aliados, 246-249
   reunião para avaliar os efeitos da bomba atômica, 176
   membros, 35-54
   General Korechika Anami, 44-51
   premier Suzuki, 36-36, 57
   Shigenori Togo, 35-39
   Almirante Toyoda, 51, 54-56

General Voshijiro Umezu, 39-44
Almirante Mitsumasa Yonai, 51-56
   oposição das forças armadas, 267-268
Suzuki, Almirante Barão Kantaro (primeiro--ministro), 17, 23-33, 214, 409
   ameaças à vida de, 392
   avaliação dos termos apresentados pelo inimigo, 57-66
   carreira na Marinha, 29
   conferência com Hirohito em14 de agosto, 268-269
   consulta de Kido sobre planos de rendição, 150-152
   convoca reunião do Gabinete, 266
   entrevista com a imprensa sobre a declaração de Potsdam, 166-168
   esforços para terminar a guerra, 30-31, 143, 148, 150-152
   indefinição taoísta, 30-33
   mediação da paz por intermédio dos soviéticos, 143
   na Conferência Imperial, 75, 78-89, 111-112, 272-273
   na reunião do Conselho Privado, 363, 372-373
   na reunião do Gabinete em 9 de agosto de 1945, 67-73, 115
   na reunião do SCG, 246-249
   passa para a reserva, 399-400
   primeiro-ministro, 23-26, 134-135
   procurado pelos rebeldes, 339-342
   pronunciamento à nação, 378, 381
   pronunciamentos públicos, 32
   reação à resposta dos Aliados, 226-228, 233-238
   renúncia de, 375
   reunião com Hirohito, 304
   reunião do Gabinete para discutir a resposta dos Aliados, 244-246, 257-259
   reunião final do Gabinete, 373
   suspeitas do General Anami, 203-204
   visita de despedida de Anami, 306-307
Suzuki, Bunshiro, 138
Suzuki, General Takao, 26
Suécia, sinais da rendição japonesa, 134-135, 153
   informação sobre a reação dos Aliados, 229
   mensagens sobre a rendição enviadas para, 113, 173, 176-178, 191-192

Suíça, inciativas japonesas rumo à paz, 131-133
negociação da paz japonesa, 113, 173, 176-178, 191-192, 362

Taisho, Imperador, 95-96, 152, 211
Tajiri (ministro da Grande Ásia Oriental), 268-269
Takagi, Almirante Sokichi, 127, 134
Takamatsu, Príncipe, 129, 158, 216, 260, 283, 388, 390
Takasaki, bombardeio de, 310
Takase, Capitão, 190
Takashima, General, 353
Takeda (do Ministério da Grande Ásia Oriental), 302
Takeda, Príncipe, 380
Takei, Sr., 363
Takeshita, Tenente-Coronel Masahiko, 3, 5, 8, 12, 17-18, 65, 184-185, 191, 204, 218, 229-230, 252, 257, 407-408
  abandona o golpe, 288-289, 318-319
  líder do golpe, 211-213, 263-266, 277
  opiniões do General Anami, 45, 48-49
  relação especial com o General Anami, 204-205, 213, 277, 327-336, 343-351
Tanaka, General Shizuichi, 12, 265, 297-298, 314, 333, 343
  acaba com o golpe, 353-362
  carreira, 355
  herói no incidente de 15 de agosto, 353-362, 395-397
  suicídio do, 395-397
Taoísmo, 30-33
Tennozan, batalha de, 132-133
Tenshin (retirar-se), 87, 119
Terauchi, General, 41, 130
Time, revista, 93
Tobugun, Distrito Oriental do Exército, 319-321
  tentativas de conseguir adesões ao golpe, 319, 322, 333-334
Toda, Chamberlain, camarista, 310-311, 335-337
Togo, Shigenori (ministro do Exterior), 15, 17, 33, 35-39, 179, 400
  a favor da aceitação da resposta dos Aliados, 225-227, 232-235, 238

acusado como criminoso de guerra, 400-401
aparência, 37
avaliação dos termos da Declaração de Potsdam, 59-63
carreira diplomática, 37-39
consulta de Kido sobre planos de paz, 152, 155-156
convocado para reunião com Umezu; despedida de Anami, 305-306
discussão com o Príncipe Konoye, 158-159 e Toyoda, 259-261
iniciativas no sentido da paz, 36, 139-140
minuta da declaração de rendição, 187-190
informado sobre o bombardeio atômico, 172, 176
na reunião do Gabinete em 9 de agosto, 1945, 67, 72-73, 115-116
na Conferência Imperial, 75, 81-84, 272
  na reunião do Conselho Privado, 363-365, 373
  na reunião do SCG para tratar da resposta dos Aliados, 246-249
reunião com Jacob Malik, 181
membro do SCG, 34-38
memorando com pontos desejados pelos militares, 282-286
nomeado ministro do Exterior, 35-39
nota sobre os termos da rendição enviada para Sato, 159-160
opiniões sobre o fim da guerra, 36
ordena a transmissão dos termos da rendição, 197
planos propostos na Conferência Imperial, 204
reação ao discurso de Hirohito, 112-113
reação ao ataque a Pearl Harbor, 114
  e a mediação soviética para terminar a guerra, 141-163
responsável pelo Príncipe Hirohito, 95
Tojo, General Hideki (primeiro-ministro), 23-26, 39, 244
  Chefe do Estado-Maior do Exército Kwantung, 42-43, 48
  métodos ditatoriais, 120-121
  oposição a, 121, 127-130
  oposição aos termos da rendição, 187
  primeiro-ministro, 122, 125
  renúncia de, 130

Índice

ministro da Guerra, 103-104
tokonoma, 94
Tokugawa, Chamberlain, camarista, 311, 335-338, 346
Tóquio, 147
  ataques aéreos, 13-14, 114-115, 148, 153, 182-183, 187
  efeitos da guerra em, 82-83
  evacuação de, 14
  medo da bomba atômica, 200
  medo de distúrbios, 307-308
  oposição à rendição, 382
  planos para impor a lei marcial, 5-7, 10
  resistência após a rendição, 381-383, 386
Tóquio, Escola Preparatória Militar, 48
Tóquio, Universidade de, 4
Tóquio, Universidade Imperial, 210
Tomioka, Contra-Almirante (comandante de operações navais), 136, 389
Toyoda, Alm Soemu, 51, 54-56, 136, 403-405
  avaliação da Declaração de Potsdam, 56-66
  carreira na Marinha, 54-56
  estimativa de baixas na invasão aliada, 146-147
  julgado como criminoso de guerra, 405
  membro do SCG, 51, 54-56
  na Conferência Imperial, 75, 83, 272-273
  na reunião do SCG para tratar da resposta dos Aliados, 246-249
  oposição à resposta dos Aliados, 224-225, 227-228, 246-249
  oposição à rendição, 184-186, 403-405
    pedido de Conferência Imperial assinada por, 70-71, 73
  reunião com Hirohito, 246-247
  reunião com Togo, 259-261
Tradução da resposta dos Aliados, 222-224, 235-236
Transmissão radiofônica de Hirohito, 363-366
  entrega das gravações, 363-364, 366
  tentativas de bloqueio, 325-351
  reação dos ouvintes, 367-368
  rebeldes buscam as gravações, 329-338, 346-350, 363-366
  texto, 366-367
Tratado naval de Portsmouth, 19
Treinamento e educação militar, 205-209
  atividade política dos oficiais, 208

espírito militar dos oficiais, 207-208
  gekokujo (dirigido por subalternos), 209
  influência do Professor Hiraizumi, 210-211
  lealdade ao Imperador, 207
  padrão de vida dos soldados, 207
  posição de oficiais e soldados, 207
  reformas, 206
Tríplice Aliança, 124, 128
Tríplice Intervenção, 111, 275
Truman, Harry S., 16, 57, 168, 199, 217, 236, 304-305
Tsukamoto, Coronel Makoto, 255-256, 356-358, 362, 396-397, 405

Uehara, Capitão Shigetaro, 320-321, 330
  fim da rebelião, 355-358
  harakiri cometido por, 372
Ugaki, Vice-Almirante Matome, 395
Umezu, General Yoshijiro, 11-12, 251, 254, 368
  acusado como criminoso de guerra, 402
  amizade com o General Anami, 47-51
  aparência, 40
  assinou documento da rendição, 401-402
  assinou pedido para Conferência Imperial, 70-71, 73
  carreira militar, 40-44
  Chefe do Estado-Maior do Exército, 39-40, 44
  tentativas de manter a disciplina no exército, 298-300
  membro do SCG, 39-44
  na Conferência Imperial, 75, 80, 83, 272
  na reunião do SCG para tratar da resposta dos Aliados, 246-249
  oposição à resposta dos Aliados, 224-225
  oposição à rendição, 156, 184
  reação à decisão de Hirohito, 108-109
  recusa à participação no golpe, 263-265, 278, 407
  reunião com Hirohito, 246-247
  reunião com Togo, 259-261
Umezu-Ho Ving-ch'in, acordo, 41
União Soviética, ataque ao Japão (9 de agosto, 1945), 14-22, 215
  declaração de guerra ao Japão entregue a Togo, 81, 169, 177, 181-182
  influência nas negociações de paz, 69, 71, 79, 408

medo japonês de participação da URSS na guerra, 142
mensagem imperial enviada à, 158
ocupação da Mongólia pelos japoneses, 43
relações do Japão com a, 14-22, 38-39, 102, 157-163
pedido japonês para mediação nas negociações de paz com os Aliados, 16, 20, 81, 128,122, 140-163, 182, 187
Konoye, enviado especial à, 158-159
Manchúria invadida pela, 3, 14-17,182
neutralidade, pacto com o Japão, 16, 23, 38-39, 134, 182
reação aos pedidos japoneses de negociações de paz, 157-163, 236
reação aos termos de rendição apresentados pelos japoneses, 236
transmissões da Tass, agência de notícias da URSS, 14
tropas transferidas para a Sibéria, 159
Unificação das forças armadas, 28
Usami, Ten-Gen, 103

Wada, locutor, 366
Wakamatsu, General, 56, 66, 183, 190, 229, 286-287, 299, 350-351
Wakatsuki, Barão Reijiro, 23, 128
Watanabe, Coronel, 356

XII Exército de área, 213

Yabe, Sr. (chefe das transmissões rádio internal), 296, 330-331
Yalta, Conferência de, 157
Yamaoka, Tenente-General, 321
Yamato, espírito, raça, 2, 21, 282
Yaso, Sr., 198
Yasukuni, santuário, 99, 278, 392, 415
Yokohama, 386
Yokosuka, base naval, 388-389
Yonai, Alm. Mitsumasa (ministro da Marinha), 21-22, 260, 334, 373
a favor da aceitação da nota dos Aliados, 227-228
avaliação da Declaração de Potsdam, 57-66
carreira na Marinha, 52-54
consultas de Kido sobre planos de paz, 150-152

extinção da Marinha, 402-403
inciativa em favor da paz, 134, 137
na reunião do SCG para tratar da resposta dos Aliados, 246-249
membro do SCG, 51-54
membro do *jushin*, 54, 128-129
mudanças no decreto imperial, 302-303
na Conferência Imperial, 75, 79, 272
na reunião do Gabinete em 9 de agosto, 1945, 67-68
no Gabinete Suzuki, 54
"o elefante branco", 52
oposição à guerra, 53-54, 134
ordem de rendição para a Marinha, 300, 389, 391
ordem para estudos da proposta de paz, 134
primeiro-ministro, 52-53
reação à bomba atômica, 171
redação da declaração de rendição, 187-190
sobre a mediação russa para pôr fim à guerra, 144
trama para assassiná-lo, 185
vice-premier, 131
Yoshida, Shigeru, 36, 245
iniciativas em prol da paz, 126
Yoshihito, Imperador, 95-96
Yoshizumi, Tenente-General Masao, 49, 75, 112, 117, 167, 180, 183, 252-253, 271-272, 298-299, 309, 347, 387
aprovou a proclamação de Anami, 190, 192, 196
informou os oficiais do Exército os termos da rendição, 183
reação à transmissão da proposta de rendição, 202-203
tentativa de impedir o envio das mensagens da rendição, 117, 180-181

Zen, budismo, 51, 203, 325-326

Este livro, composto na fonte Fairfield LT Std,
foi impresso em papel Pólen Soft 70 g/m², na gráfica BMF
São Paulo, Brasil, maio de 2021.